Impressum

Alle Angaben in diesem Buch sind nach besten Wissen und Gewissen recherchiert und dargestellt, gleichwohl übernimmt die Autorin keine Haftung in irgendeiner Form für die Richtigkeit der Informationen des vorliegenden Buches. Weiterhin sollen die Angaben in diesem Buch weder medizinische Therapie noch Diagnose ersetzen, sondern wir raten jedem, der bei sich Gesundheitsprobleme wahrnimmt, diese von einem Mediziner seines Vertrauens abklären und behandeln zu lassen. Alle Angaben in diesem Buch, die die Gesundheit im weitesten Sinne betreffen, sind ausschließlich zur Information und Selbsterkenntnis gedacht. Eine Haftung für Personen-, Sach-, Vermögens- oder sonstigen Schäden ist ausgeschlossen.

W0190640

Coverillustration: Oliver Bartl
Covergestaltung: Concept 7, Detmold
Innengestaltung und Satz: Concept 7, Detmold
Lektorat: Stefanie Haddad
Druck und Bindung: CPI books GmbH
Marketing und Vertrieb: Concept 7, Detmold

ISBN 978-3-00-041482-4

3. Auflage Oktober 2017

Widmung

Meiner Mutter gewidmet

in Dankbarkeit und Liebe

„Für die Engel um mich herum - in
menschlicher Gestalt:
Christopher, Joyce, Axel und Erika"

Inhaltsverzeichnis

Kapitel 6
Partnerschaft und Liebe, Trennung und Trauer

Kapitel 7
Kinder, Familienverstrickungen und der verlorene Zwilling

Kapitel 8
Die Gesundheit - Der Körper als Bühne für die Seele

"Und jedem Anfang wohnt ein Zauber inne, der uns beschützt und der uns hilft, zu leben."

(Hermann Hesse)

Vorwort

Dieses Buch habe ich für DICH geschrieben. Interessieren Dich seelische Hintergründe von Blockaden? Suchst Du vielleicht nach (neuen) Möglichkeiten, Problemen und Blockaden auf seelischer Ebene auf den Grund zu gehen und sie zu transformieren?

„Ein Date mit der Seele" soll Dir neben Hintergrundinformationen und vielen Praxisbeispielen ein wenig Sicherheit vermitteln, dass und wie diese Arbeit helfen kann. Dieses Buch soll Dein Vertrauen stärken, dass diese Methode zu einer vertieften Selbsterkenntnis führt. Es wird Dir Einblicke gewähren und Verständnis dafür schaffen, wie das morphische Feld funktioniert. Es soll eine Anregung sein, sich auf den Prozess „Leben" einzulassen. Außerdem soll es eine Alternative und einen neuen Ansatz im Vergleich zu anderen Aufstellungsmethoden aufzeigen. Aus eigener Erfahrung weiß ich, dass – wenn man sich für Aufstellungsarbeit, seelische Lösungswege und Persönlichkeitsentwicklung interessiert – es zunächst einmal gilt, die für sich geeignete Methode zu finden.

„Ein Date mit der Seele" kannst Du lesen, verstehen und nachempfinden, ohne dass Du astrologische Vorkenntnisse haben oder Dein eigenes Geburtshoroskop kennen musst. Du brauchst also weder Astrologe, Aufstellungsleiter noch Therapeut zu sein! Mit meiner Arbeit möchte ich die Astrologie und die eigene Seele spürbar und erlebbar machen – auch in diesem Buch.

Sicherlich wird es die eine oder andere Stelle in diesem Buch geben, bei der Du den Kopf schütteln und sagen wirst "Das kann nicht sein!" oder "Das glaube ich nicht!" Und es wird wieder andere Stellen im Buch geben, die Dich vielleicht sehr berühren werden. Leg das Buch dann nicht weg, sondern trau Dich, weiterzulesen. Es sind meine Erfahrungen mit der Arbeit. Ob diese mit dem Verstand greifbar sind oder nicht, spielt zunächst keine Rolle – Hauptsache, sie wirken!

Vielleicht wirst Du an mancher Stelle emotional reagieren und kannst Dich in die Beispiele einfühlen. Dann wird vielleicht eine bisher unbekannte Saite in Dir zum Schwingen gebracht. Bewerte dieses Gefühl nicht, sondern lass es einfach stehen und wirken. Jede Denkweise, jedes Buch und jede Methode polarisiert. Das ist auch gut so, denn wir alle sind unterschiedlich, sind eigenständige und selbst denkende

Individuen mit jeweils eigenen Wahrheiten. So tragen wir alle gegenseitig zur Entwicklung bei. Dementsprechend hat dieses Buch auch keinen Anspruch auf Vollständigkeit. Die Arbeit entwickelt sich stets und ständig weiter – so wie wir Menschen auch.

Betrachte den Inhalt als ein vielfältiges Angebot, das Deiner Selbsterkenntnis dienen kann. Du kannst dir hier und dort herausnehmen, was für Dich passt – anderes wiederum brauchst Du nicht anzunehmen. Du lässt es einfach stehen. Es gibt viele gute Bücher und Literatur über die unterschiedlichsten Aufstellungsarbeiten, allerdings gab es über die Methode der Astrologischen Symbolaufstelllung bisher noch keine Lektüre. Einzige Informationsquellen waren meine Internetseite und die meiner Kolleginnen. In dieser Aufstellungsarbeit sind Anteile aus allen bisher bekannten Methoden integriert. Sie enthält sowohl astrologische, systemische, strukturierte, karmische als auch spirituelle Aspekte. Nicht nur, weil es mein Herzenswunsch war, dieses Buch zu schreiben, sondern auch aufgrund der vielen Nachfragen, hältst Du nun dieses Werk in Deinen Händen. Es gehört zu meiner Berufung, zu meiner Arbeit, erzählt von meinem Herzblut und dient der allgemeinen Information über die Astrologische Symbolaufstellung (Entwicklung, Verfeinerung, Hintergründe, Erleben, Ablauf). Ich habe immer an diesen Traum geglaubt. Keine Traumdiebe, egal ob Zweifler, Neider, das eigene Ego, frühere Glaubenssätze oder Verhinderer, konnten mich davon abhalten. Deshalb freue ich mich sehr, dass Du mein Buch heute endlich lesen kannst. Ich hoffe, es fesselt Dich so sehr wie mich.

Dieses Buch ist weder ein Lehrbuch für Astrologie noch ein Arbeitsbuch, dessen Lektüre Dich unmittelbar in die Lage versetzen wird, selbst Aufstellungen oder Astrologische Symbolaufstellungen zu leiten! Dazu bedarf es wesentlich mehr. Welche Symbole bei welchen astrologischen Konstellationen einzusetzen sind und wann wie zu leiten ist, erklärt dieses Buch nicht. Vermeide bitte auch, anderen Menschen aufgrund von astrologischen Deutungen oder Ähnlichkeiten mit hier beschriebenen Fallbeispielen Angst zu vermitteln. Jede Aufstellung und auch jede Ursache für ein Problem oder eine Blockade ist individuell und die Möglichkeiten der Heilung sind sehr vielfältig und keinesfalls pauschalisierbar.

Aufstellungen aller Art gehen immer unter die Haut, berühren das Herz und die Seele und verändern die Menschen. Die Leitung einer Aufstellung sollte ausschließlich nach einer verantwortungsbewussten und selbst erfahrenen Ausbildung durchgeführt werden. Es gibt Dinge, die weder in Worte gefasst noch in Büchern niedergeschrieben werden können, sondern nur über das persönliche Erleben erfahrbar sind. Darüber hinaus zeigt dieses Buch lediglich einen kleinen Ausschnitt aus der Aufstellungsarbeit auf, denn alle Aspekte und Hintergründe der Astrologischen Symbolaufstellung zu erläutern, würde den Rahmen dieses ersten Erfahrungsbuches sprengen und den lediglich persönlich interessierten Leser überfordern.

Eine Astrologische Symbolaufstellung kann keine ärztliche oder therapeutische Konsultation ersetzen! Suche bitte einen Arzt auf, wenn Du Dich krank fühlst. Die Astrologischen Symbolaufstellungen bieten Hilfe zur Selbsthilfe. Die Teilnahme an den Seminaren setzt die Eigenverantwortlichkeit der Teilnehmerin und des Teilnehmers sowie die Bereitschaft zur Selbsterkenntnis voraus.

"Leben ist das, was passiert,

während du eifrig dabei bist,

andere Pläne zu machen."

(John Lennon)

Einleitung

Wie alles begann und was geschehen kann vor, während und nach einer Astrologischen Symbolaufstellung. Meine persönliche Reise zu meiner Berufung und welche Steine im Weg zu erkenntnisreichen Stufen wurden.

Hätte mir jemand vor 15 Jahren gesagt, dass ich einmal selbstständige Therapeutin mit eigener Praxis, Seminarleiterin, Ausbilderin im psychologischen Bereich und Buchautorin sein würde, so hätte ich vermutlich nur ein müdes Lächeln gezeigt und am Verstand dieser Person gezweifelt. Zwar wusste ich durch meine Mutter schon früh von den wunderbaren Heilungsmöglichkeiten der Homöopathie – Feng Shui und Nahtoderlebnisse bzw. Karma interessierten mich auch schon lange Zeit „hobbymäßig" – doch ich war eine gelernte Versicherungskauffrau durch und durch. Bis mir schließlich das Leben zeigte, wie hart das Schicksal sein kann.

Unser Vater war bereits 1979 an seinem dritten Herzinfarkt im Alter von nur 44 Jahren verstorben. Anfang 2001 stellte dann der sehr plötzliche Tod unserer Mutter im Alter von 63 Jahren mein Leben gänzlich auf den Kopf. Sie starb völlig unerwartet an einer Lungenembolie. Erst jetzt begann ich damit, mir grundsätzliche Gedanken über mein Leben zu machen. Die Trauerarbeit führte mich zunächst auf das Gebiet der rein energetischen Rückführungsarbeit in Verbindung mit Prana-Energie. Auch wenn es für meinen Verstand weder fassbar noch erklärbar war, bemerkte ich schnell, dass es mir langsam besser ging und ich behutsam aus dem Lebens-Tief herausgeführt wurde.

Noch während der Trauerarbeit machte ich mir viele Gedanken über meine eigene Gesundheit, denn in unserer Familie gab es eine Häufung von Herz-Kreislauf-Erkrankungen. Die Herzensverbindung zu meiner Mutter war immens stark und ich trug noch monatelang das Gefühl mit mir herum, dass ein reißfester Bindfaden mein Herz, manchmal mehr und manchmal weniger fest, umschnürt (die Silberschnur, die uns mit geliebten Menschen verbindet). Mir war bewusst, dass ich meine Mutter seelisch loslassen musste und gleichzeitig machte ich mir zunehmend Sorgen um meinen Gesundheitszustand. Ich ließ mich also von Kopf bis Fuß durchchecken – frei nach dem Motto: Wer sucht, der findet!

Diagnostiziert wurde eine massive Hormonstörung (Gelbkörperhormon), die bisher durch die Einnahme der Pille nicht aufgefallen war. Den Rat meiner Frauenärztin, Hormone einzunehmen, lehnte ich dankend ab und begab mich stattdessen auf die Suche nach Alternativen. Intuitiv wusste ich, dass es einen Grund für das Durcheinander meiner Hormone und all dieser Ereignisse in meinem Leben geben musste. Dies brachte mich mit heilpraktischen und homöopathischen Methoden in Berührung. Es folgten Bachblüten, Bioresonanz, diverse homöopathische Mittel, Hydro-Colon-Therapie, Kinesiologie, Reiki und vieles mehr. Alle Methoden und Anwendungen waren sehr gut und halfen mir in den folgenden Monaten auf den unterschiedlichsten Ebenen und in schwierigen Situationen weiter. Doch nichts ging so tief, dass sich die körperliche Blockade lösen wollte. Dennoch blieb ich am Ball. Ich war überzeugt, dass es noch irgendetwas anderes geben musste!

Schließlich landete ich mit meinem Hormonproblem bei einer Familienaufstellung, klassisch nach Hellinger. Hier erfuhr ich, wie schwer, dramatisch und anstrengend diese Art der Therapie (je nach Aufstellungsleiter/-in) sein kann. Die vermeintliche Lösung, die mir nach dieser Aufstellung aufgezeigt wurde, war jedoch fatal. Wäre ich diesem Weg gefolgt, hätte ich wohl nicht nur mein Hormonproblem behalten, sondern wäre inzwischen wahrscheinlich sehr unglücklich, da sich mir mein Potenzial nie erschlossen hätte. Auch die Auswirkungen auf die anderen Teilnehmerinnen und Teilnehmer konnte ich während dieser Aufstellung beobachten. Es wurde sehr viel geweint, getrauert und einige wurden wahrlich in Depressionen gestürzt. *(Anmerkung: Ich beschreibe hier ausschließlich meine eigenen, persönlichen Erfahrungen.)*

NEIN, das war nicht meine Lebenseinstellung und das war auch nicht das, was ich angestrebt hatte! Das Familienstellen zeigte darüber hinaus in meinem Leben keinerlei Wirkung, da nichts in mir gelöst oder gewandelt worden war. Warum überhaupt sollte die Seelenarbeit schwer sein? Es musste doch einen leichteren Weg geben.

Im Herbst 2003 rief mich eine gute Freundin an und fragte, ob ich schon einmal etwas von Astrologischen Aufstellungen gehört hätte. Nein, das war mir neu. Astrologie war mir bislang nur aus der Tageszeitung in Form von redaktionell oftmals unsinnigen Tageshoroskopen bekannt und Aufstellungen kannte ich nur in Form der Familienaufstellung. Mein Interesse aber war geweckt. Meine Freundin berichtete, dass sie ein für sich selbst gebuchtes Astrologisches Aufstellungsseminar aus terminlichen Gründen nicht wahrnehmen könne und bot mir an, diesen Platz zu übernehmen. Solche Dinge werden bekanntlich geschickt. Sie sind „Zu-Fall" *(alles, was uns so zu-fällt, ist eine seelische Notwendigkeit und ein Wink des Lebens)*. Ohne zu zögern ergriff ich die Gelegenheit beim Schopf und übernahm ihren Platz.

Das Seminar erstreckte sich über zwei Tage mit einer Gruppe, die aus etwa zehn Teilnehmern bestand. Sofort nach der ersten Aufstellung wusste und spürte ich, wie viel Kraft und Entwicklungspotenzial in dieser Arbeit steckt. Ich war begeistert. Sehr schnell bekamen die Aufstellenden Kontakt mit einem anfangs blockierten Seelen-anteil, spürten die Dynamik. Es ging um positive Lösungen. Darum, in die eigenen Schuhe zu kommen und sich auch von den Eltern, der Familie und Verstrickungen in LIEBE zu LÖSEN. Da war auf einmal das gewisse Etwas. Ein Gefühl, das ich so lange vermisst hatte: LEICHTIGKEIT. Jeder konnte frei reden. Oftmals entwickelte sich sogar eine Eigendynamik, ohne dass der Leiter eingreifen musste. Es wurde gelacht, gestritten und verziehen. Aber was mich am meisten beeindruckte, war die unvor-stellbare Energie, die freigesetzt wurde.

Schließlich war ich an der Reihe. Es war einfach unglaublich und hat so vieles für mich erklärt. Ich blockierte mich selbst, indem ich unbewusst „meinen Mann stand" – kein Wunder also, dass ich Hormonprobleme *(Weiblichkeit)* hatte! Nach der Aufstellung wollte ich dann natürlich wissen, was ich zusätzlich selbst noch tun müsste. „Nichts!", war die Antwort. Aha, okay!? Innerhalb von sechs Wochen bis zu sechs Monaten würde sich etwas tun in meinem Leben. Nun gut, sagte ich mir, an diesen sechs Monaten soll es nicht scheitern...

Für den Moment aber hatte sich nichts geändert. Ich war immer noch ganz die Alte, die kopfgesteuerte Versicherungskauffrau. Also fragte ich vorsichtshalber nach: „Ich habe zu Hause Globuli liegen, soll ich die noch nehmen?" Die unglaubliche Antwort folgte in Form einer Aufstellung. Ich stand im Raum und ein anderer Teilnehmer wurde neben mich gestellt. Nur einen kurzen Augenblick später wurde mir übel und schwindelig. Ich sagte: „Nimm es nicht persönlich, aber ich brauche viel mehr Abstand. Was ist denn das?" - „Das sind die Globuli, die bei dir zu Hause liegen. Antwort genug?" Für mich bedeutete das, einmal nichts zu tun, nichts zu nehmen und einfach nur geschehen zu lassen. Mit vielen Fragezeichen im Kopf fuhr ich schließlich nach Hause. Interessanterweise erinnerte ich mich noch alle anderen

Aufstellungen im Detail, nur meine eigene war wie ausgelöscht. Macht nichts, sagte ich mir, das Unterbewusstsein speichert schließlich alles. Der Kopf will nur wissen. Es war viel passiert und ich musste wahrscheinlich erst einmal alles in Ruhe sacken lassen.

Bereits als ich von diesem Wochenende nach Hause kam, wusste ich, dass dies eine Arbeit ist, die vielen Menschen helfen kann. Ich wollte genau das lernen und weiterentwickeln. Aber als typischer Stier ließ ich meine Geduld walten und wartete, wägte ab zwischen dem, was ich wirklich wollte und der Frage, ob diese Euphorie nicht vielleicht doch nur ein Strohfeuer sein könnte. Doch es sollte anders kommen. Nach fast genau sechs Wochen begann die Zeit der Veränderungen und Entscheidungen. Im Freundeskreis und in meiner Beziehung wurden Missverständnisse geklärt, Geheimnisse gelüftet und Lügen aufgedeckt. Es ging ziemlich hoch her. Schon früher hatte ich oftmals ein Gespür dafür, wenn etwas nicht stimmte, war jedoch meist nicht in der Lage, hinter das Rätsel zu kommen oder es zu lösen. In vielen Situationen war ich nicht einmal in der Lage, die richtigen Fragen zu stellen. Doch nun war die Zeit der Klärung gekommen. Die endlich ausgesprochenen Wahrheiten waren nicht immer schön. Also leckte ich meine Wunden und litt zugegebenermaßen auch unter ein wenig Selbstmitleid. Mich überkam das Gefühl, als würde mein Innerstes nach außen gekrempelt.

Doch die Energie kam rasch zurück. Mir wurde bewusst, dass die Aufstellung fleißig am Arbeiten war, denn seither hatte ich keine anderen Therapiemethoden ausprobiert. Ich veränderte mich und hatte die Kraft, mit den Dingen umzugehen. Ich war bereit, es konnte jetzt losgehen. Also meldete ich mich zur zweijährigen astrologischen Aufstellungsausbildung an. Und siehe da, genau nach einem halben Jahr und gleichzeitig mit dem Beginn meiner Ausbildung kamen auch meine Hormone in Wallung. Sie begann genau sechs Monate und zwei Wochen nach meiner eigenen ersten Aufstellung. Ich war gerade auf dem Weg zum ersten Ausbildungswochenende und nach fast drei Jahren setzte genau zu diesem Zeitpunkt mein Zyklus wieder ein. Dieses Ereignis war für mich das i-Tüpfelchen der Bestätigung. Ich war mir nun ganz sicher, dass meine Entscheidung goldrichtig war. So begann ich frisch gestärkt meine Ausbildung.

Diese Zeit hat mich nochmals wachsen lassen. Ich habe viel Astrologisches gelernt und bei Aufstellungen viel gesehen und gehört. Was am Interessantesten ist: Von weit mehr als 1000 Aufstellungen, die ich bisher begleitet habe, musste nicht eine einzige abgebrochen werden. Das Leben der Aufstellenden hat sich durchweg gewandelt. Die einzelnen Berichte dieser Menschen zu hören, ist immer wieder eine Freude.

Im Herbst 2005 begann ich damit, Astrologische Symbolaufstellungen anzubieten. Zunächst im ganz kleinen Kreis in meiner Heimatstadt Detmold und nach den erlernten Methoden. Freunde und Bekannte stellten sich vertrauensvoll als Versuchskaninchen zur Verfügung *(danke Euch allen!)* und es sprach sich in Windeseile herum, was es da für eine interessante neue Methode gab. Im Rückblick betrachtet legte die Eigendynamik der Arbeit ein rasantes Tempo vor. In kürzester Zeit gab ich Seminare in Hamburg, Berlin, Frankfurt, Köln, Düsseldorf und an vielen anderen Orten. Die Nachfrage war und ist riesig. Seit nunmehr fast acht Jahren hat sich die Aufstellungsarbeit ständig verfeinert, erweitert und weiterentwickelt. Viele Aspekte sind hinzugekommen, vieles habe ich erforscht und getestet. Anfangs ging es noch häufig um Familienverstrickungen. Später kamen in den Aufstellungen die eigenen Vorstellungen, das Ego und der Trotz zum Vorschein und nach der Arbeit mit dem verlorenen Zwilling fließen nun auch immer wieder karmische Verstrickungen in die Aufstellungen mit ein. Aktuell rundet die 2-Punkt-Metode der Quantenheilung die Entwicklung ab. Es zeigt sich stetig ein immer größer werdendes Lösungsfeld und Lösungspotenzial. Jede Aufstellung ist einzigartig und faszinierend. Nichts ist gleich und doch gibt es durch die Seelenstruktur und das Geburtshoroskop einen Leitfaden durch die Aufstellung.

Anfang des Jahres 2006 erhielt ich die Ergebnisse eines erneuten Hormontests, der schwarz auf weiß bestätigte, was mir mein eigenes Körpergefühl schon längst gesagt hatte. Das Durcheinander in meinem Hormonhaushalt war vorüber. Alles befand sich in vollkommener Balance – und zwar ohne Medikamente, ohne Manipulationen und ohne Eingriffe. Meine Frauenärztin war völlig konsterniert.

Im August 2007 eröffnete ich nebenberuflich meine eigenen Seminar- und Praxisräume in Detmold. Im Dezember 2008 war ich bereit, die vermeintliche Sicherheit des Versicherungsgeschäftes *(des Geschäfts mit der Angst)* aufzugeben und mich in die Unsicherheit der Selbstständigkeit zu begeben. Wer mit Eigenverantwortung arbeitet, muss auch eigenverantwortlich sein! Dies war die beste Entscheidung, die ich je in meinem Leben getroffen hatte und die darüber hinaus neue Energie für die Aufstellungsarbeit freisetzte. Ich bin wirklich dankbar, dass ich diese Arbeit, die mir selbst so sehr geholfen hat, auch anderen zur Verfügung stellen kann, dass ich so viele Menschen begleiten durfte und immer noch darf und meine Berufung leben kann.

Seit drei Jahren drängte es mich, dieses Buch zu schreiben. Es gab etliche Verhinderer, sogar noch kurz vor dem Ziel – und hier und da stolperte mir immer das Leben dazwischen, doch ist es vollbracht. Ich wünsche Dir viel Spaß beim Lesen und Entdecken!

Ilka Plassmeier
Detmold, im April 2013

Teil 1

Theoretischer Teil

Hintergründe, Allgemeines und Wissenswertes

Eine sprachlich elegante und gut lesbare Form für eine geschlechtsneutrale Darstellung habe ich bisher nicht gefunden. Dieses Buch richtet sich an Frauen und Männer gleichermaßen. Bitte hab Verständnis und Nachsicht, dass ich mich der Einfachheit halber für die männliche Schreibweise der meisten Begriffe und Personenbezeichnungen entschieden habe.

Kapitel 1

Das morphische Feld, Eigenverantwortung und Ablauf der Astrologischen Symbolaufstellung

*"Das Wesentliche ist für
die Augen unsichtbar."*

(Antoine de Saint-Exupéry)

Was sind Aufstellungen und warum verwende ich sie?

Aufstellungen sind „Rollenspiele" und doch wird nicht gespielt. Die seelischen Hintergründe der belastenden Situation werden über das Aufstellungsbild deutlich und plastisch erkennbar. Was oft schlecht oder kaum mit Worten zu beschreiben wäre, kann mit eigenen Augen verfolgt werden. Das bedeutet, jeder kann sich klar in den einzelnen Stellvertretern wiedererkennen. Mit anderen Worten: Wir finden (zu) uns selbst. Astrologische Symbolaufstellungen lösen Blockaden, Verstrickungen, alte Glaubenssätze, Hemmungen und vieles andere mehr auf einer seelisch-energetischen Ebene. Einiges davon erfährt auf dieser unterbewussten und unbewussten Ebene einen Anstoß. Die Lösungen im konkreten Alltag geschehen und treten zu einem späteren Zeitpunkt ein. Häufig nehmen die Menschen aus dem Umfeld, Bekannte, Kollegen oder Familienmitglieder, die Veränderung des Aufstellers bereits wahr, wenn es dem Aufsteller selbst noch gar nicht bewusst ist.

Der Grundsatz einer Astrologischen Symbolaufstellung lautet: „Wie innen, so außen". Erst durch Selbstliebe, Selbstrespekt, Selbstachtung und Selbstanerkennung können äußere Verstrickungen gelöst werden. Hier wird ent-strickt, ent-bunden und ent-wickelt. All dies ist energetische Arbeit zur Lösungsfindung, die in einem psychischen Feld stattfindet. Dort werden auch die Veränderungen für den Alltag bewirkt. In unserer wissenschaftlich und technisch geprägten Welt neigen wir dazu, mit Medizin, Gesprächstherapien und logischen, vielleicht auch manchmal überstürzten Entscheidungen den Kampf gegen die Symptome anzutreten, ohne uns je auf die Suche nach der Ursache zu machen. Bitte verstehe mich nicht falsch! Medizin ist wichtig und hilfreich. Oft sogar überlebenswichtig. Wirkliche Heilung jedoch beinhaltet immer Ganzheitlichkeit. Heilung passiert gleichzeitig auf allen Ebenen – „wie innen, so außen".

Ein mir bekannter Homöopath, der promovierter Chirurg ist, formulierte dies einmal sehr treffend. Er hatte bereits sehr lange Zeit als Chirurg praktiziert, als er für sich feststellen musste, mit seiner Arbeit lediglich den Kampf gegen die Symptome antreten zu können, ohne je deren Ursache zu behandeln. Er mutmaßte, dass dies auch der Grund dafür war, dass einige Patienten mehrfach auf seinem Operationstisch landeten. Es war sein Wunsch mehr tun zu können als Symptome zu beseitigen. Er wollte den eigentlichen Ursachen für die Krankheiten seiner Patienten auf den

Grund gehen. Um sich selbst in die Lage zu versetzen, den Menschen wirklich und nachhaltig helfen zu können, ließ er sich zum Homöopathen ausbilden. Heute legt er sehr viel Wert darauf, das Interesse seiner Patienten für eine ganzheitliche Genesung zu wecken und legt ihnen Aufstellungen, Rückführungen in frühere Leben, Quantenheilung, Kinesiologie und Gesprächstherapien ans Herz.

Wer kommt zu den Astrologischen Symbolaufstellungen?

Eine ganz einfache Antwort auf eine häufig gestellte Frage: Ganz normale Menschen – wie Du und ich. Menschen, die ein Problem lösen möchten. Wir brauchen keine astrologischen Vorkenntnisse, Erfahrungen mit Aufstellungsarbeit, keine vorangehenden Therapien oder angelesenes Wissen. „Ja, aber werde ich denn auch etwas fühlen? Das glaub ich fast gar nicht!" Auch diese Antwort ist einfach: Jeder, der eine Stellvertreterrolle übernimmt, fühlt etwas und kann auch etwas zur Situation sagen. Es passt immer.

Medialität und Aufstellungen - Warum funktioniert das morphische Feld?

Es gibt viele Erklärungen und Erklärungsversuche, auch wissenschaftlicher Art, zu dem wissenden oder morphischen (früher auch morphogenetischen) Feld. Bevor ich darauf eingehe, möchte ich gerne beschreiben, wie ich Seminarteilnehmern dieses Phänomen auf ganz einfache und bildliche Weise erkläre.

Inzwischen ist allgemein bekannt, dass jeder Mensch eine Aura um sich herum hat. Auch wenn sie für das menschliche Auge unsichtbar bleibt, ist dieser Energiekörper messbar und sogar fotografierbar (Kilian-Fotografie). Dieser feine, aus vielen Schichten bestehende Energiekörper macht unser Wesen und Sein aus. Bei der Aura gibt es eine weitere Differenzierung zwischen dem Ätherkörper, dem Emotionalkörper und dem Mentalkörper. Wichtig für die Aufstellungsarbeit sind alle drei Energiekörper(schichten). Der Ätherkörper enthält die Blaupausen, Fotonegative und das Prägemuster unseres physischen Körpers und Seins. Der Emotionalkörper speichert all unsere Gefühle und Emotionen, im Hier und Heute und in der Vergangenheit, die unbewältigten, unverarbeiteten oder unterdrückten Gefühle sowie unsere Bedürfnisse. Der Mentalkörper, wie das Wort schon sagt, sammelt all unsere Gedanken, Glaubenssätze, Denkmuster, Erfahrungen und erlernten Strukturen. Somit sind in unserer Aura alle Informationen über uns gespeichert. Gefühle, Erfahrungen, alles Wissen und Erlebte finden sich dort wieder.

Entscheidet sich ein Mensch dazu, im Rahmen einer Aufstellung an seinen Problemen zu arbeiten und deren seelischen Hintergrund zu erkennen, dehnt sich dieses Aurafeld spürbar für alle Anwesenden im Raum aus. Sie reagieren individuell, meist emotional, was sich über das eigene Körpergefühl zum Ausdruck bringt. Wird nun ein Stellvertreter für ein bestimmtes Thema oder eine Person ausgewählt, extrahiert das Unterbewusstsein des Stellvertreters alle Informationen zu dieser Rolle aus der Aura des Aufstellers. So wird der Stellvertreter in die Lage versetzt, in der ihm übertragenen Rolle die Situation und das Empfinden authentisch wiederzugeben, was er zuvor, unbeteiligt auf einem Stuhl sitzend, weder gekonnt noch gespürt hätte. Es beweist, dass durch die Fähigkeit zu spüren und Empathie zu empfinden, eine Verbindung untereinander auf energetischer Ebene besteht. Oft ahnen gerade benannte Stellvertreter bereits vorher, dass sie für genau diese Rolle ausgewählt werden würden. Dieser Stellvertreter ist mit seiner eigenen Aura bereits in Resonanz gegangen. Alle Stellvertreter haben zu ihrer jeweiligen Rolle eine Entsprechung (Disposition). Jeder, der als Helferlein in einer Rolle steht, kennt entweder die Rolle oder die Situation, in der er stehen wird.

Naturwissenschaftlicher, Sozialwissenschaftler und Therapeuten streiten sich immer noch darüber, ob das morphische Feld tatsächlich existiert, da es wissenschaftlich noch nicht nachgewiesen werden konnte. Aber viele Versuchsreihen und Studien in diesem Bereich brachten sehr eindeutige Beweise hervor. Wissenschaftler sprechen hier gern vom „Zufall". Gibt es Zufall? Oder beinhaltet er lediglich das, was uns zur richtigen Zeit einfach „zufällt"? Der britische Biologe Rupert Sheldrake geht von einem hypothetischen Feld aus, das als „formbildende Verursachung" für die Entwicklung von Strukturen in allen Bereichen verantwortlich ist. Dieses allumfassende Bewusstseinsfeld enthält Informationen in Form von Schwingungen und stellt auch mentale Verbindungswege zwischen Lebewesen her. Wir alle kennen diese Verbindung aus unserer eigenen Lebenserfahrung. Sheldrake beschäftigt sich in seinen Forschungen und Studien mit den so genannten morphogenetischen Feldern, die den Biologen aus der Formentwicklung bei Pflanzen und Tieren bekannt sind. Diese morphogenetischen Felder geben ganz grob die Form eines wachsenden Organismus vor. Hierbei handelt es sich um sich selbst organisierende Einflussgebiete, vergleichbar mit magnetischen Feldern und anderen bislang anerkannten Feldern der Natur. Morphogenetische Felder sind zwar in der Biologie weithin anerkannt, aber niemand weiß, was diese Felder sind oder wie sie funktionieren. Sheldrake stellt folgende Theorien auf:

> „ 1.: *Morphogenetische Felder sind eine neue Art von Feld, die bislang von der Physik nicht anerkannt wird.*
>
> 2.: *Sie nehmen Gestalt an, entwickeln sich wie Organismen. Sie haben eine Geschichte und enthalten ein immanentes Gedächtnis aufgrund des Prozesses, den ich morphische Resonanz nenne.*
>
> 3.: *Sie sind Teil einer größeren Familie von Feldern, den so genannten morphischen Feldern." (1)*

Wenn also die morphogenetischen Felder struktur- oder formbildende Felder sind, sind die morphischen Felder übergeordnet die wissenden Bewusstseinsfelder, die weit über Form und Anlagen hinausgehen.

Beispiele für die Wirkung des alltäglichen morphischen Feldes aus meiner persönlichen Erfahrung

1998 war ich auf einer Dienstreise unterwegs. Als ich morgens losfuhr, war es sternenklar und trocken. Gegen 9 Uhr setzte heftiger Schneefall ein. Auf spiegelglatter Fahrbahn geriet ich gegen 11 Uhr in einen Unfall, bei dem abgesehen von einigen Blechschäden alles glimpflich verlief. Gegen 11.30 Uhr rief ich meine Mutter an. Ich wollte sie wissen lassen, dass sich das ganze Land in einem einzigen großen Stau befände und ich erst spät abends Zuhause sein würde. Doch meine Mutter wusste sofort, dass ich einen

Unfall gehabt hatte. Ihre Worte klangen angespannt. „Ich hab das gespürt. Gott sei Dank geht es dir gut. Was ist passiert?" Ich war völlig perplex. Eigentlich hatte ich ihr diesen Vorfall vorenthalten wollen, damit sie sich nicht sorgen musste.

❧ Immer wieder kommt es vor, dass ich an eine bestimmte Person denke, die ich ganz gewiss auch noch heute anrufen werde. Dieser Gedanke verfolgt mich über den gesamten Tag hinweg. Doch bevor ich dazu komme, klingelt das Telefon und genau diese Person kommt mir zuvor.

❧ Mein Bruder berichtete mir vor einigen Jahren über eine interessante Beobachtung. Unser Kater wurde regelmäßig etwa 15 Minuten bevor ich nach Hause kam unvermittelt wach und aktiv, setzte sich meist ans Fenster und miaute. Er spürte, dass ich bald nach Hause kommen würde. Diese Tatsache war nicht auf meine geregelte Arbeitszeiten zurückzuführen, denn sein Verhalten zeigte er auch am Wochenende und zu anderen Zeiten, wenn ich mich nicht an den gewohnten Rhythmus hielt.

❧ Als junges Mädchen hatte ich eine Ponystute, die ich sehr liebte. Auch als ich schon lange von Zuhause ausgezogen und sie schon alt war, war dieses Band noch existent. Ein oder zwei Mal im Jahr litt mein Pony unter leichten Koliken. Eines Abends, ich lag schon im Bett, wurde mir ganz flau im Magen. Mein erster Gedanke war, dass es dem Pony nicht gut ging. Also stand ich auf und lief hinüber zum Stall. Auch wenn es verrückt war, zu dieser späten Zeit zum Stall zu laufen, konnte ich einfach nicht anders. Und tatsächlich: Das Pony hatte eine sehr schwere Kolik und wäre ich nicht zu Hilfe gekommen, hätte es die Nacht nicht überlebt.

Es ist uns bislang nur möglich zu erspüren und zu testen, welche tiefgehende Systematik und höhere Logik hinter dem Phänomen des wissenden Feldes steckt. Noch gibt es keine hundertprozentige, wissenschaftliche Erklärung. Da die Quantenphysik immer populärer wird, können wir davon ausgehen, dass es von dieser Seite sicherlich zukünftig mehr Erklärungsmodelle geben wird. Das wissende Feld umgibt als Energiefeld alles, was Materie, Energie und Bewusstsein verbindet. Wir leben ständig darin. Wir sind mit allem verbunden. Das Internet mit seinen sozialen Netzwerken ist hierzu ein anschauliches Vergleichsbild. Ebenso wie die Handynetzverbindungen, über die auch die Besitzer gefunden werden können. Morphische Felder besitzen ein eingebautes Gedächtnis (individuell und kollektiv) und basieren auf dem, was zuvor geschehen ist. Morphische Felder sind Träger der Gewohnheit, Träger des Erbes. Natürlich hat sich auch Hollywood dieses Phänomens bereits bedient und so wunderbare Filme wie beispielsweise Avatar erschaffen. In dem Film spielt der Baum des Lebens die tragende Rolle des Weltengedächtnisses. In diesem Baum und seinen Wurzeln sind alle Erfahrungen der Lebewesen und der Geschehnisse des Planeten abgespeichert und für jeden Avatar abrufbar. Wer den Film noch nicht gesehen hat: Anschauen, es lohnt sich!

Sogar C. G. Jung, einer der bekanntesten Tiefenpsychologen, beschäftige sich mit diesem Energiefeld und nannte es „kollektives Unterbewusstsein". Unser Einzelbewusstsein ist mit dem allumfassenden Bewusstsein verbunden. Neben den gespeicherten und abrufbaren Informationen des wissenden Bewusstseinsfeldes, können wir Menschen auf völlig unbewusster Ebene von den Erfahrungen anderer, besonders wenn eine kritische Masse überschritten ist, lernen und profitieren (positiv wie negativ). Diese Schwingungen gelten nicht nur für Wissen, praktische Anwendungen oder Handlungen, sondern natürlich auch für Worte und Gefühle. Das erklärt auch, warum Wasser Worte „lesen" kann. Zu einem bestimmten Wort gehört immer auch eine bestimmte Schwingung. Wasser reagiert ganz empfindlich auf Schwingungen. Schon ein vorbeifahrender LKW lässt die Wasseroberfläche in einem Glas zittern. So reagiert das Wasser auch auf energetische Schwingungen. Dr. Masaru Emoto ist es gelungen, die Auswirkung von Wörtern auf die Wasserkristalle zu fotografieren und dabei sind erstaunliche Bilddokumente herausgekommen. Wir sehen hier das Schwingungsmuster auf das morphische Feld in Bezug auf ein bestimmtes Wort. Worte wie Liebe, Dankbarkeit, Glück bringen wundervolle Kristalle zum Vorschein. Negative Worte wie Hass oder Krieg „zerschießen" das Wasser im wahrsten Sinne des Wortes. Daher sollten wir genau darauf achten, was auf unseren Gläsern, Tassen und Bechern steht, damit wir positiv aufgeladene Flüssigkeiten zu uns nehmen. Wundervolle Bilder und Erläuterungen sind in dem Buch „Die Botschaft des Wassers" von Masaru Emoto (siehe Bibliografie) zu finden.

Auch Prof. Dr. Fritz B. Simon hat sich mit dem Thema der menschlichen Fähigkeit der Raumwahrnehmung beschäftigt. Mit seinem Mitarbeiter wiederholte er eine Organisationsaufstellung mehrmals mit verschiedenen Teilnehmern. Die freien Äußerungen der Teilnehmer in den einzelnen Positionen stimmten hochsignifikant mit den ursprünglichen Äußerungen überein. Auch wenn er eine Auswahl an Antworten vorgab, wurden die richtigen angewählt. Die Übereinstimmung lag bei fast 80 Prozent (nachzulesen in der Zeitschrift Wissenschaft & Weiterbildung, Ausgabe Mai 2005). Am meisten faszinierte ihn die Erkenntnis, dass eine Aufstellung viel schneller zum Ziel führte als ein Beratungsgespräch.

Das Wunderbare am morphischen Feld ist, dass eine Verbindung zwischen der belegbaren Wissenschaft und der therapeutischen Arbeit geschaffen wird. Die Aufstellungsarbeit wird dadurch glücklicherweise immer mehr von ihrem mystischen oder esoterischen Image befreit. In der Astrologischen Symbolaufstellung tauchen wir ganz bewusst in dieses Bewusstseinsfeld (morphische Feld) und klinken uns in die Informationen des Aufstellers ein. Das ist die Erklärung dafür, dass dem Aufsteller bisher fremde Teilnehmer nun auf einmal Dinge spüren und Redewendungen benutzen, von denen sie eigentlich keine Kenntnis besitzen können. Sehr oft staunen die Aufsteller und Aussagen, wie „Das sind die Originalworte von…!" - „Das hätte auch von mir sein können!" - „Genau diese Körperreaktion habe ich auch!" häufen sich, genau wie die Frage „Wie kann der Teilnehmer das wissen? Davon hab ich doch gar nichts erzählt!"

Die Stellvertreter nehmen die Emotionen, Verhaltensweisen, O-Töne und Körpersymptome der vertretenen Person wahr. Sie sind sofort in einer energetischen Beziehung zueinander, haben die gleichen Anziehungen und Ablehnungen. Es ist das Prinzip von Sender und Empfänger. Der Aufsteller sendet und der Stellvertreter empfängt auf einer feinstofflichen Frequenz, die für unseren Verstand und unser Ego nicht greifbar ist und sich unserem normalen Bewusstsein entzieht. Alles vollzieht sich mit Leichtigkeit, frei von Anstrengungen. Einfach nur, weil wir eine Rolle und/oder einen Platz im Raum einnehmen.

Um noch einen Schritt weiter zu gehen: Das persönliche morphische Feld kennt nicht nur alle bisher gemachten Erfahrungen des einzelnen Menschen, sondern auch die alternativen Möglichkeiten und die Auswirkungen des Lösungs- und Heilungsweges. Haben wir die Blockaden in einer Aufstellung gewandelt und aufgelöst, weiß das morphische Feld des Klienten, wie sich das Neue anfühlt und schickt uns jetzt die neuen Begebenheiten und Lösungsmöglichkeiten im Außen. Wichtig ist, dass wir eine positive Grundeinstellung dabei halten. Je erleichterter und bewusster der Klient aus der Aufstellung geht, desto schneller löst sich die bisherige Blockade auch im Außen, also im Alltag. Wir sind somit alle auf einer völlig unbewussten Ebene miteinander verbunden und schwingen. Das heißt allerdings nicht, dass jeder Mensch gleich ist. Die Individualität ist ein wichtiger Bestandteil des lernenden, wissenden Feldes. In dieser Einheit und Verbundenheit gibt es Gruppierungen und Systeme, die der einzelne Mensch für sein Leben auswählt, die Teil seiner Persönlichkeit sind. Das sind beispielsweise die Familie, die Firma, die Freunde, Freizeitvereine, Städte, Länder, Staaten und Kontinente.

Was ist eigentlich ein Problem?

Wikipedia (http://de.wikipedia.org/wiki/Problem am 14.09.2012) definiert: *"Ein Problem nennt man eine Aufgabe oder Streitfrage, deren Lösung mit Schwierigkeiten verbunden ist. Probleme stellen Hindernisse dar, die überwunden oder umgangen werden müssen, um von einer unbefriedigenden Ausgangssituation in eine befriedigendere Zielsituation zu gelangen. Probleme treten in diversen Ausprägungen in allen Lebensbereichen und Wissenschaften auf."*

Die wörtliche Übersetzung des Wortes Problem aus dem Altgriechischen ist: AUFGABE.

Aus diesen Erklärungen erkennen wir schon, dass ein Problem auch immer zu einer Lösung drängt. Ähnlich geht es meinen Klienten. Sie haben versucht, das Problem über die Logik zu lösen, es ausgehalten, es ausgesessen und vielleicht auch ignoriert. Die Seele aber möchte diese Aufgabe gelöst haben. Also leiden wir unter dem Problem, wenn wir keine Lösung finden oder nicht bereit sind für die Veränderung, die dadurch eintreten muss. Bei jedem ist der Leidensdruck unterschiedlich. Jedes Problem ist subjektiv und nicht alle Probleme sind auf Anhieb oder ohne Hilfe von außen lösbar. Manchmal entsteht bei uns selbst das Gefühl, den Wald vor lauter Bäumen nicht sehen zu können. Eine neutrale Person von außen kann das Problem jedoch ganz leicht erfassen. Lesen wir also das Wort doch einmal auf diese Weise: Problem, nicht Kontrablem. Ein Problem ist nie gegen uns, sondern immer eine Entwicklungsstufe. Erreichen wir die Lösung, haben wir uns um einen wichtigen Schritt weiterentwickelt.

*"Wie viele Pinselstriche verwenden
die Chinesen um das Wort "Krise"
zu beschreiben?
Zwei. Einer steht für Gefahr;
der andere für Gelegenheit.
In einer Krise gilt es
also die Gelegenheit zu erkennen."*

(Richard Milhous Nixon)

Doch wie entstehen Probleme eigentlich?

Unsere Seele möchte wachsen und stellt uns deswegen immer wieder vor Entwicklungsaufgaben. Da unsere Seele nicht direkt Kontakt zu uns aufnehmen kann, schickt sie uns zunächst Gedanken oder Ideen und Ähnliches. Wir spüren also unsere Intuition, unser Bauchgefühl. Vertrauen wir darauf und handeln danach, ist alles gut. Ignorieren wir aber unsere innere Stimme, unsere inneren Bedürfnisse und schieben diese Gedanken weg, versucht unsere Seele uns nochmals auf die Aufgabe hinzuweisen. Sie schickt uns dann im Außen Menschen, Situationen und „Zu-Fälle", damit wir nun darauf reagieren. Auch hier haben wir immer einen Lösungsansatz, den wir sehen und erkennen können. Wenn wir uns jetzt wieder vor der Aufgabe drücken und die Situation aussitzen, Beziehungsprobleme aushalten, und Zu-Fälle ignorieren, ist das Problem/die Aufgabe wieder nicht angekommen. Nach vielen Versuchen im Außen, reagiert die Seele schließlich über den Körper. Hier erfahren wir Krankheit und Unfälle. Dieser letzte Weg der Seele, uns auf die Aufgabe aufmerksam zu machen, ist bei uns Menschen in der Regel am effektivsten. Spätestens dann sind wir bereit, es anzugehen.

Mit einem Problem ist der sonst leichte Lebensfluss gestört. Irgendetwas funktioniert nicht. Uns liegen sprichwörtlich Steine im Weg. Doch anstatt die Steine einfach aufzuheben und etwas Schönes daraus zu bauen, stolpern wir darüber. Probleme zeigen sich auf den unterschiedlichsten Ebenen und in den unterschiedlichsten Situationen. Die Kollegen mobben uns auf einmal. Der Partner ist unzufrieden, es gibt Streit. Oder wir finden erst gar keinen Partner und auch keinen neuen Job. Wir haben Schulden. Wir geraten immer wieder an Menschen, von denen wir betrogen, ausgenutzt oder auf die Palme gebracht werden. Wir sind depressiv, leiden unter Schlafstörungen oder Übergewicht. Ängste begleiten uns. Akute oder chronische Krankheiten tauchen auf. Mit Freunden gibt es Streit. Immer wieder passieren Unfälle. Den Verlust eines Menschen können wir nicht verarbeiten und trauern übermäßig. Die Lebensfreude geht verloren. Die Leichtigkeit schwindet. Wir sehen nur noch unser Problem und ein Großteil des Alltags wird davon bestimmt.

Jedes Problem will uns auf den Ist-Zustand und die nächsten Schritte unserer seelischen Entwicklung hinweisen. Probleme, ganz gleich in welchen Bereichen, sind immer Entwicklungshelfer unserer Seele. Fragen wir doch die Mütter und Väter unter den Lesern. Erinnerst Du Dich noch daran, als Dein Kind eine Kinderkrankheit hatte? Als es für zwei oder drei Wochen gelitten hat und wie besorgt Du während dieser Zeit warst? Doch dann wurde es gesund und auf einmal konntest Du feststellen, dass Dein Kind einen ordentlichen Entwicklungsschub erfahren hat. Auch gesundheitliche Themen helfen der Seele, sich zu entwickeln, wenn wir dazu bereit sind.

Doch vergessen wir nicht: Ein Problem kann nicht durch einen Umzug, den Kauf neuer Schuhe oder das Lesen eines Buches gelöst werden. Ein Problem will eine aktive Veränderung in unserem Inneren bewirken und echte Wandlung hervorrufen. Also: Ein Glas Wein auf das Problem zu trinken, nützt nichts – Probleme können schwimmen. Umziehen hilft nicht – Probleme laufen hinterher. Der erste Schritt zur Lösung eines Problems ist IMMER die Erkenntnis, ein Problem zu haben.

Bewusstsein schaffen

Bei einer Astrologischen Symbolaufstellung geht es um Eigenverantwortung. Das bedeutet, dass der Mensch lernen muss, aus dem Macht- und Ohnmachtspiel (Täter/Opfer) auszusteigen. Nicht die Anderen sind Schuld an der Lage, in der wir uns befinden, sondern hier gilt das Resonanzgesetz. Alles, was im Außen passiert, hat eine Entsprechung zum Menschen im Inneren. Die Astrologischen Symbolaufstellungen dienen der Selbstfindung. Jetzt heißt es, aus der Komfortzone auszusteigen, aus der man bisher Aufmerksamkeit, Nutzen und Bequemlichkeit gezogen hat. Der Mensch soll erkennen, dass die Familie oder bestimmte Lebensbedingungen nicht Grund für seine Probleme sind. Vielmehr sind diese Familie und diese Lebensbedingungen dazu da, genau an diesen (Problem-/Aufgaben-) Punkten zu wachsen, zu reifen, zu lernen und sich zu entwickeln. Das sind die unbewusst gewählten Aufgaben, die es zu bewältigen gilt. Somit kann die Schuld an der eigenen Lage niemandem zugewiesen werden als sich selbst.

Eigenverantwortlichkeit – wie innen, so außen

Es verlangt Mut, sich dieser Sichtweise anzunehmen, denn sie erfordert, sich mit den eigenen Schattenseiten auseinanderzusetzen. Aber nur die Bereitschaft, sich den eigenen dunklen Seiten zu stellen, ermöglicht diese zu wandeln und erstrahlen zu lassen.

Warum sind wir überhaupt bereit zu leiden?

Vielen Menschen macht Veränderung im Leben Angst. In der aktuellen, wenn auch problematischen Situation kennen wir uns aus. Wir wissen, woran wir sind. Wenn nun etwas verändert wird, ist nicht mehr sicher, was kommen wird. Wir befürchten, dass es sogar noch schlimmer werden könnte. Der Mensch neigt dazu, vom Schlimmsten auszugehen, anstatt das Beste zu hoffen. Oftmals kann es doch gar nicht schlimmer werden, als es gerade ist. Warum also nicht doch nach der Taube auf dem Dach greifen und den Spatz loslassen? Nur müssen wir dafür erst einmal den Spatz fliegen lassen und für kurze Zeit ohne etwas in der Hand dastehen. Denn wir brauchen beide Hände, um auf das Dach zu klettern. Der auf Sicherheit bedachte Mensch schüttelt jetzt vehement den Kopf: „Nein, das kommt gar nicht in Frage. Wenn ich die Taube dann nicht bekomme, stehe ich mit leeren Händen da!" Aber wenn wir auf dem Sofa sitzen bleiben, werden wir nicht belohnt. Nichts wird passieren. Kommen wir dagegen ins Handeln, werden wir mit Erfahrungen und Fülle beschenkt.

Manche Klienten haben auch Angst vor Fehlern. Eine unbegründete Angst, denn auf seelischer Ebene gibt es gar keine Fehler. Alles was wir tun, und die Konsequenz daraus, bringt uns ein Mehr an Erfahrung. Natürlich werten wir diese, nennen sie gute oder schlechte Erfahrungen. Aber eine schlechte Erfahrung dient ausschließlich dazu, es beim nächsten Mal besser zu wissen. Verfügen wir über diese Erfahrungen nicht, haben wir auch nichts gelernt (der Klassiker: „Beim nächsten Mann wird alles anders!" und doch ist der nächste wieder „der Gleiche in Grün").

"Du musst selbst zu der Veränderung werden, die du in der Welt sehen willst."

(Mahatma Gandhi)

Menschen, die in der Opferhaltung stecken und nicht eigenverantwortlich sind, erkennen wir daran, dass sie jammern und die Schuld nur bei den anderen suchen, während sie selbst vermeintlich nichts zu der Situation beigetragen haben. Sie erwarten von anderen sich zu ändern, sind aber selbst nicht bereit es zu tun. Aus dieser Haltung wird lange Zeit ein sekundärer Gewinn gezogen, weil aus dem Umfeld Aufmerksamkeit und Verständnis kommt – wenn auch nur bis zu einem gewissen Grad, aber immerhin. Natürlich dürfen wir uns dann und wann Selbstmitleid zugestehen, wir dürfen zetern, maulen und jammern. Das ist ganz normal und gehört zum Leben. Aber mehr als ein oder zwei Tage sollte dieser Zustand nicht andauern.

Zitat aus dem Buch „Ein Kurs in Wundern" von Marianne Williamson: *„Unsere tiefste Angst ist es, dass wir über alle Maßen kraftvoll sind. Es ist unser Licht, nicht unsere Dunkelheit, das wir am meisten fürchten."* *(Rückkehr zur Liebe: Harmonie, Lebenssinn und Glück durch 'Ein Kurs in Wundern', Goldmann Verlag, 24. September 2004).* Das bedeutet für mich: Die größte Angst des Menschen ist die Freiheit. Eigenverantwortung bedeutet, auf eigenen Füßen zu stehen, die Konsequenzen für sein Handeln zu übernehmen, sich nicht mehr zu rechtfertigen, nicht mehr zu verdrängen und nicht mehr im Selbstmitleid zu zerfließen. Vielmehr bedeutet es, mutig und selbstbewusst zu handeln, zu lernen, sich seinen Schattenseiten zu stellen, Veränderung und Persönlichkeitsentwicklung anzustreben. Niemand anders übernimmt die Verantwortung als ich für mich selbst. Wir neigen gern dazu, anderen die Schuld in die Schuhe zu schieben zu wollen. Das ist bequem und zusätzlich wird ein Machtspiel daraus. Oftmals finden hier regelrechte Kämpfe mit unbewussten und emotionalen Erpressungen statt, auf andere Personen wird Druck ausgeübt.

Verstehe mich bitte nicht falsch. Ich heiße unethische und unmoralische Handlungen keinesfalls gut. Es gibt keine Rechtfertigung für rücksichtsloses oder gar gewaltsames Verhalten. Der Täter muss immer die Konsequenzen für seine Taten tragen. Mir geht es darum, das Wort „Schuld" zu entkräften, das im normalen Alltag viel zu schwer wiegt. Es ist ein menschengemachtes Wort, um zu be- und verurteilen. Auf seelischer Ebene gibt es keine Schuld und auch keine Unschuld. Auf seelischer Ebene gibt es nur die Handlung und die Konsequenz daraus. Das gilt sowohl für aktive wie auch für passive Handlungen, denn auch das Unterlassen kann eine Handlung sein (siehe unterlassene Hilfeleistung).

*"Seine eigenen Erfahrungen
bedauern,
heißt seine eigene
Entwicklung aufhalten."*

(Oscar Wilde)

Wir tragen die Verantwortung und die Konsequenzen für unser Handeln und unser Sein. Wir müssen uns also immer unseren Teil des Schuld-Machtspiels anschauen. Wenn uns etwas geschieht, wofür wir einem anderen die Schuld geben, hatten wir innerlich aber eine Disposition (Entsprechung) zu diesem Geschehen. Warum haben wir es also geschehen lassen? Was ist unser Vorteil an der Situation? Von Krankheiten ist der Begriff „Sekundärer Krankheitsvorteil" bekannt – also ein Gewinn aus dem Leiden. Was gibt es dabei zu lernen?

Auf der anderen Seite gibt es natürlich auch Schuldgefühle, die uns bewegen. Selbstvorwürfe, die uns lähmen. Mit diesen Gefühlen können wir wunderbar im Selbstmitleid zerfließen und gleichzeitig darin erstarren. Geben wir Schuldgefühlen Raum, machen wir uns zum Opfer und abhängig von der Vergebung anderer. Doch andere können uns nicht vergeben. Das können nur wir selbst tun und diese Aufgabe ist schwerer, als auf das Vergeben durch andere zu warten. Schuld ist immer ein Gefühl – keine Tatsache. So hat der, der einem anderen die Schuld zuschiebt, Macht, und der andere, der im Schuldgefühl verharrt, die Ohnmacht. Schuldgedanken, egal auf welcher Seite wir uns befinden, kosten Kraft und behindern unsere persönliche Entwicklung. Stell Dir bildlich die Schuld als einen Luftballon vor, den Du komplett unter Wasser drückst. Anfangs geht das noch leicht, aber mit der Zeit aber wird der Energieaufwand immer größer, so dass kaum noch Kraft für etwas anderes verbleibt. Das läuft bei uns Menschen unbewusst ab und kann zu Depressionen oder Burnout führen.

Eigenverantwortung bedeutet, aus diesem Spiel auszusteigen. Entschuldung ist ganz wichtig. Wir müssen lernen, dem anderen zu sagen, dass wir bedauern, was wir gesagt oder getan haben und damit gleichzeitig auch uns selbst vergeben. Warten wir darauf, dass der andere die Entschuldigung annimmt, beginnen wir ein Machtspiel und begeben uns erneut in Abhängigkeit. Dabei ist es zu diesem Zeitpunkt bereits gar nicht mehr unsere Angelegenheit. Ob der andere die Entschuldigung annimmt oder auch nicht, ist seine Angelegenheit. Es ist nicht unsere Aufgabe, einen anderen zur Vergebung zu bewegen. Möchte er weiterhin im Urteilen verbleiben, ist es seine Entscheidung. Vergebung ist eine freie und ganz persönliche Entscheidung eines jeden Einzelnen.

In der problembelasteten Sofaecke wird es für den Menschen kompliziert, wenn der Leidensdruck steigt. Was tun? Wie schon so oft den Freunden das Herz ausschütten? Den Arzt fragen, der doch nur erwidern wird, alles sei psychosomatisch, er könne nicht helfen und das Leben müsse man selbst ändern. Jeden Morgen mit Bauchschmerzen und Widerwillen ins Büro? Spätestens jetzt ist die Zeit des Umdenkens gekommen. Nun sucht der Mensch wirklich(e) Hilfe. Jetzt wird er aufgefordert, bei sich selbst zu schauen und echte Veränderung von innen heraus zu bewirken. Die Seele will, dass wir unser seelisches und unbewusstes Potenzial entdecken und freisetzen, die Kraft zur Veränderung spüren und den Weg gehen, der sich jetzt öffnet.

Das Aufstellungsbild zeigt die seelischen Hintergründe der jetzigen Situation. Hier steht alles, was die aktuell problematische Situation ausmacht. Das Problem, das wir im Außen sehen, zeigt sich hier im Innen. Diese Selbsterkenntnis ist oft nicht leicht zu ertragen, denn es bedeutet, dass das Jammern nun ein Ende hat. Das ist der Punkt an dem wir erlernen, beobachtete oder übernommene Muster, wie beispielsweise eine Opferhaltung oder falsche Anpassung, zu durchbrechen und zu wandeln. Uns werden sanft die Augen über diese Muster und Blockaden geöffnet, die wir uns über viele Jahre hinweg angeeignet haben, sei es durch Erziehung, zum eigenen Schutz oder durch Erlebnisse. Sind die Augen nun geöffnet, sind wir in der Lage zu sehen, was wir getan haben und wie wir es ändern können. Das ist der Punkt, an dem unsere Veränderung beginnt und der Lösungsweg bzw. die Transformation einsetzt.

Viele Blockaden sind durchaus auch anerzogen oder übernommen. Als Kind lernen wir schon, wie wir uns zu verhalten haben und wie nicht, was wir zu tun haben und was nicht. Doch wenn diese Regeln und Normen völlig konträr zu unseren Fähigkeiten stehen, werden sie zur Belastung. Sind wir kreative Menschen mit künstlerischen Fähigkeiten, werden aber von klein auf gelehrt, dass wir im Leben nur mit einer Ausbildung zum Kaufmann bestehen können, dann werden wir irgendwann unsere Fähigkeiten unterdrücken, was zwangsweise zu Problemen führt. Doch diesen anerzogenen und übernommenen Glaubenssatz aufzulösen und zu wandeln, ist für manchen Menschen unvorstellbar. Die erlernten Verhaltensweisen können uns jedoch unglaublich behindern. Und doch haben wir eine Entsprechung dazu, zu diesen Verhaltensweisen überhaupt Ja zu sagen und uns diesen zunächst einmal nicht zu widersetzen (auch hier wieder ein sekundärer Gewinn).

Wie schwierig manchmal die Wandlung sein kann, zeigt ein einfaches Beispiel. In Indien werden Elefanten schon als kleine Jungtiere an eine schwere Eisenkette gelegt. Die Erfahrung des Tieres ist: Wenn ich weiter gehe, als diese Kette reicht, dann zieht sie sich zu und verursacht Schmerzen. Nach vielen Versuchen, sich zu lösen, gibt der kleine Elefant dann schließlich auf. Später als ausgewachsenes Tier ist diese Erfahrung noch immer in seinem Unterbewusstsein verankert. So können die Halter den Elefanten mit einem dünnen Seil an einem leichten Holzpflock anbinden, ohne dass das Tier versuchen würde, sich zu befreien. Der Elefant erwartet noch immer die sich schmerzhaft zuziehende Eisenkette, aus der es kein Entrinnen gibt.

Auch wir Menschen leben nach diesen Erfahrungswerten. Irgendetwas hat in der Kindheit (oder auch in früheren Leben) sehr wehgetan, also erwarten wir den Schmerz, die Strafe oder die Konsequenz auch heute noch, selbst wenn dies völlig paradox ist. Wir nehmen eine Schonhaltung ein, wie wir sie beispielsweise von Rückenschmerzen kennen, und richten uns mit dem Problem ein. Der Schmerz kann durch eine verdrehte Haltung zwar zeitweilig verdrängt werden, ist jedoch nicht weg. Irgendwann wird schließlich auch die Schonhaltung schmerzhaft.

Ablauf einer AstrologischenSymbolaufstellung

Unsere Anmeldung als Teilnehmer bei einer Astrologischen Symbolaufstellung kann vielleicht der berühmte Sprung ins kalte Wasser sein, wenn wir noch Aufstellungs-unerfahren sind. Kein Problem. Astrologische Vorkenntnisse sind nicht nötig. Wer sein eigenes Geburtshoroskop (Radix) nicht kennt und aufstellen lassen möchte – bestens! Je weniger wir vorab über die astrologischen Konstellationen wissen, desto weniger ist der Kopf involviert. Also entspannt einfach nur schauen, was der Tag so bringt. Das Seminar beginnt. Es treffen sich in der Regel zehn bis fünfzehn Personen, meist ohne sich vorher jemals gesehen zu haben. Maximal fünf Aufstellungen pro Tag können durchgeführt werden. Die anderen Teilnehmer sind Stellvertreter ohne eigene Aufstellung.

Wer kommt denn ohne eigenes Anliegen? Sind das etwa Neugierige? Nein, weit gefehlt. Die Stellvertreter, die an einem Seminar teilnehmen, lösen auch immer etwas für sich selbst, indem sie sich für die Übernahme von Rollen zur Verfügung stellen. Die Motivation ist unterschiedlich. Einige haben schon selbst die Erfahrung gesammelt und konnten bei ihrer eigenen Aufstellung so viel lösen und mitnehmen, dass sie gern etwas zurückgeben möchten und sich deshalb als Helfer für andere Aufsteller zur Verfügung stellen. Andere waren schon des Öfteren als Hel-fer/Stellvertreter dabei und wissen, dass auch in den Nebenrollen viel gelöst werden kann. Wieder andere sind zum ersten Mal anwesend und trauen sich noch nicht, selbst aufzustellen. Diese Personen nehmen gern zunächst als Stellvertreter teil, um sich in die Aufstellungsarbeit einfühlen zu können. Übrigens: Reine Beobachter oder Beisitzer gibt es beim Seminar nicht. Alle, die anwesend sind, können auch einge-setzt werden. Das ist mir wichtig, denn der Aufsteller würde sich im wahrsten Sinne des Wortes beobachtet fühlen und sich daher wahrscheinlich nicht wirklich öffnen können.

Nach dem Ankommen sitzt die Gruppe also im Seminarraum in einer Runde um den Astro-Teppich. Hier und da steigt die Aufregung und das Herz schlägt schneller. Doch diese Anspannung legt sich schnell, wenn ich mich vorstelle und von mir berichte. Anschließend folgt eine kurze Vorstellungsrunde, bei wir unsere Vornamen nennen und ein wenig zu unserer Person und vielleicht auch über unsere Gemütsverfassung erzählen. So bekommen wir vorab einen Vorstellung davon, mit wem wir den Tag verbringen werden, wie aufgeregt vielleicht auch die anderen sind oder ob ein Teilnehmer sogar schon Aufstellungen kennt. Die ersten erlösenden Lacher folgen, wenn wir feststellen, dass mehr als nur einer von uns in der Nacht zuvor schlecht geschlafen hat und augenblicklich absolut nervös ist.

Da die Aufstellungsarbeit sehr persönlich ist, gibt es von mir noch zwei Instruktionen:

1. Alle reden sich mit Vornamen an und während des Seminars sind wir beim „Du". Für mich bleibt es auch zukünftig in der Regel immer beim Du. Untereinander klären die Teilnehmer dies selbst.

2. Wer in einer Rolle steht, darf alles sagen, was er fühlt und denkt. Es kann sogar vorkommen, dass sich zwei Personen gegenüberstehen und sich plötzlich nicht mehr leiden mögen. Das hat dann nichts mit persönlicher Sympathie oder Antipathie zu tun, sondern nur mit der Rolle. In Rollen nehmen wir nichts persönlich. Es ist wichtig, dies auszusprechen, damit wir wissen, was und warum etwas geschieht.

Und dann geht es auch schon in die erste Aufstellung. Ich frage immer gern in die Runde der fünf Aufsteller des Tages: „Wer mag die Gunst der Stunde nutzen und als erstes aufstellen?" Eine vorgegebene Ablaufliste existiert nicht. Die Teilnehmer machen dies unter sich aus. Nun setzt sich der erste Aufsteller auf den freien Platz links neben mir, dem so genannten „heißen Stuhl". Auf diese Weise kann ich besser auf den Aufsteller eingehen, denn durch die Nähe ist es mir möglich alles zu hören und wahrzunehmen – natürlich auch die Aufregung. Ich bitte den Aufsteller dann, kurz und knapp sein Anliegen zu schildern. Hier unterscheidet sich mein Vorgehen von dem anderer Aufstellungsleiter: Niemand muss sich für nur ein einzelnes „Thema" entscheiden, das aufgestellt werden soll. Stattdessen berichtet jeder über alles, was ihn belastet, stört, blockiert, was er schon immer ändern wollte oder was ihm immer wieder begegnet. Zusammengefasst gesagt, alles aus dem privaten, familiären, beruflichen, gesundheitlichen Bereich, was er verändern möchte. Ich brauche keine Informationen darüber, was der Kopf denkt, woher die Blockade kommen könnte („Ja, das ist weil mein Vater so streng war!"). Das tut nichts zur Sache – wir gehen von der Eigenverantwortlichkeit des Klienten aus.

Das Horoskop des Klienten/Aufstellers liegt mir unterstützend vor und verrät einiges über sein Wesen. Selbstverständlich kann ich dennoch nicht wissen, wie sich der Mensch im Leben entschieden hat, ob er beispielsweise Feuerwehrmann, Bäcker oder Bürgermeister geworden ist – oder alles zusammen. Ich sehe im Horoskop aber solche Themen, mit denen die Person im Allgemeinen und Privaten immer wieder konfrontiert wird, bis die Aufgabe gelöst ist. Während der Schilderungen des Klienten notiere ich mir die wichtigsten Punkte und erhalte auf diese Weise eine Art Symptom-Bild. Nachdem alle Blockaden aufgezählt sind, frage ich nach den Wünschen des Klienten. Wie soll es denn aussehen, wenn das Problem gelöst ist? Was wünscht er sich? Aus diesen zwei Aufzählungen (Problem und Wunsch) formuliere ich für die Aufstellung eine Frage vor. Was ist der Hintergrund des Problems und was ist die Lösung, damit der Klient auf den Weg zu seinem Ziel kommt? Die Fragestellung zeigt, ob ich den Klienten und sein Anliegen tatsächlich voll erfasst habe. Ich lese ihm diese dann vor und er kann immer noch Veränderungen oder Umformulierungen vornehmen lassen. Viele Klienten sind erstaunt über die Fragestellung: „Das passt genau – wie konntest du das wissen?" Das ist nur ein kleiner Beweis dafür, wie unbewusst wir häufig sprechen. Alles, was ich mit dieser Frage formuliert habe, hat der Klient vorher – meist wortwörtlich – gesagt und gleich wieder vergessen oder verdrängt. Ist die Frage passend formuliert, kann der Aufsteller schon fast auf- und durchatmen, denn das meiste hat er schon geschafft.

Nun bitte ich ihn, ganz intuitiv aus der Gruppe einen Stellvertreter für sich selbst auszuwählen. Und zwar jemanden, den er nicht kennt. Hat der Klient einen Freund, eine Freundin oder Ehepartner zum Seminar mitgebracht, darf dieser nicht gewählt werden, da dieser Mensch den Klienten zu gut kennt und ihm zu nahesteht. Die Freunde und Freundinnen sind darüber meist eher erleichtert. Der Aufsteller schaut also in die Runde und wählt einen Stellvertreter aus. Häufig bestätigt der Stellvertreter die Aufforderung, da er sich in der Aufstellung und den meisten Aussagen wiedererkennen kann. Unsere Intuition lässt uns automatisch immer die Person aus der Gruppe wählen, die am besten für die Rolle passt, also eine Entsprechung zur Thematik hat.

Der Grund für die Wahl eines Stellvertreters ist, dass das Original schon lange mit den Blockaden lebt und sich damit eingerichtet hat. Er kennt also seine Sofazone. Jede Veränderung steht dann zunächst für Anstrengung und häufig auch Angst. Der Druck ist noch nicht ganz so hoch – es hat bisher irgendwie funktioniert, da kann es ja auch noch weiter funktionieren. Ein Stellvertreter für den Aufsteller ist wesentlich eher bereit, etwas zu verändern und die Wandlung geht schneller vonstatten. Die Wirkung für den Aufsteller ist die gleiche. Emotional ist er die ganze Zeit über voll eingebunden, auch wenn er auf dem Stuhl sitzt und seine Aufstellung von außen verfolgt. So kann er mit etwas Abstand beobachten, was er selbst so macht, aushält und erleidet. Er kann sich besser konzentrieren und das Bild wirken lassen.

Dass dieses Vorgehen funktioniert, lässt sich einfach erklären. Aus der Hirnforschung wissen wir, dass unser Gehirn nicht zwischen dem wahrhaftig Erlebten und guter Vorstellung unterscheiden kann. Alles, was wir schon einmal erlebt haben, können wir mit allen Sinnen nachempfinden. Stell Dir vor, draußen herrschen minus zwanzig Grad und Du kommst von einem Spaziergang zurück. Der Wind war eisig und Du konntest spüren, wie Dir kleinste Eiströpfchen entgegenschlugen. Dein Gesicht kribbelt bereits noch während Du Deinen Mantel ausziehst und in die Küche gehst, um Dir einen schönen heißen Tee zuzubereiten. Kanne aufsetzen, Teebeutel herausholen. Das Wasser kocht und schon gießt Du es siedend heiß in die Kanne mit den Teebeuteln hinein. Der wohlige Geruch des Tees steigt Dir in die Nase. Und? Entspannst Du Dich schon? Und so ist es auch mit dem Aufsteller und Stellvertreter. Der Aufsteller kennt seine eigenen Verhaltensweisen und nun kann er sie von außen betrachten. Alles, was der Stellvertreter ihm zeigt, kann er genau nachvollziehen – ähnlich wie Du zuvor die Kälte und auch die wohlige Wärme des duftenden Tees geradezu spüren konntest. Bei dem Aufsteller ist zusätzlich noch die Verstandesebene eingeschaltet und er ist in der Lage von außen zu sehen, wie wir allgemein agieren und wie paradox unser Tun so manches Mal ist. Wir haben also den „richtigen" Stellvertreter ausgewählt und nun beginnt die eigentliche Aufstellung.

Der Stellvertreter wird am Astro-Teppich, der (wie Pizzastücke) in zwölf Häuser aufgeteilt ist, in dem astrologischen Haus platziert, in dem die Sonne im Geburtshoroskop des Klienten steht. Hier soll er sich zunächst einfühlen, bevor irgendetwas passiert. Wie stehe ich? Was fühle ich? Was nehme ich wahr? Manche Personen fühlen sich rundum gut und sind leicht „auf Krawall gebürstet". Andere schwanken und ihnen ist schwindelig. Und wieder andere äußern ihren Unmut über die

Standposition oder haben sogar Fluchttendenzen. Dieses Feedback gibt mir als Aufstellungsleiterin einen ersten Hinweis über die seelische Gefühlslage des Klienten. Es kann sogar sein, dass der Stellvertreter zu diesem Zeitpunkt bereits körperlich Symptome des Aufstellers wahrnimmt (das Bein zwickt, der Kopf schmerzt o.ä.), auch wenn der Aufsteller im Vorgespräch von seinen Beschwerden nichts erwähnt hatte.

Kurz nachdem ich meine Arbeit als Aufstellungsleiterin aufgenommen hatte, plante einer meiner ersten Klienten, diese für ihn merkwürdige und unerklärliche Arbeit einem ordentlichen Test zu unterziehen. Er berichtete zwar aus dem Privat- und Berufsleben, aber gesundheitlich führte er lediglich Leberprobleme an und machte sonst keinerlei weitere Anmerkungen. Auch mir war nicht mehr als dies bekannt. Während der Aufstellung sagte dann sein Stellvertreter: „Ich habe so ein Ziehen im linken Bein. Es zieht bis hinauf in den Rücken." Für mich war dies in erster Linie ein Hinweis auf die aktuelle Aufstellungssituation, aber im Nachhinein stellte sich heraus, dass der Klient tatsächlich unter diesen Schmerzen litt, sie aber nicht erwähnt hatte, um zu prüfen, wie „echt" Aufstellungen sind. Offensichtlich war er nach dieser Erfahrung sehr überzeugt. Er wiederholte auch später noch mehrmals: „Das hab ich doch gar nicht erzählt, noch nicht einmal dir. Du wusstest es nicht und so konnten es die Teilnehmer auch nicht wissen." Sein Erstaunen wurde jedes Mal von einem lächelnden Kopfschütteln begleitet.

Nachdem sich der Stellvertreter am Astro-Teppich eingefühlt hat, wähle ich intuitiv aus der Gruppe drei Personen als Stellvertreter für Planeten. Ich sage dabei niemandem, wer für welchen Planeten steht, damit sich niemand vorher ein Bild machen kann und somit ganz unbelastet ist.

Ich bitte nun jeweils einen Stellvertreter für den Uranus, einen für den Neptun und einen für den Pluto auf den Teppich. Das sind die Planeten der geistig-seelischen Ebene, die Langläufer, die sich nicht kurzfristig verändern und die am meisten über die seelischen Blockaden und die Lösungswege des Horoskopinhabers aufzeigen. Diese werden auf dem Teppich dem Hauptstellvertreter gegenüber gestellt. Immer wenn ein weiterer dazu kommt, frage ich beim Hauptstellvertreter und beim Planetenvertreter nach, wie es der Person geht, ob sich etwas verändert hat und wie ist die Beziehung zueinander ist. Kristallisiert sich heraus, dass er sich mit dem einen Planetenstellvertreter richtig gut fühlt, mit dem anderen nicht, so wird der Planetenstellvertreter ausgewählt, zu dem der Hauptstellvertreter keinen oder gar schlechten Bezug bekommt. Die anderen zwei Planetenstellvertreter dürfen sich setzen. Nur der eine Planet, mit dem es unangenehm ist, bleibt in der Mitte des Teppichs als blockierter Seelenanteil stehen. Da die Planeten unsere unterschiedlichen Seelenanteile symbolisieren, wandelt sich der Planet nun zur Seele bzw. zu einem Seelenanteil. Da ich selbst weiß, welcher Planet stehen geblieben ist, erkläre ich den Teilnehmern nun um welches Thema es geht. In sehr gekürzter Form steht der Uranus für Veränderung, Neptun für Gefühle und Pluto für Macht. Dann frage ich die beiden Stellvertreter am Teppich, ob sich jetzt, seit sie alleine stehen, etwas verändert habe. Manchmal wird es zu diesem Zeitpunkt bereits etwas angenehmer mit dem Seelenanteil, da wir wissen, es geht um Lösung und Wandel. Über den Planeten finde ich im Geburtshoroskop die Ursachen und Lösungswege. Ein Blick hinein verrät mir die nächsten Schritte. Der Planet kann mir beispielsweise zeigen, dass es bei dem Thema um den Selbstwert geht, um Durchsetzungsschwäche, Enttäuschungen, karmische Ursachen oder familiäre Verstrickungen. Nun kann ich punktgenau die Blockade stellen, die zu den aktuellen Problemen des Klienten im Außen führen. Ich wähle also wieder „verdeckt" Stellvertreter aus. Das heißt, ich kläre die Stellvertreter zunächst nicht darüber auf, für wen oder was sie stehen. Denn ehrlich gesagt, würdest Du Dich wohl fühlen in dem Bewusstsein, stellvertretend für das Schuldgefühl zu stehen oder in die Rolle der Enttäuschung hineingeschlüpft zu sein? Nein! In diesen Momenten schaltet sich sofort der Kopf ein und steuert uns in ganz andere Richtungen. Und doch kann es bei der verdeckten Arbeit vorkommen, dass sich der Hauptstellvertreter in die Enttäuschung regelrecht verliebt und den Seelenanteil, um den es eigentlich gehen sollte, völlig vergisst. Ebenso kann es sein, dass der (verdeckte) Selbstwert zum Feindbild wird und wir es vorzugsweise verbannen würden. So werden etwa drei Symbole zum Hauptvertreter und Seelenanteil hinzugestellt, bis letztendlich der Ist-Zustand erreicht ist. Der Ist-Zustand ist die Situation, die im Außen zu den Problemen des Aufstellers führt. Jetzt ist der Seelenanteil völlig vergessen oder blockiert. Der Hauptstellvertreter hat sich mit seinen Blockaden arrangiert. Nichts geht mehr, weder vor noch zurück.

Ist der Ist-Stand erreicht, beginnt die eigentliche Lösungsarbeit. Der erste Schritt zur Lösung ist das Bewusstmachen. Nun decke ich auf, was gerade passiert ist, wer für was bzw. wen steht und mit welchem Symbol wir uns dort angefreundet haben. Die Stellvertreter werden benannt. Dem Aufsteller, der immer noch von außen beobachtet, erläutere ich, wie es zur unbewussten Blockade gekommen ist. Die Stellvertreter erfahren nun auch, für wen oder was sie stehen. Diese Aufklärung ist persönlich wichtig, da die Rolle, in der sie stehen, auch immer etwas mit ihnen selbst zu tun hat. Während meiner Erklärungen und dem Bewusstwerden des Aufstellers verändert sich in der Regel bereits die Energie des Aufstellungsbildes. Es wird leichter. Die Stellvertreter können durchatmen und manchmal rückt sogar schon ein typisches Muster vom Hauptstellvertreter ab. Meine Fragen an den Aufsteller, ob er etwas mit dem Bild anfangen kann, er sich wiederfindet und ihm das Geschehen etwas sagt, bewirkt ein weiteres Erkennen. Oft hat der Aufsteller etwas zu seinem Erleben der Aufstellung oder der in ihm geweckten Erinnerungen zu berichten. Auch das führt zu weiteren Veränderungen des Aufstellungsbildes. Meistens versucht jetzt der Hauptstellvertreter, wieder Kontakt zum Seelenanteil aufzunehmen.

Aber die Arbeit ist noch nicht ganz getan. Denn noch stehen die Symbole als Blockaden da. Diesen Blockaden wurde viel Aufmerksamkeit und somit Energie gewidmet. Wegen ihnen sind wir vom eigentlichen Weg abgewichen. Jede Blockade dient als Schutz – vor sich selbst, seiner eigenen Kraft und seinem eigenen Potenzial. Hört sich paradox an, oder? Nun mache ich dem Hauptstellvertreter die Schutzfunktion der Blockaden bewusst. In diesem Schutz liegt aber auch ein Schatz vergraben, denn jedes (Negativ-)Symbol beinhaltet auch gleichzeitig eine Lösung, eine Kraft, die nun genutzt werden darf.

Als nächstes beginnt die Wandlungs- und Lösungszeit. So wird zum Beispiel aus dem Symbol Enttäuschung „das Ende der Täuschung" (siehe hierzu Kapitel 3 – jeder Schutz beinhaltet einen Schatz). Der Stellvertreter der Enttäuschung kann sehr kraftvoll und selbstsicher in der Rolle gestanden haben. Das ist der Anteil, den der Hauptstellvertreter sich bewusst machen soll. Diese Qualität hat er in das Symbol/die Blockade ausgelagert und nun kann er diese Energie zu sich zurücknehmen. Der Hauptstellvertreter reicht der Enttäuschung die Hände, die Energie kann fließen. Wir können so unseren Frieden mit uns selbst schließen und uns selbst gegenüber gnädig sein. Während dieses Händereichens können wir spüren, wie sich das Symbol langsam wandelt und die Kraft zurückfließt. Der Hauptstellvertreter wird standhafter, stärker und selbstsicherer. „Brauchst du die Enttäuschung denn noch? Oder kannst du sie jetzt gehen lassen?" Sind alle Fragen ausgeräumt, kann der Hauptstellvertreter den Symbolstellvertreter gut aus der Rolle entlassen und aus dem Raum führen. Wichtig ist, dass dies auch für den Symbolstellvertreter stimmig ist und er kein Interesse mehr daran hat, direkt am Geschehen mitzuwirken. Sollte dies nicht der Fall sein, so ist etwas noch nicht ausgesprochen oder losgelassen. Das Symbol kann erst dann gehen, wenn es allen Beteiligten richtig erscheint und sich alle damit wohlfühlen. So wird nun Symbol für Symbol gewandelt, gelöst und verabschiedet.

Es kann vorkommen, dass die Symbole nicht allein stehen möchten und eine Art Anker brauchen. Je nach Ursprung der Blockaden, kann es auch vorkommen, dass ich einen „Anker"-Stellvertreter, beispielsweise für die früheren Leben (wenn eine Blockade als Reisegepäck aus früheren Leben mitgebracht wurde) oder die Familienverstrickung (wenn um übernommene Muster aus der Familie geht) einsetze. Je nachdem, was in der Aufstellung vorher gesagt wurde oder ob es einen Hinweis im Horoskop gibt, kann dieser Anker sehr nützlich sein. Auch hier ist wieder wichtig, dass die Situation für den „Anker" stimmig ist, dass er mit dem transformierten Symbol stehen kann. In der einen oder anderen Aufstellung ziert sich der Hauptstellvertreter ein wenig, auf alle liebgewonnenen Muster zu verzichten. Dann erkläre ich, dass diese Arbeit vergleichbar mit einer erfrischenden Dusche ist. Wer geht schon angezogen unter die Dusche und zieht sich hinterher einfach einen Bademantel über die nasse Kleidung? Niemand! Wir ziehen uns zum Duschen aus, um dann hinterher in einen frischen, weichen Bademantel zu schlüpfen. Im übertragenen Sinn sollte man sich auch bei der Aufstellung zunächst einmal „nackig machen" und von den alten Blockaden lösen, denn der flauschige Bademantel, der für den Seelenanteil steht, wartet bereits auf uns.

Zum Schluss stehen sich der Seelenanteil und der Hauptstellvertreter wieder allein gegenüber. Es hat den Schein, als sei alles wie zu Beginn. Aber es ist doch vollkommen anders. Es zeigt sich, wie erleichtert der Seelenanteil ist. Der Hauptstellvertreter stellt auf einmal fest, dass der Planet, den er am Anfang verbannen wollte und dem er nicht in die Augen schauen konnte, jetzt sein Weg ist. Ich erinnere an dieser Stelle an das Anfangsbild und beide lachen. Die Blockaden, die anfangs unsichtbar zwischen der Verbindung standen, wurden bewusst und sind gelöst oder gewandelt worden. Nun kann der Hauptstellvertreter es kaum noch erwarten, den ersten

Schritt auf seinen Seelenanteil zuzumachen. Langsam nähern die beiden sich an. Ganz bewusst reichen sie sich die Hände. Ein Gefühl des Ankommens, des Verstandenseins und des Annehmens macht sich breit. Wenn die beiden mögen, dürfen sie sich natürlich gern umarmen, um die ganze Kraft zu spüren. Das darf dann ein paar Minuten wirken. Wenn beide, Hauptstellvertreter und Seelenanteil, sagen, dass es sich richtig gut anfühlt, ist der Zeitpunkt gekommen, den Aufsteller im Original einzusetzen. Jetzt darf er in seine eigene Aufstellung einsteigen, das positive Gefühl aufsaugen und ankommen. Der Hauptstellvertreter setzt sich und das Original tritt selbst noch einmal an die Seele heran. Oft ist es dann ganz still und andächtig. Manchmal liegen wir uns in den Armen, manchmal verläuft eine Annäherung zaghaft und mit ein wenig Skepsis, aber wenn erst die Hände gereicht sind, verschwinden alle Bedenken. Wir haben den Aufsteller auch schon gemeinsam mit der Seele ein Tänzchen auf dem Teppich aufführen sehen.

Eine Aufstellung dauert in der Regel 60 bis 90 Minuten. Nach einer Pause geht es in die nächste Aufstellung. Ich werde häufiger gefragt, ob Autofahren nach einer Aufstellung noch möglich sei. Ja, natürlich! Es geht allen gut, wenn sie die Aufstellung verlassen. Würde es jemanden nicht gut gehen, so wäre die Aufstellung noch nicht zu Ende. Andere fragen, ob sie abends noch auf einen Geburtstag oder eine Feier gehen könnten. Wenn Dir danach ist, gerne! Solltest Du Dich nach ein wenig Ruhe sehnen, solltest Du sie Dir gönnen. Handel nach Deinem Gefühl und bleibe bei Dir selbst. Tu das, wonach Dir ist!

Etwas Wichtiges noch zum Schluss. Aufstellungen sind faszinierend, lösend, erkenntnisreich und spannend. Man kann fast süchtig danach werden. Damit die Seele sich aber langsam auf die neue Situation einstellen kann, verordne ich allen Aufstellern eine sechsmonatige Aufstellungssperre. Andere Aufstellungsleiter gehen anders damit um und arbeiten Thema für Thema monatlich ab. Da ich mich aber mit meiner Arbeit bis an die Wurzel herantaste, also umfassend arbeite, ist das nicht nötig. Auch wenn Du noch ein weiteres „Thema" hast, das Du aufstellen möchtest – lass Dir Zeit! Die Seele arbeitet auf allen Ebenen. Vielleicht ist unsere Überlegung, dass es ein inhaltlich anderes Thema ist, falsch. Vielleicht hat beides die gleiche Ursache, die wir gerade zusammen gelöst haben. Die Seele hat durch die Aufstellung einen ordentlichen Anstupser bekommen. Die Außenwelt, das Umfeld, die Realität, die Gesundheit, die Menschen, mit denen wir zu tun haben, müssen nun erst einmal mit kleinen Lemmingenschritten hinterher kommen. Das Potenzial entfaltet sich langsam, aber sicher. Es ist kein Schalter, den wir am Abend der Aufstellung umlegen können, und am nächsten Morgen ist dann alles anders. Es braucht ein wenig Zeit, aber es verändert sich. Vielleicht werden wir sogar bemerken, dass sich das vermeintlich „andere" Thema ohne nochmaliges Nachdrücken und Aufstellen in Luft auflöst. Wir wollen unsere Seele nicht verwirren und die guten Ergebnisse sogleich wieder mit etwas Neuen zuschütten. Deshalb sollten wir einfach ein halbes Jahr abwarten. Du kannst gern jederzeit als Stellvertreter an einer Aufstellung teilnehmen, um nochmals einen Anstoß zu bekommen, jedoch nicht selbst stellen lassen. Das hat einfach die Erfahrung gezeigt.

Kapitel 2

Die Astrologie und Seelenanteile bei den Astrologischen Symbolaufstellungen

*"Für Deinen Nachbarn bist Du
ein anderer Mensch als für Deinen Freund.
Du siehst Deine Eltern anders
als Deine Geschwister sie sehen.
Wir bestehen aus vielen verschiedenen
Facetten und Archetypen. Du bist die Summe
all Deiner Persönlichkeitsanteile."*

(Ilka Plassmeier)

Welche Bedeutung hat die Astrologie für die Aufstellungsarbeit?

Die Bedeutung des Geburtshoroskops des Klienten für den Aufstellungsleiter ist vergleichbar mit der Bedeutung des Computers mitsamt Programmen für den Buchhalter. Ein nützliches Instrument, um sehr schnell und direkt zu der Ursache eines aktuellen Themas vorzudringen. Für die Teilnehmer an der Aufstellung ist die Astrologie nicht wichtig. Tatsächlich ist es manchmal sogar besser, wenn der Klient nicht über sein Horoskop informiert ist, um unvoreingenommen an die gesamte Thematik heranzugehen. Je weniger der Teilnehmer mit dem Kopf beschäftigt ist und je weniger vorgefertigte Meinungen er hat, desto besser ist es für die Aufstellung. Auch ich wende im Vorfeld relativ wenig Zeit für das Geburtshoroskop auf. Ich schaue mir ein paar wichtige Konstellationen an – vor allem die von Uranus, Neptun und Pluto. Ein Texthoroskop oder eine Analyse erstelle ich allerdings nicht, denn auch ich möchte unvoreingenommen sein und einfach auf mich zukommen lassen, was wichtig ist.

Die Planeten, die aufstellt werden, sind für mich gleichbedeutend mit Seelenanteilen. Wir alle haben diese Anteile. Manche sind stärker, andere wiederum schwächer ausgeprägt. Die Planeten sind im weitesten Sinn auch vergleichbar mit den Archetypen. Kommt ein Seelenanteil durch eine Blockade ins Ungleichgewicht, zeigt sich dies bei der Aufstellung. Die Planeten mit ihren Konstellationen (Standort im Horoskop, Aspekte) zeigen mir in der Aufstellung schnell und zielgerichtet, wo die Ursache für das aktuelle Problem liegt. Nun braucht es nur noch ein wenig Empathie und Intuition, um die richtige der Konstellationen dieses Planeten und seiner Entsprechungen auszuwählen. Das ist die Aufgabe des Aufstellungsleiters.

Ich möchte an dieser Stelle nicht zu tief in die Astrologie abgleiten, denn es geht hier um die Aufstellungsarbeit. Wer sich jedoch grundsätzlich mit der Astrologie und ihren Deutungsmöglichkeiten, sowie in diesem Zusammenhang mit den Wechselwirkungen zwischen Wissenschaft, Psychologie und Religion in Bezug auf die Sternenlehre weiter beschäftigen möchte, findet in der Bibliografie einige Buchempfehlungen.

"Mit Zweifeln und Skepsis beschränkt man sich selbst und seine Erfahrungsmöglichkeiten. Manchmal sollte man auch der Skepsis mit Misstrauen begegnen."

(Ilka Plassmeier)

Astrologie-Skeptiker

Gerade in unserer aufgeklärten Zeit gibt es immer noch und immer wieder Astrologie-Gegner. Einigen Argumenten der Skeptiker lässt sich auch kaum widersprechen. Als da wären beispielsweise die Tageszeitungshoroskope. Natürlich können die täglichen Deutungen keine bedeutungsvollen Aussagen über den einzelnen Menschen treffen. Wie sollte es auch möglich sein, dass zwölf Aussagen für zig Millionen Menschen Gültigkeit besitzen? Angenommen, wir betrachten einmal eine Million Widder. Schnell erkennen wir, dass natürlich alle ein individuelles Leben führen und sich in individuellen Entwicklungsstufen befinden. Tageszeitungshoroskope für die Allgemeinheit sollten daher nicht allzu ernst genommen werden. Sie geben eine nur sehr allgemeine Zeitqualität wieder, was für den Einzelnen in der Aussagekraft immer schwammig ist. Dann gibt es die TV-Beiträge. Es wird uns vorgegaukelt, dass ein Astrologe innerhalb von drei Minuten einen Menschen ganzheitlich erfassen und tiefgreifende Aussagen abgeben kann. Das erfordert umfassende Vorbereitung. Erwähnt wird nicht, dass entweder die Anrufer vorab schon informiert und befragt wurden oder aber die Anrufe abgesprochen sind. Das wirft natürlich kein gutes Licht auf die gesamte Thematik und hat mit verantwortungsbewusster und persönlicher Astrologie äußerst wenig zu tun.

Nun mag der Zweifler auch gern die Horoskope von Zwillingsgeschwistern als Beweis anführen und zu bedenken geben, dass Zwillinge zwar das gleiche Horoskop haben, aber unterschiedliche Leben führen. Richtig! Zwei Menschen, die das gleiche Horoskop und die gleichen Eltern haben, können es auf verschiedene Weise ausleben und sich unterschiedlich entwickeln. Es liegt an ihnen, wie sie sich entscheiden ihre Potenziale zu nutzen, welche Schwerpunkte sie leben, welche Muster sie bearbeiten möchten, ob sie ihr Horoskop (und die Lebensaufgaben) nur erdulden oder aktiv leben und verändern. Aber auch unter Zwillingsgeschwistern gibt es eine genügend große Anzahl von Beispielen, dass ein Zeitunterschied von fünf bis zehn Minuten bei der Geburt schon einen großen Unterschied machen kann. Ich habe eine Bekannte, die zehn Minuten vor ihrer Zwillingsschwester geboren wurde. Sie hat den Aszendenten Krebs und ihre Schwester ist bereits mit dem Aszendenten in den Löwen gerutscht. Beide sind als Arzthelferinnen tätig, also viel Ähnlichkeit. Und doch unterscheiden sie sich, die Frau mit dem Krebs-AC ist im Bereich der Kinderheilkunde zuhause und ihre Schwester mit dem Löwe-AC arbeitet im Bereich der inneren Medizin. Dies sind genau die Qualitäten / Entsprechungen der Aszendenten. Bei einem anderen mir bekannten Zwillingspaar ist es ähnlich. Dort gibt es einen Fische-AC und einen Widder-AC. Das Herzblut des Fische-ACs liegt in der spirituellen Entwicklung und kann gar nicht genug von Erkenntnissen bekommen. Der Widder-AC ist in der IT-Branche tätig, in der es um Schnelligkeit und um immer neue Ideen geht. Auch hier haben wir Zwillinge, die aber entsprechend ihrer unterschiedlichen ACs leben. Dies sind nur einfache Beispiele zur Veranschaulichung.

Zweifler argumentieren auch, dass Materieklumpen, auf denen es noch nicht einmal Leben gibt, sicher keinen Einfluss auf uns Menschen haben können. Mein Gegenargument: Hat der Mond denn keinen Einfluss auf unsere Erde? Wie war das doch gleich mit den Gezeiten? Zugegeben, die Entfernung zu Saturn, Pluto, Neptun etc. entzieht sich fast unserer menschlichen Vorstellungskraft. Sie sind für das bloße Auge nicht sichtbar. Wenn wir etwas nicht sehen, anfassen oder messen können bedeutet das allerdings nicht, dass es inexistent ist. Wir neigen dazu, die Natur wissenschaftlich belegen und erklären zu wollen. Auch Gefühle wollen gemessen und analysiert werden. Doch es gibt immer noch unerklärliche Dinge zwischen Himmel und Erde. Das werden auch die Astrologie-Gegner erkennen müssen. Früher wurden die ersten SCI-FI-Filme belächelt. Bei Raumschiff Orion stellte ein Bügeleisen ein hochtechnisches Instrument dar. Bei Raumschiff Enterprise wurde über Anstecknadeln kommuniziert. Noch vor wenigen Jahren wären Handys unvorstellbar gewesen und doch gehören sie heute zum Alltag. Warten wir es ab, was in der Astrologie noch alles belegt werden kann!

Wir sollten die Astrologie, wenn wir uns noch nie wirklich damit beschäftigt haben, nicht generell ablehnen, sondern erst einmal eruieren, ob nicht vielleicht ein wahrer Kern zum Vorschein kommt. Die strikte Ablehnung der Astrologie beruht meist auf einer unbewussten oder verdrängten Angst des Menschen, dass eine fremde Person etwas über die persönlichen Probleme, Wünsche oder Geheimnisse auf- und entdecken könnte. Was würde passieren, wenn der Astrologe tatsächlich etwas sehen würde, was uns unangenehm ist? Schlimmer noch, was wäre, wenn der Astrologe sogar Recht hätte? Eine unerklärbare und auch sogar unheimliche Vorstellung für Menschen, die keinen Bezug zur Astrologie haben.

Astrologen sind keine Wahrsager oder Hellseher. Die Astrologie beruht auf Erfahrungswerten, der Intuition und dem Einfühlungsvermögen des Astrologen. Astrologie ist, wie erwähnt, eine Erfahrungstatsache. Zu unterscheiden ist die Astrologie ebenfalls von den astrologischen Deutungen. Die Astrologie selbst ist eine Zeitangabe, viel mathematische Berechnung. Die Astrologie zeigt lediglich die verschiedenen Planetenstellungen zu den unterschiedlichen Zeiten an. Der Astrologe erstellt aus Erfahrungswerten *(eigenen und aus der langen Erfahrung der früheren Astrologen)* und Intuition seine Deutung. Es ist vergleichbar mit der Uhr und der Zeit. Die Uhr zeigt die Zeit an, ohne sie zu machen. Der Astrologe zeigt den roten Faden im Leben des Klienten auf, ohne den Weg vorzugeben. Die Astrologie zeigt uns nur die Aufgaben, die wir uns für dieses Leben vorgenommen haben. Was der Mensch aus seinen Aufgaben, die ihm in die Wiege gelegt wurden, und aus der Zeitqualität macht, ist abhängig von seinem freien Willen. Der Mensch kann entscheiden, ob er für seinen Weg den Feldweg, die Landstraße oder die Autobahn wählt.

Planeten als Seelenanteile

Jeder Planet in unserem persönlichen Horoskop steht für eine unserer seelischen Qualitäten und Kräfte. In der Aufstellungsarbeit, so auch in den klassischen Horoskopaufstellungen, stehen diese Planeten für einen unserer Seelenanteile. In jedem Geburtshoroskop sind alle Planeten und natürlich auch Tierkreiszeichen vorhanden. Wir tragen also alle Qualitäten in uns. Die Gewichtung ist nur individuell verschieden. Der Planet zeigt das entsprechende Thema des Seelenanteils auf und das Tierkreiszeichen, in dem der Planet steht, zeigt die Art und Weise, wie wir damit umgehen.

Sonne   – Persönlichkeit, die nach außen gezeigt wird – unser Verhalten

Mond   – Gefühl, Emotionalität – unsere Empfindungen

Venus   – Liebe, Harmonie, Gerechtigkeitssinn, Schönheit, Kreativität

Merkur   – Kommunikation, Austausch, Analyse- und Diagnosefähigkeit

Mars   – Durchsetzungskraft, Energie, Tatkraft, Handeln

Jupiter   – Expansion, Lehren und Lernen, Glaube

Saturn   – Struktur, Arbeit, Pflichtbewusstsein, Grenzen, Ordnung

Uranus   – Veränderung, neue Wege, Rebellion, Entscheidungskraft

Neptun   – Wahrheit, Spiritualität, Geheimnisse, Intuition

Pluto   – eigene Macht, Ohnmacht, Tod und Wiedergeburt, Wandlung

Betrachten wir nun alle Planeten, alle Tierkreiszeichen, die Verbindungen der Planeten untereinander (sprich: die Aspekte), die Häuserverteilung und die Gewichtungen, so können wir den Mensch im Ganzen erfassen. Es gibt zwischen den Planeten sowohl positive als auch kritische Aspekte (Verbindungen). Wir haben immer die Wahl, wie wir diese Potenziale und Aufgaben lösen und angehen. Die kritischen Aspekte sind diejenigen, die uns regelrecht (er)drücken, wenn wir einen anderen Weg einschlagen. Hieraus resultieren letztendlich unsere Probleme.

Die drei wichtigsten astrologischen Seelenanteile für die Aufstellung

In diesem ersten Buch zu den Astrologischen Symbolaufstellungen möchte ich auf die Planeten Uranus, Neptun und Pluto näher eingehen. Dies sind für mich die geistig-seelischen Planeten (Seelenanteile), die viel über die seelischen Ursachen unserer heutigen Probleme und vor allem auch viel über die Lösungswege aussagen. Im Gegensatz zum Mond beispielsweise, der einen Zyklus von rund 28 Tagen hat, also innerhalb von 28 Tagen einmal den Tierkreis durchläuft, verweilen diese langsam laufenden Planeten über Jahre und Jahrzehnte in einem Tierkreiszeichen. Allerdings ergeben sich zu den schneller laufenden Planeten immer wieder neue Aspekte (Quadrate, Konjunktionen, Oppositionen etc.). Die Häuserstellung ist im Geburtshoroskop daher immer individuell zu betrachten. Durch die lange Umlaufzeit, also das lange Verweilen der Planeten in einzelnen Tierkreiszeichen, und aus der Praxis heraus hat sich gezeigt, dass die Tierkreiszeichenstellung des Planeten für die Aufstellungsarbeit vernachlässigt werden kann. Für das Aufstellen sind die Häuserstellung und die kritischen Aspekte (Quadrate, Konjunktionen, Oppositionen) aussagekräftig.

Mit Uranus, Neptun und Pluto hat die Arbeit begonnen. Natürlich zeigt sich bei einigen Aufstellungen auch, dass es mit diesen Seelenanteilen keinerlei Probleme gibt. Dann werden die „Joker" Saturn, Chiron, Lilith oder auch Jupiter eingesetzt um herauszufiltern, um welchen Seelenanteil es bei dem Thema wirklich geht. Da die Erläuterungen zu den „Jokern" allerdings den Rahmen dieses Erstlingswerkes sprengen würden, liegt der Schwerpunkt dieses Buches auf den drei klassischen Planeten.

Kurzläufer, wie Mond, Venus oder Merkur hingegen, geben aus meiner Aufstellungserfahrung heraus zu wenig Aufschluss über die tiefsitzenden seelischen Blockaden. Für mich stehen diese Planeten eher für Charaktereigenschaften und das Erleben von verschiedenen Situationen.

Was sagen Uranus, Neptun und Pluto über das Aufstellungsthema aus?

Uranus

Uranus ist für mich der Revoluzzer im Horoskop und in der Aufstellungsarbeit. Bleibt der Uranus als aussagekräftiger Planet / Seelenanteil bei der Aufstellung in der Mitte stehen, geht es um das Aufbrechen alter Muster, das Prinzip der Veränderung, dafür neue Wege zu gehen. Tatsächlich zeigt sich beim Uranus, mehr noch als bei anderen Planeten, die Familienverstrickung. Hier gilt es, sich aus alten Verwicklungen zu befreien, alte Strukturen einzureißen, sich abzugrenzen und die schöpferische Intelligenz zu entwickeln, um eine andere Richtung einzuschlagen. Der Uranus kann wie ein Blitz sein, der Geniales hervorbringt, wenn er freigesetzt und erlöst wird. Zeigt sich Uranus bei der Aufstellung, kommt es in den folgenden Wochen und Monaten in der Regel zu erheblichen Veränderungen der Beziehungsfähigkeit und einer neuen Handlungsweise.

Neptun

Im Gegensatz zum Uranus und zum Pluto wirkt der Neptun bei den Problemen subtiler und die Ursachen werden gern verdrängt. Neptun als aufgestellter Seelenanteil symbolisiert für mich die Wahrheit, die Ehrlichkeit, die Intuition, die Gefühle und die verdrängten Themen, die hochgespült werden. Neptun-Themen sorgen oft für Verwirrung, können aber gut aufgelöst werden. Neptun öffnet das Tor für eine neue Form von Verständnis. Der Neptun-Seelenanteil kitzelt beim Klienten seine Fähigkeiten hervor, löst Schuldgefühle, Missverständnisse, Geheimnisse und Scheinwelten auf, so dass der Mensch wieder klar sehen kann und seine eigene Wahrheit findet.

Zeigt sich Neptun bei der Aufstellung, gewinnt der Klient in den folgenden Wochen und Monaten Selbstvertrauen und lernt sich *(vielleicht erstmals)* authentisch zu zeigen. Innerlich und auch äußerlich im Verhalten verändert sich der Mensch deutlich, was der Umwelt nicht immer gefällt. Für die Mitmenschen funktioniert er plötzlich nicht mehr wie gewohnt. Möglicherweise befindet sich das Leben für kurze Zeit in einer Art "Schleuderwaschgang", aus dem der Mensch anschließend geklärt herausgeht. Auch zwischenmenschliche Beziehungen werden geklärt.

Pluto

Schon im Horoskop haftet dem Pluto etwas Mystisches an. Als Aufstellungsplanet zeigt sich Pluto in der Regel sehr machtvoll. Diese Energie treibt fast rücksichtslos die Ursachen aus dem Unbewussten hoch an die Oberfläche. Mit dem Pluto geht es um Macht- und Ohnmachtthemen. Bleibt Pluto in der Mitte stehen, fühlt sich der Klient in der Regel dem Problem ohnmächtig gegenüber. Kein Planet zeigt die Polarität des Lebens besser. Es gilt, in die eigene Macht und Kraft zu kommen, die eigene Größe anzunehmen. Pluto will transformieren und Leidenschaftlichkeit in allen Bereichen erleben. Verdrängen, egal ob unbewusst oder bewusst mental, gibt es jetzt nicht mehr. Viele Astrologen sehen in Pluto-Themen auch Generationenkonflikte oder verschleppte Neptun-Konstellationen. Doch in der Aufstellungsarbeit bestätigt sich dieser Verdacht nur selten. Zeigt sich Pluto bei einer Aufstellung und wird der Kontakt zu diesem Seelenanteil wiederhergestellt, entdeckt der Mensch seine wahren Fähigkeiten, Selbstbewusstsein und Tatendrang.

Kurzübersicht zu den Qualitäten von Uranus, Neptun und Pluto

Planet	Qualität	Mytologie	Gesundheit und Entsprechung
Uranus	Aufbrecher alter Muster, Veränderung, neue Wege gehen, Plötzlichkeit.	Himmelsgott der griechischen Mythologie, Mutter Gaia, Sohn Kronos (Saturn), wurde von Saturn gestürzt und auf die Erde verbannt, aus ihm entstand Aphrodite (Venus).	Kommunikation zwischen Geist und Materie. Geistesblitze. Erneuerung von Körperzellen, Mut, konsequente Entscheidungen, Psychosomatik, Krämpfe, Zerrungen, Schocks, Spasmen, Rupturen.

Planet	Qualität	Mytologie	Gesundheit und Entsprechung
Neptun	Intuition, Zugang zu Gefühlen, Emotionen, Kreativität, Spiritualität – Wahrheit oder Lüge, Verschleierungen und Klarheit.	Gott der Meere (Poseidon), Sohn von Kronos und Rhea, Bruder von Zeus und Hades, Dreizack steht für Dreifaltigkeit von Körper, Geist und Seele. Er unterwarf sich nicht den Göttern – steht für Unabhängigkeit und Unbändigkeit. Öffnet Tore zum Unbewussten.	Größte „Schwäche" im Horoskop, die es zur Stärke zu wandeln gilt. Nichts ist wie es scheint. Schlafstörungen, Depressionen, Allergien, Pilz- und Viruserkrankungen – Verneblungen.

Planet	Qualität	Mytologie	Gesundheit und Entsprechung
Pluto	Macht und Ohnmacht, Tod und Wiedergeburt, Leidenschaftlichkeit, in die Tiefe gehen, Unterdrückung von seelischen Themen, Eigenverantwortung übernehmen, Öffnung.	Gott der Unterwelt (Hades), Sohn von Kronos und Gaia. Umgibt sich lieber mit den Toten als den Lebenden. Sprach Recht über die Toten, entschied wohin sie gelangen sollten. Auch Gott der Bodenschätze.	Zerstörung und Regeneration. Tiefste Ängste. Ohnmachtsgefühle, starke Entzündungen, Vergiftungen. Diese Prozesse schwelen lange Zeit. Verdrängung. Abszesse, Geschwüre, Fisteln.

Joker und Weiterentwicklungen mit Saturn, Chiron, Isis, Lilith etc.

Ab und zu kommt es an einem normalen Aufstellungstag vor, dass weder Uranus, noch Neptun oder Pluto „ziehen" und der Hauptstellvertreter bekommt zu allen dreien einen guten Kontakt. Nun könnte man denken, es gebe keine seelische Ursache für das geschilderte Problem des Klienten. Aber das würde gegen das universelle Gesetz „innen wie außen – außen wie innen" verstoßen. Der Klient sitzt mit seinem realen Problem auf dem heißen Stuhl. Es kostet immer auch Überwindung, diesen Schritt zu gehen. Wenn zu den klassischen Planeten ein guter Kontakt besteht, dürfen sich die Stellvertreter dieser Seelenanteile wieder setzen. Der nächste von mir zu testende Planet ist der Saturn. Er „zieht" in den meisten Fällen dann sehr deutlich . Der Saturn mit seiner natürlichen Stärke und Klarheit fordert sozusagen: „Nun mal Butter bei die Fische".

Viele Astrologen sehen den Saturn als strenge Energie an. Dieser Aussage kann ich aus dem Aufstellungsbereich nicht folgen. Saturn zeigt sich einfach sehr klar, zieht Grenzen und wahrt diese auch. Im übertragenen Sinne ordnet er den Klienten neu. Sollte Saturn auch nicht greifen, wäre die nächste Wahl der Chiron, die zu heilende Wunde oder der verwundete Heiler, die Lilith, Isis oder Jupiter. Dazu aber an anderer Stelle mehr.

Was ist mit „Symbol" in der Astrologischen Symbolaufstellung gemeint?

„Der Terminus Symbol (aus dem Griechischen: Etwas Zusammengefügtes) oder auch Sinnbild wird im Allgemeinen für Bedeutungsträger (Zeichen, Wörter, Gegenstände, Vorgänge etc.) verwendet, die eine Vorstellung bezeichnen (von etwas, das nicht gegenwärtig sein muss)" – Quelle: http://de.wikipedia.org/wiki/Symbol

Mit „Symbol" ist in der Aufstellung kein Zeichen und keine Abkürzung gemeint, sondern vielmehr das, wofür der Stellvertreter in der Aufstellung steht, also die Rolle, die der Stellvertreter einnimmt. Der Stellvertreter ist die Verkörperung eines Gefühls, einer Person, eines Zustandes, einer Blockade, eines Potenzials usw. Als Überbegriff für diese Vielzahl von Stellvertreter-Rollen habe ich den Begriff

„Symbol" gewählt. Der Mensch ist mehr als nur sein Körper. Er ist angebunden an Situationen, Emotionen, Erfahrungen, zwischenmenschliche Beziehungen und tiefe Gemütszustände. Die Stellvertreter-Rolle/das Symbol kann also für alles stehen, was im Erfahrungsbereich des Menschen liegt: Angst, Enttäuschung, Verstrickung, Liebe, Karma. Hierin inbegriffen sind auch beispielsweise Haustiere oder sogar Gebäude.

Ein Stellvertreter äußerte in seiner Rolle einmal: „Ich fühle mich so sächlich." Durch das verdeckte Arbeiten wusste er natürlich nicht, dass er für ein Bürogebäude stand. Während der Auflösung haben wir alle herzlich darüber gelacht.

_"Jeder Mensch hat seine eigene Sprache,
auch wenn er die gleichen Wörter
benutzt wie andere.
Wer mit dem Herzen hinhört,
entdeckt die Individualität, Wünsche,
Bedürfnisse, Sorgen und Nöte."_

(Ilka Plassmeier)

Kapitel 3

Kommunikation und Transformationsarbeit
während der Astrologischen Symbolaufstellung

Sprache als Hinweis und Ent-Wicklungs-Hilfe

Neben dem Fühlen und Erleben des Aufstellers und der Stellvertreter ist das wichtigste Instrument bei einer Astrologischen Symbolaufstellung für den Aufstellungsleiter natürlich die Sprache. Nicht nur, um Dinge zu hinterfragen und Missverständnisse aufzuklären. Die Sprache leistet hier Ent-Wicklungs-Arbeit. Wenn wir in den einzelnen Situationen hinterfragen, sprechen, erklären, abwägen und darstellen, werden die Ver-Wicklungen bewusst. Es fängt mit der Schilderung des Problems an, geht über die Aufstellungsfrage und den aktuellen Stand bis hin zur Lösungsarbeit. Beim Schlussbild der Aufstellung sind Worte dann meist überflüssig – es geht nur noch um das Fühlen.

Worte haben unglaublich viel Kraft. Sie zeigen Unbewusstes auf, können lösen, beruhigen, empören, besänftigen, aufwühlen, verärgern und vieles andere mehr. Vor allem können sie VERÄNDERN. Tagtäglich gebrauchen wir unbewusst Wörter, die viel über uns preisgeben. Wer ein sensibles Ohr hat und hinhört statt nur zuzuhören, entdeckt schnell die Stärken und Schwächen des anderen. Wie wir unsere Probleme formulieren und vor allem wie wir uns die Veränderung wünschen, zeigt oft sowohl die Ursache des Themas als auch unsere Unentschlossenheit, wie es ohne das Problem überhaupt weitergehen soll.

Bevor ich auf die „unbewusste, alltägliche Traumsprache" eingehe, möchte ich ein kurzes Beispiel dafür geben, dass wir uns zwar mit unseren Problemen beschäftigen, sie in Worte fassen können, drehen und wenden, aber uns nur selten mit den Lösungen, Lösungswegen oder Zielen auseinandersetzen. Nach dem Tod meiner Mutter hatte ich nicht nur Trauerarbeit zu leisten. Irgendwie geriet mein Leben gesundheitlich, privat und partnerschaftlich vollkommen aus den Fugen. Also klagte ich mein Leid einer Therapeutin, denn ich suchte jemanden, der Mitleid mit mir zeigte. Erst in zweiter Linie suchte ich Veränderung. Ich erzählte der Therapeutin aus meinem Leben, von Dingen die ich mir weg wünschte, und von Dingen, die endlich passieren sollten. Auf meiner Liste fanden sich beinahe zehn Punkte, die ich auf diese Weise abarbeiten wollte. Die Therapeutin hörte sich alles in Ruhe an und stellte mir eine Frage: „Stell dir vor, morgen früh, wenn du aufwachst, sind alle Probleme gelöst und es ist alles so, wie du es möchtest. Wie geht es dir dann?" Ich schluckte, denn ich hatte überhaupt noch nicht darüber nachgedacht, wie mein

Leben dann aussehen könnte und was ich dann machen würde. Mir wurde ganz schwummerig. Das wäre dann doch zu viel des Guten, ich wüsste gar nicht damit umzugehen. Erst zu diesem Zeitpunkt wurde mir bewusst, dass ich meinen Fokus auch auf die gelöste Form richten musste. Wie sollte mein Leben danach, also ohne die damaligen Probleme aussehen?

Das Unterbewusstsein spricht

Als „Traumsprache" bezeichne ich gern das unbewusste und noch nicht überdachte Reden, wenn der Klient sein Thema/Problem schildert *(es geht also nicht um Traumdeutung)*. Die aktuelle Lebenssituation wird erklärt und genau beschrieben. Das hilft mir zu sehen, wie sehr sich der Klient mit sich selbst beschäftigt hat und wie weit er gedanklich bereits gekommen ist. Nach etwa fünfzehn Minuten Schilderung der negativen Einflüsse und Umstände frage ich dann nach „Und was wünscht du dir? Wie soll es aussehen, wenn das Problem gelöst ist?"
Die meisten Personen sind bei dieser Frage genauso verblüfft, wie ich damals. Die Antworten beinhalten Aussagen, wie „Ich möchte glücklich werden!" – „Ich möchte einen Partner finden!" – „Ich möchte erfolgreich sein!". Das ist alles richtig und auch gut, aber wie soll es konkret aussehen? Solche Antworten sind zu unspezifisch für das Gehirn und das Unterbewusstsein. So kann die Anziehungskraft nicht arbeiten. Also wird genauer formuliert. Nur „glücklich" reicht nicht, denn Glück ist immer individuell und maßgeschneidert. Nun soll sich der Klient auf die positiven Ziele einschwingen. Was wünscht er sich genau? Mehr Selbstbewusstsein, Vertrauen, Klarheit, liebevolle und harmonische Beziehungen?

Das Thema Partnerlosigkeit stellt eine Besonderheit dar. Hier formuliere ich den positiven Aspekt der Aufstellungsfrage nicht mit Formulierungen wie „...damit ich den richtigen Partner finde" - „...damit mein Traumprinz in mein Leben tritt" oder „...damit der Partner mit allen gewünschten Eigenschaften sich in mich verliebt". Zur Erinnerung: Wir gehen von der Eigenverantwortlichkeit und dem Gesetz der Anziehung aus. Wenn ich mich selbst anerkenne, liebe und eine gute Beziehung zu mir selbst und meiner inneren Stimme habe, klappt es auch „mit dem Nachbarn". Wir neigen dazu, Talente, Fähigkeiten und Verhaltensweisen auf den Partner zu projizieren. So wünschen wir uns vielleicht einen Partner, der verlässlich und humorvoll ist. Nach dem Resonanzgesetz bekommen wir aber diesen Partner erst, wenn wir diese Qualität selbst entwickelt haben. Dies kann ein wichtiger, persönlicher Entwicklungsschritt sein. Ist eine Person selbst verlässlich und humorvoll geworden, muss sie sich diese Attribute nicht mehr von einem Partner wünschen. Es ist selbstverständlich, dass nur solch ein Partner in Frage kommt. Entwickeln wir selbst die gewünschte Eigenschaft nicht, bekommen aber einen Partner mit dieser Eigenschaft, ist die Gefahr der Abhängigkeit sehr groß. Bleiben wir beim Bespiel der Verlässlichkeit. Wir wünschen uns einen Partner, der verlässlich ist, nehmen es selbst aber damit nicht so genau. Nun treibt der Partner uns immer wieder an, pünktlich zu sein und Versprechen einzuhalten. Endet die Beziehung dann irgendwann, ist die Ausgangssituation für die Entwicklung deutlich schlechter als vor der Partnerschaft, denn wir haben uns an den Zustand gewöhnt, dass unser Ex-Partner für Verlässlichkeit (sprich den nötigen Antrieb) sorgte.

Wenn beide Partner einen Anteil, den sie selbst nicht besitzen oder entwickelt haben, auf den anderen Partner projizieren, werden auch beide Partner bedürftig und abhängig. Es gilt also, die vom Partner gewünschten Eigenschaften selbst zu entwickeln. Daher basiert Partnerlosigkeit auf verschiedenen Resonanzen, die wir aussenden. Projizieren wir durch Wunschvorstellungen zu viel auf den zukünftigen Partner, kommt energetisch bei dieser Person Überforderung an. Haben wir unbewusst Angst, dass eine Partnerschaft scheitern könnte oder dass der andere uns verletzt, senden wir diese Angst aus. Dazu bedarf es keiner Worte. Die unbewussten Antennen sind so gut justiert, dass das Gegenüber direkt auf Abstand geht.

Vor einigen Jahren kam eine Klientin mit der Frage zu mir, was der Hintergrund ihrer Partnerlosigkeit sei. Seit acht Jahren war sie Single und vorher zog sie scheinbar magisch nur Männer an, die sie ausnutzten. Die Aufstellung zeigte, dass sie sich selbst gegenüber ihrem Seelenanteil aus Angst vor Nähe klein machte. Sie versteckte sich in einer Opferrolle und im Funktionieren. Merkwürdige Vorstellungen, wie beispielsweise „Meine Seele mag mich sowieso nicht" - „Wenn die mich kennt, verlässt sie mich" - „Ich bin sowieso auf mich allein gestellt", versagten ihr die Kommunikation mit der Seele. Genauso stellte sich auch ihr Alltag im Außen dar. Es gab wenig Kontakt zu potenziellen Partnern und wenn, dann erschienen sie ihr dominant und rücksichtslos. So bestätigte sich die Überzeugung. In der Aufstellung erreichten wir einen herzlichen und liebevollen Kontakt zur Seele. Die Partnerlosigkeit der Klientin war ein halbes Jahr später beendet. Nach einem mutigen Umzug (350 km) zu ihrem Partner hat sie geheiratet. Heute sind beide glückliche Eltern von zwei Kindern.

Der positive Aspekt der Frage ist also immer auf den Klienten persönlich und nach innen ausgerichtet. Auch passive Wörter wie „werden" und „bekommen" vermeide ich bei der Aufstellungsfrage, damit das Unterbewusstsein nicht im Werden verbleibt. Schließlich geht es um das SEIN. Über die zusammenfassende Aufstellungsfrage wird dem Unterbewusstsein vermittelt, dass der Mensch dabei ist, den Weg für die Veränderung zu formulieren und entdeckt eine wohlgeformte Zielbestimmung. Im Unterschied zu anderen Aufstellungsmethoden bitte ich die Klienten, alle Probleme auf den Tisch zu bringen. Der Aufsteller muss sich also nicht für ein einzelnes Thema entscheiden. Es darf und soll alles Belastende aus allen Bereichen aufgezählt werden, egal ob beruflicher, gesundheitlicher, partnerschaftlicher oder familiärer Natur. Ich möchte bei jeder Aufstellung so viel wie möglich lösen. In der Regel hängen aktuelle Themen immer in irgendeiner Form zusammen. Meist stellt sich heraus, dass es eine gemeinsame Ursache gibt. Und je bewusster und ehrlicher der Aufsteller zu sich selbst ist, desto leichter kann er die Aufstellung und Veränderung annehmen.

Sprache als Werkzeug

Der Sprachgebrauch in der Aufstellungsarbeit ist durch das neurolinguistische Programmieren (kurz: NLP) und die Reinkarnationstherapie geprägt. Diese Kommunikationstechniken haben eine lösungsorientierte Herangehensweise im Umgang mit Menschen in Veränderungsprozessen. Im NLP geht man davon aus, dass Symptome menschlichen Verhaltens durch innere Prozesse und das Unterbewusstsein ausgelöst und strukturiert werden. Innere Prozesse und äußere Wahrnehmungen stehen demnach in einem gegenseitigen Zusammenhang. In der Reinkarnationstherapie geht es um die absolute Eigenverantwortung. Alles, was mir jetzt passiert, habe ich verursacht.

Über die Sprache bekommt der Aufstellungsleiter Kontakt zu den Teilnehmern, der wie ein innerer Draht beschrieben werden kann. Empathie und Mitgefühl sind wichtig. Dem Leiter muss immer klar sein, dass die Aufstellungsteilnehmer sich einem seelischen, inneren Prozess öffnen, der vielleicht peinlich, ärgerlich oder überraschend sein kann. Also ist die Sprache vorsichtig, aber zugleich deutlich und klar einzusetzen. Vieles muss hinterfragt werden. „Warum machst du das?" - „Was könnte denn passieren, wenn du es anders machen würdest?" - „Was befürchtest du, wenn du mit den Machtspielchen aufhörst?" Wie ein guter Spurensucher spürt der Aufstellungsleiter dann ganz sanft die Ursachen auf, die inneren Schweinehunde und Verhinderer, die Missverständnisse mit sich selbst, die Ängste und Bedenken. So wird der Klient dort abgeholt, wo er sich in seinem Entwicklungsprozess augenblicklich befindet. Nachdem der Ist-Stand und die Ursache für die Blockade sichtbar geworden sind, beginnt die Lösungsarbeit – ebenfalls wieder über die Kommunikation mit den Teilnehmern. Die Bewusstmachung, was zu den aktuellen Problemen geführt hat, steht für einen wichtigen Schritt in Richtung Lösung *(wir erinnern uns an die Bäume und den Wald)*. Nun werden die Zusammenhänge sowie die Bedeutung und die Hintergründe der bisherigen Verhaltensweisen klar. Während der Wandlung der Blockaden setze ich gern Metaphern und Geschichten ein, die den Teilnehmern noch einmal vor Augen führen, was eigentlich geschah und geschieht.

Jeder Schutz beinhaltet einen Schatz

Jede Blockade dient als Schutz. Dieser Schutz will gesehen werden. Es ist eine Überlebensstrategie. Im unbewussten Zustand hat diese Blockade uns am Leben gehalten, da wir keinen anderen Weg und keine andere Verhaltensweise kannten. Und jeder Schutz beinhaltet einen Schatz. So können die negativen Blockaden in positive Stärken gewandelt werden. Wir blockieren uns, weil wir Angst vor Verletzungen haben oder befürchten, dass etwas Ungutes passieren könnte oder dass wir negative Erfahrungen wiederholen müssen. So errichten wir eine Mauer und verschanzen uns hinter dahinter. Dann aber sind keine Veränderungen, kein Fluss und nur noch wenig Leben möglich. Steht diese Mauer beispielsweise für den Schutz vor Enttäuschung, weil wir in unserem Leben schon oft schmerzlich enttäuscht wurden, kann es dazu führen, dass wir uns von anderen Menschen abschotten, um genau diese Enttäuschung nicht wieder spüren zu müssen. Anderen Menschen erscheinen wir dann vielleicht unnahbar oder gar kalt. Oder wir lassen uns nur noch schwer auf neue Beziehungen ein und hegen Misstrauen gegenüber anderen. Das Symbol „Enttäuschung" steht als Mauer vor dem Aufsteller. Das bedeutet allerdings nicht, dass diese Mauer tatsächlich die Enttäuschungen abhält und wir uns aktuell nicht verletzt fühlen.

Das Paradoxe an dieser Mauer ist, dass sie keinen echten Schutz bietet. Sie ist eher eine Lernaufgabe. Andere Menschen nehmen diese Mauer unbewusst wahr und kommen sinnbildlich mit Hammer und Meißel daher, weil sie den Menschen hinter der Schutzmauer sehen möchten. Die Mauer wird durch das kräftige Hämmern verletzt, der Mensch fühlt sich verletzt und zieht sich immer weiter zurück. Wenn wir es aber schaffen, diese Schutzmauer Stück für Stück und Stein für Stein selbst abzubauen, können die Menschen uns wieder sehen und brauchen weder Hammer, noch Meißel. Sie brauchen uns nicht mehr zu verletzten. Sie wollen uns unbewusst darauf aufmerksam machen, was wir lernen sollen. Hier bedeutet die Enttäuschung das Ende der Täuschung – der Schatz im Schutz. Zu denken, dass wir eine Mauer brauchen, um uns zu schützen, ist ein Trugschluss. Niemand kann uns verletzten, es sei denn, wir lassen es selbst zu.

Bleiben wir beim Thema Enttäuschung. Was sagt Enttäuschung eigentlich aus? Dass wir uns getäuscht haben oder dass wir uns haben täuschen lassen. Die Erwartungshaltung anderen gegenüber war falsch, zu hoch oder zu gering. Vielleicht waren die eigenen Erwartungen gar nicht zu erfüllen. Die Konsequenz ist das Gefühl der Enttäuschung. Eigentlich ist es eher ein Gefühl der gekränkten Eitelkeit, gepaart mit verletztem Stolz und Selbstmitleid, da die eigenen Vorstellungen nicht erfüllt wurden. Unser Gegenüber hat nicht so reagiert oder agiert, wie wir es uns gewünscht hätten. Er hat uns ausgenutzt oder hintergangen, betrogen oder belogen. Wie konnte das passieren? Warum haben wir das zugelassen? Mit welcher Berechnung haben wir Ja dazu gesagt? Wenn wir also das Gefühl der Enttäuschung spüren, sollten wir in uns hineinhorchen und hinterfragen, worin genau die Täuschung liegt. Sobald wir dies erkennen, hat die Täuschung ein Ende. Wir lernen aus dieser Erkenntnis und wissen fortan, was genau wir beim nächsten Mal erwarten können oder dürfen und worauf wir achten müssen. Nun brauchen wir das Gefühl des Selbstmitleids nicht mehr.

Genau mit diesen Metaphern und Erläuterungen arbeite ich im Lösungsprozess *(dazu im Praxisteil mehr)*. Je klarer und deutlicher Zusammenhänge erklärt werden, desto leichter ist es für den Aufsteller, sich von den liebgewonnenen Blockaden im Guten zu verabschieden und die fehlgeleitete Kraft (hier: die Energie, die in die Enttäuschung gesteckt wurde) wieder zu sich zurückzunehmen und für Klarheit zu nutzen.

Was Sprache verrät

Unscheinbare, aber sehr wichtige Worte, die mir bei Aufstellungen immer wieder auffallen, und bei denen ich gern nachhake sind beispielsweise „Ja, aber... eigentlich". Wir kennen sie alle. „Ja, aber…" bedeutet im Klartext „Nein". Es ist eine höfliche Zustimmung, um sodann nach Rechtfertigungen zu suchen, warum es wiederum doch nicht so ist, warum wir jenes doch nicht machen können oder warum der andere unserer Meinung nach doch nicht Recht hat. Was denn nun? Ja oder nein? Was bezwecken wir mit dieser Aussage und was meinen wir wirklich? Manchmal stellt sich heraus, dass wir lediglich auf der Suche nach Gründen dafür sind, den nächsten wichtigen Schritt nicht machen zu müssen. Bloß nicht ins Handeln und in die Veränderungen hinein manövrieren! Wer nicht will, der findet Gründe. Wer will, der findet Wege. Wie ehrlich ist der „Ja-aber-Mensch" zu sich selbst?

Auch das beliebte Wörtchen „eigentlich" lässt mich immer aufhorchen: „Wie geht es dir?" - „Eigentlich ganz gut…" Und uneigentlich? Auch mithilfe dieses Wortes vermeiden wir Aufrichtigkeit. Wem wollen wir etwas vormachen? Doch in erster Linie uns selbst! Vielleicht aber wollen wir auch nicht, dass der andere erfährt, wie es uns wirklich geht. Was steckt dahinter? Misstrauen? Angst? Selbstkritik? Die Gründe sind vielfältig.

Vorwürfe und Rechtfertigungen

Menschen, die sich noch nicht bewusst sind, dass alles, was in ihrem Leben geschieht, von ihnen in irgendeiner Form initiiert wurde und der Persönlichkeitsentwicklung dient, machen gern andere für die eigene Misere verantwortlich. Der Kollege ist Schuld, dass wir gemobbt werden und es uns schlecht geht. Der Partner ist Schuld, dass unsere Beziehung zerbricht. Beispiele gibt es in einer ebenso großen Vielzahl wie Vorwürfe. Da uns andere Menschen, vor allem der Partner oder enge Bezugspersonen, aber selbst spiegeln, hat der Vorwurf immer mit uns selbst zu tun. Ausflüchte, wie „Er kann sich doch nicht entscheiden, was kann ich dafür? An mir liegt es bestimmt nicht!" gelten nicht. Wir würden diese Menschen nicht in unser Leben ziehen, wenn sie uns nicht eine Seite in uns selbst zeigen würden.

Die Eigenschaften, die wir am Gegenüber anziehend und bewundernswert finden, sind die eigenen vernachlässigten Fähigkeiten, d.h. wir verfügen über sie, haben sie jedoch selbst noch nicht entwickelt. Das Verhalten, das wir bei anderen ablehnen oder das uns stört, stellt das Problem von und mit der eigenen Persönlichkeit dar. Genau dort sollten wir einmal etwas genauer hinschauen: Werfe ich dem Partner beispielsweise Unentschlossenheit vor, werde auch ich mich in bestimmten Situationen nicht entscheiden können. Bei jedem Menschen kann es einen anderen Bereich betreffen, aber dieses Phänomen ist vorhanden. Erst wenn wir selbst wirklich lernen uns zu entscheiden, kann sich auch der andere entscheiden. Die unbewussten Ebenen arbeiten Hand in Hand und reagieren sofort auf Veränderung. Das bedeutet natürlich im Umkehrschluss: Wenn uns jemand etwas vorwirft, lässt er tief blicken, denn wir sind sein Spiegel. Zu 80 % können wir den Vorwurf an den Absender zurückgeben, da es seine Angelegenheit ist. Aber die restlichen 20 % sollten wir uns natürlich schon genau anschauen (Spiegel auf beiden Seiten). Es liegt immer etwas Wahres darin verborgen.

Wenn der Verstand begreift, ist Vergebung möglich

Über das Sprechen im Lösungsprozess werden nicht nur die Hintergründe bewusst, auch die Verhaltensmuster werden verstanden. Wir entdecken auch, dass wir uns immer mehr verstrickten und verknoteten, und dass sich uns nun die Möglichkeit bietet, die Dinge zu verändern. In jede Blockade und in jedes Schutz-Verhaltensmuster fließen Unmengen an Energie und Kraft. Wenn wir bereit sind, diese Muster aufzugeben, können wir diese Energie wieder zu uns zurückholen, integrieren und für neue Wege nutzen.

Kommen wir nochmals auf das konkrete Aufstellungsbeispiel mit dem Symbol der Enttäuschung zurück. Die Enttäuschung stand groß, stark und mächtig vor dem Aufsteller und verhinderte so den Kontakt zum eigenen Potenzial. Die Stärke des Enttäuschungssymbols gehört zum Aufsteller und ist nur ausgelagert. Während des Gesprächs mit dem Aufsteller über die Hintergründe des Enttäuschungsthemas können wir deutlich sehen, wie sich die Energie bei den Rolleninhabern bereits verändert. Oftmals tritt das Enttäuschungssymbol langsam zur Seite und wird etwas kleiner. Dennoch ist es wichtig, sich mit dem Stellvertreter für die Enttäuschung nochmals auseinanderzusetzen, sich für den Schutz zu bedanken und die eigene Kraft wieder anzunehmen. Die Energierückgabe erfolgt meist über die Hände. Beide Stellvertreter reichen sich die Hände und die Kraft darf zum Aufsteller zurückfließen, bis sich beide normal groß, kraftvoll und wohl fühlen. In diesem Prozess werden nicht nur die alten und ausgelagerten Kräfte reaktiviert und zurückgeholt, sondern auch die Potenziale freigesetzt.

Auch auf der bewussten Ebene passiert so einiges. Der Kopf hat durch die Ausführungen und die Gespräche unter den Stellvertretern Futter bekommen. Die vielleicht neuen Sichtweisen werden überdacht. Durch das Fühlen und das Beobachten des seelischen Aufstellungsbildes können die Hinweise angenommen werden. Zurück zum Beispiel der Enttäuschung. Wir werden uns also zukünftig häufiger überprüfen und uns die Frage stellen, ob wir uns gerade täuschen oder vielleicht auch zu viel erwarten. Die Lösungsarbeit kann somit auf unbewusster (seelischer) und auf bewusster (verstandesmäßiger) Ebene wirken. Mit jedem Aufdecken der Blockaden, mit jedem Verstehen, warum wir uns wie verhalten und geschützt haben, können wir uns unserer selbst mehr annehmen. Wir, die Aufsteller selbst, werden gnädiger mit uns, da wir nun endlich erkennen, warum es so war, wie wir es erlebt haben. Ohne dieses Verständnis haben wir uns selbst bisher ganz schön klein gemacht, kritisiert und gestraft. Auch dabei ging viel Energie verloren. Was während des Lösungsprozesses geschieht, ist eine Art der Vergebung. Vergebung sich selbst und dem Leben gegenüber. Darüber bekommen wir immer mehr den Kontakt zum bisher blockierten Seelenanteil und es stellt sich ein innerer Friede ein.

Nonverbale Sprache im Rahmen der Aufstellung

Die Astrologischen Symbolaufstellungen sind sehr dynamisch. Es wird agiert – und das nicht nur mit dem gesprochenen Wort. So stehen die Teilnehmer nicht ständig auf ihren ursprünglich eingenommenen Positionen. Für den Aufstellungsleiter ist es sehr wichtig, genau zu beobachten. Mimik, Gestik und die Bewegungen im Raum verraten viel über die aktuelle Situation und zeigen, ob der angepeilte Lösungsweg auch wirklich stimmig ist. Es kann vorkommen, dass ein Stellvertreter schwierige Themen anspricht, dabei aber fast genüsslich lächelt. Was passiert hier? Ist es ein Ablenkungsmanöver vom eigentlichen Thema? Oder läuft gerade ein Machtspiel, was trotz der Ernsthaftigkeit und Not eben doch ein Spiel bleibt? Der Leiter kann sofort darauf eingehen und nachfragen, warum der Stellvertreter lächelt. Manche fühlen sich dabei regelrecht ertappt und die Wahrheit kommt schnell ans Licht. Auch die Blickrichtungen der Teilnehmer geben Aufschluss darüber, worauf das meiste Interesse gerichtet wird oder was lieber nicht gesehen werden will. So kann es sein, dass wir es vorziehen, mit einem Symbol wie beispielsweise der Entwertung, anstatt mit unserem Seelenanteil Augenkontakt zu halten.

Bei einer Aufstellung erlebte ich einmal, dass die Hauptstellvertreterin sich anfangs, als die drei Planeten testweise gegenüber gestellt wurden, nur auf die Füße und die Strümpfe der Planeten-/Seelenstellvertreter konzentrieren konnte. Sie brachte es nicht fertig, den Blick auch nur bei einem der Planeten höher als bis zum Knie wandern zu lassen. Der Grund dafür war ihre totale Faszination für die unterschiedlichen Sockenpaare. Also habe ich sie gefragt, was sie daran so überaus interessant fände. Dabei stellte sich heraus, dass sie ein Sockenpaar besonders ärgerte. Bei diesem Paar saß die eine Socke normal am Fuß, während die andere auf links gedreht war und dadurch nicht sonderlich gut am Fuß anlag. Ich glaube, ich brauche nicht zu erwähnen, dass es hier um Perfektionismus ging. Zum anderen sollte scheinbar nicht gezeigt werden, wie es innen auf der anderen Seite der Socke aussieht. Der Planet, der zu diesem Sockenpaar gehörte, blieb als Seelenanteil stehen. Interessant war, dass die Stellvertreterin des Planeten-/Seelenanteils angesichts der verdrehten Socke unangenehm berührt war. Sie entschuldigte sich mehrmals dafür und wiederholte, dass ihr vorher nichts aufgefallen sei, sie sonst aber immer sehr genau darauf achte.

Kommen die Symbole bei der Aufstellung zusätzlich hinzu, können wir interessante Verhaltensweisen beobachten. Manchmal wird es dem Planeten/Seelenanteil zu bunt und er fängt an sich zu langweilen, schaut aus dem Fenster oder gähnt. In anderen Fällen wird der Druck für die Seele so groß, dass sie regelrecht vom Hauptstellvertreter fortgedrängt wird und um einige Schritte zurückweichen muss. Andere Male kann die Seele sogar beleidigt sein und sich umdrehen. Originalton: „Ich kann mir nicht mehr mit ansehen, was sie da macht und wie sehr sie sich blockiert. Dabei wäre es doch so einfach, mich anzunehmen!"

In einer besonderen Aufstellung, bei der es um den verlorenen Zwilling ging (siehe hierzu Kapitel 7), war die nonverbale Kommunikation der wichtigste Teil der Arbeit, da die Person, als Stellvertreter des Zwillings im Embryonalstadium, sich verbal nicht äußern konnte. Mit den anderen Stellvertretern konnte ich gut kommunizieren, aber auf dieser Seite herrschte Stille – nur Bewegung, Gestik und Mimik. Also verließ ich mich auf die Stellvertreterin. Sie würde schon auf sich aufmerksam machen, wenn etwas nicht passte oder sie etwas brauchte. Interessant war, dass sich ihre Gesichtszüge entspannten und weicher wurden, je näher wir der Lösung kamen. Die gesamte Haltung entspannte sich. Also war der Weg gut. Die Hauptstellvertreterin war sehr ergriffen, als sie erfuhr, dass ihr verlorener Zwilling in der Nähe war. Sofort wurde ihr klar, dass sie versuchte „für zwei" zu leben. Durch diese Erkenntnis fing der verlorene Zwilling an gütig zu lächeln. Nachdem die anderen Symbole gewandelt waren, kam der Zwilling auf sie zu, umarmte sie lange, sah ihr in die Augen und verließ dann den Raum. Es entstand eine große Erleichterung. Der Zwilling musste die Botschaft „Leb dein eigenes Leben!" nicht in Worte fassen. Allein die Haltung sagte alles.

Beim Lösen und Wandeln der Blockaden wird manchmal sogar zu viel gesprochen. Dabei schaltet sich immer der Kopf ein. Argumente für und wider werden diskutiert. Vielleicht möchte der Stellvertreter des Symbols Worte der Dankbarkeit hören und erwartet durch vorangegangene Familienaufstellungen bestimmte Sätze. Aber bei den Astrologischen Symbolaufstellungen geht es nicht um vorgegebene Sätze, sondern um echte Gefühle, Verständnis und ganz individuelle Aktionen. Bevor die Situation zerredet wird, sollte der Leiter auf ein ganz einfaches Mittel zurückgreifen: Stille und das Fließen von Energie. Ich mache den Teilnehmern gerne bewusst, dass es sich bei der Blockade um einen ausgelagerten oder abgespaltenen Anteil von sich selbst handelt, also nichts mit dem „Kopfkarussell" zu tun hat. Der Stellvertreter des Symbols hatte eine Qualität (er war stark, selbstbewusst, hatte Vertrauen, gab Halt etc.) und diese Qualität ist der Anteil, den der Hauptstellvertreter zurücknehmen sollte. Außerdem war das Symbol ein Schutz und hat Nutzen gebracht. Dem Symbolstellvertreter sage ich, dass alles, was an überschüssiger Energie, an Macht oder auch Kämpfertum vorhanden ist, zum Hauptstellvertreter gehört. Sie könnten noch weiterreden, aber weiterbringen würde es sie nicht. Also sollen sie sich die Hände reichen und einfach spüren. Nun wird es still. Die Hände werden gereicht und Erstaunen macht sich breit. Erstaunen über Wärme oder Kälte, über Gefühle oder Kraft, über das Kribbeln in den Händen. Die ehemaligen Streithähne schauen sich nun an und die stattfindende Veränderung ist geradezu sichtbar. Ich bitte die beiden dann, dass sie alles, was zum anderen gehört hinüberfließen lassen sollen, damit er vollständig wird. Auf einmal sind alle Argumente weg und nebensächlich. Der Hauptstellvertreter nimmt seine ausgelagerten Anteile wieder zurück und Friede tritt ein.

In einer meiner letzten Aufstellungen hatte ich das Symbol der „Aufschieberitis" (Ablenkungsmanöver) aufgestellt. Der Stellvertreter fühlte sich beim Hauptstellvertreter nicht wohl. Also ging er zur Seele. Das ging eine Weile gut, aber dann kippte die Stimmung wieder. Also setzte er sich zwischen Hauptstellvertreter und Seele auf

den Boden. Alle waren natürlich sehr interessiert. Die Aufschieberitis jammerte immer wieder vor sich hin – nonverbal wohlgemerkt. Sie streckte sich, gähnte, schaute gequält drein und erhielt dadurch noch mehr Aufmerksamkeit. Von außen war das Spiel schnell durchschaubar, aber die Teilnehmer bemerkten die augenscheinlich kleine Opferhaltung nicht. Als ich dann anfing aufzulösen, stand der Aufschieberitis-Stellvertreter auf und wollte sich am liebsten unsichtbar machen. Er fiel mir ins Wort und sagte, er wolle gar nicht hören, für wen er stehe. Und da es sowieso nicht wichtig wäre, könne er auch einfach nach draußen gehen. Das ließ ich natürlich nicht gelten und sagte ihm sofort, dass er für die Aufschieberitis steht. Ich fügte noch hinzu, dass sein Verhalten ein Zeichen für Selbstmitleid und Opferhaltung sei und er sich bei der ihm gewidmeten Aufmerksamkeit doch bislang recht wohl gefühlt hätte. Der Stellvertreter lachte herzlich und erwiderte: „Schade, da bin ich erwischt worden, ich fühle mich regelrecht ertappt!"

In vielen Aufstellungen begegnet mir das Phänomen der magnetischen Anziehungskraft. Die Stellvertreter haben das Gefühl, sie würden nach vorn gezogen oder von hinten angezogen, manche schwanken. Die Hauptstellvertreter lassen sich gern nach hinten fallen, wenn ein angenehmes Symbol hinter ihnen steht, das sie entlastet. Dass es sich dabei möglicherweise um das schlechte Gewissen, die Enttäuschung oder das Krankheitssymptom handelt, wissen sie schließlich nicht. Aber es ist zu dieser Zeit genau das, was sie entlastet, also für die Sofazone steht. Das altbekannte Muster. Das Schwanken zeigt sich in der Regel bei der Seele, wenn der Hauptstellvertreter sich zu sehr mit einem Symbol beschäftigt. Seelen-Stellvertreter erleben ein Schwanken von rechts nach links oder fühlen sich wie ein Kreisel, was tatsächlich auch mit bloßem Auge zu sehen ist. Die Körperhaltung eines Stellvertreters in der Rolle sagt viel über die Situation aus. Steht jemand breitbeinig, sehr gelassen und aufrecht, zeugt das von Kraft und Selbstbewusstsein – und das muss nicht der Hauptstellvertreter selbst sein. Steht zum Beispiel der Hauptstellvertreter von einem Fuß auf den anderen trippelnd am Teppich und zwirbelt vielleicht zusätzlich noch die Bluse oder den Pulli um den Finger, frage ich nach, wie alt sich derjenige fühlt. Vielleicht sind wir hier in einer Situation in der Kindheit gelandet.

Einmal bekam ein Hauptstellvertreter in seiner Rolle deutlich erkennbar feuerrote Ohren, als verdeckt das Schuldgefühl hinzukam. Als ich ihn darauf ansprach, wurde auch sein Gesicht rot und er fragte verlegen: „Oh, kann man das sehen? Meine Ohren fühlen sich total heiß an."

„Warum bekommst du denn rote Ohren?"

„Na ja, ich glaube, ich hab irgendwas angestellt und hab Angst, dass es rauskommt." Manchen Hauptstellvertretern fällt auf, dass sie ganz kalte Hände und Füße bekommen. Das ist eine interessante Reaktion des Körpers auf einen Fluchtinstinkt. Der Körper schickt reichlich Blut in die Beine und die Muskeln, um Kraft für das bevorstehende (Weg-)Rennen zu sammeln. Meine Erläuterungen lassen die Betroffenen meist schmunzeln: „Ja, Fluchttendenz ist gerade deutlich spürbar."

Die Beobachtung der Rolleninhaber ist neben den Fragen die wichtigste Aufgabe des Aufstellungsleiters. Verschränkte Arme bedeuten Abwehr, geballte Fäuste oft Anspannung, langes Schauen nach unten kann Traurigkeit, Minderwert oder Angst bedeuten. Anders als bei Familienaufstellungen geht es hier bei dem andauernden Blick auf den Boden nicht um verstorbene Familienmitglieder, denn wir gehen von der Eigenverantwortung aus. Die allerschönste nonverbale Kommunikation findet am Ende der Aufstellung statt, wenn der Hauptstellvertreter endlich seinen Seelenanteil annehmen kann. Kurz bevor der Hauptstellvertreter zur Seele geht, stelle ich immer eine Frage: „Erinnert ihr euch, wie es am Anfang war? Da ging gar nichts. Und wie ist es jetzt mit euch?" Ganz erleichtert kommt dann die Antwort: „Richtig gut!" oder „Kann ich mir jetzt gar nicht mehr vorstellen!" Nun macht der Hauptstellvertreter die Schritte auf den Seelenanteil zu. Manche ganz bewusst und langsam, anderen kann es nicht schnell genug gehen. Man schaut schließlich der Seele in die Augen – wann haben wir schon diese Möglichkeit!

Zunächst wird der Kontakt über die Hände hergestellt. Auch da fließt die Energie – mit dem Unterschied, dass es sich jetzt nicht um einen Tausch, sondern um ein Fließen im Kreis handelt. Manche Personen nehmen sich dann bewegt oder freudig in den Arm. Andere fühlen sich plötzlich so leicht und gelöst, dass sie mit der Seele direkt ein Tänzchen auf den Teppich legen. Wieder andere klopfen sich gegenseitig auf die Schultern und stellen sich wie alte Freunde nebeneinander, so als wenn sie nun gemeinsam Kaffeetrinken gehen möchten. Kommt dann das Original zum Einsatz, kann die Situation noch etwas ungewohnt erscheinen. Manche Originale müssen sich erst vorsichtig einfühlen, sind ganz bewegt und können noch nicht fassen, dass nun der Weg frei ist. Anderen kommen die Tränen – jede Träne ist ein Loslassen. Beim Original brauchen die Schritte ein wenig mehr Zeit, aber das Endgefühl ist immer das gleiche.

Kapitel 4

Entwicklung der
Astrologischen Symbolaufstellung

*"Die einzige Konstante im Leben ist
Veränderung. Sind wir bereit,
die Veränderungen
anzunehmen, beschenkt uns das Leben
mit Entwicklung und Neuerungen
auf allen Ebenen."*

(Ilka Plassmeier)

Aufstellungsarbeit ist seit vielen Jahrzehnten weltweit bekannt. Es gibt die unterschiedlichsten Formen und Methoden. Die Aufstellungsmethoden, die wir heute kennen und erleben, gehen in der Regel auf die Vorläufer „Psychodrama" (Jakob Moreno ca. 1930) und „die Systemische Familientherapie" (Virgina Satir ca. 1951) zurück. Bert Hellinger machte die Familienaufstellungen seit Ende der 80er Jahre sehr populär, so dass diese für viele Menschen heute ein Begriff sind. Er geht von unbewussten Verstrickungen und familiären Loyalitäten aus, die uns blockieren und hemmen. Die Astrologische Symbolaufstellung unterscheidet sich sehr, da hier der Mensch losgelöst von jeglichen Gruppen, Familienstrukturen und Sippen als absolut eigenverantwortliches Individuum betrachtet wird (siehe Kapitel 3 – Theoretischer Hintergrund). Somit ist ein weiterer Entwicklungszweig entstanden, der Eigenverantwortung, Seelenanteile und Potenziale einschließt.

Wie funktioniert Blockadentransformation im Rahmen einer Aufstellung?

Grundsätzlich gilt, dass wir unseren Mustern und Blockaden nicht hilflos ausgeliefert sind. Über das Erkennen und Erspüren können wir diese wandeln und das bisherige Spiel beenden. Ziel der Astrologischen Symbolaufstellung ist es, die aktuelle Blockade zu wandeln, zu transformieren bzw. zu lösen. Somit also das, was wir als Problem bezeichnen, was uns stört, belastet oder quält. Wie ist die Herangehensweise?

Bewusstmachung

Der allererste Schritt des zukünftigen Aufstellers in Richtung Ent-Wicklung ist die Erkenntnis, ein Problem zu haben. Etwas fehlt. Etwas passt nicht. Diese Erkenntnis führt dann schnell zu weiteren Fragen: Warum ist das so? Was kann ich jetzt tun?

Entscheidung

Die Transformationsarbeit beginnt unbewusst bereits mit der Entscheidung, eine Aufstellung zu machen. Unser Unterbewusstsein registriert sofort eine Möglichkeit zur Veränderung. Daher beginnen die Veränderungen oftmals schon nach der Anmeldung. Auf einmal kommt Bewegung ins Spiel. Doch wir sollten uns nicht ins Bockshorn jagen lassen, denn es können auch „Verhinderer" am Werk sein. Alte Energien und Muster, die verhindern möchten, sich das Thema und die Ursache bewusst zu machen oder das Problem sogar zu lösen. Also kann es sein, dass vor der Aufstellung eine Scheinentwicklung stattfindet oder Symptome plötzlich verschwinden. Es ist wichtig, an dem Termin der Aufstellung festzuhalten, damit diese Entwicklung nicht wieder kippt.

Erkennen

Die Astrologische Symbolaufstellung zeigt dann schnell die aktuelle Situation und das, was zur Blockade geführt hat. Dies ist der nächste Schritt. Das Erkennen des Ist-Zustandes ist der Punkt in der Aufstellung, an dem ich die verdeckten Rollen offenbare und erläutere. Jetzt erkennt auch der Aufsteller die Ursache, die Blockade- und Schutzmechanismen, die unbewusst am Werk sind.

Annehmen

Der Aufsteller sieht nun also, welches Spiel er spielt und kann auch ansatzweise erahnen, warum er so handelt. Für den Hauptstellvertreter beginnt jetzt (stellvertretend für den Aufsteller) das Annehmen. Er schließt seinen inneren Frieden mit den Mustern. Nimmt seine ausgelagerten oder abgespaltenen Anteile von den Symbolen wieder zurück. Damit werden Wiederholungen durchbrochen und es ist der Beginn davon, das blockierte Potenzial freizusetzen. Wir werden gnädig und nachsichtig mit uns selbst. Wir verstehen auf einmal, warum wir dieses Spiel gespielt haben und warum es bis zu diesem Zeitpunkt wichtig war. Wir fangen an, uns selbst zu vergeben. Teils symbolisch gegenüber den Stellvertretern in den Symbolrollen, teils in der Tiefe des Unterbewusstseins.

Loslassen

Wer kennt die Aufforderung nicht? „Du solltest mal loslassen!" Ja, was denn? Wie denn? Wie kann ich etwas loslassen, was mir nicht bewusst ist oder vielleicht sogar ablehne? Loslassen funktioniert nur, wenn vorher etwas genommen wurde (siehe oben). Hat der Stellvertreter nun alle ausgelagerten und abgespaltenen Anteile aus den Blockaden wieder angenommen und seinen Frieden geschlossen, zeigt sich, dass die Symbolstellvertreter kein Interesse mehr daran haben, an der Aufstellung weiter mitzuwirken. Jetzt ist es für sie und auch für den Hauptstellvertreter in Ordnung, in einen Nebenraum oder zu einem Stuhl an der Seite zurückgeführt zu werden. Der Symbolvertreter wird also aus seiner Rolle entlassen. Hier geschieht das sagenumwobene Loslassen. Das Vorgehen ist bei jedem Stellvertreter gleich.

Ausnahme hierzu bildet der Seelenstellvertreter. Dieser beobachtet die Wandlung genau und gibt auch gelegentlich Unterstützung oder einen wichtigen Hinweis. Der Seelenstellvertreter ist sozusagen mein Zünglein an der Waage.

Neuorientierung

Nach dem Loslassen/der Transformation stehen also nur noch der Hauptstellvertreter und der Seelenstellvertreter am Teppich. Jetzt ist es wichtig durchzuatmen und neu nachzuspüren. Beide besinnen sich noch einmal auf den Beginn der Aufstellung, als sie den Seelenanteil noch ablehnten oder sogar nicht ertragen konnten. Davon ist jetzt nichts mehr zu spüren. Im Gegenteil, oft macht sich eine Art Aufbruchstimmung bemerkbar. Die Seele freut sich, ist stolz, gerührt oder erleichtert. Das Ablösen hat Freiraum geschaffen. Der Hauptstellvertreter nimmt nun sanft neuen Kontakt zu sich selbst (dem Seelenstellvertreter) auf.

Die Blockaden sind abgelöst, gewandelt und verabschiedet. Dem Aufsteller wurde ein Teil seines bisherigen Halts genommen. Es ist wichtig, diese Lücke wieder zu schließen und positiv aufzufüllen. Jetzt wird der Kontakt zum Seelenanteil, dem bisher ungenutzten, brachliegenden Potenzial hergestellt. Mit der Verbindung zum Seelenanteil bemerkt er auf einmal, dass es gar nichts anderem mehr bedarf. Hier wird er gehalten, gestützt und geführt. Die Kraft ist deutlich spürbar. Das Vertrauen wächst. Es braucht ein wenig Zeit und dabei muss nicht gesprochen werden. Die zwei lassen sich langsam aufeinander ein. Nach einer kleinen Weile löst sich die Anspannung, was aufgrund einer veränderten Körperhaltung deutlich zu bemerken ist. Die vielleicht anfangs verkrampften Hände werden lockerer, die Gesichtszüge entspannen sich und es wird gelächelt. Unvorstellbar zu Beginn der Aufstellung, aber jetzt ist sogar eine Umarmung möglich – das beste Zeichen des Ankommens. In dieses positive Erleben darf dann das Original eingesetzt werden. Diese neue, gelöste Form zu spüren, ist das i-Tüpfelchen, damit die Aufstellung sich voll und zügig entfalten kann.

Entwicklung der Astrologischen Symbolaufstellung

Als ich selbst im Oktober 2003 zum ersten Mal astrologisch aufgestellt wurde, steckte die Arbeit noch in den Kinderschuhen. Heute haben die Astrologischen Symbolaufstellungen nur noch wenig mit meiner damaligen Erfahrung zu tun. Sie haben sich kontinuierlich weiterentwickelt, verfeinert, erweitert und vor allem ist die Energie viel verdichteter, tiefgehender, dynamischer. Die Entwicklungen nach einer Aufstellung gehen heute viel schneller in die Manifestation. Aber fangen ganz von vorn an.

Damals, im Oktober 2003, wurde eine Horoskopaufstellung mit sämtlichen Planeten mit der Familienaufstellung kombiniert. Als erstes wurden alle Planeten gleichzeitig aufgestellt, um den einen oder auch die zwei Planeten zu finden, die aktuell aussagekräftig waren. Dann kamen die Familienmitglieder hinzu, auf die diese Planeten im Horoskop hinwiesen. Auch dieses Vorgehen war tiefgehend und lösungsorientiert. Aber es verlangte viel mehr Zeit und eine größere Anzahl an Teilnehmern. Auch war es anstrengender, weil die vielen unterschiedlichen Varianten höchste Konzentration erforderten.

Während meiner Astrologischen Aufsteller-Ausbildung erprobte unsere Ausbildungsgruppe gleich in den ersten Wochenenden verschiedene Varianten, um die Arbeit effizienter, strukturierter und präziser zu gestalten. Dabei kristallisierten sich schnell die Langläuferplaneten als die aussagekräftigsten und effektivsten heraus. So standen nicht mehr alle zehn Planeten am Teppich, sondern nur noch Uranus, Neptun, Pluto und Saturn. Der nächste Schritt beinhaltete, diese überpersönlichen Planetenenergien (oder auch Archetypen-Energien) von der Stellung im Horoskop zu lösen und als übergeordnete Energie zu sehen. So wanderten die Planeten in die Mitte des Teppichs. In dieser Entwicklungszeit waren die Familienmitglieder immer noch sehr präsent. Allerdings immer nur die leiblichen Ahnen, also die Blutlinie. In dieser Zeit und bis zum Ende meiner Ausbildung wurden in fast jeder Aufstellung die Mitglieder der Familie miteinbezogen. Diese waren laut Planetenstellung im Horoskop ein Teil der Ursache und daher gab es meist Klärungsbedarf. Also immer noch ein leichter Familienaufstellungs-Charakter.

Bereits im September 2005 begann ich zu untersuchen, wie Adoptiv- oder Stiefeltern, Stiefgeschwister oder die so genannten Patchworkfamilien von heute in die Aufstellung integriert werden könnten. So weitete sich das Feld langsam aus. Allerdings erhöhte sich dadurch auch die Anzahl der benötigten Repräsentanten. Um das Jahr 2007 herum zeigte sich dann vermehrt, dass einige Ursachen für Blockaden sogar in früheren Leben zu finden sind. So fügte ich unter astrologischen Gesichtspunkten die Symbole „karmische Verstrickung", „karmisches Wissen" oder auch „frühere Inkarnationen" der Aufstellungsarbeit hinzu und fand die entsprechenden astrologischen Aspekte. Gleichzeitig zeigte sich im morphischen Feld das Thema des „Verlorenen Zwillings". Die astrologische Entsprechung dazu war schnell gefunden (siehe hierzu Kapitel 8). Beide Bereiche haben sich bis heute als sehr wertvoll erwiesen und gehen nochmals eine Stufe tiefer. Das Aufdecken von Glaubenssätzen, übernommenen Verhaltensweisen und das Wandeln in Affirmationen stellen einen weiteren neuen Aspekt dar.

Durch meine Ausbildung in der Reinkarnationstherapie 2007/08 ging ich dazu über, nur noch in Ausnahmefällen Familienmitglieder in die Aufstellung miteinzubeziehen. Inzwischen gehe ich von der Eigenverantwortung des Menschen aus. Zwar habe ich noch nie in das System eines Familienmitglieds eingegriffen und immer nur für den Aufsteller gelöst, aber inzwischen sehe ich die Ebene der Familie oder der Ahnen als Projektionsfläche oder Verwirklichungsebene der Blockade an. Alle Entwicklungen und Erweiterungen waren immer fließend und zeigten sich zuerst in der Praxis, bevor ich genauer nachforschte und die entsprechenden astrologischen Konstellationen zuordnen konnte. Seit 2010 gibt es noch eine weitere Variante in der Astrologischen Symbolaufstellung. Chiron – die zu heilende Wunde oder der verwundete Heiler. Diese Variante bietet eine ganz andere Ebene und Herangehensweise für die Integration von verlorenen gegangenen Anteilen. Man mag geneigt sein zu denken, dass irgendwann die Möglichkeiten ausgeschöpft sein sollten. Aber das Leben und die Dynamik jeder individuellen Aufstellung belehren auch mich immer wieder eines Besseren.

"Wenn der Wind des Wandels weht, bauen die einen Schutzmauern, die anderen bauen Windmühlen."

(aus China)

Stetige Weiterentwicklung

Wie wir bei der Entwicklung der Astrologischen Symbolaufstellungen bereits lesen konnten, befindet sich alles in einem steten Fluss und die Arbeit verändert und erweitert sich ständig. Seit September 2009, nachdem ich meine ersten acht Kolleginnen in Astrologischen Symbolaufstellungen ausgebildet hatte, habe ich tatkräftige Unterstützung in der Erforschung und Weiterentwicklung erfahren. Auch meine Kolleginnen entdecken immer wieder neue Möglichkeiten und der kollegiale Austausch inspiriert uns alle. So entstanden beispielsweise auch Aufstellungen mit dem Isis-Punkt im Horoskop. Dieser Bereich wird gerade von einer Kollegin intensiv erforscht.

Um die Qualität zu sichern, eine Forschungsbasis zu schaffen und den Zusammenhalt unter meinen Kolleginnen und mir zu gewährleisten, haben wir 2009 den Verein „Astrologische Symbolaufstellungen e.V." gegründet. Alle Vereinsmitglieder haben sich den ethischen Grundsätzen des Vereins und der Arbeit verschrieben. Durch den Austausch und die steten Weiterentwicklungen hat sich inzwischen gezeigt, dass die Ursache eines Problems durchaus auch auf rein seelischer Ebene zu finden sein kann. In diesem Fall haben die drei Planeten/Seelen-Stellvertreter ein Thema untereinander. Auf völlig unbewusster, fast abstrakter Ebene, ist auch hier die Arbeit möglich. Wir können sehen, wie die einzelnen Seelenanteile untereinander und miteinander agieren. Auf diesem Gebiet besteht allerdings noch Bedarf an einiger Forschungsarbeit.

Mein Schwerpunkt im Forschungsbereich liegt zurzeit beim Aufdecken und Bearbeiten der Ursachen aus früheren Leben. Zwar arbeite ich bereits seit Jahren mit den karmischen Symbolen, aber anfangs wurde das entsprechende Leben dazu nicht angetastet. Die Zeit wird zeigen, inwieweit die Karma-Astrologie und das vollständige Bearbeiten des früheren Lebens mit der Symbolaufstellung vereinbar sind. Ein weiterer Aspekt, der sich im morphischen Feld zeigt, ist die Kombination mit der 2-Punkt-Methode und die Seelenanteilintegration (siehe hierzu 2-Punkt-Methode in diesem Kapitel und Seelenanteilintegration in Kapitel 10).

"Ich bedaure nicht, hier zur Welt gekommen
zu sein und einen Teil meines Lebens hier
gelebt zu haben,
weil ich mein Leben so geführt habe,
dass es nützlich war, wie ich meine.
Und kommt das Ende, gehe ich ebenso aus
dem Leben wie aus einer Herberge und nicht
aus meinem Zuhause, weil ich glaube,
dass mein Aufenthalt in diesem Leben
vorübergehend und der Tod nur ein
Übergang in einen anderen Zustand ist."

(Leo Tolstoi)

Reinkarnation in Verbindung zur Aufstellungsarbeit – Akasha-Chroniken

Die Reinkarnationslehre geht davon aus, dass wir uns unsere Eltern und die Lebensumstände genau auswählen, damit sie zu unserem Lebensplan passen. Dies geschieht bevor wir gezeugt werden, also inkarnieren. Somit sind wir für unser Schicksal selbst verantwortlich. Wir können uns nur nicht mehr daran erinnern. Mit dem Eintritt in die Stofflichkeit und Dualität senkt sich der Schleier des Vergessens über uns. Wir entwickeln das Ego, das an den Körper im Hier und Jetzt gebunden und überaus machtvoll ist. Unsere Seele hat sich allerdings zur Aufgabe gemacht, menschliche Erfahrungen zu sammeln, Erfahrungen aus früheren Leben aufzuarbeiten und uns selbst als das, was wir sind, wiederzuerkennen.

Jedes Wesen auf der Welt hat sich diesen (seinen) Schicksalsplan vorher genau ausgesucht. Dieser Seelenplan wird vor der Inkarnation in die Akasha-Chronik, dem Goldenen Buch des Lebens und einer Art imaginären Weltgedächtnis eingetragen. Dieser Plan schließt die Erfahrungen aus früheren Leben mit ein und bietet, wie auch die früheren Pläne, eine Vielzahl an Möglichkeiten zur Heilung und Ganzwerdung. Herausforderungen, Aufgaben und Entwicklungsmöglichkeiten, die in früheren Leben ungenutzt blieben, nicht angenommen oder geheilt werden konnten, erhalten nun eine neue Chance zur (Auf-)Lösung. Unsere Aufgabe ist es, uns an den Plan zu halten und uns zu entwickeln. Die Seele hat immer nur ein Ziel: Persönlichkeitsentwicklung, Eigenverantwortlichkeit, Liebe und Erwachen. Das bedeutet aber auch, dass wir uns der verdrängten und abgespaltenen Anteile in uns annehmen müssen – unseren Schatten.

Warum gönnen wir uns nicht, unser volles Potenzial zu leben?

Wir waren alle in früheren Leben nicht nur Opferlämmchen, sondern haben unsere Kräfte auch missbraucht, um Macht auszuüben. Unser Unterbewusstsein weiß, dass das Ausleben der vollen Macht aus egoistischen Gründen anderen Menschen schadet und dies letztendlich auf uns zurückfällt. Im Umkehrschluss leben wir unser Potenzial vielleicht erst gar nicht, damit niemand zu Schaden kommt. Doch auf seelischer Ebene geht es nicht um Schuld. Es geht nur darum, dass wir unsere Fähigkeiten, Potenziale und Kräfte ethisch nutzen, ohne dabei Dummheiten aus egoistischem Nutzen heraus zu begehen. Es geht beim umgangssprachlichen Karma ebenfalls nicht um „Auge-um-Auge" oder „Wie-du-mir-so-ich-dir". Wir legen nicht nur unseren Schicksalsplan fest, sondern schließen auch mit den Seelen der Menschen, denen wir im Leben begegnen, Verträge ab. Diese Seelenverträge beinhalten die Einwilligungen für das gegenseitige Spiegeln, für die Probleme und Herausforderungen. Die andere, früher beteiligte Person hatte vielleicht Schaden genommen und diesen Seelenvertrag mit initiiert. Aber es gab auch eine persönliche Entsprechung dazu, dass dieser Mensch diese Situation erlebte. Auch er wollte etwas entwickeln und erleben. Und so passte und passt man zusammen, bis die Aufgabe erledigt ist.

Heute leben wir in einer Zeit, in der wir nun endlich die Möglichkeit haben, aus diesem missverstandenen „wie-du-mir-so-ich-dir"-Spiel auszusteigen und zu erkennen, warum wir damals Fähigkeiten missbrauchten und was uns fehlte, um diese positiv einzusetzen. Der Grund für die Konfrontation unserer Seele mit den früheren Menschen oder Herausforderungen ist nicht, in Schuld und Sühne zu vergehen. Das erneute Aufzeigen der Situationen gibt uns die Möglichkeit, jetzt richtig zu handeln. Wir sollen uns für Taten in früheren Leben weder verstecken, noch kleinmachen oder zermürben. Aber wir sollen gewarnt sein und das völlig blockierte Potenzial nun zum Wohle aller entfalten. Wenn wir uns heute als Opfer der Umstände, Partner, Familie usw. sehen und Angst haben, aufzubegehren und Dinge zu verändern, dann wollten wir in früheren Leben vielleicht genau das tun. Wir wollten verändern, sind aber tatsächlich zum Opfer geworden. Das, was wir heute subtil durch Ängste empfinden, war früher Realität. Unsere schlimmsten Befürchtungen, egal wie unrealistisch es sich anhören mag, sind früher schon einmal eingetreten. Heute leben wir in anderen Zeiten und werden in dieser Form nicht mehr verfolgt oder hingerichtet, zumindest nicht hierzulande. Heute sind die Menschen bereit und warten nur darauf, dass jeder sein Leben in die eigene Hand nimmt.

Bei den Astrologischen Symbolaufstellungen gehen wir von der Eigenverantwortung des Menschen aus und auch hier zeigen sich immer wieder die karmischen Ursachen. Wir schleppen Traumata und Verursachungen als Ballast aus früheren Leben mit uns herum. Dabei geht es um Taten und Unterlassungen der Vergangenheit, die wir uns selbst und anderen gegenüber noch nicht verziehen haben, denn uns fehlt noch die Erkenntnis darüber, was wir damals und auch heute entwickeln wollen. Die abgespaltenen Anteile unserer Verursachungen wollen nun wieder integriert werden. Die Seele zeigt uns auf, welche Seelenqualität wir entwickeln wollen, welche Persönlichkeits- oder Charakterzüge es positiv zu leben gilt. Alte Versprechen, alte Programmsätze wollen erlöst werden, weil sie heute nur unnötig blockieren und keinen Bestand mehr haben. Wir sollen uns selbst vergeben und verzeihen. Nicht nur im Außen, sondern vor allem uns selbst.

Unterschiede zu anderen Aufstellungsmethoden

Die folgenden Ausführungen beruhen auf meinen persönlichen Erfahrungen. Aufstellungsarbeit ist immer individuell. Es gibt viele Aufstellungsleiter, die ihre eigene Methode entwickelt haben, Familienaufstellungen weiterentwickeln und sehr verantwortungsbewusst und lösungsorientiert vorgehen. Im Folgenden geht es um grundsätzliche Unterschiede. Alle Arten von Aufstellungen haben ihren Platz und ihre Berechtigung. Es wird immer genau das ins Leben gezogen, was zu einem bestimmten Zeitpunkt gerade nötig ist.

Klassische Familienaufstellung

Der größte Unterschied zur Familienaufstellung ist, dass die Astrologischen Symbol-aufstellungen von der Eigenverantwortlichkeit des Klienten ausgehen. Hier steht der Klient im Fokus und darf sich von alten Denkmustern über die Verantwortlichkeit der Familie oder der Eltern für das eigene Schicksal verabschieden. Es wird ein wesent-lich größeres Spektrum an Möglichkeiten aufgestellt, wie beispielsweise Persönlich-keitsanteile, Seelenanteile, Gefühle, Blockaden, karmische Verstrickungen. Anstatt der Arbeit mit einzelnen Familienangehörigen, kommen bei den Astrologischen Symbolaufstellungen die Symbole der Familienverstrickung, Mutterlinie oder Vaterlinie nur zum Tragen, wenn es in der individuellen Aufstellung Sinn macht. Es ist nicht nötig zu wissen, welche Person der Ahnenreihe wirklich betroffen ist. Das würde den Klienten eher dazu veranlassen, Verantwortung abzuschieben („Das ist mein Problem, weil mein Uropa....").

Ein weiterer Unterschied ist, dass der Aufsteller nicht selbst die Stellvertreter auswählt und diese vorher benennt („Würdest du bitte für meinen Vater stehen?"). Die Stellvertreter für Symbole werden vom Leiter benannt und gebeten sich zu platzieren. Ihnen ist zu diesem Zeitpunkt nicht bekannt, für wen oder was sie stehen, damit ihnen im Vorfeld keine Gefühle oder Urteile suggeriert werden und sie sich vom Kopf her frei einfühlen können.

Die Astrologische Symbolaufstellung geht erheblich weniger dramatisch oder theatralisch vor. Beispielsweise müssen Stellvertreter von Verstorbenen, falls diese überhaupt involviert sind, nicht auf dem Boden liegen. Da in der klassischen Familienaufstellung viel geehrt wird, werden alte Muster selten abgelöst oder abgelegt. Der Klient bleibt oft in alten Schuhen stecken oder kommt aus emotionalen Tiefen nicht mehr heraus. Es werden gern Sätze vorgegeben, die manche Teilnehmer kaum über die Lippen bringen. Wenn diese Sätze, wie „Du bist mein Vater. Ich danke dir und ehre dich!" überhaupt gesagt werden können, ist selten ein aufrichtiges Gefühl damit verbunden. In der Astrologischen Symbolaufstellung wird nichts vorgegeben. Vielmehr legen die Teilnehmer selbst großen Wert darauf, dass das Gesagte auch wirklich dem Gemeinten entspricht. Dafür muss der Leiter nichts vorgeben. Es passiert nicht selten, dass Familienaufstellungs-erfahrene Personen die bekannten Ehrungs- und Danksagungssätze „herunterleiern". Sie erreichen damit in der Astrologischen Symbolaufstellung allerdings wenig, da diese Aussagen nur aufgesetzt sind, die Teilnehmer aber etwas Echtes hören wollen. O-Ton eines Symbol-Stellvertreters: „Das ist zwar schön aufgesagt, aber bei mir kommt nicht an, dass es ehrlich und ernst gemeint war. Solange ich spüre, dass du keine Tiefe zeigst und nicht fühlst, was du sagst, werde ich dir nichts geben und auch nicht gehen."

Ein weiterer für mich wichtiger Unterschied zu Familienaufstellungen ist, dass bei den Astrologischen Symbolaufstellungen nicht in das System und die Angelegenheiten der anderen Menschen eingegriffen wird. Bei Familienaufstellungen habe ich es oft erlebt, dass für abwesende Familienmitglieder gearbeitet wurde, den nicht einmal bekannt war, dass aufgestellt wird. Ich habe erlebt, dass eine Klientin bei einer Familienaufstellung ihr Beziehungsthema lösen wollte. Dabei wurden auch ihre zwei Schwestern über Stellvertreter aufgestellt. Nun stellte sich heraus, dass die älteste Schwester ein viel größeres Problem mit der Mutter hatte und so wurde für die Schwester gearbeitet, da zuvor die Bereinigungen bei den vorangehenden Familienmitgliedern stattfinden müssen. Nur wusste die ältere Schwester nicht von der Familienaufstellung ihrer jüngeren Schwester. Meiner Meinung nach wird hier unter dem Denkmantel der Lösungsarbeit in die Privatsphäre des abwesenden Menschen eingegriffen. Natürlich arbeitete es für die Schwester energetisch. Aber wissen wir denn, ob die ältere Schwester das Thema überhaupt lösen möchte?

Können wir wissen, wann für sie der richtige Zeitpunkt ist? Außerdem beobachtete ich, dass die Aufstellerin immer mehr im Stuhl versank, je länger die Aufstellung und die Klärung für die ältere Schwester dauerte. Sie fühlte sich nicht gesehen – durchaus verständlich.

Bei vielen Aufstellungen wird ein Thema „aufgemacht" und dann nicht wieder geschlossen. Es wird ein Problem bearbeitet und aufgedeckt, dem Klienten auch ein Teil der Belastung genommen, aber das entstandene Loch wird dann nicht wieder mit eigenem, positivem Potenzial aufgefüllt. Es gibt keine Verbindung zum Seelenanteil, kein Zünglein an der Waage, das dem Leiter hier und da eine wertvolle Hilfe ist.

Astrologische Aufstellungen

Im Gegensatz zu einer typischen Horoskopaufstellung oder Planetenaufstellung wird bewusst auf die Zuordnung der einzelnen Planeten zu Tierkreisen und/oder Häusern verzichtet. Es werden auch keine Aspekte, sprich Verbindungen der einzelnen Planeten zueinander, durch Seile oder Bänder aufgezeigt. Bei den Astrologischen Symbolaufstellungen geht es eher un-astrologisch zu. Viele Teilnehmer wundern sich, dass der Zusammenhang zur Astrologie während des Seminars nicht so deutlich und greifbar wird. Das Geburtshoroskop dient also lediglich als Spickzettel für den Aufstellungsleiter. Hierüber findet er die Aufstellungssymbole, weiß wie der Klient als Ganzes funktioniert, wo er empfindlich ist und wo seine Stärken liegen.

Den Häusern werden dafür spezifische Symbole oder selten auch Personen (Verwandte, Partner, Kollegen etc.) zugeordnet. Außerdem kann das jeweilige Horoskop in einer Horoskop-/Planetenaufstellung natürlich nicht umgestellt werden, weil diese Konstellation mit der Geburt vorgegeben ist. Die Planetenstellungen sind fix. Es kann zwar betrachtet werden, was den einen oder anderen Planeten bewegt, große Aktionen sind jedoch nicht möglich. Daher können wir uns in einer Horoskop-/Planetenaufstellung nur Energien und Anlagen bewusst machen, aber nicht verändern oder bearbeiten. Eine echte Lösung bleibt meist offen. Eine Horoskop-/Planetenaufstellung ist oftmals zu abstrakt und für Laien nicht greifbar. Für die Astrologische Symbolaufstellung ist es sogar nützlich, wenig oder gar nichts von Astrologie zu verstehen. Je weniger dem Klient und auch dem Stellvertreter im Kopf herumgeht, wenn sie also keine vorgefertigte Meinung haben, desto besser können sie sich einfühlen und alles wirken lassen.

Freies Stellen oder Intuitives Stellen

Viele Aufstellungsleiter sind mittlerweile dazu übergegangen, ganz frei und ohne jegliches System aufzustellen. Sie vertrauen auf die Intuition und warten ab, was kommt. Ist der Aufstellungsleiter erfahren und feinfühlig, führt diese Methode zu guten Ergebnissen. Der Leiter muss sich vollkommen auf die Aussagen der Teilnehmer konzentrieren, effektive und nicht-suggestive Fragen stellen und das Geschehen genauestens beobachten. Die Astrologischen Symbolaufstellungen gehen jedoch nach einem bestimmten System vor und bieten Halt in einem gesicherten Rahmen, sowohl für die Teilnehmer als auch für den Leiter.

Wenn Du durch dieses Buch neugierig auf die unterschiedlichen Aufstellungsarten geworden bist, besuche entsprechende Seminare oder lies Dich weiter in die Materie ein. Solltest Du bereits Erfahrungen mit diversen Aufstellungen gemacht haben, wirst Du den Unterschied zur Astrologischen Symbolaufstellung in den Praxisbeispielen deutlich erfahren.

Resonanzgesetz, 2-Punkt-Methode – Quantenheilung und Matrix

Resonanzgesetz

Bücher, wie „The Secret", „Das Masterkey-System" oder „Law of attraction" (kurz LOA) haben das Resonanzgesetz, also das Gesetz der Anziehung, bereits allgemein und weitestgehend bekannt gemacht. Die meisten Leser interessieren sich für die Wunscherfüllung und die Manifestation von Zielen. Tatsächlich stimmt es: Gedanken versetzen Materie. Gedanken und Wörter beeinflussen unser Unterbewusstsein so stark, dass sich die äußere Realität anpasst. Dies gilt aber nicht nur für positive Gedanken, sondern auch für Glaubenssätze und Ängste. Alles, woran wir fest glauben und was uns emotional bewegt, erschafft unsere Realität. Es ist eine Art selbsterfüllende Prophezeiung.

Beispiele dazu finden wir alle in unserem Alltag. An einen besonderen Fall, bei dem ich Zeugin werden durfte, erinnere ich dabei immer wieder. Eine meiner Ausbildungen fand im vierten Stock eines Gebäudes statt. Es gab einen Fahrstuhl, den ich immer gern nach der Mittagspause benutzte. Ein alter, aber verlässlicher Helfer des Alltags. Eine Seminarteilnehmerin litt unter erheblicher Fahrstuhlangst und bezwang konsequent und fit die Treppen. Fast am Ende der Ausbildung, nachdem wir den Fahrstuhl allein oder zu mehreren schon zig Mal benutzt hatten, wollte sie sich ihrer Angst stellen. Das Problem war allerdings ihr noch nicht bearbeiteter Glaubenssatz, der lautete: „Wenn ich irgendwann einmal in einen Fahrstuhl steige, bleibe ich garantiert stecken." Und unglaublich, genau diese Fahrt, die sie zudem noch allein antrat, war das einzige Mal, dass der Aufzug stecken blieb. So erschaffen wir uns mit unserer Vorstellungskraft und unseren Gefühlen unsere Realität. Schon Einstein sagte: „Alles ist Energie" – also auch Gedanken. Und natürlich reagiert Energie auf Energie, wie hier im Beispiel der Fahrstuhl auf die Gedanken. Einstein sagte auch: „Vorstellungskraft ist wichtiger als Wissen." Alles, was wir uns vorstellen können, können wir also auch erschaffen. Unser Gehirn ist so konstruiert, dass es nicht zwischen tatsächlichem Erleben und Vorstellungskraft unterscheiden kann. Sowohl die Hirnforschung als auch unsere eigene Erfahrung belegen dies.

Ein ganz einfaches Beispiel kennt jeder von uns: Schließ doch einmal die Augen und dann stell Dir ganz deutlich eine frische, saftige Zitrone vor. Stell Dir vor, wie Du die Zitrone in den Händen hältst und zur Nase führst. Rieche an der Zitrone, spür die typische Schale in den Händen. Und dann stell Dir vor, wie Du die Zitrone mit dem

Messer aufschneidest und ein wenig presst. Das frische Fruchtfleisch duftet und der Zitronensaft verteilt sich leicht. Und nun beißt Du gedanklich in die Zitrone und schmeckst die Säure. Na, läuft Dir das Wasser im Mund zusammen? Wie Du siehst, kann unser Gehirn nicht unterscheiden, ob wir tatsächlich gerade in die Frucht beißen oder es uns nur vorstellen. Der Körper reagiert. Ach übrigens: Denk jetzt nicht an einen rosa Elefanten! Nicht daran denken, wenn das Bild vorgegeben wird, dürfte schwierig werden. Interessante Bücher hierzu hat Bruce Lipton geschrieben. Der amerikanische Zellbiologe, der an den Universitäten Wisconsin und Stanford lehrt und forscht, ist bekannt dafür, dass er Wissenschaft und Geist verbindet (Empfehlung folgt am Ende des Kapitels).

Beim Wünschen und Positiv-Denken gibt es aber auch eine wichtige Regel zu beachten, die leider bisher oft vergessen wurde. Vermutlich ist dies der Grund dafür, dass es nicht immer klappt. Wünschen ist nur eine Seite der Medaille. Es ist völlig in Ordnung, wenn wir uns über unseren Wunsch, etwas manifestieren zu wollen, bewusst werden und uns das Ziel setzen, diesen Wunsch zu erreichen. Bei vielen hört dann aber der Manifestationsweg auf. Doch was senden wir mit diesem Wunsch ins Universum hinaus? Es ist die Tatsache, dass wir einen Mangel an etwas haben. Wir wünschen uns etwas und zeigen damit, dass wir es noch nicht haben. Das Universum und das Leben können uns aber nur das spiegeln, was wir aussenden; nämlich in diesem Fall Mangel – und somit bleibt der Wunsch ein Wunsch.

Ein Wunsch ist immer mit einem Gefühl verknüpft und dieses Gefühl wird gespiegelt. Also sollte man sich ein Gefühl schaffen, was Zufriedenheit, Dankbarkeit, Liebe oder Ähnliches aussendet. Die eine Möglichkeit ist, den Wunsch zu visualisieren und zu fühlen, als hätten wir ihn schon erreicht – und dann loslassen. Die zweite Möglichkeit ist, dankbar zu sein für das, was wir haben. Freude zu empfinden mit dem, was wir tun. Sich hier und jetzt glücklich fühlen, die kleinen Dinge des Lebens genießen. Wie Byron Katie so schön sagt: *„Lieben was ist" (Buchtitel, Verlag Goldmann, erschienen 04.07.2002).* Was sendet man dann aus? Richtig: Fülle. Was können das Universum und das Leben folglich dann spiegeln?

So wie wir positiv unsere Realität erschaffen können, können natürlich auch übernommene oder anerzogene Glaubenssätze aus unserer Kindheit oder auch ein scherzhaft gemeintes Lebensmotto ganz unbewusst wirken. Wie ferngesteuert bedienen wir diesen Glaubenssatz, der uns in Fleisch und Blut übergegangen ist. Da können wir noch so viele Affirmationen entgegensetzen, aber solange uns der alte Glaubenssatz nicht bewusst ist, wirkt er weiter. Wenn beispielsweise ein Mädchen gelernt hat , dass Frauen die Familie zuhause zu versorgen und am Herd zu stehen haben, ist es nicht mehr verwunderlich, dass der berufliche Erfolg ausbleibt. Jungs, die gelernt haben, dass Indianer keinen Schmerz kennen, zeigen als Männer keine Gefühle und wundern sich über Partnerschaftsprobleme. Nach unseren inneren Überzeugungen entwickelt sich unser Leben.

In meiner Zeit als Versicherungskauffrau besuchte ich einmal ein interessantes Verkaufsseminar. Dort wurden alle zehn Teilnehmer bei der Einführungsrunde gefragt: „Glauben Sie, dass Sie erfolgreich sind?" Wie würdest Du diese Frage beantworten? Ich war als siebte oder achte Person an der Reihe, meine Antwort zu geben. Bisher hatten alle etwas betreten mit Nein geantwortet. Komisches Gefühl, also atmete ich durch und sagte: „Ja, ich bin erfolgreich. Ich kann es zwar nicht beweisen. Aber ich bin erfolgreich." Das war ehrlich und meine Überzeugung. Die Definition von Erfolg ist immer individuell. Und für mich buchstabierte sich Erfolg schon immer T-U-N. So habe ich mir vieles erarbeitet. Auch ein Glaubenssatz, aber einer, der zum Handeln anhält und nicht blockiert. Alles, was wir uns vorstellen können, können wir tatsächlich erschaffen. Und je genauer wir uns etwas vorstellen und je mehr Emotionen wir investieren, desto schneller schreitet die Manifestation voran.

Als ich Ende 2006 entschieden hatte eine Praxis zu eröffnen, gab es für mich die Option auf 3,5 Räume, inklusive Seminarraum und Besprechungszimmer, mit Küche und Bad. Riesig. Eigentlich (!) brauchte ich doch nur einen Seminarraum. Mein Verstand zögerte, meine Angst vor der Größe blockierte mich. Da sagte eine sehr gute Freundin: „Denke groß! Lass Raum für mehr und für Wachstum!" Da ich gern auf meine weise Freundin höre, war die Entscheidung schnell gefallen. Und heute fülle ich die Räume aus und manchmal werden sie schon fast zu klein. Denke groß! Eine wunderbare Affirmation. Wir sollten immer an unsere Träume glauben und uns Befürworter dafür suchen, die unseren Traum mittragen, verstärken und beschleunigen. Traumdiebe dagegen sollten wir meiden, denn sie halten uns auf. Vor kurzem las ich auf Facebook einen schönen Spruch dazu: *„Alle sagten: Es geht nicht. Da kam einer, der das nicht wusste und tat es einfach – Goran Kikic."* Dazu können wir nicht nur die Neider, oder vielleicht Lehrer, Eltern oder Bankberater, sondern auch unser eigenes Ego zählen. Wenn uns aber immer wieder Traumdiebe begegnen, die uns bei der Konzentration auf unseren Traum behindern, dann sollten wir uns fragen: Was hat das mit mir zu tun? Warum ziehe ich diese Traumdiebe an? Gibt es vielleicht in mir noch etwas, was mich zurückhält? Denn anscheinend habe ich ja eine Disposition dazu, dass mein Traum nicht in Erfüllung gehen soll.

Aber zurück zum Gesetz der Anziehung. Nun ist klar, wie fast vergessene Gedanken und Glaubenssätze wirken. Unsere Seele ist aber noch viel komplexer, denn sie hat Zugriff auf alle Erfahrungen aus unseren früheren Leben. Manchmal kommt es vor, dass uns unsere Seele genau an eines dieser früheren Leben erinnern möchte, weil wir damals versäumten etwas zu lernen oder zu entwickeln. Das Leben damals lief schief, weil die Erkenntnis noch nicht vorhanden war, die auch heute noch fehlt. Die Seele kann uns aber nicht anrufen, einen Coachingtermin vereinbaren und uns im Gespräch erleuchten. Deswegen greift sie auf einen Trick zurück. Die Seele fordert unser Unterbewusstsein auf, ein schlechtes Gewissen für etwas zu haben, was im früheren Leben schief gelaufen ist. Diese unbewussten Schuldgefühle wollen natürlich vermeiden, dass wir das damals schiefgelaufene Leben wiederholen. Also verwehren wir uns heute unser volles Potenzial, damit wir kein Schindluder damit treiben. Was passiert folglich? Weil wir uns ständig unterbewusst mit der Vermei-dungstaktik beschäftigen, ziehen wir gemäß dem Gesetz der Anziehung ähnliche Situationen wieder an. So lange, bis es uns bewusst wird. Eine etwas umständliche Vorgehensweise, aber letztendlich erreicht die Seele eben doch ihr Ziel – wir holen die damals schon anstehende Erkenntnis endlich nach. Mit diesem Trick holt die Seele die Schatten ans Licht. Im weitesten Sinne sucht unsere Seele sich bereits vor unserer Zeugung unsere Eltern und unsere Ahnen aus. Unsere Ahnen, mit denen wir vermeintlich verstrickt sind, verkörpern Persönlichkeitsanteile von uns, die wir noch nicht integriert haben. Deshalb sind es auch nicht die bösen Ahnen, die uns besetzen oder uns ein Unglück wünschen, weil sie es selbst in ihrem Leben schwer gehabt haben. Nein, wir selbst borgen uns ihre Schicksale, weil sie unserer Entwicklung dienen. Es sind immer wir selbst, denen wir begegnen. Dem Resonanzgesetz zufolge können wir nur mit etwas in Verbindung stehen, was bereits mit uns zu tun hat. Anderenfalls können uns Schicksalsschläge, Besetzungen, Glaubenssätze, Flüche, Bannsprüche oder sonstige Belastungen nichts anhaben.

*" Das Glück Deines Lebens hängt von
der Beschaffenheit
Deiner Gedanken ab. "*

(Marcus Aurelius)

2-Punkt-Methode – Quantenheilung

Die Quantenheilung hat in den letzten Jahren zunehmend an Aktualität gewonnen. Es gibt die verschiedensten Varianten in der Art der Quantenheilung. Doch was bedeutet das überhaupt? *„Der Begriff Heilung bezeichnet den Prozess der Herstellung oder Wiederherstellung der körperlichen und seelischen Integrität aus einem Leiden oder einer Krankheit heraus, oder die Überwindung einer Versehrtheit oder Verletzung durch Genesung" (Quelle: http://de.wikipedia.org/wiki/Heilung).* Bei Heilung geht es also grundsätzlich um Gesundwerdung oder Ganzwerdung. Bei der Quantenheilung wird der geistig/seelische Bereich angesprochen, der dann auf die körperliche Ebene rückwirkt.

Unter den Begriff Quantenheilung fallen alle Arten von Geistheilungen. Die Quantenheilung basiert ebenfalls auf dem universellen Gesetz der Anziehung und geht davon aus, dass der Mensch seine Realität erschafft. Alles was, wir uns vorstellen können, können wir erschaffen. So wird das Bewusstsein und das Unterbewusstsein auf Heilung programmiert. Allein über die Vorstellungskraft heil und gesund zu sein und die entsprechenden Gefühle dazu, wird das vegetative Nervensystem aufgefordert, Heilungsprozesse zu initiieren. Voraussetzung für den Erfolg ist, dass das Wohlgefühl der Gesundheit bzw. der Heilung aufrechterhalten wird. Die Quantenheilung ist in erster Linie eine Selbsthilfetechnik. Mit einer kleinen Anleitung können wir uns immer wieder Heilung und Gesundheit, also den gewünschten Zustand vorstellen und visualisieren und aktivieren so die Selbstheilungskräfte. So wird der erwünschte Zustand und das Ziel tief im Unterbewusstsein verankert und kann sich manifestieren. Wir erschaffen unsere Realität.

Es gibt inzwischen einige unterschiedliche Methoden sowie viele Bücher und Seminare zum Thema Quantenheilung, z.B. „Matrix Energetics" von Richard Bartlett, „Quantum Entrainment" von Dr. Frank Kinslow oder auch „Quantum Touch" von Richard Gordon und viele mehr. Bei einigen Varianten wird der Körper zusätzlich zur inneren Haltung an bestimmten Stellen berührt oder die (heilenden) Hände aufgelegt, damit die Information direkt auf die Zellebene übergehen, ähnlich wie bei den Aufstellungen, wenn wir über das Händehalten Energie fließen lassen. Dies ist die so genannte 2-Punkt-Methode. Bei der 2-Punkt-Methode werden durch uns selbst oder eine andere Person zwei Punkte gehalten. Diese können entweder beide am Körper liegen, oder beispielsweise auch ein Punkt am Körper und einer in der Aura. Es geht es darum, mit dem ersten Punkt die aktuelle Situation oder auch die Stresssituation am Körper zu fixieren. Für die gelöste Form, also einer loszulassenden Blockade oder eines zu integrierendem Potenzials, wir der zweite Punkt gesetzt (je nach Variante). Dann geht es nur noch um die Wahrnehmung der Punkte und die Intention der Veränderung. Haben wir alles wahrgenommen und die Punkte gedanklich miteinander verknüpft, können wir sie wieder loslassen. Der Verstand ist nicht in der Lage zu erfassen, was passiert. Aber die Wahrnehmung der Empfänger ist erstaunlich. Manche schwanken, manche kippen um und andere fühlen irgendwo ein Kribbeln. Ein Umfallen beispielsweise ist jedoch kein Gradmesser für den Erfolg der Methode. Es ist ein Zeichen dafür, dass die Empfänger sehr feinfühlig auf die Wellen der Quantensprünge reagieren.

Nachdem ich immer wieder auf die 2-Punkt-Methode hingewiesen wurde, habe ich neugierig recherchiert. Etwas in mir kam ins Schwingen und deshalb probierte ich die Methode bei mir selbst aus. Es gab eine Zeit, da war ich sehr aufbrausend und wütend. Ich hatte den Hintergrund schon gefunden, aber das Gefühl blieb. Ich spürte, dass diese Wut destruktiv war. Immer mehr Negatives würde sich ansammeln und dann wiederum meine Wut noch weiter in die Höhe treiben (Resonanzgesetz). Ein Teufelskreis. Also wandte ich die 2-Punkt-Methode „light" bei mir an. Als erstes überlegte ich mir, wie hoch der Stress auf einer Skala von 0 bis10 einzuordnen sei. Ich kam auf 11. Dann suchte ich mir an meinem Körper einen Punkt, der für diese Wut stand. An einem Rippenbogen auf der linken Seite bin ich fündig geworden. Diesen Punkt hielt ich mit zwei Fingern meiner Hand (egal, ob rechts oder links) und ließ nicht mehr los. Durchatmen. Gut, der Punkt war nun fixiert und ich brauchte mich nicht mehr darum zu kümmern. Jetzt stellte ich mir vor, wie es wäre, nicht mehr wütend zu sein. Dass es nicht mehr wichtig war, so aufzubrausen, sondern stattdessen besonnen und gelassen dem Alltag gegenüberzutreten. Es fiel mir ein wenig schwer, mich darauf zu konzentrieren, aber ich blieb am Ball. Langsam konnte ich es fühlen. Während dieser Zeit hielt ich mit der Hand noch den ersten Punkt an der Rippe. Nun suchte ich mir auch für diese Vorstellung einen zweiten Punkt an meinem Körper, der für diese gelöste Form stand. Ich fand ihn an meiner rechten Schulter und hielt ihn mit meiner zweiten Hand. Nun spürte ich mit den beiden gehalten Punkten einfach nach. Veränderte sich der Druck? Kribbelte es? Was passierte in meinem Körper? Ich bemerkte, dass ich besser atmen konnte und mein Gehirn fleißig arbeitete, obwohl ich einfach nur beobachtete. Ich stellte mir vor, wie die beiden Punkte sich verknüpfen – mit einer Art Energieband – und bemerkte, wie ich dabei schmunzelte. Ich atmete tief durch und ließ die Punkte los und die Hände sinken. Es fühlte sich anders an. Für die Überprüfung der Skala stellte ich mir die Ursprungssituation nochmals vor. Diesmal kam ich auf der Skala auf einen Wert von 6 bis 7. Wow! Also wiederholte ich das Prozedere zwei oder drei Mal. Es waren immer andere Punkte und das Gefühl wurde von Mal zu Mal besser. Ich fühlte mich entstresst und entschleunigt. Die Wut war verraucht und kam auch nicht wieder. Es trat eine gewisse Distanz zu der Wut auslösenden Situation ein und es war sehr angenehm, sehen zu können, wie sich die Realität verändert.

Dies ist die ganz einfache „Light"-Variante der 2-Punkt-Methode, die ich inzwischen auch bei den Astrologischen Symbolaufstellungen einsetze, sollte die Situation einmal ein wenig dramatisch oder verkrampft sein. Ganz fix weise ich dann die Stellvertreter an, die Punkte zu halten und dann loszulassen. Bei der ersten Aufstellung, bei der ich die 2-Punkt-Methode zum Entstressen einsetzte, sagte eine Stellvertreterin: „Ich will aber nicht, dass jetzt hier irgendwas weggemacht wird. Wir sind so nah daran, dass es endlich ausgesprochen wird!" Sie kannte die Fortgeschrittenen-Variante, bei der man mit der 2-Punkt-Methode tatsächlich Realitäten verändern kann. Ich beruhigte sie: „Es kommt immer auf die Intention an. Meine Intention hier ist, die Situation zu entschärfen und einen Austausch auf einer ruhigen Ebene zu ermöglichen." Sie vertraute mir und machte mit. Das Resultat begeisterte auch sie. Die Lösung ging nun unkompliziert und schnell – und es wurde alles ausgesprochen. Ein wunderbares Instrument in der Aufstellungsarbeit.

Grundsätzlich werden für die Quantenheilung keine langwierigen Ausbildungen oder Meistergrade benötigt. Jeder kann diese Kraft nutzen. Wichtig sind dabei die innere positive Haltung, das klar formulierte Ziel und das Ausschalten des Egos und Verstandes. Wir sollen uns auf das Positive konzentrieren und nicht darüber nachdenken, dass wir den jetzigen Zustand nicht möchten oder wie wir diesen abstellen können. Jede Art von Zweifel hindert die Manifestierung, ähnlich wie beim Wünschen, mit dem man Mangel aussendet. Wir beschäftigen uns also beispielsweise nicht mit dem Kopfschmerz und damit, dass er aufhören soll oder wie wir uns von den Schmerzen befreien können. Stattdessen konzentrieren wir uns für den zweiten Punkt auf den Zustand „frei von Kopfschmerz", gerade so, als wären sie schon gegangen. In unseren Gedanken stellen wir uns ganz intensiv den Zustand und das Gefühl vor, schmerzfrei und gesund zu sein. Auch die Leichtigkeit, das Durchatmen, den klaren Blick, die freien Gedanken. Alle Zweifel müssen abgestellt werden. Manchmal nicht ganz einfach, wenn wir beispielsweise immer wieder im Spiegel die überflüssigen Pfunde sehen und mit der alten Realität konfrontiert werden. Auch hier ist die innere Haltung wichtig. Der Zweifel darf keine Oberhand gewinnen. Wir schließen unseren inneren Frieden, erschaffen im Bewusstsein das Wunschgewicht und sollten es förmlich im Spiegel sehen. Dann kann es sich manifestieren.

Unser Kopf ist ein ewiger Prediger, Kritiker und Zensor, der ununterbrochen Gedanken ausschickt und erschafft. Ob es uns bewusst ist oder nicht. Plötzlich kommt ein Gedanke aus dem Nichts und ist schon wieder weg. Jeder Gedanke kann einen anderen auslösen. Die Vermutung liegt nah, dass wir unsere Gedanken nicht bewusst steuern oder beeinflussen können. Und doch, wir können es! Es kommt auf unsere innere Haltung und auf unsere Selbstüberzeugungskraft an. Wir müssen unsere Aufmerksamkeit nur auf das Positive lenken. Die Fähigkeit zur Quantenheilung liegt in jedem von uns. Sie ist ein Teil der natürlichen Schöpferkraft, die jedem Menschen innewohnt. Die Astrologischen Symbolaufstellungen (auch ohne Anwendung der 2-Punkt-Methode) arbeiten auf der Ebene der Quantenheilung. Das Schöne daran ist, dass die Blockaden tief im Unterbewusstsein gewandelt werden – sichtbar für den Aufsteller. Die Heilung beginnt direkt dort, ohne dass der Kopf ständig den Zweifler ausschalten und den neuen Zustand visualisieren muss. Der innere ego- und verstandgesteuerte Zensor wird also umgangen. Ähnlich wie bei der Methode mit den Berührungen, wird ein Anker auf Zellebene gesetzt.

Matrix

Im Zusammenhang mit Quantenheilung hören wir auch immer wieder das Wort „Matrix". Sicher erinnern sich einige Leser an den Kinofilm mit Keanu Reeves. Ganz einfach ausgedrückt und ohne die Dramatik und Action des Kino-Blockbusters, war die Matrix der universelle Informationscode für die Erschaffung der bewussten Realität und der erlebten Welt. Eine richtige oder falsche Definition der Matrix in Bezug auf die Quantenheilung oder Quantenebene gibt es nicht. Bei der Recherche bin ich sicherlich auf zwanzig oder mehr verschiedene Begriffserklärungen gestoßen. Der Informationscode und die Verwirklichungsebene sind meines Erachtens die trefflichsten Beschreibungen für die Matrix (ursprünglich kommt das Wort übrigens aus dem Lateinischen und bedeutet Gebärmutter). Also ist die Matrix zum einen alles, was existiert und existieren kann, also alle Varianten unseres Seins und unserer Möglichkeiten, und zum anderen auch der Kern aller Existenz und Realität, der aus der Information (Zell- oder Teilcheninformation) besteht. Schön finde ich in diesem Zusammenhang auch den Vergleich mit bzw. die Einbeziehung von Hologrammen. Ein Hologramm ist eine Art visualisierte Vorstellung. Etwas, das in Gedanken existiert, aber noch nicht real geworden ist. Wenn wir also in jedem Moment unseres Seins über die Gedanken, das Bewusstsein und Unterbewusstsein unsere tatsächliche Realität erschaffen, existieren über unsere Glaubenssätze, Programmierungen, Wünsche, Bedürfnisse und seelischen Muster Alternativ-Realitäten. Sie sind Alternativen dazu, wie die Realität im Jetzt auch hätte sein können. Vergleichbar mit: Hätte ich an den Regenschirm gedacht, wäre ich trocken geblieben.

Eine andere Definition oder Erklärungsvariante der Matrix ist die Blaupause. In der Blaupause ist alles abgespeichert, was den Menschen, sein Verhalten, seine Persönlichkeit, sein Potenzial und seine Gesundheit ausmacht. Demnach ist die Matrix die Umgebung, in der alles entstehen und sich alles entwickeln kann, um den Menschen heil und ganz werden zu lassen. Denn im Grunde unseres Seins sind wir bereits ganz und mit allem verbunden. Die Blaupause wäre gewissermaßen die höchste und reinste Energieschwingung und der perfekte Entwurf, der durch die prägenden Einflüsse des persönlichen Lebens gelitten hat. Ein Teil dieser Matrix wird bei den Astrologischen Symbolaufstellungen im blockierten Zustand, sowohl auf dem Lösungsweg als auch bei der Verbindung mit dem Seelenanteil, sichtbar. Letzteres ist vielleicht ein Stück der Matrix aus der Quantenheilung.

Astrologische Symbolaufstellungen und der spirituelle Weg

Mein Bestreben ist es, den Menschen, der sein Thema aufstellen und wandeln möchte, dort abzuholen, wo er gerade steht. Bei den meisten Teilnehmern, die sich das erste Mal „stellen", hat der spirituelle Weg, also die Selbsterkenntnis oder bewusste Persönlichkeitsentwicklung, gerade begonnen. Die Person hat zwar erkannt, dass irgendetwas hakt und klemmt, aber mit den altbewährten wissenschaftlichen und ego-gesteuerten Methoden findet sie den passenden Schlüssel nicht. Wir stecken in den falschen Schuhen, finden aber die eigenen nicht. Wir erkennen, dass uns eine bestimmte Aufgabe immer wieder und immer heftiger begegnet. Die Selbsterkenntnis hat eingesetzt. Nicht jemand anderes soll nun etwas für uns tun, sondern wir möchten uns „unseren inneren Mustern" selbst stellen.

Die Astrologischen Symbolaufstellungen wirken da wie ein sanfter Tritt in den Allerwertesten. Der Prozess des spirituellen Weges wird ordentlich angekurbelt. Hier zeigt sich nun das innere Bild, die Glaubenssätze, die Blockaden und die Sofa-Komfort-Zonen, mit denen es wir uns bisher gemütlich eingerichtet haben, die aber zu drücken beginnen, weil sie nur eine Krücke sind. Das Unterbewusstsein wird auf die weiteren Erkenntniswege vorbereitet. Hier wird das Ego komplett ausgeschaltet. Es wird nur gefühlt, auf die innere Stimme geachtet und dem Bauchgefühl gefolgt. So beginnt der Teilnehmer im Laufe des Seminartages erst mit kleinen und dann mit immer größeren Schritten, Sicherheit für den spirituellen Weg zu bekommen. Alles geschieht intuitiv. Es ist überraschend, dass Menschen, die wir zu Seminarbeginn noch nicht kannten, auf einmal unsere eigenen Gedanken aussprechen, die eigenen Ängste benennen und uns die eigene Starrsinnigkeit vor Augen führen können. Die Astrologischen Symbolaufstellungen helfen dem Menschen, den spirituellen Weg gelassener und offener zu gehen. Sie führen zu Selbsterkenntnis und lösen unbewusste Prozesse der Veränderung aus, damit sich das bisher brachliegende Potenzial entfalten kann.

Prüfungen und alte Programmierungen nach Astrologischen Symbolaufstellungen

Nach Aufstellungen passieren meist recht zügig die interessantesten Dinge. Veränderungen treten ein. Menschen kommen anders auf den Aufsteller zu. Probleme werden gelassener genommen. Körperliche Erscheinungen verschwinden. Der eine bekommt endlich einen neuen Arbeitsplatz, bei dem anderen wird die Partnerschaft wieder glücklich. Es klären sich Familienthemen oder der lang ersehnte Partner taucht auf, der Kinderwunsch wird erfüllt oder der Körper reagiert positiv. Und doch kommt es natürlich auch vor, dass das Leben uns prüft. Haben wir die alten Themen, die wir aufgestellt und transformiert haben, tatsächlich abgearbeitet? Es kommen kleine Prüfungen auf uns zu, die uns punktgenau in unsere alten Narben piksen. Manche Problemkreise sind von längerer Dauer und machen neu erlebte Lebenssituationen erforderlich. Das Leben passt sich unserem Bewusst-

seinszustand unmittelbar an und spielt uns genau die Situationen zu, die Weiterkommen brauchen. Es könnte sein, dass ein Klient nach einer Aufstel dem Thema „Ich muss mich immer um alles kümmern" für die Familie nich wie bisher funktioniert. Das führt natürlich zu einem etwas anders gelag .en, neuen Konflikt. Hier gibt ihm das Schicksal die Gelegenheit, dieses Thema nochmals bewusst anzugehen und die damit verbundenen Reaktionen zu durchleben. Er hat nun auch im Außen die Chance, das Thema anzusprechen und zu lösen. Wir werden immer wieder einmal getestet, ob wir mit den alten Mustern tatsächlich abgeschlossen haben. Exemplarisch die berühmte „Bist du dir sicher?"-Frage. Ein klares Ja ist hier wichtig.

Eine Aufstellerin frage mich einmal: „Wie gehe ich mit Prüfungen um, die ja immer wieder auftauchen, um zu sehen, ob ich in meiner neuen Energie schon gefestigt bin? Ist das für jeden abhängig vom Thema oder soll ich ganz gelassen bleiben oder an das gute Ende denken? Ich würde mich freuen (und andere vielleicht auch?), wenn du noch einmal einen guten Tipp hättest. Du sagst zwar in deiner Einführungsrunde immer, dass man anschließend nichts zu tun braucht, einfach nur abwarten muss. Gilt dies auch für die Prüfungen?"

Die Antwort darauf ist eindeutig. Das erste positive Ergebnis ist, die Prüfung zu erkennen! Zu merken, es ist wieder da, das altbekannte Muster! Achtsamkeit und Bewusstmachung funktionieren dann schon prima. Der zweite Schritt ist zu überlegen: Will ich das noch oder nicht mehr? Die Entscheidung ist innerlich zu treffen. Der dritte Schritt ist dann, abzuwarten, was aus der inneren Entscheidung wird. Mit Gelassenheit. Falls Gelassenheit die Situation nicht verändert, sollten wir nicht in das alte Muster zurückfallen, sondern bewusst anders reagieren. Sobald wir erkennen, wieder auf dem alten Karussell zu sitzen: BREMSEN, innehalten, spüren – notfalls eine Nacht darüber schlafen. Nichts muss sofort entschieden werden, nichts verlangt sofortiges Handeln (außer Notfallsituationen natürlich). Nach dem Bremsen gilt es, wohlüberlegt entgegengesetzt oder anders zu handeln, um das alte Muster zu durchbrechen. Bei dieser Aufstellerin ging es im konkreten Fall um das Thema Wut. Das bedeutet, sobald Du merkst, dass Wut hochkommt – erst einmal loben, weil Du Dich erkennst. Dann bewusst herausnehmen, durchatmen, notfalls nach draußen gehen, auch wenn Du dafür jemanden wortlos stehen lassen musst. Später kannst Du demjenigen dann ruhig und klar erzählen, was Dich so auf die Palme brachte und warum das so ist. Du wirst sehen, dass Dein Gegenüber dann sehr verblüfft ist – auch energetisch. Denn das alte Verhalten zieht nicht mehr und man kann bei Dir nicht mehr andocken und Dich zur Weißglut bringen. Sieh nicht den Menschen, der in Dir das alte Muster auslöst, sondern sieh die Energie dahinter. Und frage Dich bewusst: Was macht mich hier wirklich gerade wütend? Auf was in mir bin ich wütend? Der andere ist schließlich nur der Spiegel für Dich. Die alte Energie, das alte Muster will natürlich nicht, dass Du Dich veränderst. Sie will weiter von Dir zehren. Also prüft sie Dich und da heißt es einfach umdenken. Sobald die alten Energien merken, dass sie Dich nicht mehr einholen können, ist Schluss damit.

Es tun sich wunderbare Dinge nach einer Aufstellung. Den Teilnehmern geht es erheblich besser. So gut, dass sie von anderen darauf angesprochen und gefragt werden, was denn geschehen ist. Und dann passiert es: Es wird getuschelt, wir trauen uns nicht, es auszusprechen oder wir erzählt erst gar nichts. Es ist vollkommen natürlich, dass wir das während der eigenen Aufstellung persönlich Erlebte mit allen selbstkreierten Blockaden nicht jedem auf die Nase binden möchten. Und es gibt auch Aufsteller, die vermuten, dass alles kippen und sich verflüchtigen könnte, wenn sie darüber reden. Auch hier wieder eine Frage dazu von einer Teilnehmerin: „Ich traue mich gar nicht richtig darüber zu sprechen, auch nicht mit meinem Mann, aus einem ganz einfachen Grund: Wenn ich anfange über eine positive Veränderung (nach Aufstellung, Homöopathie, Kinesiologie, Reiki, Rückführungen usw.) zu sprechen, dann kippt die Energie wieder ins Negative zurück. So war das immer. Erklären kann ich mir das leider nicht, kennst du dieses Phänomen? Warum kippt die Energie wieder zurück? Damit komme ich nicht so gut klar. Deswegen traue ich mich dann so gar nicht, darüber zu sprechen."

Das habe ich ihr geantwortet: „Du hast da aber eine merkwürdige Programmierung laufen. Du erwartest, dass die Arbeit kippt, wenn du dich darüber freust und davon berichtest. Mit dieser Einstellung passiert es natürlich auch. Aber das ist Unsinn. Die Mutter eines Jungen, der seit dem Tag der Aufstellung von seinen Aggressionsschüben befreit war, erzählte niemanden, was sie gemacht hat. Und wenn, dann tuschelte sie nur aus Angst, dass es kippen könnte. Aber ich konnte sie überzeugen, dass es nur ihre eigene Vorstellung ist. Inzwischen hört sie gar nicht mehr auf darüber zu sprechen. Also: ACHTE AUF DEINE GEDANKEN UND ERWARTUNGEN. Wenn du überzeugt von der Arbeit, deiner Entwicklung und der Wirkung bist, kannst du es in sogar die Zeitung setzten und nichts wird kippen. Solange du Angst hast, dass es kippt, kann es kippen. Solange der Zuhörer dich zweifeln lassen kann, kann es kippen. Solange du dich von der Abwehr anderer oder wissenschaftlichen Erklärungen beeinflussen lässt, kann es kippen. Dann vertraust du dir, deiner Wahrnehmung, deinem Gefühl und deinem Erlebnis beim Seminartag nicht. Dann ist dieser Glaubenssatz 'Es kippt, wenn ich darüber spreche!' viel stärker, als deine positive Erfahrung. Dieser Glaubenssatz gehört zum freien Willen und zum Verstand. Aber du spürst genau, dass es sich positiv entwickelt. Also lass dich nicht davon abbringen und bleib bei deinem Gespür und dieser Erfahrung! Dann hast du den Teufelskreis überwunden. Und wenn du tatsächlich spürst, noch nicht bereit zu sein, darüber zu sprechen, dann lass es einfach! Es ist deine Entwicklung und du bestimmst, wer daran teilhat und wann du reden möchtest. Punkt – aus."

Teil 2

Fallbeispiele zu den
Astrologischen Symbolaufstellungen

Dies ist nur ein ganz kleiner Auszug aus meiner Praxis mit Astrologischen Symbolaufstellungen. Die Aufstellungs-Themen sind umfangreich und betreffen alle Lebensbereiche. Für das Erstlingswerk werden nur die am häufigsten vorkommenden angesprochen. Und bitte denke daran: Jede Aufstellung ist individuell, so wie fast jedes Geburtshoroskop und die Lebensumstände aller Menschen individuell sind. Einen konkreten und übergeordneten Leitfaden gibt es nicht. Es ist nicht möglich, anhand der genannten Beispiele irgendeine Schlussfolgerung bezüglich der Ursachen eigener Probleme zu ziehen. Die Erfahrung hat gezeigt, dass die ursächliche Ausgangssituation immer eine völlig andere war, als unser Verstand vermutete.

Alle (Fall-)Beispiele resultieren aus meiner jahrelangen Praxis. Die Namen der Aufsteller sowie die Eckdaten, wie Ort oder Alter wurden geändert, um die Privatsphäre zu schützen. Ähnlichkeiten wären somit rein zufällig und lassen keine Rückschlüsse zu. Lies diesen Teil des Buches gern kreativ. Schau, welcher Bereich Dich am meisten anspricht, was Dich interessiert, und beginne dort zu lesen! Es muss nicht chronologisch Seite für Seite gelesen werden. Je freier, desto besser. Du wirst schon das Richtige für Dich entdecken.

Normalerweise spreche ich in einem Seminar die Stellvertreter mit ihren eigenen Vornamen an. Da dies hier in den Beispielen nur zu Verwirrungen führen würde, habe ich die Stellvertreter immer mit dem entsprechenden Symbol benannt. So wird beispielsweise der Hauptstellvertreter des Aufstellers „SV-Vorname des Aufstellers" (z.B. SV-Manfred) benannt. Ein Stellvertreter für den Schock, wäre dann SV-Schock. Du als Leser weißt, dass es sich dann um das entsprechende Symbol handelt. Der Stellvertreter wusste dies jedoch zu Beginn der Aufstellung bis zum Ist-Stand nicht. Also bis zu dem Zeitpunkt, an welchem ich den Ist-Stand dem Aufsteller im Original erkläre. Ich vermerke immer wieder, dass ich die Stellvertreter verdeckt aufstelle. Außerdem gibt es während der Beschreibung der Aufstellung immer wieder Anmerkungen, die durch Klammern und/oder Kursivschrift gekennzeichnet sind. Sie geben zusätzliche Informationen darüber, warum ich etwas aufstelle bzw. was dort gerade geschieht. Diese Anmerkungen habe ich allerdings nicht während der Aufstellung gemacht. Sie sollen Dir als Erläuterung dienen.

Kapitel 5

Beruf und Berufung

*"Wenn Du haben willst,
was Du bisher noch nie hattest,
dann tu einfach, was Du
bisher noch nie getan hast."*

(Thomas Jefferson)

Fallbeispiel

Vom Workaholic ins Burnout – und jetzt?

Im Sommer 2008 meldete sich Lars zu einem Seminar an. Leider waren bereits alle Aufstellungsplätze belegt. Daher kam er zum nächstmöglichen Termin als „Helfer", also als teilnehmender Stellvertreter ohne eigene Aufstellung. Er hatte von den Astrologischen Symbolaufstellungen gehört und folgte seiner inneren Stimme, die sehr deutlich sagte: „Da musst du hin!" So lernten wir uns schon vor seiner eigenen Aufstellung im Rahmen eines Seminars kennen. Lars machte einen etwas nervösen, aber ausgeruhten Eindruck. Als Helferlein stand er in einigen Rollen und konnte zu seiner Überraschung sehr viel wahrnehmen und fühlen. Am Abend meldete er sich direkt für den nächsten Termin zur Aufstellung an. „Jetzt will ich auch – unbedingt!" Gesagt, getan. Vier Wochen später war sein Termin bestätigt.

Lars, 34 Jahre alt, macht den Eindruck eines gestandenen Businessman. Doch wer in seine Augen schaut, kann dort viel Traurigkeit erkennen. Auch der Glanz fehlt. Er kommt aus Frankfurt, der Bankenmetropole, und bedient das Klischee eines Bankers. Er hat, wie er sagt, ein glückliches Elternhaus erlebt. „Mir fielen die Goldäpfel immer in den Schoß", beschreibt er seinen schulischen und beruflichen Werdegang. „Erfolg war vorprogrammiert. Ehrgeizig war ich schon immer und so habe ich es schnell zum Abteilungsleiter gebracht. Weiterer Aufstieg war stets in Sichtweite. Das gefiel der Damenwelt natürlich auch. Ich hatte einige Freundinnen im Laufe der Jahre. Nie etwas Ernstes. Trotz der vielen Arbeit umgab Leichtigkeit mein Leben. Bis vor zwei Jahren. Ich fiel auf einmal in ein Loch. Meine damalige Freundin verließ mich, weil ich zu viel arbeitete und sie sich vernachlässigt fühlte. Das traf mich, denn dieses Verhalten war mir fremd. Danach ließ ich mich auf keine Frau mehr ein, sondern arbeitete noch härter an meiner Karriere. Aber ich merkte, dass der alte Dampf weg war", berichtet Lars als er sein Aufstellungsanliegen der Gruppe und mir zu schildern beginnt.

„Einige Wochen später kam der Zusammenbruch. Nach vier aufeinanderfolgenden Nächten mit nur zwei Stunden Schlaf und über Tage hinweg ohne anständiges Essen wurde ich zunehmend aggressiv. Schließlich kippte ich in der Firma einfach um. Danach wurde es dunkel in meinem Leben. Notarzt, Krankenhaus. Diagnose Kreislaufprobleme und totale Erschöpfung. Die verordneten zwei Wochen Arbeitsunfähigkeit waren für mich eine Katastrophe. Was sollte ich zwei ganze Wochen lang auf dem Sofa anfangen? Wie sollte ich mich beschäftigen? Diese zwei Wochen brachten mein Hamsterrad zum Brechen. Aus zwei Wochen wurden vierzehn Monate. Diagnose: Burnout.

Von meinem Chef musste ich inzwischen hören, dass ich für die Firma nicht mehr tragbar sei. Man hat mir eine Abfindung gezahlt und raus war ich. Ist mir inzwischen egal. Ich möchte wieder Licht in meinem Leben. Ich möchte wissen, was wirklich zählt. Freude und Leichtigkeit, und vielleicht eine Partnerin an meiner Seite.

Außerdem möchte ich einen neuen Arbeitsplatz finden. Aber mit einer vierzehnmonatigen Lücke im Lebenslauf ist das heute nicht einfach. Ich habe im letzten Monat sechzig Bewerbungen geschrieben. Fünfundfünfzig Absagen, von den verbleibenden fünf nichts gehört. Das hebt die Stimmung nicht wirklich. Außerdem weiß ich noch gar nicht, in welche Richtung ich nun möchte. Wenn wir hier ein paar Weichen stellen könnten, damit ich meinen Weg wieder sehen kann, wäre das super."

Die Problembeschreibung und die Zielsetzung, also das, was Lars sich für die Zukunft wünscht, sind klar umrissen. Wir formulieren zusammen die Aufstellungsfrage und schon geht es los. Lars sucht sich für sich selbst spontan einen Stellvertreter: „Ich wusste es schon, als ich heute Morgen hereinkam. Und dem ersten Impuls folge ich gern. Ich würde dich gerne bitten, mich zu vertreten." Und so bitte ich den Stellvertreter, außen am Teppich den Platz von Lars einzunehmen. Der Stellvertreter wird in dem Haus, in dem Lars Sonne im Geburtshoroskop steht, platziert. Sein Stellvertreter fühlt sich ein.

SV-Lars erste Wahrnehmung ist, dass ihn eine vollkommene Starre überfällt. „Ich kann mich nicht mehr bewegen. Es fühlt sich an, als wäre ich vom Hals bis zu den Füßen in Beton gegossen."

„Okay, warten wir noch einen Moment. Atme durch. Es kann dir nichts passieren."

„Ja, jetzt löst sich die Starre langsam, aber jetzt habe ich Angst. Sehr große Angst, das grenzt schon an Panik."

Ich gehe zu SV-Lars und lege ihm die Hand auf den Rücken. Er beruhigt sich langsam. „Möchtest du dich denn stellen?", frage ich vorsichtig nach.

„Ja, auf jeden Fall! Wenn ich schon solche Angst habe, dann gehe ich da auch durch."

Ich frage Lars persönlich: „Kennst du die Angst? Ist sie dir schon bewusst geworden?"

„Ja. Zum ersten Mal, als ich nach dem Zusammenbruch in der Firma im Krankenwagen wieder zu mir kam. Seither spüre ich die Angst manchmal, allerdings nicht mehr so heftig. Vielleicht habe ich das verdrängt. Panische Angst ist nicht gerade ein schönes Gefühl. Aber die Starre kenne ich übrigens seit dem Zusammenbruch auch. Nachdem ich eine Woche auf dem Sofa verbracht hatte, war sie da und begleitete mich lange."

Die Identifizierung zwischen Original und Stellvertreter ist geschehen. Das ist oftmals entscheidend, damit sich das Original einlassen kann.

Nach dem Okay des Stellvertreters, für die Ursachenforschung bereit zu sein, wähle ich nun drei Stellvertreter für die Planeten Uranus, Neptun und Pluto. Einer nach dem anderen wird in die Mitte des Teppichs gestellt. SV-Lars soll sich bei jedem einspüren und mir sagen, wie der jeweils andere auf ihn wirkt, was er fühlt und wie es ihm mit dem jeweiligen Planeten-Stellvertreter geht. Als erstes kommt *(verdeckt)* Uranus. SV-Lars fühlt sich bereits mit diesem ersten Planeten-Stellvertreter überfordert. Er weicht einen Schritt zurück.

Auch SV-Uranus ist nicht ganz so glücklich in seiner Rolle. „Puh, das ist aber ein hartes Joch hier. Alles ist schwer. Es lastet so viel auf meinen Schultern, meine Arme werden immer länger. SV-Lars ansehen geht auch nicht."

Als SV-Uranus spricht, weicht SV-Lars einen weiteren Schritt zurück: „Das ist mir viel zu viel. Ich will das nicht hören. Es reicht doch, wenn es mir schon schlecht geht!"

Trotzdem ist es wichtig, noch die anderen zwei Planeten zu überprüfen. Denn so manches Mal zeigte sich zu diesem Zeitpunkt bereits eine Überraschung. Nun stelle ich *(verdeckt)* den Neptun dazu. SV-Uranus und SV-Lars richten sich beide unmerklich auf. SV-Neptun bringt Leichtigkeit ins Spiel. „Der ist super", sagt SV-Lars automatisch, „den kenne ich und ich habe einen guten Bezug zu ihm."

Neptun steht unter anderem für die Intuition. Dass Lars auf seine innere Stimme hört, hat er im Vorfeld deutlich beschrieben und gezeigt. Hier bestätigt sich dieses Verhalten.

Als ich *(verdeckt)* Pluto dazustelle, gibt es keine Veränderung. SV-Pluto ist neutral und so ist auch seine Wirkung auf die anderen Stellvertreter. Daher bitte ich sowohl Neptun als auch Pluto, sich wieder zu setzen und entlasse sie aus den Rollen. Die Reaktionen von SV-Lars und SV-Uranus sind nahezu identisch. Beide stöhnen und sacken wieder in sich zusammen. Nun erkläre ich Lars und allen anderen, welche Planeten ich überprüft habe und welcher stehen geblieben ist. „Der Seelenanteil, der blockiert ist, und der uns die Ursache für dein Thema zeigt, ist der Uranus. Uranus ist der Veränderer, der Aufbrecher alter Muster, der neue Wege gehen will. Oft schwelt das Thema lange im Unbewussten *(nicht im Unterbewusstsein – das sind zwei unterschiedliche Bereiche)* und kommt dann plötzlich und unerwartet zum Ausbruch. Genauso, wie du uns deinen Zusammenbruch geschildert hast. Wir haben hier also genau den richtigen Planeten zur Aufklärung und Wandlung. Der Uranus ist gleichbedeutend mit deinem Seelenanteil. Ich nenne ihn ab jetzt nur noch deine Seele. Denn obwohl ihr weit auseinandersteht und aneinander zu leiden scheint, seid ihr doch eins und untrennbar in diesem Leben miteinander verbunden. Wir können hier sehr gut sehen, wie es dir und deiner Seele innerlich geht. Eigentlich solltet ihr nah beieinander sein und so, wie dein Stellvertreter vorhin mit dem Neptun-Stellvertreter, harmonieren. Das wäre optimal. Wir werden jetzt einmal schauen, was dazu geführt hat, dass die Beziehung zum Uranus-Seelenanteil hier nicht so bereichernd ist."

Lars *(Original)* nickt und ist konzentriert bei der Sache.

„SV-Lars, wie geht es dir? Hast du alles gehört, was ich gesagt habe? Hat das etwas verändert?"

„Ja, ich habe alles verstanden, aber besser geht es mir deswegen nicht. Allein die Vorstellung, mit meinem Gegenüber - meiner Seele kann ich gar nicht sagen - näher zu sein, jagt mir eiskalte Schauer über den Rücken. Ich könnte jetzt auch gehen! Alles ist schöner, als das hier."

„Gut, die 'Flucht' müssen wir nicht mehr aufstellen, denn Fluchttendenzen sind ja deutlich zu sehen."

Das lockert die Runde ein wenig auf. Doch bei dem SV-Uranus-Seele gibt es keine Veränderung. Hier ist es immer noch schwer und die Arme sind lang. Bevor ich das Geburtshoroskop zu Rate ziehe, ist der erste Impuls, die nahezu greifbar im Raum stehende Angst *(verdeckt)* als Stellvertreter aufzustellen. Die Wahl ist schnell getroffen und ich bitte den Stellvertreter, sich selbst frei einen Platz zu suchen und dem ersten Impuls zu folgen.

SV-Angst zögert nicht lang und stellt sich spontan hinter SV-Seele: „Ich würde mich am liebsten bei ihm auf die Schultern setzen. Aber wie komme ich jetzt da hoch?"

„Okay, wir stellen es uns einfach vor."

SV-Seele erwidert: „Ja, genau das ist es, was mir auf den Schultern hockt. Ich könnte in die Knie gehen, das erniedrigt mich total."

Die Wortwahl ist interessant. „Wenn es dir hilft, dich hinzuknien, dann tu das ruhig. Ich werde SV-Angst davon abhalten, sich tatsächlich auf deine Schultern zu setzen."

SV-Seele kniet sich hin und sitzt wie ein Häufchen Elend in der Mitte des Teppichs. Es hat schon etwas von einer Demuts- oder Büßerhaltung.

SV-Angst kommentiert: „Ich muss wirklich der Versuchung widerstehen. Die Vorstellung, auf seinen Schultern zu hocken, ist sehr reizvoll. Das hat etwas Diebisches an sich. Es reicht aber, dass ihr wisst, dass ich dort am liebsten sitzen würde. Also kann ich einfach dahinter stehen bleiben."

SV-Lars sagt: „Oh mein Gott, das macht mich so unglaublich traurig. Ich kann da kaum hinschauen."

Damit niemand in Dramatik fällt, wähle ich gleich nach einem Blick in das Horoskop und Auswahl der entsprechenden Uranus-Konstellationen die nächsten zwei Stellvertreter aus. Einen Stellvertreter *(verdeckt)* für die Enttäuschung und einen Stellvertreter *(verdeckt)* für das Schuldgefühl. Ich bitte beide Stellvertreter, sich hinter SV-Lars zu platzieren. Sie stellen sich links und rechts hinter SV-Lars auf.

„Ah, endlich mal etwas Gutes. Das gibt Kraft und Rückhalt", teilt uns SV-Lars mit. „Am besten geht es mir mit dem Stellvertreter links hinter mir. Mit dem könnte ich jetzt auch ein Bierchen trinken gehen. Jetzt interessiert es mich nicht mehr so sehr, was der Uranus macht."

SV-Lars spaltet den Seelenanteil immer noch ab und nennt den Stellvertreter immer noch beim Planetennamen. So als hätte ein Planet nichts mit ihm zu tun.

Der SV-Seele wirkt jetzt ein wenig lethargisch. Auf Nachfrage sagt er: „Ist doch sowieso alles egal. Dagegen komme ich nicht mehr an. Wäre das nicht auf meinen Schultern, könnte ich es vielleicht noch schaffen SV-Lars zu helfen. Aber so ist es unmöglich."

SV-Lars reagiert mit Unverständnis. Er meint, es ginge ihm doch gut. Ich frage bei den anderen Stellvertretern nach. SV-Angst ist ganz auf die Seele fixiert und ihn interessiert nicht, was bei SV-Lars passiert.

SV-Enttäuschung sagt: „Ja, für mich ist das stimmig. Hier gehöre ich hin und bin gut mit SV-Lars in Kontakt. Er nimmt viel von mir."

SV-Schuldgefühl bestätigt: „Ich empfinde das genauso, wie SV-Lars sagte. Das ist mein bester Kumpel. Wir können wunderbar zusammen auskommen. Wer braucht schon die Seele?"

Jetzt weiß ich zwar, dass für das Burnout und die Entwicklungen bei Lars ein unbewusstes Schuldgefühl und viele Enttäuschungen verantwortlich sind, und dass er mit übergroßer Angst seine Seele kleinhält, aber ich möchte noch mehr herausfinden. Das Horoskop gibt hier einen Hinweis auf die väterliche Ahnenreihe. Also folge ich wieder dem Impuls und stelle einen Stellvertreter für die väterliche Ahnenreihe in das vierte Haus. Bis auf die Seele und SV-Lars wendet sich alles umgehend der Ahnenlinie zu, kaum dass der Stellvertreter im vierten Haus steht. Dies ist die Bestätigung für eine Wiederholung der Themen aus der Ahnenreihe. Lars hat sich genau diese Familie für seine Inkarnation ausgesucht, weil sie zu seinen seelischen Themen und Lernaufgaben passt.

Daher frage ich: „Nanu, was ist denn los? Sagt doch mal, was sich ändert!"

SV-Angst sagt: „Den kenne ich auch. Da war ich einmal vor langer Zeit."

Es ist immer wieder faszinierend. Bitte erinnere Dich: Keiner der Stellvertreter weiß, für wen oder was er oder sie steht. Die Aufstellung läuft immer noch verdeckt und ich spreche jeden nur mit seinem echten Vornamen an.

„Da liegt die Antwort", sagt SV-Enttäuschung und meint damit den SV-väterliche-Ahnenreihe.

SV-Schuldgefühl sagt: „Ja, jetzt kommt Bewegung in die Sache. SV-Lars ist fast uninteressant geworden. Hier passiert jetzt etwas."

SV-väterliche-Ahnenreihe ist ein wenig überrascht: „Ich glaube, da wird zu viel von mir erwartet. Wenn es SV-Lars nicht schafft, wie soll ich dann hier etwas lösen? Nein, das ist nicht meine Aufgabe. Nein, nein, da hänge ich mich nicht rein."

Ich frage: „Aber kennst du denn jemanden, der hier steht?" SV-väterliche-

Ahnenreihe schaut niemanden an und erwidert: „Nöööö."
Jeder im Raum weiß, dass das gelogen ist – auch SV-Ahnenreihe selbst.
Ich räume ein: „Vielleicht bist du nicht hier, um etwas abzunehmen oder zu lösen. Aber vielleicht kannst du SV-Lars Tipps oder wichtige Hinweise geben. Wenn es Parallelen oder Ähnlichkeiten zwischen euch gibt, wäre das doch möglich, oder?"
„Dafür will ich aber erst einmal wissen, worauf ich mich hier einlasse. Nicht, dass ich hinterher wie ein Sündenbock dastehe. Allen geht es gut und ich hänge dann in den Seilen. Das hatte ich schon und da passe ich auf."

Aha, die Ahnenreihe weiß sehr wohl Rat und kennt die Situation, in der SV-Lars steckt. Da er weder weiß, für wen er steht, noch für wen die anderen stehen, war das eine wichtige Information – genau das, was ich brauchte.

Ich wende mich an SV-Lars: „Sag mal, da jetzt die ganze Aufmerksamkeit bei diesem Stellvertreter ist, wie geht es dir damit?"
„Wieder schlechter. Die sollten doch für mich da sein, aber jetzt dreht sich alles um ihn? Super, da komm ich ja nie heraus. Und meine Seele *(Achtung: zum ersten Mal anerkannt)* hockt immer noch teilnahmslos da. Super, langsam werde ich sauer!"
„SV-Seele wie geht es dir?"
„Ganz so teilnahmslos bin ich nicht mehr. Ich bin sehr aufmerksam und höre zu. Vielleicht gibt es doch noch Hoffnung. Ich möchte aber nicht, dass meine aufkeimende Hoffnung zu sehen ist, damit das niemand kaputt macht."

Der Ist-Stand ist erreicht. Nun wird es für mich Zeit, aufzudecken. Lars zu erklären, wer alles dort steht und was es damit auf sich hat. Ich wende mich an Lars persönlich. „So, dann werde ich jetzt auflösen und erklären, wer oder was hier steht und was das zu bedeuten hat."
„Ich bin gespannt wie ein Flitzebogen. Dann mal los!"

„Deinen Stellvertreter hast du dir ja selbst ausgesucht. Wir haben gehört und gesehen, wie schlecht es dir geht und dass kein Vertrauen mehr zur eigenen Seele da ist. Zwischendurch keimte Hoffnung auf, als er sich mit den beiden hinter ihm gut verstand. Aber auch das zerplatzte wieder. Interessant ist, dass dein Stellvertreter den Stellvertreter deiner Seele immer als Uranus bezeichnete. Erst als die beiden Kumpel von hinten nicht mehr für ihn da waren und er wieder auf sich allein gestellt war, kam erstmalig die richtige Bezeichnung. Da ist anscheinend etwas passiert. Wir sehen, deiner Seele ging es äußerst bescheiden. Du bist wirklich durch ein tiefes Tal geschritten. Wir sehen aber auch, dass inzwischen langsam Hoffnung keimt. Deine Seele will es noch nicht so zeigen, aber scheinbar ist die Zeit für Veränderung und Wandlung reif. Was hinter ihr stand und was deine Seele so heruntergedrückt, sogar erniedrigt hat, war die Angst.

" *Das Leben ist eine fortwährende Ablenkung, die nicht einmal zur Besinnung darüber kommen lässt, wovon sie ablenkt.* "

(Franz Kafka)

Deine Angst ist nicht einfach nur eine Verhaltensweise oder ein Alarmsignal, sondern sie sitzt tief in deinem Inneren. Dass die Angst deine Seele so beeinflussen kann, wird aber auch mit einer Vorteilsberechnung deinerseits belegt. Wenn die Seele so klein und handlungsunfähig ist, dann brauchst du dich darauf nicht einzulassen. Denn wir erinnern uns: Dein Seelenanteil hat Uranusqualität – sie möchte verändern und alte Muster aufbrechen. Aber bedenke bitte, jede Blockade ist ein Schutz, und darin liegt auch ein Schatz. Der SV-Angst hat eine unglaubliche Dominanz und Power. Was ist denn das Gegenteil, also die andere Seite der Medaille der Angst? Vielleicht der Mut? Diese Kraft ist ausgelagert, abgespalten, aber nicht verloren. Wir können das wandeln.

Kommen wir zu den beiden Kumpanen hinter deinem Stellvertreter. Mit dem hinten rechts war alles okay. Er stärkte und gab Kraft. Er steht für die Enttäuschungen in deinem Leben. Die stärksten Enttäuschungen waren wahrscheinlich, dass deine Partnerin dich verlassen und zusätzlich mit ihren Begründungen sehr getroffen hat. Was tat da mehr weh? Wahrscheinlich die Wahrheit. Er steht auch für die Enttäuschung darüber, dass du keine Lokomotive bist, die jahrelang ohne Erholung auf Hochtouren arbeiten kann. Dass du aus der Firma gekickt wurdest und nun keinen Job findest. Die Enttäuschungen lenken dich wunderbar von deiner Seele ab. So gibt es im Außen genügend Gründe, warum es dir nicht gut geht. Alles zusammen hat zum Zusammenbruch geführt. Aber in der Enttäuschung liegt auch das Ende der Täuschung. Du bist nun in der Lage zu erkennen, was hinter dem Gefühl der Enttäuschung liegt. Nämlich, dass du dich täuschen lassen hast, dass du dich selbst getäuscht hast bzw. dass die eigenen Erwartungen an andere oder dich selbst einfach nicht realistisch und unerfüllbar waren. Wenn du erst bis dahin gekommen bist, dann brauchst du das Gefühl der Traurigkeit nicht mehr. Du wirst erkennen, dass du dich geirrt hast. Beim nächsten Mal weißt du es besser.

Dein Kumpel, mit dem du so gern ein Bier getrunken hättest, steht für das Schuldgefühl. Das ist ein ganz unbewusstes Muster, was dich dazu bringt, dich für alles und jeden verantwortlich zu fühlen, ohne aber echte Verantwortung für dich selbst zu übernehmen. Dann bist du stets darauf bedacht, keine Schulden zu machen, keine Geschenke ohne Gegengeschenk anzunehmen. Es gibt die verschiedensten Formen von Schuldgefühlen. In deinem Fall resultiert ein subtiles Schuldgefühl aus den Erwartungen und Ansprüchen, die du an dich selbst stellst. Du kannst unglaublich streng zu dir sein und dir hart Leistung abverlangen. Und wenn etwas nicht so läuft, wie du es geplant und dir vorgestellt hast, dann tadelst du dich innerlich und setzt dich selbst herab. Das führt zu einer Abwärtsspirale, die bei Wiederholung kaum noch aufzuhalten ist. Es folgt eine selbsterfüllende Prophezeiung: Ich habe das nicht erreicht, also bin ich nichts wert. Bin ich nichts wert, darf ich nichts erreichen. Wenn ich nichts erreiche, habe ich kein Recht glücklich zu werden. Diese Reihe kann unendlich fortgeführt werden."

Lars unterbricht mich kurz: „Das ist echt unheimlich. Das ist so, als hätte jemand in meine Gedanken geschaut. Das hätte ich nie jemandem sagen können, aber genauso ist es. Selbstvorwürfe begleiten mich schon seit Jahren und es wurde immer schlimmer."

„Diese drei Muster und Symptome, also Enttäuschung, Schuldgefühl und Angst, führten bei dir zur Selbstentwertung und zum Zusammenbruch. Deine Seele sah ihre einzige Chance darin, dir das Burnout zu schicken, damit du zur Besinnung kommst. Anrufen oder dir einen Brief schreiben kann sie ja nicht. All das hat dich hier hergeführt. Das ist doch prima geführt, oder? Und das, obwohl deine Seele so niedergedrückt ist.

Aber kommen wir zum letzten Stellvertreter in der Runde. Hier haben wir jemanden, der scheinbar sehr wichtig ist. Dass er dir helfen konnte war klar, weil er die Situation wohl auch kennt. Der letzte Stellvertreter steht für deine väterliche Ahnenreihe. Also irgendjemand aus der Vaterlinie, der wohl Ähnliches, wenn nicht sogar das Gleiche erlebt hat wie du. Wer das genau ist, spielt keine Rolle. Denn es geht hier nicht darum, irgendetwas zurückzugeben oder Schuld hin und her zu schieben. Hier ist jemand, der Erfahrung mit diesen Themen hat. Es ist jemand, der aus deiner Familie kommt, dem du vertrauen kannst, denn ihr seid verbunden. Von den Erfahrungen kannst du profitieren und lernen. Vielleicht mag er dich unterstützen, nachdem er jetzt weiß, dass er nicht als Sündenbock herhalten muss."

Alle schmunzeln, die Bemerkung passt.

„Kannst du etwas mit meinen Ausführungen anfangen, Lars?"

„Und ob. Ich hätte es nicht in Worte fassen können. Umso beeindruckender ist es, das hier zu sehen."

Nun wende ich mich wieder den Stellvertretern zu. Der Reihe nach frage ich sie nach ihrem Befinden.

SV-Lars: „Die Wut auf meine Seele ist weg. Ich spüre ein bisschen Tatendrang und hoffe, dass die väterliche Ahnenreihe mir etwas sagen wird."

SV-Seele: „Das Niederdrücken ist verschwunden. Jetzt kann ich aufstehen. Ich bin zuversichtlich. Endlich ist es aufgedeckt. Wurde wirklich Zeit."

SV-Angst: „Ich finde es doof, dass die Seele jetzt aufsteht. Es fühlt sich an, als ob ich von seinen Schultern herunter gleite. Ich mag meine Dominanz noch nicht aufgeben."

SV-Enttäuschung: „SV-väterliche Ahnenreihe ist immer noch spannend. Zu SV-Lars hab ich weniger Bezug. Es geht mir gut. Enttäuschungen kenne ich aus meinem persönlichen Leben nur zu gut. Die Sichtweise, die du gerade vorgebracht hast, würde ja bedeuten, dass es nur an mir liegt, ob ich enttäuscht werde und mich deswegen schlecht fühle. Das ist für mich persönlich schon ein harter Brocken. Aber ich lasse mal kommen, was kommen will."

SV-Schuldgefühl: „Mensch, dass man sich als Schuldgefühl so gut fühlen kann, hätte ich nicht gedacht. Alles gut bei mir. Ich bin auch neugierig, wie es weitergeht."

SV-Ahnenreihe: „Jetzt verstehe ich alles. Danke, die Erklärungen waren wichtig. Ja, ich kenne Angst, Enttäuschung und Schuldgefühl. Genau das hat mich in früheren Jahren in die Pleite getrieben. Ständig war ich im Außen und wollte es jedem Recht machen. Ich habe genau wie Lars geackert, wollte meine Vorstellungen und die Erwartungen anderer erfüllen und bin über meine Grenzen gegangen. Daran ist meine erste Ehe zerbrochen und meinen Laden hat es in die Pleite getrieben. Ich möchte jedem heute raten: Achte dich selbst, hör auf dein Bauchgefühl und lass es langsam angehen! Ich stehe hier vollkommen richtig. Und wenn ich jetzt so hereinspüre, dann könnte es vielleicht ein Urgroßvater aus der Ahnenreihe gewesen sein, der das auch erlebt hat. In der Rolle fühle ich mich sehr, sehr alt und weise."

SV-Lars: „Ich bin sprachlos. Da kommt mir so viel Güte entgegen. Alles was SV-Ahnenreihe gesagt hat, kommt in meinem Herzen an. Was kann ich denn jetzt tun?"

SV-Ahnenreihe: „Sei mutig. Du brauchst keine Angst zu haben. Hör auf deine Seele, sie leitet dich! Vertraue dem Leben, es sorgt für dich! Hör mit den unrealistischen Vorstellungen auf! Versuche nicht, irgendetwas für einen anderen oder das Ansehen zu tun – du lebst für dich! Du bist für dich selbst verantwortlich."

Das Gespräch habe ich laufen lassen, da sich alles ganz dynamisch entwickelte. Nun ergreife ich jedoch wieder das Wort: „Da hast du vollkommen Recht. Wir alle sind Autor, Hauptdarsteller und Regisseur unseres eigenen Lebensfilms. Es liegt an uns, wie wir den Dreh für diesen Lebensfilm gestalten. Und schau mal, SV-Lars, dein Ahne hat dir gerade schon gesagt, was du mit den Blockaden tun sollst. Die Angst wandeln zum Mut, die Enttäuschung zum Ende der Täuschung und das Schuldgefühl zur Eigenverantwortung. Besser hätte ich es kaum sagen können. Jetzt möchtest du bestimmt wissen, wie du das wandeln kannst, oder?"

SV-Lars nickt schmunzelnd.

„Schau mal, all diese Blockaden beinhalten ausgelagerte Qualitäten von dir. Die Angst hat deine Stärke und Dominanz, die Enttäuschung deine Kraft und Wärme und das Schuldgefühl die Beziehung und Kontakt zu anderen, die Freundschaftlichkeit. Wenn du diese Qualitäten wieder zu dir nimmst, neutralisieren sich die Blockaden und du wirst wieder vollständig. Das ist es, was dein Ahne meinte. Und sicher wird er genau beobachten, ob du es richtig machst. Und wenn du Hilfe brauchst, wird er dich bestimmt auch unterstützen, oder?"

„Ja, sicher. Bleibt ja in der Familie", lacht SV-Ahnenreihe, „nein, im Ernst. Ich wünsche mir, dass mein Nachkomme bewusster ist als ich und sich das Dilemma nicht fortsetzt. Und wenn ich dabei ein wenig helfen kann, freut es mich."

„Und wie mache ich das jetzt?", fragt SV-Lars langsam ungeduldig wirkend.

„Du entscheidest, wem du dich zuerst zuwenden möchtest, um etwas zu verändern.

Dann geh dort bitte hin, konfrontiere dich mit dem Stellvertreter. Vielleicht gibt es etwas auszusprechen. Vielleicht reicht es aber auch, wenn ihr euch die Hände reicht und du zurücknimmst, was du ausgelagert hattest – ganz ohne Worte. Bei wem möchtest du anfangen?"

„Am leichtesten ist bestimmt die Enttäuschung. Also dort." SV-Lars dreht sich um, schaut den Stellvertreter an, schüttelt dann aber den Kopf: „Nein, das geht doch noch nicht." SV-Lars schaut zum Schuldgefühl und schüttelt auch da den Kopf. Dann schaut er etwas flehend die Ahnenreihe an. „Was mache ich denn jetzt? Wo fange ich an?"

SV-Ahnenreihe erwidert: „Du brauchst zunächst einmal Mut. Die Angst muss gewandelt werden. Auch wenn du jetzt denkst, es sei der schwerste Schritt. Wenn du möchtest, begleite ich dich."

SV-Lars nickt ein wenig gequält: „Okay, wenn's sein muss. Aber ich dachte, der Stellvertreter hätte was mit der Seele zu tun und nicht mit mir."

Ich erkläre: „Doch, die Angst gehört zu dir. Aber du hast sie verdrängt und zum Programm gemacht, was hauptsächlich deine Seele abbekommen hat. Nimm den Rat und die Hilfe deines Ahnen an und versuch es einfach!"

SV-Angst sagt: „Was wollen die denn jetzt? Ich hab doch ein Spiel mit der Seele."

Ich bitte ihn, abzuwarten und zu schauen, was passiert.

SV-Lars atmet tief durch und geht mit dem Ahnen im Rücken auf SV-Angst zu und an seiner Seele vorbei, die ihn zuversichtlich anlächelt.

„SV-Angst, kannst du SV-Lars etwas von der Kraft, Stärke und Dominanz abgeben, damit auch du wieder auf Normalmaß herunterkommst. So eine Rolle ist doch bestimmt auch fordernd, oder?", frage ich.

„Ja, das ist verlockend. Denn ich bin schon ein wenig herrisch und von allem ein wenig zu viel. Wir versuchen das", sagt SV-Angst und streckt SV-Lars die Hände entgegen.

SV-Lars ergreift die Hände sofort: „Danke!", Und einige Sekunden später fügt er hinzu: „Das ist ja der Hammer. Ich werd immer größer und es wird heiß hier, puh."

„Ja, die fließende Kraft ist spürbar. Das ist wichtig. Nimm alles zu dir, was zu dir gehört!", empfehle ich.

Nach etwa zwei Minuten sinken die Hände von SV-Angst und SV-Lars wortlos und sie lassen los.

SV-Angst lächelt: „Jetzt bin ich im Frieden. Das ist schön. Ich mag SV-Lars und weiß, dass er es jetzt schafft."

SV-väterliche-Ahnenreihe klopft SV-Lars auf die Schulter: „Gut gemacht. Ich habe deutlich gespürt, wie dein Mut gewachsen ist."

SV-Lars führt SV-Angst in die hintere Ecke des Raums. Ich bitte nun SV-Angst, eine zwei Meter lange Papprolle zu halten, die ich senkrecht vor ihn stelle. Der Stellvertreter ist sichtlich irritiert, hält aber die Rolle und bleibt dort stehen.

SV-Lars sagt: „Die Angst ist weg. Ich fühle die Kraft in mir und das Strömen durch meinen Körper. Das ist total belebend." Nun wendet sich SV-Lars dem SV-Enttäuschung zu, reicht ihm die Hände und sagt: „Danke, dass du da warst. Du hast mir Kraft gegeben und Rückhalt. Ich habe die Botschaft sehr deutlich verstanden. Und wenn die Enttäuschung doch noch einmal kommt, dann werde ich den Grund dafür bei mir finden. Danke!"

SV-Enttäuschung ist ganz gerührt und antwortet: „Schön, dass ich dich jetzt mal von vorn sehen kann. Und deine Augen sagen mir, dass du es ernst meinst. Ich wünsche dir alles Gute."

SV-Lars führt nun auch SV-Enttäuschung in den hinteren Teil des Raums zu der Papprolle.

„Halte du die Rolle auch mit! Eine Hand an der Rolle reicht", bitte ich.

SV-Lars nickt beiden zu und geht dann zum SV-Schuldgefühl. „Oh Mann, ich würde immer noch gern ein Bierchen mit dir trinken. Aber ich weiß, dass die Zeit dafür vorbei ist. Ilka, kannst du mir nochmal etwas dazu sagen, damit ich es wirklich verstehe?"

„Aber gerne", antworte ich, „auf seelischer Ebene gibt es überhaupt keine Schuld. Schuld ist etwas Menschengemachtes, um die eigene Verantwortung im Außen abzuschieben und die Aufgabe im Leben nicht erkennen zu müssen. Auf seelischer Ebene gibt es nur die Handlung, Tat oder Unterlassung, sowie die Konsequenzen daraus. Das bedeutet, dass wir uns bei allen Entscheidungen, bei allen Handlungen über die Konsequenzen bewusst sein und die Verantwortung dafür übernehmen sollen. Manchmal müssen wir vielleicht ein wenig graben, weil die Ursachen und Vorteilsberechnungen tiefer liegen, aber wir finden immer unseren eigenen Anteil an der Situation, die uns begegnet. So wandelst du schon jetzt, während ihr euch die Hände gereicht habt, das Symbol Schuldgefühl zur Eigenverantwortung. Wie geht es dir damit?"

„Das hört sich gut an. Sehr gut sogar. Ich brauche mich nicht mehr als Opfer zu fühlen, bin nicht mehr ausgeliefert, sondern bin selbständig und eigenver-antwortlich. Ja, das ist gut", erkennt SV-Lars „und jetzt möchte ich auch nicht mehr klönen. Dank an dich, SV-Schuldgefühl, darf ich dich jetzt auch zur Rolle bitten?"

SV-Schuldgefühl ist einverstanden und legt nun auch eine Hand an die Rolle und nickt den anderen zu.

Kurze Zwischenfrage meinerseits. „SV-Seele, alles in Ordnung bei dir? Wie geht es dir?"

„Mir geht es immer besser. Ich bin so stolz auf SV-Lars und freue mich so sehr. Ich habe dieses Strömen im Körper auch. Mein Gefühl sagt mir, jetzt kann das Leben losgehen", antwortet SV-Seele.

SV-Lars dreht sich nun zu SV-Ahnenreihe um, der ihm bei jeder Wandlung im Rücken stand und ihn begleitete: „Ohne dich hätte ich es vielleicht nicht geschafft. Danke für deine Begleitung und die Sicherheit und deine Erfahrung."

„Die Freude ist ganz auf meiner Seite. Ich glaube, auch für mich – auch wenn ich als Ahne ja schon verstorben bin – durfte sich durch dich noch einmal etwas wandeln. Und nun gehe ich allein auch zu der Rolle. Ich habe das Gefühl, dort gehöre ich hin."

Das ist für SV-Lars in Ordnung.

Nachdem nun auch der Ahne die Papprolle berührt, erkläre ich: „Übrigens, auch die Papprolle übernimmt eine Aufgabe in der Aufstellung. Die Papprolle steht für die Vergangenheit."

„Ach deshalb hab ich das Gefühl, meine Hand ist mit der Rolle wie verschmolzen", lacht SV-Angst.

Jetzt nimmt SV-Lars seinen Platz außen am Teppich ein. SV-Seele steht in der Mitte, ganz aufrecht, gerade und doch entspannt. SV-Seele lächelt. Aber SV-Lars schaut noch etwas zerknirscht.

„Du bist noch nicht ganz zufrieden, oder?", frage ich SV-Lars „Was gibt es noch?"

„Es zieht mich noch immer etwas hin zu den anderen bei der Rolle. Ich bin mehr da, als hier."

„Okay, dann geh bitte noch einmal zur Rolle zurück!"

Als SV-Lars nun dort steht, bitte ich alle anderen Stellvertreter die Rolle waagerecht zu halten. Jeder soll die Rolle mittragen. Zu SV-Lars sage ich: „Auch wenn es vielleicht blöd aussieht – uns sieht ja niemand – möchte ich dich bitten, seitlich an der Öffnung kräftig Luft in die Rolle zu pusten. Ganz tief aus dem Bauch heraus. Mit diesem Atem gib bitte alles zurück, was nicht mehr zu dir gehört, sondern zu einem der anderen Stellvertreter. Hole die Luft tief aus dem Bauch und puste sie mit Kraft zwei bis drei Mal in das Innere der Rolle."

SV-Lars muss lachen und die anderen stimmen mit ein. „Hach, wie gut, dass der Seminarraum nicht im Erdgeschoss liegt und mich niemand durch das Fenster sehen kann!" Nachdem sich SV-Lars ein wenig beruhigt hat, sammelt er viel Luft und prustet gleich fünf Mal in die Rolle.

„Oha, das hat gutgetan. Ich fühle mich viel leichter."

„Das merkt man. Die Rolle ist ganz schön schwer geworden beim Pusten", bemerkt SV-Angst.

Ich frage in die Runde, ob es allen gut geht und alle nicken zufrieden.

Manches kann man nicht in Worte fassen. Und über dieses Pusten, was aus dem Schamanischen entlehnt ist, können Anteile wieder zurückgegeben werden. Da ich nicht ein oder zwei Stellvertreter auswählen wollte, ging das über die Rolle sehr gut. Die entsprechende Energie wird schon bei demjenigen angekommen sein, für den sie bestimmt war, denn alle hatten über die Hände Kontakt zur Rolle.

Als SV-Lars nun seinen Platz einnimmt, lacht er seine Seele an. Beiden geht es gut. Für SV-Lars sind die anderen jetzt nicht mehr wichtig. Langsam und bewusst geht er auf seine Seele zu. Sie reichen sich wortlos die Hände, schauen sich lange in die Augen. Dann umarmen Sie sich seufzend. „Ist das schön. Sanft und kraftvoll zugleich", flüstert SV-Lars.

„Wisst ihr noch, wie es euch am Anfang ging?", frage ich.

„Dazwischen liegen Welten", antwortet Lars, „das ist wie aus einem anderen Leben. Das ist das Jetzt und auch ein Neubeginn. Es tut so gut, zu wissen, dass man gehalten wird."

SV-Seele nickt und ergänzt: „Ich bin so froh, dass wir uns endlich gefunden haben. Es ist Lars Entscheidung, ob er bei mir bleibt oder nicht. Aber es sieht gut aus, glaube ich. Wir werden gemeinsam den Weg gehen und Wunderbares erschaffen."

„Ihr beiden, fühlt es sich denn so gut an, dass wir jetzt das Original einsetzen können?", frage ich.

„Oh ja sicher. Gerne. Das zu fühlen, ist unbeschreiblich!", erwidert SV-Lars.

Lars lächelt. Ganz entspannt steht er auf, sein Gesicht ist klar. Als er an mir vorbeigeht, sehe ich, dass auch seine Augen klar sind und lachen. Ich bekomme Gänsehaut. Lars stellt sich erst einmal außen am Teppich an seinen Platz und ich frage die Seele: „Und? Wie ist das Original?"

„Überraschend. Ich hätte gedacht, dass er vielleicht noch etwas zweifelt. Aber das ist genauso wundervoll wie mit dem Stellvertreter. Ich kann es kaum erwarten, dass er zu mir kommt", freut sich die Seele.

„Gerne, da lasse ich mich nicht zweimal bitten", gibt Lars zurück und geht mit offenen Händen zur Seele.

Als hier der Kontakt hergestellt ist, schaue ich zu den Stellvertretern an der Papprolle und frage: „Wie geht es euch? Hat jemand noch etwas auf dem Herzen oder übergroßes Interesse an Lars?"

„Nein, alles gut."

„Nein, es ist nur schön das zu sehen."

Da es allen gut geht, dürfen sie nun die Rolle in die Ecke stellen und ich entlasse sie aus ihren Stellvertreterrollen. Lars und seine Seele bekommen immer besseren Kontakt. Sie verstehen sich wortlos, genau wie zuvor mit dem Stellvertreter. Und so lasse auch ich es einfach wortlos wirken. Nach einigen Minuten vergewissere ich mich nochmals, dass die Verbindung positiv besteht und die beiden sich gut und frei anschauen können. Als das bestätigt wird, schließe ich die Aufstellung mit den Worten: „Wunderbar. Lars, dann lassen wir dich jetzt so ziehen. Du hast alles was du brauchst. Du hast vieles in dir gewandelt. Lass dir ein wenig Zeit, bleib bei dir. Der Rest wird sich ergeben. Ich danke euch allen."

Etwa vier Wochen später erhielt ich eine E-Mail von Lars. Er berichtete, dass er nach der Aufstellung zwei Tage fast nur geschlafen hätte und danach wie ein neuer Mensch aufgestanden sei. Am Seminartag hatte er ja berichtet, dass noch fünf Bewerbungen bislang unbeantwortet und offen waren. Inzwischen hätte er genau von diesen fünf Firmen Einladungen für Vorstellungsgespräche erhalten. Drei davon möchten ihn einstellen. Und über einen guten Bekannten kam sogar noch eine weitere Firma auf ihn zu, ohne dass er sich dort überhaupt beworben hatte. Er berichtete, dass er sich mit seiner Entscheidung Zeit gelassen und nicht sofort zugeschlagen hätte. Ganz bewusst und mit einem Ja aus dem Herzen heraus ist er nun Abteilungsleiter bei einem großen Automobil-Unternehmen.

In den folgenden 5 Monaten kam er zwei weitere Male für ein Coaching zu mir. Er sagte, er wolle sich selbst überprüfen und ich solle dabei eine Art Kontrollfunktion übernehmen, damit er sich nicht selbst hinters Licht führt. „Ich muss erst noch lernen, auf mein Gefühl zu hören und zu unterscheiden, wann es sich um meine innere Stimme, also meine wunderbare Seele, handelt, und wann um mein Ego, das mich hineinzureiten versucht."

Zwei Jahre war dann Funkstille und dann erreichte mich eine überraschende E-Mail. Es war eine Einladung zu seiner Hochzeit mit der Frau, die ihn zuvor verlassen hatte, weil sie zu wenig Zeit miteinander verbrachten. Diese zweite Begegnung hat er genutzt und die Liebe festgehalten.

Fallbeispiel

Der Job frisst auf – Angst,
in die Selbständigkeit zu gehen

"Mut schließt das Gefühl der Angst nicht aus. Etwas mit zitternden Beinen und fliegendem Herzen zu tun, kann das Mutigste im Leben sein."

(Ilka Plassmeier)

Friederike, 49 Jahre alt, halbtags als Industriekauffrau in einer großen Firma tätig, verheiratet in zweiter Ehe, die Kinder bereits aus dem Haus. Sie ist über die Pantoffelpost, wie sie es nennt, auf mich aufmerksam geworden. Also rief sie mich an, denn sie wollte sich gerne im Coaching-Bereich selbständig machen, zweifelte aber über das Wie und Was. Sie fragte mich, ob man seine Berufung aufstellen könne. „Ja, du kannst deine Berufung aufstellen. Aber wäre es nicht viel schöner, das aufzustellen, was dich hindert, deine Berufung zu leben und herauszufinden, wie das gewandelt werden kann? Nur die Berufung aufzustellen und zu sehen, was sie sagt, wäre doch ein wenig begrenzt. Wenn du wirklich deine Berufung leben möchtest, dann lass uns doch die Blockade anschauen und wandeln." Am Telefon war ein tiefes Ausatmen zu hören. Nach kurzem Zögern beschloss Friederike: „Gut, so machen wir das. Mir wird zwar jetzt schon übel, aber wenn ich es jetzt nicht angehe, werde ich mich irgendwann schwarzärgern."

Am Seminartag berichtet Friederike, dass sie unglaublich aufgeregt ist und nachts nicht schlafen konnte. Ein kleines Teufelchen auf ihrer Schulter flüsterte ihr zu: „Das klappt doch sowieso nicht. Glaubst du wirklich, es verändert sich etwas? Was bist du für ein dummes Schaf."
„Na, du machst dir ja selbst ordentlich Mut", ziehe ich sie liebevoll auf, „schön, dass du trotz des Teufelchens gekommen bist."

Ich kenne diese Verhinderungs- und Abwertungsprogramme sehr gut und sie können uns wirklich arg zu schaffen machen. Es ist immer mutig, sich zu stellen und in einer Aufstellung sein Innenleben nicht nur anderen zu zeigen, sondern vor allem sich selbst vor Augen zu führen. „Friederike, dann berichte uns doch bitte, was genau dich herführt. Du darfst alles aufzählen, was dich belastet und was du gerne ändern würdest", beginne ich.

„Ich weiß gar nicht, wo ich anfangen soll. In erster Linie geht es mir um meine Arbeit. Ich arbeite seit über zehn Jahren halbtags im Büro. Anfangs war es toll. Aber seit fast vier Jahren frisst es mich auf. Obwohl ich nur sechzehn Stunden in der Woche arbeite, nehme ich vieles gedanklich und emotional mit nach Hause. Ich kann nicht abschalten. Überstunden sind keine Seltenheit. Es fühlt sich so an, als würden neunzig Prozent meiner Energie für die Arbeit draufgehen und für mich selbst blieben nur noch zehn Prozent. Meine Chefin überfordert mich, hat überzogene Ansprüche und macht mich vor anderen Kollegen schlecht, egal ob ich an- oder abwesend bin. Ich möchte da so gerne raus. Aber wer nimmt mich denn noch? Ich würde mich so gern selbständig machen. Ich habe eine Coaching- und Bachblütenausbildung und arbeite mit Quantenheilung. Vielen Bekannten habe ich schon helfen können. Aber ich mache das nur als Hobby und nehme da kein Geld für. Ich habe ja meine Arbeit und da darf ich keinen Nebenjob ausüben. Meine

Entlohnung ist manchmal eine Einladung zum Essen. Als ich vor kurzem mit meinem Mann und meiner Schwester über die Idee mit der Selbständigkeit sprach, hat mich meine Schwester ausgelacht und mein Mann meinte, ich würde spinnen. Das motiviert auch nicht wirklich. Wenn sie schon kein Vertrauen in meine Fähigkeiten haben, wie soll ich dann erst Klienten von mir überzeugen können? Ich würde so gern einen Bereich finden, in dem ich akzeptiert und anerkannt werde." Gemeinsam formulieren wir ihre Aufstellungsfrage. Was ist der Hintergrund meiner Selbstzweifel, der Abwertungen und Ablehnungen von außen, meiner Abhängigkeiten von den Meinungen anderer und dafür, dass mein Halbtagsjob mir alle Kraft raubt? Was kann ich tun, um das zu lösen, damit ich in selbstbewusster, harmonischer und vertrauensvoller Beziehung zu mir und anderen stehe, eigenverantwortlich und zielstrebig meinen Weg gehe, meine echte Berufung erfolgreich auslebe, sie genieße und selbstsicher mit Lebensfreude und Leichtigkeit in meiner Mitte ruhe?

„Das ist viel, aber es fühlt sich richtig gut an", sagt Friederike, nachdem ich ihr die Frage vorgelesen habe.
„Ist alles drin?"
„Ja, das passt", bestätigt Friederike.
„Gut, Friederike, dann such dir doch bitte aus der Gruppe einen Stellvertreter für dich selbst aus. Denk nicht nach, folge dem ersten Impuls, das wird der richtige sein."
So ist der Stellvertreter schnell gefunden. Ich bitte ihn, sich außen am Astroteppich bei Nr. 8 zu platzieren. Dort steht die Sonne im Geburtshoroskop von Friederike, dort findet ihr Stellvertreter am besten in seine Rolle hinein. Nachdem sich der Stellvertreter von Friederike eingespürt hat und ich kurz das Radix von Friederike überflogen habe, erkundige ich mich, wie es dem Stellvertreter dort geht.
„Das Herz schlägt mir bis zum Hals. Ich bin total aufgeregt", berichtet SV-Friederike, „aber ich bin auch traurig, weil ich so klein, schwach und armselig bin. Ein kleines Häufchen Elend. Aus mir wird eh nichts mehr. Der Zug ist abgefahren."
Original-Friederike laufen die Tränen, aber sie nickt bestätigend.
„Es hilft ja nichts. Da muss ich jetzt durch. Das werde ich ja wohl noch aushalten können", beschließt SV-Friederike.

Nun wähle ich nach und nach drei Stellvertreter für die drei Hauptplaneten. Als erstes wähle ich einen Stellvertreter für den Uranus aus. SV-Friederike betrachtet ihn und sagt dann: „Das ist wie eine Vaterfigur. Der weiß Bescheid. Jetzt werde ich sicherer. Gut, dass er da ist."
Auch SV-Uranus sagt: „Ja, ich bekomme eine gute Verbindung zu SV-Friederike und weiß, dass das, was ich sage, bei ihr ankommt."
Ein Stellvertreter für den Neptun kommt hinzu. Auch hier schaut SV-Friederike genau hin und teilt dann mit: „Ja, der ist auch gut. Das fühlt sich bekannt und leichter an. Vielleicht sogar ein wenig beschwingt."

SV-Neptun bestätigt: „Ja, wie ein fröhlicher Kaffeeklatsch mit Schnäpschen. Ich bin zu Späßchen aufgelegt", und fängt an zu kichern. SV-Friederike stimmt ein.

Nun bin ich gespannt, wie Friederike auf den Stellvertreter für Pluto reagieren wird. Schlagartig als SV-Pluto auf dem Teppich steht, vergeht SV-Friederike das Kichern. Sie schaut verlegen auf den Boden. „Ich glaube, ich habe irgendetwas angestellt. Der da ist wie mein innerer Richter. Aber ich mag mir das nicht anhören. Der ist doof!", platzt es aus ihr heraus.
SV-Pluto ist verblüfft und entgegnet: „Ich ein Richter? Du drückst mich weg. Ich stehe kaum noch gerade und werde regelrecht weggeschoben. Worum geht es hier eigentlich?"
SV-Pluto steht tatsächlich schon weit nach hinten gelehnt und versucht sich sogar an Uranus und Neptun festzuhalten, damit er nicht umfällt.
„Mach doch einen Schritt zurück, bitte. Mal schauen, wie es dir dann geht", bitte ich SV-Pluto. Gesagt, getan und schon kann SV-Pluto wieder gerade stehen.
Aber SV-Friederike ist deutlich trotzig: „Das macht keinen Unterschied. Das ist ein Richter und der will mich für etwas bestrafen, was ich nicht getan habe. Und ich habe keinen Bock auf diese Geschichte!"
Somit ist klar, dass es hier um ein Pluto-Thema geht und die Stellvertreter für Neptun und Uranus dürfen sich wieder setzen.

Ich erläutere Original-Friederike: „Ich habe gerade drei Planeten ausgetestet. Jeder Planet steht für eine besondere Seelenqualität. Wir haben alle drei und sogar noch viele mehr. Ausschlaggebend für die Ursachenforschung waren aber nur diese drei. Und stehengeblieben ist der Pluto. Als Seelenanteil steht der Pluto für Macht- und Ohnmachtsthemen, für Leidenschaftlichkeit, die eigenen Vorstellungen und Überzeugungen sowie für die Tiefe der Seele. Du fühlst dich der Problematik mit dem Beruf und der Berufung ja durchaus ausgeliefert, also ohnmächtig. Nun geht es darum, dass du in deine Macht kommst und eigenverantwortlich wirst. Der Pluto, auch wenn es hier gerade nicht danach aussieht, wird dir innere Stärke und Selbstsicherheit schenken können, wenn du die Ohnmacht wandelst. Und die Qualität der Leidenschaftlichkeit ist doch auch wunderbar im Bezug auf die Berufung, oder?"
Friederike lächelt vorsichtig und nickt.

Aufgrund der Konstellationen des Plutos im Horoskop wähle ich nun *(verdeckt)* aus der Gruppe einen Stellvertreter für die Angst-vor-der-eigenen-Courage. Ich bitte den Stellvertreter, sich zu SV-Friederike zu stellen. Der Stellvertreter für die Angst-vor-der-eigenen-Courage probiert den Platz rechts von SV-Friederike, dann links und dann sogar hinter ihr aus.
„Nein, es passiert nichts. Ich bekomme zu ihr keinen Zugang. Sie ist nur bockig und lehnt mich ab."

SV-Friederike nickt selbstzufrieden.

„Dann versuch es doch einmal beim SV-Pluto/Seele. Schau einmal, ob du dahin gehörst", schlage ich dem Stellvertreter vor. Als SV-Angst-vor-der-eigenen-Courage rechts neben dem SV-Pluto/Seele steht, leuchtet sein Gesicht auf und er nickt: „Ja, hier gehöre ich hin. Das fühlt sich richtig gut an."

Auch Pluto nickt: „Stimmt, da habe ich meinen Anker, sollte ich nochmals drohen umzukippen. Das fühlt sich warm und gut an."

„Na, super", fällt SV-Friederike ein, „jetzt hat der blöde Richter auch noch einen Staatsanwalt bekommen. Das kann man sich ja nicht mit ansehen!"

SV-Friederike macht auf dem Absatz kehrt, scheinbar um die anderen zu beeindrucken, doch der Versuch blieb wirkungslos. Ich frage kurz nach: „Alles okay bei dir?"

„Ja, alles okay", gibt SV-Friederike zurück, "jetzt muss ich die Blitzbirnen nicht mehr sehen und kann mich mit etwas anderem beschäftigen. Ist schön, aus dem Fenster zu sehen."

SV-Pluto/Seele zuckt nur mit den Schultern und schüttelt leicht den Kopf, sagt aber nichts.

Nun wähle ich einen Stellvertreter *(verdeckt)* für Glaubenssätze aus und bitte ihn, sich selbst einen Platz zu suchen. Es ist ein großer kräftiger Mann. Er wählt eine Position auf dem Teppich zwischen SV-Friederike und SV-Pluto und wendet sich direkt der Seele zu. SV-Pluto/Seele muss ganz schön hochschauen, weil er so dicht steht und geht instinktiv einen Schritt zurück. SV-Glaubenssätze zieht nach. SV-Pluto/Seele mit SV-Angst-vor-der-eigenen-Courage an der Seite weicht weiter zurück. Das geht so weit, bis SV-Glaubenssätze in der Mitte auf dem Platz der Seele steht und die Seele mit der Angst weit nach außen verdrängt ist. Interessanterweise dreht sich SV-Friederike jetzt neugierig um: „Auch guck mal, mein Verteidiger ist da", freut sie sich.

„Quatsch, Verteidiger", gibt SV-Glaubenssätze zurück, „ich bin hier Gesetzgeber! Ihr alle habt euch nach mir zu richten!"

SV-Pluto/Seele meint: „Ich fühle mich gerade wie David, als er Goliath gegenübersteht. Der ist wirklich riesig und ich habe seine verletzliche Stelle, oder besser gesagt die Stelle, an der ich die Größe und Übermacht wie Luft aus einem Ballon ablassen kann, noch nicht gefunden. Aber ich weiß, dass es eine gibt."

SV-Angst-vor-der-eigenen-Courage fügt hinzu: „Ich werde unterstützen, aber selbst agieren kann ich nicht. Ich bin nur dazu da, den Rücken zu stärken. Initiator ist hier der Pluto."

SV-Friederike meint: „Mit einem Gesetzgeber kann ich auch gut leben. Der weiß wenigstens, wovon er spricht und ich kann mich darauf verlassen, dass es gut ist."

Nun wähle ich noch den letzten Stellvertreter *(verdeckt)* für den Trotz und bitte ihn, sich zu SV-Friederike zu stellen. Er umkreist sie mehrmals und sagt dann: „Komisch. Rundherum gibt es keinen Platz, an den ich gehöre. Aber ich würde mich gern auf ihre Schultern setzen. Ich weiß, dass sie mich tragen könnte. Aber wollen wir das wirklich machen?"

Jetzt müssen wir alle lachen. Und SV-Friederike schaut mich ein wenig besorgt an.

„Nein, wir stellen uns das einfach vor. Oder wie wäre es, wenn wir einen Hocker hinter SV-Friederike stellen? Dann bist du etwas erhöht und wir können uns das sogar noch besser vorstellen."

„Ja, das wäre prima."

Als SV-Trotz dann auf dem Hocker hinter SV-Friederike steht, legt er noch lässig seine Arme über ihre Schultern und das Bild passt.

„Da hier der Goliath vor mir steht", sagt SV-Pluto/Seele, „habe ich nur gehört, was da passiert. Sehen kann ich es nicht. Hört sich aber nicht gerade toll an. Wie geht es dir dahinten, SV-Friederike?"

„Na ja, nicht mehr ganz so toll", gibt SV-Friederike zu, „aber ich wundere mich, dass du dich nach allem, was passiert ist, nach mir erkundigst. Eigentlich müsste ich dir doch egal sein."

SV-Trotz hält SV-Friederike daraufhin die Ohren zu und grinst schelmisch: „Ich will nicht, dass sie Kontakt zu SV-Pluto/Seele aufnimmt. So kann sie nix mehr hören."

" Trotz ist ein Schutzwall, um sein wahres Ich nicht preisgeben zu müssen."

(Karin Obendorfer)

SV-Glaubenssätze stöhnt: „Was für ein Kindergarten hier. Wo bin ich denn? Dagegen sollte man ein Gesetz erlassen."

Ich wende mich an SV-Friederike und bitte den Trotz, kurz die Hände von den Ohren zu nehmen: „Weißt du in dieser Situation eigentlich noch, wo dein Weg ist? Was deine Berufung ist? Wem du glauben sollst oder kannst?"

SV-Friederike schüttelt den Kopf: „Das zehrt alles unglaublich viel Kraft. Aber ich freue mich, dass meine Seele wohl doch noch an mir Interesse hat, obwohl hier so viel passiert ist. Wenn das alles meine Blockaden und Anteile sind, wie soll ich mich da noch auf irgendwas fokussieren? Ich muss aufpassen, dass ich überlebe."

Ich wende mich an Friederike: „Nun sind wir am Ist-Stand angelangt. Ich werde dir jetzt erklären, was da passiert ist. Magst du vorher noch etwas sagen?"

„Was für ein Durcheinander", befindet Friederike, „da schwirrt einem der Kopf. Aber meine Stellvertreterin hat gerade zum Schluss sehr deutlich gezeigt, wie es mir geht. Jetzt bin ich gespannt, wer Staatsanwalt und Gesetzgeber sind und vor allem, was mich da auf den Schultern in die Knie zwingt. So fühlt es sich für mich nämlich an." Und ihre Stellvertreterin nickt zustimmend.

„Okay, deine Stellvertreterin hast du dir selbst ausgesucht im Hier und Jetzt. Und was mir da vor allem auffällt, ist ihre vorgefertigte Meinung, wer was ist. Sie ist sehr vorstellungsgebunden und das einzig überraschende für sie war, dass die Seele noch Interesse hat. Den Pluto, als deinen Seelenanteil, habe ich anfangs schon erklärt. Wir konnten beobachten, wie der Goliath in der Mitte sie wegdrängte. Und zwar nur über Präsenz und Dominanz. Sie weiß, dass ein Weg herausführt, aber sie weiß noch nicht, welcher es ist. Sie hat mit dem anderen Stellvertreter eine Stütze an der Seite, die sie immer mitnimmt und auf die sie nicht verzichtet. Dieser Stellvertreter bei deiner Seele steht für die Angst-vor-der-eigenen-Courage. Der Stellvertreter fand bei dir keinen Platz, auch wenn du das selbst von dir durchaus sagen würdest. Bei der Seele jedoch ist er sehr glücklich. Das bedeutet, dass du diese Angst schon so tief verinnerlicht hast, dass sie zum Programm geworden ist. Unbewusst schwingt sie immer mit.

Kommen wir zu unserem Goliath in der Mitte. Stark, präsent, dominant. Er hat deine Seele allein mit seinen Blicken und durch seine Körperhaltung von ihrem Platz gedrängt. Zurzeit nimmt dieses Muster mehr Raum ein, als alles andere in deinem Leben. Dieser Stellvertreter steht für Glaubenssätze. Deine Glaubenssätze, bewusst oder unbewusst, sind so stark, dass sie nicht nur im Außen durch Mann, Schwester oder Chefin aufgenommen werden, sondern dir alle Kraft rauben, die du für deine Fähigkeiten nutzen könntest. Ein solcher Goliath wird häufig auch als innerer Schweinehund bezeichnet. Aber bitte verzweifle jetzt nicht. Diese Größe, Stärke und Dominanz gehört nämlich zu dir. Du musst es nur zurückfordern und wandeln!

Und als letztes holte ich den Stellvertreter hinzu, der dich regelrecht unterwirft, indem er dir am liebsten auf die Schultern klettern möchte. Damit wäre er größer als die Glaubenssätze und hätte den vollen Überblick. Es gehört auch Mut dazu, sich so etwas zu erlauben. Dieser Stellvertreter steht für deinen Trotz. Während der Aufstellung haben wir häufiger gesehen, dass deine Stellvertreterin ein wenig bockig war, wenn es nicht so lief, wie sie sich das vorstellte. Vielleicht kennst du das von dir selbst?"

„Ja, das muss ich eingestehen", räumt Friederike etwas kleinlaut ein, „ich bin auch nicht ganz einfach. Und ich werde schnell bockig, wenn etwas nicht zu meinem Vorstellungen passt. Dann mache ich eben gar nichts mehr. Das passt schon."

„In allererster Linie blockieren dich die Glaubenssätze", resümiere ich. „Die Glaubenssätze sind so präsent und stark – eben gesetzgebend – dass sich dein Leben danach ausrichtet und du nicht mehr zu deinem Potenzial durchdringen kannst und vice versa. Daher werden wir gemeinsam mit allen Stellvertretern hier die Glaubenssätze herausarbeiten. Du brauchst nur zu nicken, wenn es für dich passt. Okay? Können wir mit dem Wandeln beginnen?"

Friederike nickt.

„Bevor wir uns auf die Glaubenssätze stürzen – also bitte nur im übertragenen und nicht wörtlichen Sinn – möchte ich noch wissen, wie es euch Stellvertretern geht." Ich schaue in die Runde.

SV-Friederike meldet sich zu Wort: „Mir geht es gut. Ist zwar nicht schön zu hören, was ich mir hier so angelacht und eingebrockt habe, aber ich freue mich noch immer, dass meine Seele Interesse an mir hat. Nur weiß ich noch nicht, wie ich hier rauskomme."

SV-Pluto/Seele lächelt: „Ja, großes Interesse sogar. Leider bin ich nicht so groß wie die Glaubenssätze hier, aber vielleicht kommt das noch. Ich glaube, meine Stütze hier an der Seite von Angst-vor-der-eigenen-Courage brauche ich nicht mehr lange. Jetzt findet ja ein wenig Kommunikation mit SV-Friederike statt."

SV-Angst-vor-der-eigenen-Courage trägt bei: „Ich möchte aber nicht so einfach abgeschoben werden. Erstens bin ich immer noch ganz schön verknallt in die Seele und außerdem hab ich ihr ja auch fleißig zur Seite gestanden. Ich war doch eine Stütze. Alles andere interessiert mich nicht, das gehört zu denen!"

SV-Glaubenssätze sagt: „Na, dann passt das ja mit dem Gesetzgeber. Glaubenssätze sind ja mächtig und danach richten sich viele. Ich werde mir meiner eigenen Größe gerade bewusst. Und ich bin zusätzlich ganz schön aufgeplustert. Da kann tatsächlich ein wenig Luft abgelassen werden."

SV-Trotz ist inzwischen vom Hocker abgestiegen und steht etwas seitlich hinter SV-Friederike ohne Berührung jedoch. Der Trotz sagt: „So etwas Blödes. Ich fühle mich total erkannt und mag an dem Spiel nicht mehr teilnehmen."

*"Unser Leben ist,
wozu unser Denken es macht."*

(Marc Aurel)

„SV-Friederike, magst du mit den Glaubenssätzen anfangen, oder ist erst etwas anderes zu tun?", erkundige ich mich.

SV-Friederike schaut in die Runde und nickt. „Ja, ich muss erst den Trotz verabschieden. Solange ich noch bockig bin oder auch nur der Hauch eines Trotzes da ist, werden wir nicht alle Glaubenssätze herausbekommen."

Mit diesen Worten wendet sie sich SV-Trotz zu. „Aber wie löst man denn den Trotz auf?", rätselt SV-Friederike in der Konfrontation.

„Was ist denn Trotz?", helfe ich nach. „Man ist gegen alles und jeden. Befindet sich im Widerstand und im Kampf. Und man versteckt das Wahre dahinter auch oftmals."

„Also wäre das Gegenteil: Loslassen, Annehmen und Zeigen. Kann das sein?", fragt mich SV-Friederike.

„Wie fühlt es sich für dich denn an? Ist das für dich so?", gebe ich die Frage zurück.

„Ja, das fühlt sich gut an. Ich weiß zwar noch nicht so genau, ob ich das kann, das Loslassen, Annehmen und Zeigen. Aber das ist stimmig für mich."

„Und wenn du loslässt, annimmst und dich zeigst", wendet sich SV-Trotz an SV-Friederike, „dann bekommst du selbst den Überblick, der mir zuteil geworden wäre, als ich mich auf deine Schultern setzen wollte."

„Ist das wirklich so?"

„Ja!", antwortet SV-Trotz voller Überzeugung.

„Hach, das ist gut. Das erleichtert und macht ein klitzekleines bisschen Angst, weil ich das noch nicht kenne. Aber ich werde das jetzt annehmen und daran arbeiten. Versprochen."

„Hand drauf?", fragt SV-Trotz.

„Hand drauf!", lacht SV-Friederike.

Sie geben sich die Hand, klatschen ab und umarmen sich dann freudig.

„Das ist alles, was ich dir mitgeben kann", sagt SV-Trotz, „jetzt würde ich gerne gehen."

SV-Friederike begleitet den Stellvertreter zu seinem Platz, bedankt sich nochmals und kehrt zurück zu ihrer Position.

Nun wenden wir uns den Glaubenssätzen zu. „So, SV-Friederike, dann werden wir jetzt zusammen mit SV-Glaubenssätze und deiner Seele die blockierenden Glaubenssätze herausarbeiten. Was fällt dir denn als erstes zu der Aufstellungssituation ein? Also zu dem, was Friederike sagte und zu dem, was du gerade fühlst? Nicht groß nachdenken, einfach aussprechen. Und Seele und SV-Glaubenssätze ergänzen bitte."

Folgende Glaubenssätze werden nach und nach genannt:

- Als Frau muss ich unterwürfig sein und meine Bedürfnisse zurückstellen.
- Ich bin es nicht wert.
- Männer haben die Macht und deren Wort ist Gesetz.
- Was früher gut war, ist auch heute gut.
- Ich kann das nicht tragen.
- Ich muss Leiden aushalten.
- Selbständigkeit ist brotlose Kunst.

Das sind alle Sätze, die den Teilnehmern einfallen. Original-Friederike nickt bei jedem Satz.
„Einen Satz habe ich auch noch", ergänzt Friederike selbst, „wer sich im Coaching-Bereich selbständig macht, ist irre."
Jetzt sagt SV-Glaubenssätze: „Ach wie schön, jetzt bin ich endlich wieder normal groß. Das Aufgeblähte ist weg. Der letzte Satz hat mir den Rest gegeben."
Er lächelt, verlässt unaufgefordert die Mitte des Teppichs und stellt sich an den Rand neben SV-Friederike. Die schaut ganz verwundert von der Seele zu SV-Glaubenssätze und zurück, als könnte sie es nicht fassen.
„Nun geht es an das Transformieren", sage ich, „die Glaubenssätze haben wir nun und ich möchte, dass ihr gemeinsam die Sätze dreht und in Affirmationen wandelt."
Ich lese die Glaubenssätze noch einmal einzeln vor und dann werden die polaren Affirmationen genannt:

- Ich bin selbstbewusst und lebe meine Bedürfnisse.
- Ich bin wertvoll.
- Frauen haben Macht und stehen in Augenhöhe der Männer.
- Ich lebe im Hier und Jetzt.
- Ich kann alles, was ich mir vornehme.
- Ich bin frei.
- Selbständigkeit steht für Eigenverantwortung und Erfolg.

Alle atmen tief durch und lächeln sich an.
„So leicht geht das, das ist der Hammer!", seufzt SV-Friederike. „Ich möchte dir danken, SV-Glaubenssätze. Das war wirklich wichtig für mich. Jetzt fühle ich mich auch groß, stark und präsent und du brauchst mir das nicht mehr zu spiegeln. Danke!"
Beide umarmen sich und SV-Friederike führt ihn ganz entspannt zu seinem Platz. Als sie am SV-Trotz vorbei kommt, hält dieser sie noch kurz auf: „Ich muss dir noch etwas ganz wichtiges sagen: Tu es nur für dich – nicht für andere! Du bist wichtig!"
SV-Friederike nickt und lächelt.

Während sie SV-Glaubenssätze zum Platz begleitet, kehrt SV-Pluto/Seele allein zu seinem Platz zurück. Den SV-Angst-vor-der-eigenen-Courage lässt er einfach stehen, der nicht sonderlich glücklich darüber aussieht. Ich lasse SV-Friederike zunächst zurückkehren und die beiden visuellen Kontakt aufnehmen. Dann frage ich: „SV-Friederike, wie geht es dir und wie ist es jetzt mit SV-Pluto/Seele?"
„Ich fühle mich sehr befreit und erleichtert. Ich mag meine Seele jetzt auch. Aber das dahinten stört mich noch!", und sie deutet auf SV-Angst-vor-der-eigenen-Courage.
SV-Pluto/Seele entgegnet: „Den brauchen wir nicht mehr. Vergiss ihn einfach!"
Ich greife ein, bevor sich SV-Angst-vor-der-eigenen-Courage lauthals einschalten kann, denn ich habe bemerkt, dass er schon Luft holt.

„Auch wenn du den Anteil verdrängst, ist er längst noch nicht weg. Es wird wieder anfangen zu drücken und du bist nicht wirklich frei. Möchtest du das, SV-Pluto/Seele? Schau mal, es war doch wichtig für dich, dass der Stellvertreter als deine Stütze neben dir stand. Er war dein Anker, damit du nicht umfällst. Und die Qualitäten, Halt und Sicherheit, willst du nun verdrängen? Es wäre doch sicher besser, wenn du das nutzen könntest, oder?"
SV-Pluto/Seele hat mir aufmerksam zugehört und dreht sich nun langsam zu dem Stellvertreter um. Dieser ist zufrieden. „Schau mal, die Angst-vor-der-eigenen-Courage, was heißt das für dich wörtlich übersetzt?", helfe ich der Seele nach.
„Angst vor dem eigenen Mut, der eigenen Größe zu haben."
„Und was könnte dann die Wandlung davon sein, wenn du bereit bist, Halt und Sicherheit von dem Stellvertreter anzunehmen?", bohre ich weiter.
„Mut vor der Angst? Nein, Angst vor der Angst? Nein, auch nicht. Ich hab gerade einen Knoten im Kopf", gesteht die Seele. „Moment. Mutig voranschreiten, das ist es: Mutig voranschreiten."
Die Seele strahlt.

Es ist wichtig, dass die Stellvertreter ihre eigene Wahrheit finden und dass ihnen keine schlauen Lösungssätze vorgegeben werden. Wenn sich diese Variante für den Stellvertreter optimal anfühlt, brauche ich nicht zu korrigieren.

„Das ist auch für mich klasse: Mutig voranschreiten, hört sich super an. Dafür stehe ich gern!", erwidert SV-Angst-vor-der-eigenen-Courage.
SV-Pluto/Seele geht auf SV-Angst-vor-der-eigenen-Courage zu und fragt: „Kannst du mir denn helfen, Sicherheit und Halt zu finden – in mir zu finden?"
„Wir versuchen es einmal. Reich mir deine Hände und schau mich an!"
Am Anfang halten sich die beiden sehr verkrampft an den Händen und das sage ich ihnen auch: „Das sieht ganz schön anstrengend aus, was ihr da macht. Ihr habt doch jetzt gemerkt, dass sich nicht plötzlich etwas Schlimmes ereignen wird. Versucht doch einmal, eure Schultern, Arme und Hände zu entspannen, locker zu lassen! Die

Verbindung ist da und bleibt trotzdem bestehen. Probiert es einmal!"

Beide lachen sich erleichtert an und schon schwingen die Hände locker.

„Es kribbelt ganz angenehm", berichtet die Seele, „anfangs hatte ich schon ein wenig Panik. Aber jetzt wird es immer besser. Einfach gut. Es fühlt sich in mir immer gefüllter an. Anders kann ich es nicht beschreiben."

Als dann beide fühlen und entscheiden, dass alles harmonisiert ist, verabschieden sie sich. Die Seele führt den SV-Angst-vor-der-eigenen-Courage zu seinem Platz und kehrt dann in die Mitte des Teppichs zurück.

„Jetzt bin ich doch sehr froh, dass ich hinschauen und nicht verdrängen musste", gesteht die Seele und kann nun ganz offen SV-Friederike anschauen, die ihn anstrahlt.

„Erinnert ihr euch noch, wie es am Anfang mit euch war?", frage ich nach.

„Oh ja, ich kann gar nicht glauben, dass ich jetzt hier dem gleichen Menschen gegenüberstehe", sagt die Seele.

„Ich kann mich schon kaum noch erinnern", gibt SV-Friederike zu. „Hier und Jetzt, nur das zählt. UND, dass ich es für mich tue. Es geht um mich, nur mich. Das ist meine Seele und endlich tue ich das für mich. Ich bin wichtig und wertvoll. Das tut so gut."

Während SV-Friederike diese Worte wie ein Mantra vor sich hinsagt, geht sie langsam auf ihre Seele zu. Als ihre Hände sich berühren, fließen bei SV-Friederike Tränen der Erleichterung. Die Anspannung fällt ab. Ganz selbstverständlich nimmt ihre Seele sie in den Arm, streichelt ihr behutsam über das Haar. Worte sind jetzt überflüssig. Nur dieses Gefühl des Ankommens zählt. Friederike, das Original, ist ebenfalls gerührt, aber noch nicht so ergriffen wie ihre Stellvertreterin. Sie beobachtet die Szene ganz genau. Nach ein paar Minuten lösen sich die Stellvertreter langsam voneinander und lächeln sich an. SV-Friederike wendet sich an Friederike selbst: „Das musst du spüren! Dafür gibt es keine Worte. Ich freue mich, dass ich deine Stellvertreterin sein durfte. Danke!"

Ihre Stellvertreterin tritt auf Friederike zu, reicht ihr die Hand, umarmt sie und führt sie zu ihrer Seele. Sie verbindet Friederike mit den Händen der Seele, legt ihre Hände kurz über die der beiden und zieht sich dann zurück.

Friederike ist sprachlos. Sie setzt mehrfach dazu an, sich zu äußern, aber sie verstummt immer wieder. Ihre Seele löst eine Hand und streichelt ihr sanft über die Wange. Nun brechen auch bei Friederike die Dämme und das Vertrauen ist da. Sie lässt sich in die Arme ihrer Seele fallen und nimmt alles auf, was dieses Potenzial zu bieten hat. Nachdem sie sich gefasst hat, sagte sie: „Das ist unbeschreiblich. Hätte ich das jetzt nicht erlebt, hätte ich im Nachhinein bestimmt gesagt, dass alles Unsinn war. Aber jetzt habe ich es selbst gespürt. Das kann ich nicht wegwischen oder ignorieren. Unglaublich!"

Damit beende ich dankend die Aufstellung.

Zu Friederike habe ich immer wieder einmal Kontakt. Sie hatte noch vier Coaching-Termine mit mir vereinbart. Dann war sie bereit, Entscheidungen zu treffen, und mutig genug, den Schritt in die Selbständigkeit zu wagen. Ihr Mann hat seither keine abfällige Bemerkung mehr gemacht. Im Gegenteil, er ist stolz auf seine Frau und empfiehlt sie weiter, so oft er kann. Der Abschied von der alten Firma war leicht und harmonisch. Sie hat sich auf den Bereich der Trauerbegleitung spezialisiert. Ihr Kundenstamm wächst stetig.

Fallbeispiel

Warum finde ich keinen neuen Job und versauere am alten Arbeitsplatz?

*"Langeweile ist die
Windstille der Seele."*

(Friedrich Wilhelm Nietzsche)

Einführung

Ansatzweise kennt das jeder von uns. Irgendwann wird alles zum alltäglichen Einerlei und die Freude am Arbeiten geht schleichend verloren. Es gibt keinen besonderen Auslöser, aber wir stellen irgendwann fest, dass unsere persönliche Entwicklung zum Stillstand gekommen ist. Und so schauen wir uns nach Alternativen um, bewerben uns und wechseln die Firma. Doch der Wechsel gestaltet sich bei einigen recht schwierig. Entweder sie finden nicht die passende Stellenbeschreibung, die Bewerbungen kommen immer wieder mit Absagen zurück oder nach dem Vorstellungsgespräch entscheidet sich der Personalleiter doch für die Cousine des stellvertretenden Geschäftsführers, die gerade das Studium abgeschlossen hat.

Interessanterweise taucht dieses Problem häufiger auf, als man vermuten mag. Nun könnten wir uns dazu verleitet fühlen zu denken, dass es wohl noch ein Thema am alten Arbeitsplatz geben könnte. Etwas noch nicht Gelöstes, was der alte Arbeitsplatz, die alten Kollegen, die Chefs symbolisieren. Kann sein, muss aber nicht. Wie immer ist dieser Ansatz nur die eine Seite der Medaille. Denn bei etlichen Aufstellungen zu diesem Thema kristallisierte sich eine Gemeinsamkeit heraus. Die Ursache lag in fehlender Abgrenzung zu den eigenen Familienverstrickungen. Nun könnte man sich fragen, was Familienverstrickungen mit dem Arbeitsplatz zu tun haben? Beim ersten Hinsehen vielleicht nichts, aber vielleicht doch alles. Unsere Familienverstrickungen bestehen in erster Linie aus Beziehungen. Auch am Arbeitsplatz führen wir die verschiedensten Beziehungen. Vielleicht spiegelt die Situation am Arbeitsplatz die Familienbeziehungen: Alles ist Friede, Freude, Eierkuchen. Eine schöne Scheinwelt, alles plätschert vor sich hin, aber nichts wird ausgesprochen, nichts entwickelt sich weiter. Ein anderer Aspekt könnte sein, dass wir an unser Unterbewusstsein die Botschaft senden, einen ruhigen, vielleicht langweiligen Arbeitsplatz zu brauchen, weil wir unsere Energien für die Familie benötigen. Sind wir dort für alles zuständig, darf der Arbeitsplatz ruhig eine Art soziale Hängematte sein.

Ein Beispiel ist Verena, Mitte 30. Sie fragte sich, ob sie langsam ins Boreout, dem Syndrom der Unterforderten, abrutschte? Also meldete sie sich zu einer Astrologischen Symbolaufstellung an und berichtete kurz vor ihrer Aufstellung von ihrer aktuellen Situation: „Eigentlich geht es mir gut. Ich mache einen entspannten Job. Verdiene gutes Geld. Aber meine Arbeit erfüllt mich einfach nicht. Ich habe immer gleiche Chefs vor die Nase gesetzt bekommen, denen ich es nicht Recht machen kann. Ich würde gern meine Berufung finden, mich beruflich verändern und mit dem was ich tue, ausgefüllt sein. Es fühlt sich so leer an. Seit acht Monaten habe ich nun eine Bronchitis, die ich einfach nicht loswerde. Egal, welche Medikamente ich nehme, ob ich Urlaub mache oder es mit Homöopathie probiere, nichts hilft. Ich habe Angst in ein Burnout, oder vielleicht besser gesagt, in ein Boreout zu rutschen. Ich langweile mich in meinem Beruf. Ich traue mich aber nicht so richtig, mich wirklich anderweitig zu bewerben. Ich habe zwar ein paar Pseudobewerbungen abgeschickt, aber nur dorthin, wo ich wusste, dass keine Aussichten bestanden. Das war nur zur Beruhigung des Egos. Ich möchte mich gern selbstverwirklichen, bin aber nur der Zuarbeiter. Ich traue mir einfach nicht zu, dass ich etwas kann. Das möchte ich verändern. Ich möchte mutig sein und die Dinge nun endlich angehen. Aber es fühlt sich so an, als würde mir für das Schalter-Umlegen noch irgendetwas innerlich fehlen. Und das möchte ich gern aufstellen."

Dieses Beispiel beschreibe ich kürzer und verzichte hier auf die Einzelheiten des Ablaufs – weitere ausführliche Beispiele folgen in den anderen Kapiteln.

Als die Hauptstellvertreterin für Verena auf ihrem Platz steht, hält sie sich die Hände vor das Gesicht und sagt: „Niemand soll mir in die Augen schauen, damit niemand sieht, dass ich traurig bin. Das Drama dahinter soll unangetastet bleiben. Ich mache einfach gute Miene zum bösen Spiel."
Ich frage nach: „Warum hast du dir denn dieses Leben ausgesucht? Was möchtest du lernen?"
„Die Familie hat mich gerufen und ich habe es angenommen. Dann kann ich in der Familie aufräumen. Aber dazu habe ich heute gar keinen Bock mehr. Ich hoffe, dass die es nicht merken. Sie könnten ja sauer sein, dass ich nicht mehr möchte und dann verurteilen sie mich. Dann werde ich noch ausgestoßen und ich will doch nicht allein sein."

All diese Informationen habe ich vermerkt. Noch steht die Hauptstellvertreterin allein im Raum am Teppich.

Der für diese Aufstellung aussagekräftigste Planet ist der Neptun. Als SV-Neptun den Teppich betritt, hält sich SV-Verena die Ohren zu. „Ich will nicht hören, was der sagt!", kommentiert sie leicht trotzig.
SV-Neptun steht aber ganz selbstsicher mit einem leisen Lächeln SV-Verena

gegenüber und sagt: „Ich habe dich unglaublich lieb. Ganz egal, wie kindisch du dich verhältst, ob du wegläufst oder genau das Gegenteil von dem tust, wovon du genau weißt, dass es gut für dich und auch dran ist."
SV-Verena dreht sich um: „Das halte ich nicht aus!"
Nun kommt verdeckt ein Stellvertreter für die Familienverstrickung dazu.

Gemeint ist hier die Herkunftsfamilie mit allen Mitgliedern.

SV-Familienverstrickung stellt sich direkt zu SV-Verena, die sofort über das ganze Gesicht strahlt und die Hände von den Ohren nimmt. Das Lächeln bei SV-Neptun ist verschwunden und er sagt: „Okay, jetzt wird es doch anstrengend. Wie soll ich denn noch Kontakt halten, wenn sie da voll beschäftigt ist?"

Als nächstes wähle ich einen Stellvertreter für die Berufung (oder auch den neuen Arbeitsplatz) und bitte den Stellvertreter, sich am Teppich ins zehnte Haus zu stellen. Keine Reaktion – von niemandem.
SV-Berufung sagt: „Ich bin völlig neutral und anscheinend sieht mich auch niemand. Die galoppieren irgendwie alle an mir vorbei. Ich könnte auch wieder gehen."
Nur den letzten Satz hat SV-Verena mitbekommen und erwidert: „Ja, du kannst gehen", und flirtet weiter mit SV-Familienverstrickung. Trotzdem lasse ich SV-Berufung stehen *(immer noch verdeckt)*, denn für das Original ist ja wichtig zu sehen, was sie von einem Arbeits- oder Firmenwechsel abhält. Nun bitte ich zwei Stellvertreter, sich mit in das Geschehen zu stellen. Einen Stellvertreter für die Mutter und einen Stellvertreter für den verstorbenen Bruder.

Im Fragebogen, den ich vor einer Aufstellung bitte auszufüllen, habe ich gesehen, dass Verena einen kleinen Bruder hatte, der mit fünf Jahren tödlich verunglückte. Sie war damals vierzehn Jahre jung.

Ich sage den Teilnehmern nicht, wer für wen oder was steht. Die Aufstellung läuft immer noch verdeckt. SV-Mutter und SV-Bruder stellen sich hinter SV-Familienverstrickung, halten sich umarmt und schauen erwartungsvoll SV-Verena an. SV-Neptun setzt sich auf den Boden und meint: „Das kann jetzt länger dauern."
SV-Berufung sagt: „Stimmt, kann ich mich jetzt setzen?"
Erst jetzt meldet sich SV-Familienverstrickung zum ersten Mal zu Wort: „Ja, wenn die beiden hinter mir jetzt da sind, kann ich doch gehen. Ich war ja nur der Platzhalter."
SV-Verena wird ganz traurig, nickt aber.
SV-Mutter sagt: „Ich habe nur Augen für SV-Bruder und ich bin so glücklich, ihn umarmen zu können."
SV-Bruder sagt: „SV-Verena, mir wird das alles zu viel. Kannst du mir das nicht abnehmen?"

SV-Verena nickt. SV-Verena und SV-Bruder tauschen die Plätze. SV-Mutter umarmt SV-Verena und hängt sich regelrecht an sie.

Ich frage nach: „SV-Verena, du hast deinen Platz aufgegeben und trägst nun fast die Person neben dir. Warum? Kann sie denn nicht allein stehen?"

SV-Verena antwortet: „Ob sie allein stehen kann, weiß ich gar nicht. Aber vorher hat SV-Bruder sie doch gehalten und jetzt halte ich sie einfach. Ich wurde darum gebeten, also mache ich das auch."

Ich bohre weiter: „Wer hält SV-Mutter denn, wenn du mal nicht da bist?"

„Ich bin immer da."

„Und wenn ich dich bitte aus dem Fenster zu springen, machst du das dann auch?"

SV-Verena schüttelt verständnislos den Kopf.

„Du hast doch gesagt, wenn dich jemand um etwas bittet, machst du das. Also: Springst du jetzt bitte aus dem Fenster?"

„Nein, quatsch!"

„Und wenn dich SV-Bruder oder SV-Mutter bittet, zu springen, machst du es dann?"

„Nein, sicher nicht!"

„Aber im übertragenen Sinn bist du schon gesprungen. Du hast deinen Platz aufgegeben, weil es SV-Bruder zu schwer wurde und du nicht einmal ausprobieren wolltest, ob SV-Mutter allein stehen kann."

SV-Verena denkt nach.

„Schau mal. Deine Seele hockt da in der Mitte und langweilt sich, so wie du auf der Arbeit. Du hast ja auch hier alle Hände voll zu tun. Der Stellvertreter dort hinten hat sich schon vor lauter Überflüssigkeit wieder auf seinen Stuhl gesetzt."

„Oh oh, ich ahne, was das bedeutet. Das ist sicher ein neuer Arbeitsplatz für den ich da überhaupt kein Interesse und keine Zeit habe. Aber ich muss doch aufpassen, dass es hier weitergeht."

„Geht es denn hier weiter?", hake ich nach.

„Nein, stimmt. Eigentlich nicht. Es verbraucht jedoch so viel Kraft, dass es mir vorkommt, als ginge es voran. Aber es tut sich nichts."

Ich wende mich an SV-Bruder: „Wie geht es dir denn da auf dem Platz von SV-Verena?"

„Nicht so gut. Ich würde gerne weg, aber ich kann nicht. Das fühlt sich an, wie eingesperrt zu sein und ich muss immer auf die beiden anderen schauen."

Er meint damit SV-Verena und SV-Mutter.

Bevor die Stellvertreter jetzt dynamisch selbst nach Lösungsschritten suchen, löse ich die Situation auf. Der Ist-Stand ist erreicht. Hier wird sichtbar, was Verena unbewusst von ihrer Berufung bzw. einem neuen Arbeitsplatz abhält.

„Verena, du hast ja alles verfolgt. Ist dir etwas aufgefallen?", frage ich zunächst beim Original nach.

„Ja, meine Seele dort in der Mitte langweilt sich tatsächlich so, wie ich tagtäglich im Büro. Das ist voll ätzend und es ist mir ganz unangenehm, dass meine Seele sich auch so langweilt. Da bekomme ich fast ein schlechtes Gewissen. Und was den Stellvertreter, der sich wieder gesetzt hat, angeht, hatte meine Stellvertreterin bestimmt Recht. Das ist sicher meine Berufung."
Ich nicke zustimmend.
„Meine Güte", führt sie fort, „womit verbringe ich denn da so viel Zeit? Ich bin wirklich gespannt, wer oder was das jetzt ist, wofür ich meinen Platz aufgegeben habe, meine Seele nicht mehr sehe und so viel Kraft aufbringen muss."

Verena ist gedanklich gut strukturiert. Sie kann logische Zusammenhänge gut deuten und einordnen. Aber einen emotionalen Zugang zu dem Geschehen hat sie nicht. Anscheinend hat sie den Tod des Bruders und die Folgen gut verdrängt oder ist der Meinung, sie hätte es verarbeitet. Das mag auch sein, aber energetisch trägt sie förmlich ihre Mutter mit deren Trauer noch.

„Bevor ich dir sage, mit wem du anfangs geflirtet hast und wer da jetzt noch steht, habe ich noch eine Frage. Du hast angegeben, dass du einen Bruder hattest, der früh tödlich verunglückt ist. Wie war das?"
Verenas Gesicht wird nachdenklich: „Ich war damals vierzehn. Es war sehr schwer. Ich habe meinen kleinen Bruder so geliebt. Er war ein Sonnenschein. Mein Vater hat jahrelang getrauert. Heute geht es ihm gut. Meine Mutter, tja, ich weiß nicht. Sie war stark. Sie hat auch geweint, aber war und ist sehr stark. Viel Trauer war da nicht, glaube ich. Sie hat es wohl verdrängt. Mein Vater hat dafür gesorgt, dass ich in eine Trauergruppe für Kinder ging und auch mehrere Sitzungen beim Psychologen bekam, aber das hat nicht wirklich etwas gebracht. Man lernt irgendwie damit umzugehen."
„Gut, Verena. Ich habe natürlich aus einem bestimmten Grund gefragt", erkläre ich. „Weißt du noch, als am Anfang, nachdem du dich von deiner Seele weggedreht hast, der Stellvertreter kam, mit dem deine Stellvertreterin so heftig flirtete?"
Verena nickt lachend.
„Dieser Stellvertreter stand für die Familienverstrickung. Und als dann die anderen beiden Stellvertreter kamen, konnte die Familienverstrickung sich setzen, weil die Verstrickung an sich nun aufgedeckt wurde. Der Stellvertreter, mit dem du die Plätze getauscht hast und dem du die Last abnimmst, steht für deinen verstorbenen Bruder. Und der Stellvertreter, der da so halb umarmt auf deiner Stellvertreterin hängt, steht für deine Mutter."

In diesem Moment richtet sich SV-Verena auf und löst sich aus der Umklammerung der SV-Mutter. SV-Verena lächelt SV-Mutter an und fragt leise: „Kannst du allein stehen? Ich muss mich mal strecken."

Verena denkt nach: „Das bedeutet also, dass ich den Platz meines Bruders eingenommen habe und versuche, meine Mutter zu stützen. Mein Bruder kann aber nicht wirklich gehen, weil ich meinen eigenen Platz nicht einnehme? Und meine Mutter kann nicht so richtig trauern und loslassen, weil ich sie halte? Oh je, jetzt wird mir einiges klar." Sie wirkt aufgeregt, als sie alles begreift. Und ich bin ganz überrascht wie gut und schnell sie die Situation aufnehmen und anscheinend auch umsetzen kann.

„Das macht Sinn. Ich muss mich raushalten. Ich darf mich raushalten. Ich bin nicht für alles zuständig. Aber ein kleiner Zweifel ist da in mir: Bin ich dann allein? Werde ich dann ausgestoßen? So, wie meine Stellvertreterin das am Anfang befürchtete?", räumt Verena ein.

„Fragen wir doch direkt mal nach!", biete ich an.

SV-Neptun hat sich inzwischen wieder erhoben und lächelt: „Jetzt ist wieder Bewegung drin. Ich bin so stolz auf mein Menschlein. Sie begreift so schnell."

SV-Berufung sitzt noch außen auf dem Stuhl: „Nö, noch habe ich kein Interesse. Die sollen erst einmal klarkommen. Zurzeit würde SV-Verena immer noch an mir vorbeigaloppieren."

SV-Familienverstrickung hatte sich bereits zurückgezogen. Dennoch frage ich nochmals nach, wie es geht.

„Ich bin völlig raus und neutral. Mir geht es gut. Als die anderen beiden da waren, war mein Job erledigt."

Nun wende ich mich an SV-Mutter. Sie schildert: „Es stimmt. Es ist eine große Traurigkeit in mir. Aber solange ich mich auf jemanden stützen konnte, war das nicht wichtig. Aber ich merke, dass das mir und natürlich auch meiner Tochter nicht gut tut. Es geht für mich nicht um das Loslassen meines Sohnes. Das habe ich getan. Die Leere wieder zu füllen, war das Problem. Aber wenn ich jetzt so aufrecht stehe, merke ich, dass ich mir gern einmal ansehen möchte, was alles um mich herum ist."

Nun wende ich mich an SV-Bruder: „Wie gesagt. Ich möchte gerne weg, aber solange die beiden da so umschlungen waren, ging das nicht. Jetzt wird es langsam leichter. Ich hatte eine wunderbare Familie, aber es war und ist einfach an der Zeit für mich, weiterzugehen. Diese Erfahrung lag auf unseren Wegen und ich freue mich, dass ich sie im Herzen trage und von ihnen geliebt werde. Das spüre ich. Ich kann aber erst gehen, wenn ich weiß, dass die beiden voranschreiten."

SV-Verena lächelt SV-Bruder an und fragt: „Darf ich dich in den Arm nehmen? Ich möchte dich gern umarmen und dir Danke sagen. Danke, dass du da warst, dass du unsere Mutter gestützt und meinen Platz freigehalten hast. Ich dachte, Mutter könnte nicht allein stehen, aber das kann sie und ich kann das auch, ohne dass wir alle den Kontakt verlieren. Das ist auf einmal alles so klar."

SV-Verena umarmt den SV-Bruder und entlässt ihn. Er bleibt aber noch in einiger Entfernung stehen, weil er sichergehen möchte, dass SV-Verena auch wirklich bei ihrer Seele ankommt. SV-Verena verabschiedet die Mutter und sagt ganz deutlich: „Ich lasse deine Themen bei dir. Ich kann dir nichts abnehmen und das will ich auch nicht mehr. Ich wünsche dir alles Gute und wenn ich dir beistehen kann, bin ich da." SV-Mutter reagiert ganz entspannt: „Ich weiß, dass ich trauern werde. Vielleicht zum ersten Mal richtig. Aber ich weiß auch, dass vor mir noch so vieles liegt, das es zu entdecken gilt." SV-Verena führt SV-Mutter in den Nebenraum.

Nun nimmt SV-Verena ihren Platz am Teppich wieder ein, strahlt über das ganze Gesicht und sagt: „Ich bin so stolz auf mich. Das habe ich gut gemacht. Jetzt kann und will ich alles hören und sehen. Und wie ich sehe, habe ich eine sehr tolle Seele." SV-Neptun lächelt und streckt die Hände aus: „Und zusammen sind wir noch toller. Da hat sich das Warten aber gelohnt."
Als SV-Verena die Hände von SV-Neptun/Seele ergreift, steht SV-Berufung plötzlich voller Elan auf: „So, jetzt ist es interessant. Jetzt will auch ich dabei sein!"
Alles lacht und SV-Verena nickt ihm zu.

Als alles richtig „rund" läuft, wird Verena, das Original, eingesetzt. Als Verena selbst in ihrer Mitte steht, kann sich nun auch endlich SV-Bruder still zurückziehen. Er nickt Verena noch einmal lächelnd zu und setzt sich.

Nach der Aufstellung meinte Verena, dass sie selbst nicht auf diesen Zusammenhang gekommen wäre. „Eigentlich ging es doch um meine Arbeit, meinen Beruf. Dass das sogar mit dem Tod meines Bruders noch zusammenhängt, nein, das hätte ich nicht gedacht. Aber es fühlt sich so richtig an. Ich kann jetzt so gut atmen. Ich bin gespannt, was kommt."

Ich traf Verena ungefähr fünf Monate nach ihrer Aufstellung bei einem weiteren Seminar wieder und sie berichtete mir über ihren neuen Arbeitsplatz in einer neuen Firma, in der sie sich rundherum wohlfühlte. Das interessante daran war, dass sie sich selbst gar nicht beworben hatte. Der neue Arbeitsplatz ist in Person eines Headhunters auf sie zugekommen. Das Verhältnis zu ihrer Mutter beschrieb sie als viel entspannter und liebevoller. Sie hat nun ein Foto ihres Bruders in ihrem Wohnzimmer stehen und freut sich immer, es anzusehen.

Anmerkung für die Astrologie-Interessierten: Der Neptun mit seinen Konstellationen in Verenas Horoskop, der in dieser Aufstellung für die Wahrheit, die Gefühle und die Verdrängung gestanden hat, hat den Hinweis für das Tragen eines Familiendramas gegeben. Die Hauptstellvertreterin deutete vor der Planeten-Überprüfung zwar auch schon auf die Familie hin, trotzdem hätte sich bei unterschiedlichen Konstellationen auch noch etwas anderes zeigen können.

Kapitel 6

Partnerschaft und Liebe, Trennung und Trauer

"*Beziehungen sind Blumenbeet und Minenfeld zugleich.*"

(Ilka Plassmeier)

Fallbeispiel

Unerfüllter
Partnerwunsch – „Torschlusspanik"

Britta, gerade 30 Jahre alt geworden, beruflich sehr erfolgreich, sportlich aktiv meldete sich auf Empfehlung ihrer Tante zu einem meiner Seminare mit einer eigenen Aufstellung an.

Kurz bevor ihre Aufstellung beginnt verrät sie der Teilnehmergruppe ihr Thema, das sie seit einiger Zeit sehr beschäftigt: „Nachdem ich heute schon zwei Aufstellungen miterleben durfte, fühlt sich mein Aufstellungsthema nun ziemlich unwichtig an."
„Aber es ist doch das, was dich hergeführt hat, oder? Jeder hat andere Probleme und Aufgaben. Was für den einen kaum erträglich, ist für den anderen ein Klacks. Auch können anderen Dinge ganz leicht von der Hand gehen, an denen du vielleicht verzweifelst. Für mich gibt es keine Klassifizierung in 'wichtig' oder 'harmlos'. Wer zu mir kommt, den drückt der Schuh ganz für sich persönlich. Es gibt unterschiedlichste Menschen mit den verschiedensten Themen und wir sollten nicht werten, ob unsere Probleme kleiner oder größer sind. Ich nehme dich mit deinen Gedanken und Nöten ernst und alle, die hier sind, werden das auch tun. Du darfst also von dem, was dich herführt, gerne berichten. Nur Mut! Auch wenn es sich gerade wie im Wartezimmer des Zahnarztes anfühlt, wenn urplötzlich die Zahnschmerzen weg sind", ermuntere ich Britta, sich zu öffnen.

"Schmerz ist sehr persönlich und kann nicht gemessen oder aufgewogen werden."

(Ajahn Brahm)

Unser Wertesystem findet im Kopf statt. Doch was uns bewegt, sitzt im Herzen und in der Seele. Der eine leidet unter Schlafstörungen, ein anderer unter Allergien, der nächste unter Arbeitslosigkeit und wieder ein anderer unter Übergewicht. Alle haben etwas gemeinsam, wenn sie ihr Thema aufstellen möchten:

1. Der Leidensdruck ist da – immer individuell stark.
2. Sie wollen ergründen, warum es so ist und was geändert werden kann.
3. Sie haben den Mut, sich auf sich selbst einzulassen.

Nur das zählt. Wie die Seele den Menschen dazu bringt diese alternativen Wege zu gehen, spielt für die Wandlung des Problems und auch für die Aufstellung keine Rolle. Aber natürlich versucht der eine oder andere Klient schon einmal, sein Thema zu nihilieren (abzuwerten), vielleicht auch subtil auszublenden, nach dem Motto: Es ist ja gar nicht so dringend. Möglicherweise spielt ein Verdrängungsmechanismus eine Rolle.

Also fasst Britta neuen Mut und erzählt der Gruppe und mir: „Ich bin vor kurzem dreißig Jahre alt geworden. Früher habe ich immer gelacht, wenn meine Freundinnen aus der 30 so ein großes Ding machten. Das ist doch nur eine Zahl und deswegen machten sie sich verrückt, so ein Quatsch. Und dann kam mein Geburtstag immer näher. Meine Freundinnen sind inzwischen alle verheiratet und die ersten haben auch schon Kinder. Und ich bin seit über acht Jahren solo. Mein Kopf weiß, dass das alles Quatsch ist mit der 30. Aber innerlich spüre ich seit einigen Monaten eine totale Unruhe und auch die Sehnsucht nach einem Partner. Ich frage mich, ob ich zu anspruchsvoll bin, oder zu unattraktiv, oder zu langweilig. Dabei bin ich doch ein sehr geselliger Mensch, gehe viel aus, treibe Sport, feiere gern auf Festen – aber seit Jahren funkt es einfach nicht.

Es gab drei oder vier Anwärter, aber bei mir hat sich einfach nichts geregt. Es gab auch keine Bekanntschaft, bei der ich gesagt hätte: 'Den würde ich auch nicht von der Bettkante schupsen.' Noch nicht einmal das! Mein erster Freund, mit dem ich vier Jahre zusammen war, war auch gleichzeitig der letzte. Die Beziehung damals war schön, aber als wir älter wurden, verflüchtigte sich das Gefühl. Ich würde so gern Liebe erleben! Ich erwarte keinen Traumprinzen auf einem weißen Ross. Ich möchte mich einfach verlieben in jemanden, der sich auch in mich verliebt.

Ich habe auch keinen bestimmten Typen – macht es das vielleicht schwer? Ich weiß es nicht. Ich wünsche mir einfach eine Beziehung und dass ich nicht als alte Jungfer ende."

„Gut, es geht also nicht wirklich um das Alter, sondern um die Partnerlosigkeit", stelle ich fest. „Hast du ein Problem mit Nähe oder dich auf etwas oder jemanden einlassen zu können? Angst vor Sexualität oder Angst davor, Freiheit zu verlieren?"
Britta schaut mich verblüfft an: „Nein. Darüber hatte ich mir zwar noch keine Gedanken gemacht, aber definitiv nicht!"
„Was gibt es neben der Partnerlosigkeit denn sonst noch, was dich beschäftigt?", hake ich nach.
„Das ist schon das Wichtigste. Beruflich bin ich sehr eingespannt und auch erfolgreich. Das hat natürlich auch seine Schattenseiten: Überforderung, immer mal wieder Mobbing und Erschöpfung. Es wäre schon ein Wunsch von mir, die Firma zu wechseln. Ach ja, und ich leide seit zehn Jahren unter Heuschnupfen."
„Gut, dann werden diese Themen auch in die Aufstellung mit einfließen. Je mehr wir angeben können, desto mehr kann gelöst werden."

Natürlich gibt es im Zusammenspiel Heuschnupfen, Partnerschaft bzw. Partnerlosigkeit sowie Einlassen und Hingabe eine Verbindung. Auch das kann in vielen Be-Deutungsbüchern von Krankheiten und Körpersymptomen nachgelesen werden. Spannend ist es jedoch, noch tiefer in das Partnerthema hineinzuschauen. Die Verknüpfung von Heuschnupfen, Partnerlosigkeit und Mobbing habe ich gedanklich registriert, erwähne es im Vorgespräch allerdings nicht, damit alle möglichst unvoreingenommen sind.

Die Aufstellungsfrage und das erhoffte sowie gewünschte Ziel nach der Aufstellung werden formuliert. Anschließend sucht sich Britta intuitiv einen Stellvertreter, der sie während der Aufstellung vertreten wird.

Es ist übrigens egal, welches Geschlecht der eigene Stellvertreter hat. Das Thema passt immer. Das perfekte Pendant wird immer über die Resonanz gezogen.

SV-Britta lacht. Sie mag etwa Mitte sechzig sein und berichtet, dass es ihr nicht erst mit dreißig Jahren, sondern bereits mit Mitte zwanzig ebenso erging und sie regelrecht Torschlusspanik hatte. Britta fragt natürlich sofort bei ihrer

Stellvertreterin nach: „Und? Bist du jetzt verheiratet? Hast du deinen Mann schließlich gefunden?"

„Ja, das habe ich. Aber erst nachdem die Panik sich gelegt hatte", kichert ihre Stellvertreterin, „wir haben heute vier wundervolle Kinder und schon zwei Enkelchen. Ich freue mich, dass ich für dich nochmals eine Reise in die Zwanziger machen darf und vielleicht auch etwas für mich bereinigen kann. Ich freue mich, dass du mich ausgewählt hast. Bin gespannt, was kommt."

Nun kann Britta sich entspannt zurücklehnen und ihre Aufstellung beobachten.

SV-Britta fühlt sich unsicher und wackelig an ihrem zugewiesenen Platz am Teppich. Es ist deutlich zu sehen, dass sie schwankt und kreiselt. „Aber weggehen kann ich hier auch nicht. Ich verlasse doch nicht meinen Platz. Das kommt gar nicht in Frage. Ich halte das aus!"

Britta neben mir nickt und lächelt. Sie kann scheinbar lange und viel aushalten.

Die Stellvertreter für die Planeten Uranus, Neptun und Pluto werden verdeckt ausgewählt und einer nach dem anderen in der Mitte des Teppichs platziert.

Als Neptun kommt, hört bei SV-Britta das Schwanken sofort auf und sie steht entspannt und gerade: „Hach, prima, das bringt Ruhe."

SV-Neptun leidet unter ein wenig Übelkeit.

Als Uranus in die Aufstellung auf den Teppich tritt, sagt SV-Britta überrascht: „Der ist aber riesig." Es ist eine angstfreie, neutrale Feststellung ihrerseits.

SV-Uranus entgegnet: „Ich fühle mich tatsächlich etwas von oben herab, ein wenig arrogant und frage mich, was ich hier soll. Wegen solcher Peanuts werde ich doch wohl nicht gerufen?"

SV-Britta muss lachen: „Nö, du kannst bestimmt gleich wieder gehen. Hihi, so denke ich auch manchmal."

Als dann Pluto die „Bühne" betritt, muss SV-Britta mehrmals heftig niesen. Viermal, fünfmal, sechsmal – sie braucht ein Taschentuch und wischt sich die Tränen aus den Augen. Mit zusammengekniffenen Augen versucht sie Pluto anzuschauen und schon folgt der nächste Nieser.

SV-Pluto kommentiert die Reaktionen: „Was soll das denn? Kann sie sich nicht mal zusammenreißen? Das nervt mich."

SV-Neptun berichtet über verstärkte Übelkeit, seitdem Pluto hinzugekommen ist.

„SV-Britta, hast du gehört, was SV-Pluto sagte?"

„Ja", bestätigt sie durch das Taschentuch und schnäuzt sich, „der hat ja keine Ahnung. Wie soll man Niesen unterdrücken? Meine Nase juckt, als ob ich Pfeffer und

Zwiebeln eingeatmet hätte. Ich habe wirklich keine Zeit, mich auch noch um sein Murren und seine Befindlichkeiten zu kümmern. Ich muss schauen, dass mir die Nase nicht wegfliegt!"

„Hältst du es denn noch etwas aus?", frage ich, denn die Teilnehmer sollen sich nicht unnötig quälen.

„Ja, geht schon, es wird auch langsam besser. Aber ich darf SV-Pluto nicht anschauen."

„Gut, denn SV-Pluto wird stehenbleiben", verkünde ich, „den anderen vielen Dank. Ihr dürft euch wieder setzen."

„Klasse, da hast du mich ganz schön gekriegt. Jetzt ärgere ich mich, dass ich zu viel erzählt habe. Alles wäre besser gewesen als SV-Pluto. Nicht persönlich nehmen bitte!", resümiert SV-Britta. „Hat jemand eine Sonnenbrille für mich? Vielleicht kann ich SV-Pluto dann anschauen."

Wer stark unter Heuschnupfen leidet, der weiß, wie wichtig im Sommer eine Sonnenbrille sein kann, wenn alle Schleimhäute und die Augen überreizt sind. Das bestätigt, dass wir auf dem richtigen Weg sind.

SV-Britta macht noch einige sarkastische Bemerkungen, was ein leises Kichern im Raum auslöst. Auch SV-Britta amüsiert sich und kommt immer mehr in Fahrt. SV-Pluto steht ernst und ruhig in der Mitte. Auf Nachfrage sagt er: „Ich warte ab, bis sie sich eingekriegt hat. Das Spiel hier ist mir zu dumm. Aber ich komme ja nicht zu ihr durch. Sie kann mich noch nicht einmal anschauen. Dann kann sie auch nicht erwarten, dass ich zu ihr gehe und ihr helfe!"

Ich bemerke gedanklich, dass sowohl die Aussage als auch die Wortwahl interessant ist. Wir erinnern uns an „Wie innen, so außen". Der Partner, der sich nicht zeigt, steht stellvertretend für den Seelenanteil, der ebenfalls nicht auf SV-Britta zugehen kann. Mit dem Niesen und Rumfrotzeln scheint sich SV-Britta hervorragend ablenken zu können, so dass sie nicht hinsehen muss. Diese Gedanken spreche ich zu diesem Zeitpunkt aber noch nicht aus.

Ich schaue in die Runde der sitzenden Seminarteilnehmer und weiß schon, welches Symbol als erstes aufgestellt werden muss. Das Horoskop gibt den deutlichsten Hinweis auf einen Funktionszwang, aber ich habe noch keinen Stellvertreter dafür im Sinn. So schaue ich in die Runde und bitte meine innere Stimme um einen Hinweis auf den richtigen Stellvertreter. Und schon bleibt mein Blick an einer Person hängen. Diese bitte ich nun, sich hinter SV-Britta zu stellen. Sofort dreht sich SV-Britta zum SV-Funktionszwang um und lächelt ihn an.

SV-Pluto ist genervt: „Super, jetzt geht gar nichts mehr! Was soll das denn? Dann kann ich ja auch gehen, wenn ich nicht erwünscht bin."

„Endlich gibt meine Nase Ruhe. Der neue Stellvertreter wirkt besser als Nasenspray. Und vor allem guckt er nicht so muffelig, wie der da in der Mitte. Ich mag das nicht, wenn man so streng mit mir ist. Das Leben soll doch Spaß machen", erwidert SV-Britta darauf.

SV-Funktionszwang sagt: „Ha, alles tanzt nach meiner Pfeife. SV-Britta wird alles machen, was ich sage. Ich hab ihr den Juckreiz genommen und mit Speck fängt man bekanntermaßen Mäuse."

Die Aussage von SV-Funktionszwang geht an SV-Britta vorbei, als hätte sie nichts gehört. Keine Reaktion.

„Sag ich doch", meldet sich SV-Pluto noch einmal.

Mein Gefühl sagt mir, dass für die Aufstellung keine weiteren Symbole oder Stellvertreter notwendig sind und wir den Ist-Stand schon erreicht haben. Um ganz sicherzugehen, bitte ich einen Stellvertreter für „den potenziellen Partner", sich an den Teppich außen bei Nr. 7 aufzustellen. SV-Britta reagiert nicht. SV-Pluto schaut interessiert, beschäftigt sich aber gedanklich mehr mit der Situation bei SV-Britta und SV-Funktionszwang.

Ich frage SV-Britta: „Hast du eine Veränderung bemerkt?"

„Nein. Alles gut."

„Spürst du, dass hier noch jemand ist?"

„Nö, da ist keiner."

„SV-Pluto, was sagst du zu dem Neuen in der Runde?", frage ich dort nach.

„Ja, der ist da. Eher neutral. Ich habe aber keine Zeit mich damit zu beschäftigen. Ich muss schon schauen, was SV-Britta da wieder anstellt", antwortet SV-Pluto/Seele.

„Der kann mir nicht das Wasser reichen. Alle Aufmerksamkeit liegt hier und das bleibt auch so", wirft SV-Funktionszwang ein.

SV-potenzieller-Partner sagt: „Hier bin ich nicht erwünscht. Das macht mich etwas traurig."

Ich bitte den Stellvertreter für den potenziellen Partner, sich wieder zu setzen. Vorsorglich möchte ich noch etwas überprüfen und wähle daher einen Stellvertreter für die Allergie. Dieser Stellvertreter, der sich selbst eine Position im Raum suchen soll, findet gar keinen Platz. Ich frage nach: „Bekommst du denn Bezug zu SV-Britta oder SV-Pluto/Seele?"

„Nein, die sind alle beschäftigt."

SV-Allergie darf sich wieder setzen. Jetzt bin ich sicher, dass kein weiteres Symbol zusätzlich aufgestellt werden muss, sondern dass die Ursache für die Allergie, die beruflichen Themen und vor allem für die Partnerlosigkeit im Funktionszwang liegt. Der Ist-Stand ist bereits erreicht und ich werde jetzt auflösen.

„Die Situation und das, was du auch im Außen wahrnimmst, ist deutlich sichtbar", wende ich mich an Britta, die mich ganz überrascht ansieht.

„Das ist schon alles?", zweifelt sie.

„Ja, oder würdest du sagen, deine Stellvertreterin kann sich noch mit irgendwas anderem beschäftigen? Denkst du, sie nimmt außer dem Stellvertreter, den sie ständig anschaut, irgendetwas anderes wahr?", gebe ich zu bedenken.

„Stimmt, da kommt nichts mehr ran oder durch. Jetzt bin ich ja mal gespannt", bemerkt Britta.

„SV-Britta hast du dir selbst ausgesucht, für dich im Hier und Jetzt. Wir alle konnten sehr gut beobachten, wie du auf deine Seele reagiert hast – mit Allergiesymptomen. Dein Heuschnupfen scheint im Sommer heftig zu sein. Der Pluto, der deinen nicht angenommenen und blockierten Seelenanteil symbolisiert, steht für Macht- und Ohnmachtsthemen, Leidenschaftlichkeit und Tiefe. Du fühlst dich Situationen ohnmächtig ausgeliefert, wie beispielsweise dem Mobbing-Thema. Dabei weißt du noch nicht, dass nur du allein die Macht hast, etwas zu verändern. Das Wort Macht ist in der deutschen Sprache leider immer noch negativ besetzt. Sagen wir besser, er steht für deine Kraft und Stärke. Er zeigt sich ja auch überblickend, aber er kommt einfach nicht zu dir durch.

Als dann der erste Stellvertreter hinter sie trat, war das Niesen sofort verschwunden. Das ist immer so, wenn die Ursache aufgespürt wurde. Deine Stellvertreterin drehte sich sofort um, verspürte Erleichterung und sogar ein wenig Freude. Doch es gibt ein Problem: Der Stellvertreter ist so einnehmend und dominant, was er hat es ja sogar selbst bestätigt hat, dass für nichts anderes mehr Wahrnehmungsspeicher vorhanden ist. SV-Britta wirkt wie ein konditioniertes Hündchen, das auf seine

*"Wer immer nur funktioniert,
entzieht sich dem Abenteuer des Lebens."*

(Armin Mueller-Stahl)

nächste Anweisung wartet. Du erinnerst dich an die zwei Stellvertreter, die ich eben kurz austestete? Der eine bei Nr. 7 war ganz traurig über dein Desinteresse. Er stand für einen potenziellen Partner. Dazu muss ich nur so viel sagen: Selbst wenn sich ein potenzieller Partner in der Nähe befindet, du kannst ihn nicht wahrnehmen. Und der zweite Stellvertreter, der keinen Platz fand und sich wieder setzen durfte, war deine Allergie. Das zeigte mir, dass wir die Ursache tatsächlich gefunden haben, denn das Symptom spielt keine Rolle mehr."

„Für was steht noch einmal der Stellvertreter, den SV-Britta da so fixiert?", unterbricht Britta. „Das habe ich noch nicht gesagt", schmunzele ich. Bevor ich die Zusammenhänge erkläre, möchte ich ihr die Auswirkungen dieses einen Symbols und dieser Blockade wirklich begreiflich machen. „Der Stellvertreter, auf den SV-Britta so fixiert ist, steht für den Funktionszwang. Das ist ein Symbol bzw. ein Muster, bei dem wir immer und in jeder Situation funktionieren müssen. Das Wort MUSS ist da ganz wichtig. In deinen Gedanken und deinen Handlungen steht immer das Muss im Vordergrund. Ich muss noch zur Post. Ich muss zur Arbeit etc. Das macht nicht nur Druck, sondern blockiert total. Wann hast du zum letzten Mal, ich darf, ich werde, ich möchte, ich will, gesagt?" Britta schweigt nachdenklich.

„Dieses Funktionieren führt besonders beruflich zum Erfolg. Aber die eigene Wahrnehmung ist getrübt. Wir vergessen uns selbst und unsere Bedürfnisse über dieses Funktionieren. Es ist wie in einem Hamsterrad, welches wir kontinuierlich am Laufen halten wollen. Die Gefahr dabei ist, durch das Rotieren irgendwann in ein Burnout zu purzeln. Und die ersten Anzeichen spürst du schon. Mit diesem Funktionszwang schützen wir uns jedoch auch. Wir schotten uns regelrecht ab, was wir ja auch beobachten konnten. SV-Britta sagte, das Leben solle Spaß machen. Mit einem ernsten Seelenanteil konfrontiert sie sich nicht gern. Irgendwann allerdings werden wir hinter der Maske des Funktionierens unsichtbar. Das alles dient der Tarnung, um niemanden zu verletzen und auch um selbst keinen Schaden zu erleiden. Es ist eine Art Überlebensmuster, weil wir nicht gelernt haben, wie es anders funktionieren soll – entschuldige das Wortspiel." Bei den letzten Sätzen nickt Britta merklich.

SV-Britta hat sich im Laufe der Erklärung vom gebannten Blick auf SV-Funktionszwang lösen können und hört nun aufmerksam zu.
„Macht das Sinn für dich?", frage ich Britta.

„Oh ja, sehr sogar", meint sie, „weil ich so gut funktioniere, sind Überstunden kein Thema. Und alle wälzen Arbeit auf mich ab. So sitze ich auch oft am Wochenende im Büro. Der Kopf ist manchmal schon ziemlich voll. Und wenn ich jetzt so überlege, haben mir einige der Männer, die ich kennen lernte, auch gesagt, dass ich unnahbar und unergründlich wirke. Aber wie geht es denn jetzt weiter? Wie kommt man da raus?"

„Der erste Schritt ist immer die Bewusstwerdung und die Annahme der Ursache. Wir sind also schon auf einem guten Weg. Und jetzt fragen wir einfach einmal deine Stellvertreter dort, wie es ihnen geht, okay?" Britta nickt.
SV-Britta sagt: „Anfangs verpasste ich so einiges, weil ich so mit SV-Funktionszwang beschäftigt war. Über die Augen passierte ganz viel. Es war magisch. Aber plötzlich war das verschwunden. Als das Wort Funktionszwang fiel, war ich wieder präsent. Es ist für mich absolut stimmig, was du gesagt hast. Und jetzt möchte ich nichts lieber, als mich bei meiner Seele zu entschuldigen. Ich hatte weder Mut noch Ausdauer, den Punkt der ganzen Nieserei zu überwinden, um zu schauen was dann passiert. Der SV-Funktionszwang ist zwar noch da, aber er ist nicht mehr so wichtig."
„Na, da bin ich aber anderer Meinung", kontert SV-Funktionszwang direkt, „ohne mich läuft hier mal gar nichts. Schließlich spielt hier die Musik und hier läuft das Leben. Das weißt du genau! Wir haben doch Spaß gehabt. Und es ist so einfach, wenn ich für dich entscheide", schmeichelt nun SV-Funktionszwang, als ihm langsam die Felle davonschwimmen.
SV-Pluto/Seele ist erleichtert: „Ich bin froh, dass sie langsam zur Besinnung kommt. Jetzt habe ich wieder Hoffnung. Ich war aufgrund meiner Verzweiflung auch ganz schön streng. Sie muss sich für nichts entschuldigen. Wichtig sind die Erfahrungen und nun die Veränderung. Ich hoffe, sie dreht sich bald um, damit sie von SV-Funktionszwang loskommt."
Daraufhin dreht sich SV-Britta spontan um und strahlt SV-Pluto/Seele an: „Danke, dass du Geduld hattest – na ja, fast Geduld hattest."

Doch jetzt muss ich leider Spielverderber sein und daran erinnern, SV-Funktionszwang nicht einfach abzuschieben oder zu vergessen. Schließlich hat er ihr lange beigestanden, geholfen und genützt: „Ich weiß, dass du dich jetzt gern mit deiner Seele aussprechen und versöhnen möchtest. Aber wir dürfen den Funktionszwang nicht vergessen. Solange dieser nicht gewandelt ist, bleibt eine viel zu große Gefahr bestehen, dass die Energie kippt und du so weitermachst wie bisher.

Außerdem hat der Funktionszwang sicher noch ein Geschenk für dich. Und deine Seele will dich pur – ohne Anhängsel, wenn du den Kontakt herstellst."

„Ist das so?", versichert sich SV-Britta bei der Seele.

SV-Pluto/Seele nickt ernst: „Ja, ich glaube, das wäre gut. Denn ich spüre noch ein zu großes Misstrauen gegenüber deinen Worten. Und wenn du jetzt auf mich zukommen würdest, müsste ich zurückweichen. Das möchte ich dir aber nicht zumuten. Deshalb bitte ich dich: Höre auf Ilka, vertrau ihr und probiere es aus!"

SV-Britta nickt und fragt mich: „Und was kann ich tun?"

Ich bitte sie, sich nochmals umzudrehen. Sofort strahlt SV-Funktionszwang wieder über das ganze Gesicht und sagt: „Wie schön, da bist du ja wieder."

Nun ist es wichtig, dass SV-Britta eine Entscheidung trifft. Die Entscheidung gegen das „funktionieren müssen" und für das „leben dürfen". Denn in dem Symbol und in diesem Muster liegt viel Lebensfreude, viel Stärke, Selbstbewusstsein und Entscheidungskraft. Das sind die Attribute von SV-Funktionszwang, so wie er sie in der Aufstellung zeigte. Diese gilt es nun für SV-Britta wieder zu integrieren. Zwar kann der Funktionszwang nicht vollständig aufgelöst werden, aber zumindest zu 85 Prozent. Hier geht es nämlich nicht um das lebenswichtige Funktionieren, wie beispielsweise das auf die Bremse treten, wenn die Ampel auf Rot schaltet. Selbstverständlich müssen wir in solchen Momenten weiterhin funktionieren. Es geht vielmehr um das subtile Funktionieren. Es lässt uns ständig über die eigenen Grenzen gehen und uns selbst nicht mehr spüren. Wir befinden uns fortwährend in dem Glauben, es müsste einfach immer so sein.

Nach der Erklärung für SV-Britta schaut sie SV-Funktionszwang fest an: „Es war total schön mit dir und ich werde dich immer in Erinnerung halten, aber jetzt muss – nein nicht muss – jetzt werde ich meinen Weg allein gehen. Ich danke dir von Herzen. Und nun möchte ich dich wandeln und meine Freude, Stärke, mein Selbstbewusstsein und meine Entscheidungskraft wieder zurückhaben, damit ich dich entlassen kann."

„Bist Du sicher?", gurrt SV-Funktionszwang.

„Ja, so sicher war ich selten", entscheidet SV-Britta und reicht SV-Funktionszwang beide Hände, die er annimmt.

SV-Funktionszwang hat Tränen in den Augen: „Der Abschied fällt mir echt schwer, das hätte ich nicht gedacht. Puh, kommt da jetzt viel Gefühl hoch. Das war vorhin noch nicht so."

„Auch das gehört zum Leben und Fühlen. Lass es einfach geschehen, nehmt euch die

Zeit, die ihr braucht", schlage ich vor und frage bei der Seele nach: „Ist noch alles okay bei dir?"

„Ja, alles bestens. Ich beobachte das ganz wohlwollend, mit warmem Herzen und so langsam wächst mein Vertrauen. Ich glaube, sie meint es wirklich ernst", bestätigt SV-Pluto/Seele.

Nach einer kleinen Pause fragt SV-Britta den SV-Funktionszwang: „Ist es jetzt besser? Kann ich dich jetzt verabschieden und wegbringen?"

Sehr zögerlich und bedauernd nickt SV-Funktionszwang: „Wenn es sein muss! Aber du kannst mich jederzeit zurückholen, okay?"

SV-Britta nickt und führt SV-Funktionszwang langsam in den Nebenraum. „Ob das gut geht?", zweifelt SV-Pluto/Seele.

Als SV-Britta allein zurückkommt und ihren Platz einnimmt, lächelt sie ihre prüfende Seele an. „Hach, das hat gut getan. Jetzt bin ich ganz ruhig, fühle mich aufgefüllt und mutig, voller Tatendrang. Jetzt würde ich gern zu meiner Seele."

Aber SV-Pluto/Seele schüttelt den Kopf: „Ich glaube dir nicht. Da stimmt was nicht. Das ging viel zu leicht."

Kaum ausgesprochen, schaut SV-Funktionszwang um die Ecke herum. Als er bemerkt, dass sich sofort alle Blicke auf ihn richten, beteuert er, nur einmal nachschauen zu wollen, wie es so weitergeht.

„Genau das meine ich", erklärt SV-Pluto/Seele, „keine zwei Minuten und der ist schon wieder da. Der klebt immer noch an dir. Was hast du da gerade gemacht?"

„Ich habe doch nur meine ausgelagerten Anteile zurückgenommen", rechtfertigt sich SV-Britta.

Ich frage: „Kann es sein, dass du nur genommen hast und das Funktionieren nicht zurückgegeben hast? Die Energie soll ja von dir zu ihm und auch umgekehrt von ihm zu dir fließen, also nicht nur einseitig."

Britta kichert: „Ups, das habe ich wohl vergessen."

Also kommt SV-Funktionszwang ein weiteres Mal zu SV-Britta, sie reichen sich die Hände und... nichts passiert. Beide Stellvertreter spüren kein Fließen und auch keine Verbindung. Es kann vorkommen, dass die seit der Geburt eingerasteten Muster sehr tief sitzen. Es fehlt dann einfach die Erfahrung, wie es auch anders gehen könnte. Alles sitzt sehr tief. Über Worte oder das Händereichen ist kein Herankommen möglich ist.

Normalerweise überreiche ich in solchen Fällen dem Hauptstellvertreter eine leere Box, in die er gedanklich alle zu dem Muster gehörigen Anteile legen soll. In diesem Fall aber befürchte ich eine zu starke Kopfsteuerung. Also schlage ich einen anderen Weg vor: „SV-Britta, scheinbar hast du noch etwas in dir, was zum Funktionszwang gehört. Das fehlt diesem Stellvertreter noch und deshalb ist er wieder zurückgekommen. Deine Seele hat das auch bemerkt. Dir ist es allerdings nicht wirklich bewusst. Vielleicht kannst du es mit dem Kopf und mit dem Herz nicht greifen, aber alles sollte zurückgegeben werden, damit du frei werden kannst. Und der Funktionszwang bzw. sein Stellvertreter hat auch ein Recht darauf, vollständig zu werden. Ich möchte dir eine Methode vorschlagen, die dem Schamanischen entlehnt ist und in solchen Situationen gut hilft. Du brauchst keine Angst zu haben. Es wird dir und auch dem Funktionszwang guttun. Vertrau mir und lass dich bitte darauf ein! Alles, was noch vom Funktionszwang in dir ist und nicht mehr zu dir gehört, gibst du jetzt über den Atem zu ihm zurück. Dafür bildest du mit deinen Händen eine Art Rohr, hältst sie auf Brusthöhe von SV-Funktionszwang und pustest kräftig alles zu ihm, was zu ihm gehört, okay? Auch du, SV-Funktionszwang, brauchst keine Sorge zu haben. Es kommt nur das an, was sowieso zu dir gehört. Wenn es zu viel wird oder es unangenehm ist, sag Bescheid oder gehe direkt einen Schritt zurück! Wollt ihr beide das nun versuchen?"

Beide nicken zaghaft. SV-Britta schließt die Augen, holt tief Luft und pustet einmal kräftig durch ihre Hände. Auch SV-Funktionszwang hat die Augen geschlossen. SV-Britta setzt wieder ab. SV-Funktionszwang sagt: „Das ist super. Ich fühle mich wie ein Luftballon, der endlich gefüllt wird. Aber da fehlt noch eine Menge mehr."
SV-Britta stöhnt: „Was? Noch mehr? Das war schon eine Überwindung für mich."
„Na los, versuch es! Du hörst doch, es tut gut", versuche ich zu überzeugen.
Und so setzt SV-Britta wieder an. Dieses Mal sammelt sie immer wieder Luft, zieht die Energie tief aus dem Bauch heraus und pustet in fünf bis sechs Schüben. Ich stehe hinter ihr mit meinen Händen auf ihrem Rücken und lasse Vertrauen in sie fließen. Nach dem sechsten Auspusten richtet sich SV-Britta auf und lässt sich nach hinten in meine Arme sinken: „Das tat gut", sagen beide im Chor und lachen sich an.
„Unglaublich. Ich fühle mich leicht und habe kein schlechtes Gewissen. Ich bin frei", stellt SV-Britta fest.
„Und mir geht es blendend. Jetzt möchte ich auch gern in den Nebenraum gehen. Du machst das und gehst deinen Weg. Da brauche ich nicht mehr zu kontrollieren", verabschiedet sich SV-Funktionszwang und macht sich davon.

SV-Pluto/Seele hat alles genau beobachtet und lächelt: „Jetzt glaube ich ihr. Jetzt ist das Gefühl bei ihr angekommen, ich bin stolz auf sie. Es gehörte viel Mut dazu, so etwas zu machen. Sie hat losgelassen. Toll! Mein Menschlein..."

SV-Britta kann sich das Grinsen nun gar nicht mehr verkneifen und geht mit langsamen Schritten und festem Blick auf SV-Pluto/Seele zu. Die empfängt sie mit offenen Armen. „Schön, dass du endlich da bist. Du bist so mutig. Wundervoll. Ich hätte dir so gern geholfen, aber es prallte alles ab. Wie wäre es? Wollen wir jetzt die Zukunft zusammen ausprobieren?", fragt die Seele nach.

„Oh ja, gerne. Können wir denn auch Blödsinn machen und Spaß haben?", tastet sich SV-Britta vor.

„Natürlich! Weißt du noch? Ich stehe für die Leidenschaftlichkeit", lacht SV-Seele.

„Fühlt es sich nun so gut an, dass wir das Original einsetzen können? Was meinst du?", frage ich SV-Britta.

„Ja, das ist toll. Ich könnte hier auch stehenbleiben. Aber ich habe ja schon eine tolle Beziehung. Los, Britta, komm her, trau dich! Es ist so schön."

Britta, das Original, nimmt ihren Platz zunächst außen am Teppich ein, während sich ihre Stellvertreterin setzt. „Puh, ich bin total aufgeregt und habe klatschnasse Hände", sagt Britta nervös, „das ist wie beim ersten Date. Man ist über beide Ohren verschossen und weiß nicht, ob der andere auch so fühlt."

„Dann fragen wir doch mal. SV-Seele, wie ist das Original für dich?", helfe ich nach.

„Sogar noch besser. Jetzt bin ich auch ganz kribbelig. Erstes Date – das ist schon passend", gibt SV-Seele zu.

Ein wenig verlegen beginnen die beiden Kontakt aufzunehmen. Zunächst über die Augen. Sie flirten regelrecht. Dann macht Britta den ersten Schritt und traut sich, die Hände ihrer Seele anzunehmen. Es entwickelt sich etwas Warmes, Vertrautes und Starkes. Sie umarmen sich und halten sich immer weiter, während sie sich gegenseitig anschauen.

„Diese Beziehung, dieser Kontakt ist das Wichtigste. Wenn der Kontakt in dieser Form besteht – wie innen, so außen – dann ist der Weg auch frei für einen Partner. Aber genieße erst einmal die Verbindung zu deiner Seele! Entdecke dich. Spüre, was dir Freude macht! Lass das Hamsterrad Hamsterrad sein und genieße dein Leben! Alles andere wird folgen." Mit diesem Worten beende ich die Aufstellung und bedanke mich bei Britta und den Helfern.

Lange Zeit hörte ich nichts von Britta. Erst etwa anderthalb Jahre später bekam ich einen Anruf aus Österreich. Mir sprach eine junge Frau fröhlich auf den Anrufbeantworter. Ihren Namen kannte ich nicht: „Ich muss dir endlich mal Rückmeldung geben. Ich rufe zu den Telefonzeiten wieder an." Das Fragezeichen stand mir noch auf der Stirn geschrieben, als am darauffolgenden Tag das Telefon klingelte. Es war Britta mit neuem Nachnamen. Ihr Bericht über die letzten anderthalb Jahre ließ mir Schauer über den Körper laufen. Nach der Aufstellung traf Britta die Entscheidung, endlich einmal wieder Urlaub zu machen. Zwei Wochen Skifahren in Österreich mit einer Freundin. Zwei Monate nach der Aufstellung ging es los. Als sie im Hotel ankamen, checkten zeitgleich auch zwei Österreicher ein. Einer der beiden gefiel ihr auf Anhieb. Ihm ging es scheinbar ebenso, denn beide konnten die Blicke nicht voneinander lösen. Die innere Stimme sagte: „Hallo? Skiurlaub. Hier gibt es sowieso nichts Ernstes. Wir sind hier, um Spaß zu haben."

Schon am nächsten Morgen beim Frühstück sah sie ihn wieder. Die beiden Männer fragten, ob sie sich zu den Freundinnen setzen dürften. Gegenseitige Sympathie war sofort vorhanden und die vier fuhren seitdem gemeinsam auf den Berg. Schnell entwickelte sich zwischen den beiden mehr als Freundschaft. Der Österreicher war seit zwei Jahren geschieden, aber keinesfalls auf der Suche. Alles ergab sich völlig zwanglos. Es war leicht und schön. Als das Ende des Urlaubs nahte, wussten beide, dass es kein Abschied auf Dauer sein würde. Ein halbes Jahr später brach Britta alle Zelte in Deutschland ab und zog zu ihrer Liebe. Sie fand einen guten Arbeitsplatz und genießt nun die österreichische Küche und viel frische Bergluft. „Damit hatte ich wirklich nicht gerechnet. Es konnte auch zuhause kaum jemand nachvollziehen. Ich wollte es einfach ausprobieren. Entweder es klappt oder es klappt nicht. Aber jetzt bin ich sicher, es klappt."

Fallbeispiel

Wo bleibt Mr. Right? – Der Partnerplatz ist besetzt

Ellen, 37 Jahre alt, alleinerziehend mit einem zehnjährigen Sohn. Eine aufgeschlossene, fröhliche Frau. Ihre berufliche Selbständigkeit und die Erziehung ihres Sohnes erfüllten sie. Auch in Bezug auf ihren Ex-Mann waren längst alle Unklarheiten beseitigt. Im Laufe der Zeit hatte sich ein freundschaftliches Verhältnis zu ihm entwickelt. Der gemeinsame Sohn verbrachte gerne Zeit mit dem Papa. Was Ellen zu ihrem Glück fehlte, war ein liebevoller Partner an ihrer Seite. Doch in den vergangenen fünf Jahren hatte sie keinen für sie interessanten Mann kennen gelernt. An Freizeitaktivitäten und Geselligkeit scheiterte es nicht. Auch die Verkupplungsversuche ihrer Freundinnen blieben erfolglos. Mr. Right ließ sich einfach nicht blicken. Mit dem sich langsam einschleichenden Selbstzweifel und Gedanken über eventuell viel zu hohe Ansprüche, fiel die Entscheidung für eine Astrologische Symbolaufstellung leicht. Ellen wollte nun wissen, warum es einfach nicht klappen wollte. Was strahlte sie aus, dass sie keinen potenziellen Partner anzog? Über das Gesetz der Resonanz war Ellen nämlich bereits informiert. Ihrer Meinung nach musste es einen Grund in ihr selbst dafür geben, dass die Ampeln für eine neue Partnerschaft noch nicht auf Grün standen.

Am Seminartag erzählt sie der Gruppe über ihre vielen verschiedenen Gedanken. Gibt es Vorteile, allein zu bleiben? Ja natürlich. Aber der Wunsch nach einer Partnerschaft ist stärker. Schließlich liegt eine jahrelange Beziehung in Form einer Ehe hinter ihr und daher kennt sie den Unterschied zwischen dem Single-Dasein und in einer Beziehung zu leben. „Ich habe kein Problem mit Nähe oder Kompromissen. Bin ich vielleicht nach der Scheidung noch nicht wieder bereit? Sind da noch unbewusste Verletzungen? Keine Ahnung. Zurzeit ist mein Sohn, der kleine und einzige Mann in meinem Leben." Ohne weiter zu mutmaßen und logische Erklärungen zu suchen, formulieren wir die Aufstellungsfrage, damit Ellen eine vertrauensvolle, liebevolle und leidenschaftliche Beziehung zu sich und anderen leben kann.

Ellen sucht sich intuitiv eine Stellvertreterin für sich selbst und die Aufstellung beginnt. SV-Ellen nimmt ihren Platz am Teppich ein und fängt sofort stark an zu Schwanken. „Das ist wie auf einem Schiff bei stürmischer See hier. Ich habe keinen klaren Blick, meine Gelenke kribbeln, der Rücken tut weh, ich bin befangen und atme unsicher. Es ist nicht so toll." Damit die Stellvertreterin diese Situation nicht unnötig lange aushalten muss, werden schnell die Planeten-Stellvertreter ausgewählt.

SV-Ellen ist von allen wenig begeistert, was sich noch steigert, als ihr alle drei wie eine Mauer gegenüberstehen. „Wen von den dreien würdest du denn wegschicken, damit es leichter wird und dir besser geht?"

Diese Frage kann nur gestellt werden, wenn die Stellvertreter die „Spielregeln" noch nicht kennen und es die erste oder zweite Aufstellung am Tag ist. Denn genau der am wenigsten beliebte Planet wird stehenbleiben. In ihm liegt die Ursache, mit der man sich nicht konfrontieren will.

„Auf den Stellvertreter links kann ich sehr gut verzichten! Seit der da ist, kann ich kaum noch hören und habe Bauchschmerzen." Es ist der Neptun. Also entlasse ich die anderen beiden Stellvertreter, sie dürfen sich setzen. SV-Ellen rollt mit den Augen „Oh nein, hätte ich das gewusst..." Ich erläutere kurz, dass es beim Neptun um Wahrheit oder Lüge, Gefühle, Intuition und die Verschleierung geht. Währenddessen beäugen sich SV-Neptun und SV-Ellen kritisch. SV-Neptun sagt ein wenig gequält und ironisch: „Danke, ich hab dich auch lieb. Ich wäre auch lieber wieder zu meinem Stuhl gegangen." Nachdem das ausgesprochen ist, kann SV-Ellen aufhören zu Schwanken und die Bauchschmerzen sind weg. Aber die Unsicherheit, die Schwerhörigkeit *(die innere Stimme ist nicht zu hören)* und der unscharfe Blick sind noch da. Ich stelle dies fest und wende mich an Ellen im Original: „Schau mal, ein Mann oder potenzieller Partner kann unbewusst diese Situation wahrnehmen. SV-Ellen, was wäre, wenn jetzt ein potenzieller Partner auftauchen würde?"
„Den würde ich wahrscheinlich gar nicht wahrnehmen können. Ich bin nicht frei und meine Seele mag ich auch nicht wirklich."

Bevor wir überhaupt an die Ursache gehen, ist die Situation sehr deutlich. Ellen verfolgt die Äußerungen der Stellvertreter genau und informiert: „Was ich noch nicht erwähnt habe und was ihr alle deshalb gar nicht wissen könnt: Seit etwa einem Jahr habe ich immer wieder Probleme mit den Ohren. Ich höre nicht mehr so gut. Der HNO sagt jedoch, alles sei in Ordnung. Das hatte ich ganz vergessen und dachte auch nicht, dass es sich hier zeigen wird, es geht ja um Partnerschaft", lächelt sie, „ach ja, und ich trage Kontaktlinsen mit -4,0 Dioptrin."

Nun wähle ich *(verdeckt)* einen Stellvertreter für die Scheinwelt aus und stelle ihn hinter SV-Ellen. Die atmet durch: „Oh, wird das schön warm im Rücken, das gibt Kraft und der Rücken tut nicht mehr weh." SV-Neptun/Seele kann sich jetzt entspannen und wird weicher. SV-Scheinwelt sagt: „Ich werde magnetisch von SV-Ellen anzogen und bin ganz für sie da. Sie saugt viel Energie, aber ich habe unendlich davon."

Die Scheinwelt ist ein Hinweis aus dem Horoskop. Sie symbolisiert die Bemühungen, den schönen Schein nach außen aufrecht zu erhalten. Niemand soll sehen, wie es wirklich um uns steht. Wenn dieses Verhalten bereits durch die Eltern auf die Kinder übertragen wurde, ist es uns entweder nicht bewusst oder wir reagieren auf alles fassadenhafte regelrecht allergisch.

Einen weiteren Stellvertreter *(verdeckt)* für die „Fremdrollen" stelle ich nun zwischen die Seele/Neptun und SV-Ellen. SV-Ellen lächelt: „Jetzt sehe ich ganz klar, es ist leicht, frisch. In meinen Ohren hat es Plopp gemacht, so als ob man über einen hohen Berg fährt und danach wieder alles hören kann."
Für SV-Scheinwelt ist alles unverändert. Und die Seele zieht sich etwas zurück: „Das ist mir zu nah. Damit will ich nichts zu tun haben, aber ich muss unbedingt SV-Ellen im Blick behalten. Irgendwas gefällt mir nicht. Ich habe Sorge, dass sie da etwas oder jemandem auf den Leim geht und ich den Kontakt zu ihr dann ganz verliere. Ich komme kaum noch durch."
Der SV-Fremdrollen plustert sich auf und macht sich ganz gerade und groß: „Ich bin hier das Bollwerk und ich muss aufpassen, dass SV-Ellen die Seele nicht mehr sieht. Die verwirrt sie doch nur. Nur ich bin wichtig. Ich bin die Überlebensstrategie!"
Bei diesen Sätzen fällt SV-Ellen vor Überraschung die Kinnlade herunter, die Leichtigkeit weicht der Skepsis. „Vielleicht ist das doch nicht ganz so gut. Ich kann meine Seele nur noch wenig sehen. Aber ich bin immer noch klar und höre alles."

Die „Fremdrollen" sind auch ein besonderes Symbol aus dem Geburtshoroskop in Verbindung mit Neptun. Hier spielt der Mensch mehr oder weniger gerne Rollen, damit er sich nicht zu 100 Prozent zeigen muss. Dann sind wir der gute Gastgeber, die gute Freundin, der verlässliche Kollege, die liebende Mutter, der ehrgeizige Sohn etc. Diese Rollen füllen wir perfekt aus. So perfekt bleibt es unerkannt, dass wir mindestens 50 Prozent von uns selbst und unserer Persönlichkeit zurückhalten. Wir sind nie ganz echt, nie ganz authentisch. Nur die wenigsten Menschen (wenn überhaupt jemand im Außen) kennen uns wirklich. Wir vertrauen den Menschen in unserer nächsten Umgebung wenig und wir befürchten Ablehnung oder Verletzung. Ein gewisser Stolz kann auch mitschwingen. Vielleicht denken wir auch, dass es niemanden etwas angeht, wie wir uns wirklich fühlen.

So werden wir zu Einzelkämpfern, die sich perfekt anpassen können und bei denen niemand irgendwelche Probleme vermuten würde. Wir spielen immer nur die Rolle, die der andere von uns erwartet.

Wie alles im Leben gibt es auch hier zwei Seiten der Medaille. Das bewusste Fremdrollenspiel können wir auch einsetzen, um uns zu verstecken und zu schützen. Viele große Schauspieler haben solch eine Konstellation im Horoskop und „kompensieren" bzw. nutzen diese Konstellation beruflich wunderbar. Denn der Vorteil an dieser Verhaltensweise ist auch, dass wir uns wunderbar in andere Rollen und in andere Menschen einfühlen können. Auch viele Therapeuten haben diese Fähigkeit und können daher sehr mitfühlend sein.

"Resonanzgesetz: Wenn Dir Deine Selbstliebe fehlt, wie soll Dich dann jemand lieben?"

(Ilka Plassmeier)

Nun wähle ich einen Stellvertreter *(verdeckt)* für die Selbstliebe aus und bitte ihn, sich einen Platz zu suchen. SV-Selbstliebe versucht es an unterschiedlichen Positionen, aber niemand schaut ihn an und er kann auch zu niemandem Kontakt herstellen. „Das ist ja komisch. Keiner will mich und ich bin überall neutral. Ich gehöre nicht dazu. Kann ich mich wieder setzen?"

„Ja, setz dich bitte wieder, aber bleib noch in der Rolle. Wir werden dich später noch einmal brauchen. SV-Ellen, was sagst du dazu?"

„Nö, der spielt wirklich keine Rolle. Ich hatte ein wenig Sorge, die Wärme im Rücken *(Scheinwelt)* zu verlieren, aber es ging ja gut."

„Neptun, was sagst du?"

„Schade eigentlich, aber dafür ist kein Raum."

Nun fragt Ellen im Original: „Was war das? War das ein potenzieller Partner? Dann haben Männer ja echt keine Chance bei mir."

„Nein, es war kein potenzieller Partner, aber ganz so weit entfernt bist du mit deiner Vermutung nicht. Lass uns erst schauen, was sonst noch passiert!"

Mir fällt wieder ein, dass Ellen im Vorgespräch ihren Sohn erwähnt und ihn als ihren kleinen Mann bezeichnet hatte. Versuchsweise wähle ich einen Stellvertreter für ihren Sohn und bitte wieder darum, sich einen Platz zu suchen. Ganz spontan stellt er sich am Teppich ins Haus Nr. 7 und grinst breit in die Runde.

Ich frage ihn: „Wieso die 7?"

„Das ist mein Platz!"

„Wie wäre es denn mit 5? Hättest du Lust, einmal das 5. Haus auszuprobieren?"

„Nö, da ist es langweilig. Ich bleib hier. Hier sehe ich alles. SV-Ellen und die Seele schauen ab und zu mal rüber. Ich bin wichtig!"

Mein Bauchgefühl hat mich einmal mehr selbst überrascht. Ellens Sohn hat das Haus der Partnerschaft gewählt, in dem eigentlich ein potenzieller Partner stehen sollte. Das Haus 5, in das die Kinder gehören, findet er langweilig. Hier stimmt die Redewendung: Kleiner Mann ganz groß.

Während SV-Sohn spricht lächelt SV-Ellen und sagt anschließend: „Möchtest du vielleicht hier rechts neben mich?" *(Auch ein Partnerplatz!)*

„Och ja, das wäre auch ganz toll."

SV-Sohn stellt sich neben SV-Ellen und SV-Ellen hakt sich bei ihm ein.

„So ist es jetzt perfekt", sagt SV-Ellen.

„Ja, perfekt für dich, denn ich kann jetzt gehen. Du hast keine Augen mehr für mich und bist nur noch mit diesen komischen Dingen beschäftigt. Hallo? ICH bin deine Seele. ICH sollte doch das Wichtigste sein. Ich fühle mich, als würdest du mich mit Füßen treten, ignorieren und verhöhnen. Wie soll ich jetzt noch zu dir durchkommen?"

SV-Neptun ist den Tränen nahe und will den Teppich am liebsten verlassen. SV-Fremdrollen steht der Triumph ins Gesicht geschrieben und SV-Scheinwelt ist immer noch symbiotisch mit SV-Ellen.

Jetzt ist der Ist-Stand erreicht. Die drei, also die Scheinwelt, das Fremdrollenspielen und der Sohn, der den Partnerplatz eingenommen hat, sind ursächlich für Ellens Partnerlosigkeit. Nun decke ich auf und erläutere Ellen, einschließlich der oben im Text bereits angeführten Anmerkungen, was geschehen ist. Auch die Selbstliebe vergesse ich nicht.

„Schau mal, für die Selbstliebe hattest du gar keine Augen. Sie konnte nicht zu dir durchdringen. Deine Seele fand es schade. Aber es ging einfach nicht. Und wenn du nicht in Beziehung zu deiner Seele/Seelenanteil stehst und für Selbstliebe keine Aufmerksamkeit da ist, welchen Mann willst du dann anziehen?"

All das ist auf unbewusster Ebene geschehen. Nun wird es sichtbar. Und es darf natürlich auch nicht vergessen werden: Jede Blockade ist ein Schutz. Das ist gut bei SV-Scheinwelt (Wärme und Stärke von hinten) und bei SV-Fremdrollen (klare Sicht und wieder hören) zu erkennen. Diese Verhaltensweisen boten in der Vergangenheit einen Schutz davor, sich nicht verändern und nicht hinschauen zu müssen, um im Alltag zu funktionieren. Insofern hatte der SV-Fremdrollen tatsächlich Recht, als er behauptete, eine Überlebensstrategie zu sein.

Nachdem ich der Original-Ellen alles erklärt habe, erwidert sie bedächtig: „Ja, ich erkenne mich sehr wieder. Mein Vater war Alkoholiker, aber außerhalb unserer Familie hat das niemand gewusst (Scheinwelt). Das war nicht einfach. Und natürlich habe ich vielen etwas vorgespielt. Auch in meiner Ehe. Mein Ex-Mann sagte oft: ‚Ich kann dich nicht einschätzen. Was geht eigentlich in dir vor?' Diese Strategien waren so wichtig für mich. Ich dachte aber, heute ist das alles kein Thema mehr, so aufgeklärt wie man ja ist. Aber es ist scheinbar doch nicht möglich authentisch zu sein, wenn der Kopf eine Entscheidung trifft, für die das Unterbewusstsein noch gar nicht reif ist."

Ellens Reflexion ist für die Stellvertreter sehr wichtig. Nachdem sie sagte, dass ihr Vater Alkoholiker war *(sie schilderte es ausführlicher, mit allen damit verbundenen Einschränkungen und Verletzungen für sie als Kind)* löst sich SV-Scheinwelt von SV-Ellen und tritt einen Schritt zurück. Auch SV-Fremdrollen gibt die sehr gerade Haltung auf und steht nun ganz entspannt. SV-Neptun hängt förmlich an Ellens Lippen. Neben großem Mitgefühl sendet er unendlich viel Liebe aus. Interessanterweise steht nun SV-Selbstliebe auf und gesellt sich zur Seele. Sie nicken einander zu und lächeln.

Auch hier ist wieder deutlich die Bewusstwerdung der Abläufe auf Seelenebene zu beobachten. Es ist der erste Schritt in Richtung Lösung/Wandlung.

Jedoch nicht alle Stellvertreter sind glücklich mit den Fortschritten, die Ellen gerade macht. Der SV-Sohn schaut demonstrativ aus dem Fenster und hält SV-Ellens eingehakte Hand mit seiner rechten fest. Ich frage ihn, was mit ihm los ist und wie es ihm geht. „Pfff, alles Blödsinn. Macht ihr mal. Ich weiß, dass ich nicht nur Ellens Sohn bin. Ich bin viel mehr und ich werde hier nicht weggehen. Sie braucht mich doch." Natürlich ist der Sohn nun bockig, hat er doch bislang die Hauptrolle gespielt. Aber er ist eben der Sohn. Und er muss sowohl auf bewusster als auch auf unbewusster Ebene lernen, dass seine Mutter als Frau noch andere „Rollen" innehat. Das Kind befürchtet natürlich, die Mutter jetzt zu verlieren. Das ist aber nicht der Fall. Es soll lediglich den Partnerplatz aufgeben und den echten Platz als Kind einnehmen, auch um das Fremdrollenspielen nicht weiterzuvererben. Hier wird sehr deutlich, dass sich auch für Kinder, deren Eltern an sich arbeiten, etwas verändert.

Ich lasse die Bemerkung vom SV-Sohn erst einmal unkommentiert stehen. Zum jetzigen Zeitpunkt ist es zunächst wichtig, dass SV-Ellen die Blockaden wandelt, den Schatz aus jedem Stellvertreter annimmt und die Seele wieder im Mittelpunkt steht. Ich frage SV-Ellen: „Was sagst du denn zu all dem?"
„Ja, ich kann da auch ganz viel mit anfangen. Es ist absolut stimmig für mich. Mich verwundert allerdings, dass das hier mein Sohn sein soll. Er ist so groß und präsent. Er ist doch erst 10 Jahre, richtig? *(Original-Ellen nickt)* Mensch, da solltest du doch lieber Fußball spielen, anstatt hier mit mir wie Oma und Opa zu stehen."
Jetzt schaut SV-Sohn SV-Ellen an und sagt grinsend: „Wie ein altes Ehepaar. Ist doch schön."
Ich greife nochmals ein und bitte SV-Ellen, auch etwas zu den anderen zu sagen.

„Ja, die anderen kann ich so langsam dankbar ziehen lassen."

„Aber bitte nicht, bevor du sie für dich gewandelt und du deine Anteile wieder zu dir genommen hast – alles hat schließlich seine zwei Seiten", empfehle ich.

„Ja, das ist gut."

SV-Ellen befreit sich sanft aus dem Eingehaktsein mit ihrem Sohn und sagt: „Ich gehe nicht weg, ich brauche nur ein wenig Bewegungsfreiheit, damit ich mich um die anderen kümmern kann, okay? Ich komme gleich wieder."

SV-Sohn nickt.

SV-Ellen dreht sich zu SV-Scheinwelt um. „Schön, dich einmal zu sehen. Du hast mir so viel Wärme und Kraft gegeben. Das war so angenehm."

Ich bitte SV-Ellen, diese Qualitäten über das Reichen und Halten der Hände mit SV-Scheinwelt wieder zu sich zurückzunehmen. SV-Scheinwelt ist einverstanden und reicht gern die Hände. Dann soll SV-Ellen gedanklich von der Scheinwelt Abschied nehmen und den Stellvertreter zur Realität wandeln. *(Die Wahrheit ist oft nicht schön. Doch das, was schön ist, ist oft nicht wahr und bringt uns daher meist nicht weiter voran.)* Langsam fangen beide Stellvertreter an zu lächeln. SV-Scheinwelt sagt: „Wow, ich werde zur Realität. Das hört sich gut an. Und so langsam entweicht auch die innerliche Hitze und ich gelange wieder zu Normaltemperatur zurück. Das fühlt sich gut an. Ich glaube, SV-Ellen hat langsam alles, was sie von mir braucht." SV-Ellen bedankt sich und bringt SV-Scheinwelt/Realität nun in den Nebenraum. Dort geht es ihm gut.

SV-Sohn staunt: „Wow, das hätte ich nicht gedacht. Sie ist doch ganz schön stark. Bin gespannt, was noch so kommt."

SV-Ellen lächelt ihn an und sagt: „Ich mache weiter, schau gut zu!" Nun wendet sich SV-Ellen, den SV-Fremdrollen zu: „Du warst wirklich eine Überlebensstrategie und es ist gut zu wissen, dass ich dich bewusst immer mal wieder nutzen darf. Du bist so groß und aufrecht gewesen und hast mich geschützt. Klar und stark. Darf ich dich auch wandeln?"

SV-Fremdrollen nickt: „Aber was ist denn die andere Medaillenseite von mir? Das weiß ich gerade gar nicht."

Ich erwidere: „Wenn wir uns hinter Rollen und Masken verstecken, zeigen wir uns nie ganz. Wenn wir uns ganz und gar echt zeigen, wie nennt man es denn dann?"

„Authentizität", antwortet Original-Ellen lächelnd und doch ernsthaft.

„Stimmt", erwidert SV-Fremdrollen freudig, „wenn ich das für dich sein kann, gerne."

Sie reichen sich die Hände und es ist beinahe sichtbar, wie die Energie fließt und schwingt. Es wird leicht im Raum. Nach ein paar Augenblicken fragt SV-Ellen: „Darf ich nun auch dich bitten, mit mir nach drüben zu gehen? Ich habe verstanden und ich denke, ich habe jetzt alles."

„Bist du sicher? Das geht mir zu schnell. Schließlich war ich so lange hier."

„Geduld war noch nie meine Stärke, aber du hast Recht. Gerade wollte ich nicht alles haben, was du mir zu geben hast. Es ist so viel. Kann ich damit umgehen?"

Nun schaltet sich die Selbstliebe ein: „Ja, das kannst du, wenn du mich in deinem Rücken hast. Darf ich mich hinter dich stellen?"

„Für wen oder was stehst du noch? Ich hab es vergessen."

Ich frage: „Ist das wichtig für dich? Oder möchtest du die Hilfe einfach einmal ausprobieren?"

SV-Ellen: „Okay, ich probiere einfach. Mehr Bauchgefühl und weniger nachdenken!"

Als SV-Selbstliebe hinter SV-Ellen steht, lächelt SV-Fremdrollen/Authentizität und sagt: „Jetzt kannst du den letzten Rest auch noch nehmen, wie schön."

Nach dieser Info sage ich zu SV-Ellen: „Die Selbstliebe steht hinter dir. Wie fühlt sich das an?"

SV-Ellen stehen schon vor der Frage Tränen in den Augen, aber sie lächelt: „Großartig. Das gebe ich nicht mehr her."

Nun kann auch SV-Fremdrollen verabschiedet werden. SV-Ellen kehrt an ihren Platz am Teppich zurück, mit der Selbstliebe im Rücken, neben SV-Sohn.

Die Seele/Neptun sagt: „Endlich habe ich wieder freie Sicht. Schaut, wie schön und wie stark SV-Ellen jetzt ist. Ich bin so stolz auf sie. Ich kann es kaum erwarten, dass sie zu mir kommt."

SV-Ellen sagt: „Gerne, aber ich muss hier erst noch etwas mit meinem Sohn klären." Sie wendet sich an den SV-Sohn und sagt: „Du bist und bleibst mein Sohn. Ich liebe dich von ganzem Herzen. Wir sind immer verbunden. Vertraue mir! Nur an diesen Platz hier rechts von mir gehörst du nicht. Das tut dir nicht gut, denn du verlierst etwas von deiner Kindlichkeit, und mir tut es auch nicht gut, denn ich verdränge aus diesem Grund meine Weiblichkeit. Ich glaube, wir hätten viel mehr Spaß und Freude, wenn jeder seinen eigenen Bereich hat und wir uns auf der Mitte treffen, uns aber auch wieder trennen können. Was meinst du?"

„Zum Fußballspielen? Prima. Boah, ich hab die stärkste und coolste Mutter überhaupt. Jetzt fühle ich mich tatsächlich wie ein Zehnjähriger. Spannend. Nicht mehr wie ein Erwachsener. Das ist witzig. Na klar gehe ich an meinen Platz! Aber wo ist der eigentlich? Das hab ich ganz vergessen."

SV-Ellen führt ihren Sohn ins 5. Haus am Teppich, umarmt ihn und geht wieder zurück an ihren Platz. SV-Selbstliebe bleibt immer hinter ihr.

Da SV-Ellen ihre Blockaden wandeln konnte, brauchte SV-Sohn nun nicht mehr der starke Partner/Beschützer zu sein. Daher waren weitere Diskussionen darüber überflüssig.

Mit SV-Selbstliebe im Rücken stehen sich SV-Ellen und ihre Seele direkt gegenüber. „SV-Seele, möchtest du jetzt immer noch gehen, weil du nicht gesehen wirst?" „Nein, sie sieht mich und das ist gut." „SV-Ellen, weißt du noch, wie es am Anfang war? Da wolltest Du Neptun unbedingt fortschicken." „Ja, so was Doofes aber auch. Verstehe ich jetzt gar nicht mehr. Ich habe eine wunderbare Seele und sie hat so viel ausgehalten. Auch wenn sie mich manchmal schon gar nicht mehr sehen konnte. Ich bin so froh, dass sie nicht gegangen ist. Darf ich jetzt zu ihr?"

Als SV-Ellen die Schritte auf ihre Seele zugeht, bleibt SV-Selbstliebe stehen und lässt los. SV-Ellen bemerkt es zwar, wendet aber weder den Blick von ihrer Seele, noch kommentiert sie es. SV-Selbstliebe nickt mir lächelnd zu und gibt mir zu verstehen, dass SV-Ellen alles aufgetankt hat, was sie brauchte. Ich nicke zurück und SV-Selbstliebe setzt sich. SV-Ellen und SV-Seele reichen sich die Hände. „Oh, ist das schön. Das ist einfach unbeschreiblich. Ich könnte lachen und tanzen. Ich fühle mich so frei wie noch nie." Die Seele stimmt ein und sagt: „Dann lass uns endlich tanzen, ich möchte mich bewegen und ich möchte mit dir fliegen!" Beide fangen an zu hüpfen und zu tanzen und fallen sich wenig später lachend in die Arme. SV-Sohn sagt: „Na ja, so 'n bisschen komisch sind Erwachsene auch, oder?" Er bleibt ganz gelassen und entspannt im Haus der Kinder. Ich frage: „SV-Ellen wie fühlt es sich an?" „Sehr gut, frei, leicht und präsent." „Und SV-Seele?" „Endlich ist Bewegung und Leichtigkeit da. Ich möchte flirten und tanzen. Schön!" „Ihr beiden, fühlt es sich so gut an, dass wir das Original einsetzen können?" SV-Ellen nickt kräftig: „Ja unbedingt, das muss man gefühlt haben!"

Und so tauschen nun die beiden Ellen ihre Plätze. Der Stellvertreter darf sich setzen und Ellen nimmt zunächst außen am Teppich ihren Platz ein. Sie hat zwar alles beobachtet, aber sie muss sich erst in die für sie neue Situation einfühlen. Bei Ellen ist die Leichtigkeit noch nicht zu spüren.

Sie atmet seufzend durch und schaut auf SV-Sohn. „Geht es dir da gut?"

„Ja, super geht es mir hier und ich bin gespannt, ob du auch so tanzen kannst", grinst SV-Sohn zurück.

„Sie ist sehr unsicher und das Vertrauen fehlt noch. Aber ich kann warten", sagt die Seele.

Da Ellen im Original noch sehr zweifelnd und zögernd ist, bitte ich den Stellvertreter für die Selbstliebe, sich nochmals hinter Ellen zu stellen. SV-Selbstliebe legt sanft die Hände auf Ellens Schulterblätter. „Das tut gut. Es wird ganz warm", sagt Ellen und schließt die Augen. Die Seele lächelt wissend. Eine Minute später öffnet Ellen die Augen wieder und schaut nun ihre lächelnde Seele direkt an. Eine weitere Minute später lächelt Ellen auch. Es ist ganz still im Raum als Ellen langsam Schritt für Schritt auf ihre Seele zugeht. Ganz sacht nimmt sie Kontakt auf. Als Ellen ihrer Seele die Hände reicht, löst sich die Selbstliebe wieder und setzt sich. Nach einiger Zeit nehmen sich Ellen und ihre Seele behutsam in den Arm. Vorsichtig und leise sage ich: „Diese Verbindung ist wichtig. Denn mit dieser Verbindung beginnt die Selbstliebe. Sie schafft Vertrauen ins Leben. Sie schützt und leitet. Und mit dieser Verbindung klappt´s auch mit dem ‚Nachbarn' (Partner)." Ellen lacht und weint gleichzeitig. Langsam löst sich sie aus der Umarmung und ich frage: „Und wie ist es nun?"

„Gut, leicht, sanft – ich habe kaum Worte. Aber es stimmt. Etwas in mir möchte tanzen. Da kommt etwas hoch."

„Na, dann mal los!"

Solange der Partnerplatz besetzt ist, geht natürlich im Außen ein potenzieller Partner nicht in Resonanz und erscheint daher auch nicht im Leben. Nun ist der Platz wieder frei und die Verbindung zur Seele wächst. So darf sich auch im Außen etwas entwickeln.

Ungefähr ein Jahr nach der Aufstellung habe ich Ellen wiedergetroffen. Sie strahlte Leichtigkeit und Freude aus. Natürlich habe ich nachgefragt, was sich nach der Aufstellung ereignet hatte. „Das war schon spannend. Als ich Zuhause war, konnte ich mich nur noch an das Schlussbild erinnern, genau wie du sagtest. Ich habe den

Seminartag dann schnell vergessen. Aber ich habe meinen Sohn beobachtet und festgestellt, dass er früher wirklich oft ziemlich altklug war und mir immer helfen wollte. Jetzt ist er ganz anders. Er genießt mehr, spielt und lacht. Genau wie ich. Bei mir hat die Aufstellung wohl etwas länger gebraucht. Ich habe nicht innerhalb von sechs Monaten einen neuen Partner kennen gelernt. Na ja, zumindest dachte ich das. Denn meinen heutigen Partner – ja, ich habe jetzt eine glückliche Beziehung seit vier Monaten – kannte ich eigentlich schon vor der Aufstellung. Ich hätte aber nie vermutet, dass aus uns je ein Paar werden könnte. Er war lange ein guter Freund, mit dem ich mich ein oder zwei Mal in der Woche traf. Auch seine Ehe, aus der er eine Tochter hat, wurde vor ein paar Jahren geschieden. Und vor vier Monaten hat es auf einmal Zoom gemacht. Wir sind total verliebt. Mit den Kindern klappt es super und wir werden wohl bald zusammenziehen."

Fallbeispiel

Im Mauseloch verkrochen - Negative Glaubenssätze
in Bezug auf Partnerschaften

Emilia hatte meine Homepage im Internet gefunden und nahm per E-Mail Kontakt zu mir auf. Sie fragte nach: „Ist es möglich, dass ich mein Beziehungsmuster aufstelle, wenn ich gar nicht genau weiß, wie das Muster heißt oder wo es herkommt? Ich habe keine Probleme damit, Partner zu finden und mich zu verlieben. Aber immer nach rund anderthalb Jahren trenne ich mich. Entweder ist das Gefühl weg, er nervt mich oder ich vergucke mich in einen anderen. Das ist echt anstrengend. Das geht nun schon seit mehr als fünfzehn Jahren so, seit ich meinen ersten Freund hatte. Und gerade erst habe ich mich wieder getrennt."

Beziehungsthemen und -muster sind neben den Gesundheitsblockaden die häufigsten Aufstellungsthemen und so antwortete ich ihr: „Sie haben ihr Muster doch schon erkannt – die Trennungen nach anderthalb Jahren. Mehr brauchen wir für die Aufstellung nicht. Ziel der Aufstellung ist es ja, die Ursache zu finden. Wenn Ihnen diese bereits bekannt wäre, bräuchten Sie vielleicht keine Aufstellung mehr. Wenn Sie bereit sind, dieses Muster zu verändern, dann freu ich mich auf Ihre Anmeldung." Postwendend meldete sie sich für ein Seminar an. Der Druck, etwas zu verändern, war spürbar.

Am Aufstellungstag berichtet Emilia über ihre Vermutung, dass die Trennungen von den Partnern nach eineinhalb Jahren mit der Beziehung/Ehe ihrer Eltern zusammenhängt. Der Vater verließ die Familie als Emilia zwei Jahre alt war: „Vielleicht versuche ich unbewusst zu vermeiden, dass mein Partner mich nach zwei Jahren verlässt und initiiere daher selbst die Trennung vorzeitig. Denn im Allgemeinen leidet der sich Trennende weniger als der Verlassene."
„Gut, da kann etwas dran sein", stimme ich zu, „das macht logisch Sinn. Der Kopf ist mit dieser Vermutung erst einmal zufrieden. Aber das weißt du ja nun schon seit Jahren und trotzdem hat es sich nicht aufgelöst oder verändert. Wenn wir außerdem davon ausgehen, dass du dir vor deiner Zeugung deine Eltern mit all ihren Eigenschaften ausgesucht hast und sie die optimalen Eltern für dich und deine Entwicklung sind, dann zeigen dir deine Eltern nur das Thema, sind aber nicht die Ursache. Die Ursache liegt irgendwo in dir."
„Das ist aber schon ein wenig doof, oder? Dann kann ich ja meinen Vater gar nicht dafür verantwortlich machen, dass er uns sitzenlassen hat, dass er sich nicht um mich kümmerte und dass er ständig mit meiner Mutter stritt", schmollt Emilia ein wenig. „Na ja, so ein bisschen hatte ich das schon befürchtet. Aber was mach ich denn nun? So langsam verliere ich den Glauben an das Glück im Leben und auch an

die Liebe. Wie lange soll sich das alles noch wiederholen?"

„Darum geht es nun in deiner Aufstellung. Gibt es sonst noch etwas, was dich bedrückt oder was du verändern möchtest?"

„Nein, das ist soweit alles. Ansonsten geht es mir gut."

Emilia sucht sich nun eine Stellvertreterin für sich selbst und ich bitte diese, sich außen am Astroteppich zu positionieren. Auf Nachfrage erklärt SV-Emilia einen kurzen Moment später: „Mir geht es gut. Aber ich bin ein wenig eingeschüchtert. Alle schauen mich an. Ich fühle mich gerade wie ein junges Mädchen. Wie ein Teenie. Ich weiß, wie hübsch und interessant ich bin, aber so ein bisschen macht mich die Aufmerksamkeit verlegen." SV-Emilia schaut etwas betreten zu Boden und ihr Gesicht nimmt eine rosige Farbe an.

Das Überprüfen der Planeten ergibt, dass Neptun und Pluto entspannt und neutral sind und auch auf SV-Emilia so wirken. Als der Uranus-Stellvertreter jedoch hereinkommt, erschrickt SV-Emilia: „Das entsetzt mich."

„Was entsetzt dich denn genau?", frage ich nach.

„Es entsetzt mich, dass der Uranus, von dem ich eine Bedrohung erwartet habe, sämtliche Kraft verloren hat und total erschöpft ist. Wenn es dem schon so geht, wer soll mir denn dann noch helfen? Das erschüttert mich."

Somit ist klar, dass der Uranus uns den Weg zur Ursache und zur Transformation zeigen wird. Die zwei anderen Stellvertreter für die Planeten werden entlassen und dürfen sich setzen.

„SV-Uranus, stimmt das, was Emilia sagte? Bist du kraftlos? Und wärst du normalerweise eine Bedrohung für sie?" Eine rhetorische Frage, denn dem Stellvertreter stehen die Kraftlosigkeit und Erschöpfung ins Gesicht geschrieben und seine Haltung erinnert eher an einen Schluck Wasser in der Kurve. Dennoch ist es wichtig, dass Uranus selbst ausspricht und wahrnimmt, wie es um ihn steht.

„Das ist unglaublich anstrengend hier. Und ich kann gar nicht ausmachen, woher das kommt. Es fühlt sich an, als hätte ich gestern einen Marathon gelaufen. Heute tut mir alles weh und ich will nur noch schlafen. Dabei jogge ich noch nicht einmal."

Natürlich kann auch die Seele erschöpft sein, wenn sie uns immer wieder Hinweise schicken muss und wir nichts hören. Wenn sie vieles durchmachen und aushalten muss, weil wir nichts verändern wollen. Wenn sie unter Anspannung und Stress steht. Aber wir sollten im Hinterkopf behalten, dass Müdigkeit oftmals auch für Verdrängung steht. Wir versuchen über Müdigkeit und Erschöpfung etwas zu umgehen und zu rechtfertigen. Haben wir keine Kraft mehr, üben andere Nachsicht mit uns. Würden wir nicht mehr verdrängen und unsere Situation verändern, könnten wir – im übertragenen Sinn – auch zwei Marathons laufen und wären hoch motiviert. Allerdings erläutere ich dies während der Aufstellung nicht.

"Durch die Verdrängung binden wir unsere
Seele an das Problem.
Sie dreht sich nun ständig um das Thema,
brütet und hat doch keine Chance
unseren Verstand zu überwinden.
Sie dürstet nach ER-Lösung."

(Ilka Plassmeier)

„Was soll ich denn nur tun?", fragt SV-Emilia verunsichert. „Ich kann ihm nicht helfen. Hingehen kann ich auch nicht, das traue ich mich nicht. Vielleicht ist es ja doch nur vorgespielt und sobald ich da bin, bin ich in Gefahr. Außerdem brauche ich meine Kraft für mich, damit ich die Unsicherheit aushalte."

Uranus reagiert auf diese Bemerkung mit einem Kopfschütteln. Er stöhnt und setzt sich auf den Boden: „Ich kann einfach nicht mehr stehen. Das kann ich nicht aushalten. Da ist irgendetwas, was mich echt zusammensacken lässt. Vielleicht ist es auch nur die vorgefertigte Meinung, die SV-Emilia über mich hat? Ich weiß es nicht."

Anhand des Geburtshoroskops wähle ich nun einen Stellvertreter für die Wiederholungsschleifen *(gleichbedeutend mit: aus Erfahrungen nicht lernen)*. Diesen Stellvertreter bitte ich, sich zu SV-Emilia zu stellen. Er wählt den Platz rechts neben SV-Emilia und dreht sich so, dass er sie beobachten kann.

„Mann, muss der mich angucken? Ich würde jetzt gern in einem Mauseloch verschwinden. Das will ich nicht sehen", reagiert SV-Emilia sofort.

„Hihi, genau diese Reaktion habe ich erwartet", triumphiert SV-Wiederholungsschleife, „nur nicht hingucken. Alles schön ausblenden, was mit dir zu tun hat. Deshalb bleibst du auch bei keinem Mann. Nicht wegen deines Vaters, sondern weil du bei dir selbst nicht hingucken willst. Würde eine Partnerbeziehung länger und tiefer gehen, müsstest du dich ja stellen. Sehr geschickt!"

Hier bestätigt sich das Thema Müdigkeit in Zusammenhang mit Verdrängung. Also war es gut, dies vorher nicht anzusprechen.

SV-Emilia blendet die Worte von SV-Wiederholungsschleife aus: „Du brauchst nicht mit mir zu reden. Ich höre dich sowieso nicht. Innerlich bin ich in meinem Mauseloch. Alles schwarz, geborgen und sicher hier. Nur meine dort auf dem Boden kauernde Seele tut mir ein wenig leid. Aber das kann ich jetzt nicht ändern."

SV-Uranus/Seele streckt sich nun lang auf dem Boden aus: „Macht ihr mal, ich brauch erst einmal Schlaf. Das Spiel ist einfach zu anstrengend."

Als nächstes wähle ich *(verdeckt)* einen Stellvertreter für das Symbol der Abgrenzungsschwäche und bitte auch ihn, sich zu SV-Emilia zu stellen. Intuitiv wählt er den Platz hinter SV-Emilia und legt liebevoll die Arme um sie.

„Huch, so nah?", wundert sich SV-Emilia zunächst und fährt sogleich fort: „Aber das ist super. Das fühlt sich gut an und gibt Kraft. Die anderen beiden kann ich beruhigt

vergessen, denn in meinem Mauseloch gibt es jetzt ein paar gemütliche Kerzen und ein kuscheliges Sofa."

Manche Stellvertreter umschreiben Situationen und Gefühle gern mit plastischen Bildern. Oftmals erleichtern es diese Umschreibungen den anderen Stellvertretern, besser nachvollziehen zu können. Manchmal stellen sich die Bilder sogar als Pendant zur Realität dar. Deswegen ermutige ich Klienten häufig, schwer erklärbare Gefühle in Bildern zu beschreiben.

SV-Uranus hat die Augen geschlossen und stellt sich schlafend. Ich gehe darauf nicht weiter ein und frage auch nicht nach. SV-Wiederholungsschleife fühlt sich bestätigt: „Ja, prima. So wird sich nie etwas verändern. Das kann sie das ganze Leben so weiter machen! Oder meinetwegen auch über viele Leben."
SV-Abgrenzungsschwäche nimmt SV-Emilia in Schutz: „Nun lasst sie doch! Sie ist doch noch so jung. Ich passe auf sie auf. Auf euch andere ist sowieso kein Verlass. Guck mal, deine Seele hat dich auch ausgeblendet und pennt. Tolle Seele! Nicht da, wenn man sie braucht."
„Ich bin sehr wohl da. Aber ich bin es leid, mir das anzusehen und zuzuhören. Was für eine Leier", kommt es entrüstet vom Boden. Aber SV-Uranus verändert weder seine Position, noch öffnet er seine Augen.

Für mich war am interessantesten, dass sich die Äußerungen von SV-Abgrenzungsschwäche wie Glaubenssätze anhörten und behalte es im Hinterkopf.

Als letztes bitte ich nun einen Teilnehmer aus der Gruppe, sich als Stellvertreter *(verdeckt für die Mutterlinie)* seitlich außen am Teppich zu platzieren. Wie gebannt fixiert SV-Emilia SV-Mutterlinie mit ihrem Blick.
„Wie geht es dir mit dem neuen Stellvertreter?", frage ich nach.
„Ich erhoffe mir von dort eine Lösung. Der kann mir bestimmt sagen, was ich nun tun soll", hofft SV-Emilia.
Von SV-Uranus ist nur ein Schnauben zu hören, ansonsten ist seine Position unverändert.
SV-Wiederholungsschleife bestätigt: „Ja, da könnte die Lösung liegen oder zumindest etwas, das hilft. Ich fühle mich sehr dorthin gezogen, dass ich jetzt auch von SV-Emilia weggehen könnte. Und ich merke, dass meine Überheblichkeit schwindet."

Nur SV-Abgrenzungsschwäche ist unbeeindruckt und kuschelt weiter. Nun bitte ich SV-Mutterlinie, etwas zu sagen.

„Ich fühle mich mit SV-Emilia verbunden und doch wieder nicht. SV-Wiederholungsschleife kenne ich und ich kann die Anziehungskraft bestätigen. Zu der Seele in der Mitte fällt mir nur ein, was für ein Weichei sie ist! Auf so etwas kannst du doch verzichten, SV-Emilia", behauptet SV-Mutterlinie.

Ich wende mich noch einmal an den SV-Mutterlinie: „Stell dir bitte einmal vor, die dort auf dem Teppich liegende Seele würde für einen potenziellen Partner für SV-Emilia stehen. Was würdest du dazu sagen?"

„Mein Reden, ein Weichei", urteilt SV-Mutterlinie, „Männer sind doch zu nichts zu gebrauchen. Entweder sie wollen nur das eine oder sie liegen schlafend auf dem Sofa. Darauf kann man verzichten. Wenn man sie braucht, sind sie nicht da. Ohne Mann bist du besser dran, SV-Emilia. Sie spielen nur mit dir und lassen dich dann fallen wie eine heiße Kartoffel. Du bist besser dran, wenn du den Spieß umdrehst. Männer sind unzuverlässig, grob und ignorant."

Da sind die Glaubenssätze, die sich durch die Mutterlinie ziehen und von SV-Emilia unbewusst angenommen wurden. An diesen Glaubenssätzen soll sie arbeiten, das ist ihre Aufgabe im Hier und Heute. Dies wurde natürlich über das Verhalten des Vaters bestätigt.

Jetzt kommt Schwung in die eingefahrene Situation. SV-Uranus/Seele öffnet die Augen und setzt sich auf. „Hast du einen Knall?", entfährt es ihm. „Für wen hältst du dich, so etwas zu behaupten?"

„Weil ich das genau weiß", erwidert SV-Mutterlinie, „alle Männer sind Schweine!"

Jetzt steht SV-Uranus/Seele auf: „SV-Emilia, glaub der verbitterten alten Schachtel kein Wort! Ist doch klar, dass die keinen Mann mehr abkriegt mit der Haltung."

Die Stellvertreter sind immer noch verdeckt. Keiner weiß, wer für wen oder was steht. Und ich erinnere die Teilnehmer schnell daran, nichts persönlich zu nehmen.

„Ich weiß nicht, was ich glauben soll", zweifelt SV-Emilia. „was passiert denn, wenn ich etwas verändere? Das macht mir gerade alles ein wenig Sorge und die Kerzen im Mauseloch werden auch wieder kleiner."

SV-Uranus/Seele ist nun stinksauer und ballt die Fäuste: „Das macht mich so wütend. Hört mich überhaupt jemand? Hallo?"

Und nun beginnt SV-Uranus/Seele laut zu schreien. SV-Emilia erschrickt und dreht sich spontan zum SV-Abgrenzungsschwäche um, flieht in die Umarmung und versteckt ihr Gesicht an seiner Schulter.

Nachdem es still wird, frage ich: „War das alles? Oder sitzt da noch mehr, was rausgeschrien werden muss?"

SV-Uranus/Seele schüttelt den Kopf, holt tief Luft und schreit nochmals so laut er kann.

Darauf erwidert SV-Mutterlinie: „Ja, und wenn die Männer nicht weiterwissen, schreien oder schlagen sie."

Aber SV-Uranus/Seele geht auf die Provokation nicht ein: „Das tat gut. Das war ein Befreiungsschrei. Ich musste mich wirklich von der Müdigkeit, der Erschöpfung und diesen unglaublichen Verurteilungen befreien. Jetzt bin ich ganz da. Es tut mir leid, dass ich SV-Emilia eingeschüchtert habe. Aber ich glaube, das war auch für sie wichtig." Seine Stimme wird immer sanfter. „Ich wünsche mir, dass sich SV-Emilia wieder zu mir umdreht, denn ich habe auch für sie geschrien, weil ich weiß, dass sie zu dem Schrei nicht oder noch nicht fähig ist."

SV-Emilia wischt sich ein paar Tränen aus dem Gesicht, schaut SV-Abgrenzungsschwäche noch einmal an und dreht sich dann zögernd um.

Nun ist der Zeitpunkt der Auflösung gekommen und ich unterbreche die Aktionen am Teppich kurz. „Emilia", wende ich mich an meine Klientin, „ich habe die Aufstellung ein wenig weiterlaufen lassen, weil alles gerade so gut im Fluss war. Nun haben wir bereits die ersten Schritte der Lösung gemacht. Jetzt möchte ich aber auflösen, damit deine Stellvertreter ganz bewusst die Dinge verändern. Wie geht es dir?"

„Ich bin ein wenig geplättet, was da so alles in mir passiert", gibt Emilia zu, „aber ich kenne diese abfälligen Bemerkungen über Männer aus meiner hauptsächlich aus Frauen bestehenden Familie. Die Männer sind immer gegangen, geflüchtet oder sie sind im Krieg gefallen. Der Schrei tat mir übrigens sehr gut. Vor kurzem war ich in einem Wald und wollte selbst schreien, alles herausbrüllen, aber ich konnte es nicht. Und ich bin so dankbar, dass meine Seele das hier herauslassen konnte. Jetzt bin ich auch bereit zu hören, wer das da alles so ist."

„Gut. Dann fange ich mal an. Deine Stellvertreterin für dich im Hier und Jetzt hast du dir selbst ausgesucht. Wir haben gesehen, wie verunsichert du bist. Dass du nicht mehr weißt, wem du glauben sollst, dich auch beobachtet fühlst und dich am liebsten vollkommen zurückziehen würdest."

„Oh ja, das wollte ich in der letzten Zeit verstärkt. Und ich habe viel geweint. Nicht wegen der Männer oder der Trennungen, sondern weil ich glaube, dass ich nicht richtig bin."

„Deine Seele in Gestalt des Uranus steht für das Aufbrechen alter Muster, für überfällige Veränderungen, für neue Wege. Da haben wir genau den Richtigen. Und er hat schließlich auch deutlich aufgezeigt, dass über einen längeren Zeitraum hinweg gar nichts mehr ging und einfach immer nur ausgeblendet wurde. Aber je tiefer wir gehen, desto wacher wird er wieder. Über die Wut erhält er neue Kraft und vor allem Mut. Den Mut, es laut herauszuschreien. Und jetzt siehst du, wie viel deiner Seele an dir gelegen ist. Der erste Stellvertreter, den ich hinzunahm und der sich beobachtend neben dich stellte, steht für die Wiederholungsschleife. Das ist fast selbsterklärend. Und wir konnten auch beobachten, dass es hier ganz stark um Verdrängung geht. Bei ihm wolltest du dich zunächst in ein Mauseloch verkriechen und er erfasste auch genau, warum es so war. Die Wiederholungsschleife könnten wir auch 'Aus-Erfahrungen-nicht-lernen' nennen. Immer wieder geraten wir in ähnliche Situationen, reflektieren nicht und verhalten uns immer wieder gleich. Der Stellvertreter, der deine Stellvertreterin da so herzlich im Arm hält und auf Kuschelkurs ist, steht für die Abgrenzungsschwäche. Bei diesem Verhaltensmuster ist es so, dass wir ungefiltert und ungeprüft alles aufnehmen, was von anderen kommt und es zu den eigenen Überzeugungen machen. Was wir selbst möchten, fühlen oder wünschen, können wir kaum noch benennen. Wir richten uns unbewusst nach den anderen und deren Erfahrungen aus. Solange wir Kind sind, ist dieses Verhalten wichtig, oft auch überlebenswichtig. Wir sind auf die Erfahrungen der Eltern und Verwandten angewiesen, um uns im Leben zurechtzufinden. Aber spätestens in der Pubertät sollte langsam eine Abnabelung von diesen Erfahrungen stattfinden, um die eigene Wahrheit finden zu können. Deine Stellvertreterin hat gesagt, sie fühle sich wie ein Teenie. Scheinbar bist du beim Thema Männer und Beziehungen irgendwo dort unbewusst hängen geblieben.

Und nun kommen wir zum letzten Stellvertreter, der so nett über Männer und Beziehungen gesprochen hat. Dieser Stellvertreter steht für deine Mutterlinie. Du hast die Aussagen kurz vor der Auflösung sogar noch bestätigt. Es gab nur wenige Männer in der Familie. Sie waren entweder verschwunden oder verstorben. Natürlich fühlten sich die Frauen dann im Stich gelassen und vielleicht auch hintergangen. Deine Seele hat sich diese Familie ausgesucht, weil sie genau hieran wachsen und endlich aufwachen kann. Es geht darum, diese Glaubenssätze über Bord zu werfen und klar zu sehen. Sind wirklich alle Männer Schweine?"

„Nein, überhaupt nicht. Ich war mit wunderbaren Männern zusammen, denen ich das Herz gebrochen habe, als ich gegangen bin", bekennt Emilia. „Nach dem ganzen Theater mit meinem Vater hat meine Mutter nur noch wenig positiv über Männer gesprochen. Die Formulierungen der Mutterlinie hier, waren gar nicht so schlimm. Aber ich habe von meiner Mutter gehört, dass ihre sehr verbitterte Großmutter bei jeder Gelegenheit über die Männer herzog. Es ist wohl nicht nur bei mir eine Wiederholungsschleife, sondern vor allem bei meinen mütterlichen Ahnen."

Ich nicke und erinnere: „Stimmt, deshalb fühlt sich das Wiederholungsthema auch zu der Mutterlinie so hingezogen. Für dich geht es in erster Linie darum, die Glaubenssätze aufzulösen, dich besser abzugrenzen und herauszufinden, was du willst, um dann zum Selbstvertrauen und zur Selbstliebe zu kommen. Eine Beziehung folgt dann schon nach."

Emilia überlegt kurz und fügt dann noch hinzu: „Wenn ich mir meine ehemaligen Partner so anschaue, war ich ganz schön bekloppt, sie in den Wind zu schießen. Das waren tolle Männer. Aber ich war wie automatisiert und hatte einfach Angst, ebenso wie alle Frauen in meiner Familie verletzt zu werden. Und so habe ich mich selbst maßlos und immer wieder verletzt. Mein Vater wie auch meine weiblichen Vorfahren tragen also keine Schuld. Sondern ich habe jetzt die Möglichkeit, für mich etwas bewusst zu verändern. Nun habe ich es kapiert. Das fühlt sich so gut an!"

Während der Erklärungen und des Gespräches mit Emilia habe ich beobachtet, wie der SV-Abgrenzungsschwäche SV-Emilia aus der Umarmung entlassen hat und SV-Emilia nun dauerhaften Augenkontakt zu SV-Uranus/Seele unterhält. SV-Wiederholungsschleife hat sich inzwischen zu SV-Mutterlinie gestellt und sich bei ihm eingehakt. Es sieht aus, als wäre der SV-Mutterlinie nun friedlicher. Nun frage ich in die Runde, wie es allen Stellvertretern geht.

SV-Emilia stellt fest: „Ich bin noch ein wenig unsicher, weil mir der Schrei so große Angst gemacht hat. Aber deine Erklärungen haben gut getan. Jetzt kann ich auch alleine stehen, ohne von hinten gehalten zu werden."

SV-Abgrenzungsschwäche sagt: „Ich bin ja immer noch da und wenn sie mich braucht, gerne."

SV-Wiederholungsschleife berichtet: „Hier bin ich friedlich und nicht mehr überheblich. Die anderen interessieren mich nicht. Ich gehöre zur Mutterlinie."

Das bestätigt auch die Mutterlinie: „Ja, das mit uns zweien fühlt sich gut an. Und auch wenn ich es nicht gerade in die Zeitung setzen würde: Nicht alle Männer sind Schweine! Aber es ist leichter zu verurteilen, als sich dem Leid zu stellen. SV-Emilia, was ich zu dir sagte, war nur die halbe Wahrheit. Ja, es gibt Männer, die nur das eine wollen, auf dem Sofa liegen oder einfach verduften. Aber es gibt auch die guten Männer, die da sind und sich kümmern. Und wenn ein solcher Mann beispielsweise im Krieg fällt und nicht zurückkommt, fällt es leichter, Männer grundsätzlich zu verurteilen, als zu trauern. Ich wünsche dir von Herzen eine wundervolle Beziehung mit einem deiner tollen Männer, der für dich da ist und an deiner Seite steht."

SV-Mutterlinie ist ganz gerührt und wischt sich eine Träne von der Wange.

SV-Emilia lächelt: „Das verstehe ich vollkommen. Ich kann das gut nachvollziehen. Aber heute haben wir zumindest hier keinen Krieg. Beziehungen, Männer und Frauen haben sich verändert und ich danke dir, dass du deine Urteile zurückgenommen hast. Das macht es mir leichter."

Jetzt wird SV-Uranus/Seele ganz unruhig: „Darf ich auch einmal etwas sagen?"

Alles lacht.

„Ich bin total aufgeregt. Hier passiert gleich etwas Großes und ich kann es kaum erwarten. Es wird immer besser und ich freu mich so. Könnt ihr bitte schnell weitermachen? Ich möchte SV-Emilia endlich in die Arme schließen."

Bei SV-Wiederholungsschleife und SV-Mutterlinie gibt es nicht mehr viel zu sagen. SV-Emilia bringt beide mit einem entschlossenen Lächeln in den Nebenraum, verabschiedet sich und entscheidet: „Ich lasse eures bei euch und nehme meines zu mir."

Sich der SV-Abgrenzungsschwäche zu stellen und ihn zu verabschieden gestaltet sich etwas schwieriger. „Hach, mein Kuschelsofa in meinem Mauseloch. Wie soll ich dich denn verabschieden? Das war doch so schön", wendet sich SV-Emilia an SV-Abgrenzungsschwäche.

„Wie würdest du denn SV-Abgrenzungsschwäche beschreiben?", frage ich nach.

„Als starke Schulter, als Fels in der Brandung, etwas das wärmt und Halt gibt", antwortet SV-Emilia.

„Und was ist das Gegenteil von Abgrenzungsschwäche?"

„Abgrenzungsstärke?"

„Sieh mal, diese Blockade sich nicht abgrenzen zu können hat dazu geführt, dass du dein Spiel mit den Glaubenssätzen gespielt hast. Aber es hat dich auch aufgefangen und geschützt. In dieses Muster hast du Qualitäten von dir ausgelagert: Stärke,

Wärme und Halt – wie du gerade sagtest. Der Stellvertreter hat diese Qualitäten für dich aufbewahrt und kann sie jederzeit an dich zurückgeben, wenn du das möchtest. Und dann brauchst du die Abgrenzungsschwäche nicht mehr. Wenn du bereit dafür bist, dann reiche dem Stellvertreter die Hände und schau was passiert."

SV-Emilia folgt dem Vorschlag: „Du hast ganz warme Hände, wie schön", und sie schaut SV-Abgrenzungsschwäche lächelnd ins Gesicht.

„Du darfst dich abgrenzen", sagt der Stellvertreter, „ich habe das Gefühl, dass ich dir das noch sagen muss. Es ist wichtig, dass man sich abgrenzt und nicht alles von anderen aufnimmt. Entdecke deine eigene Persönlichkeit, deine eigenen Überzeugungen und deine eigenen Bedürfnisse! Dafür schicke ich dir jetzt deine Kraft hinüber. Und ich vertraue darauf, dass du das schaffst. Lebewohl!"

SV-Emilia und SV-Abgrenzungsschwäche umarmen sich und SV-Emilia bringt den Stellvertreter dann ebenfalls in den Nebenraum. Dort fühlen sich alle Stellvertreter wohl.

Als SV-Emilia an den Teppich zurücktritt, ist sie zwar noch etwas schüchtern, aber nicht mehr unsicher. SV-Uranus/Seele ist äußerst ungeduldig und ich bitte ihn, noch einen Moment zu warten, um SV-Emilia nicht zu überfordern. Ich frage SV-Emilia, wie sie sich nun fühlt.

Sie antwortet: „Ich werde langsam erwachsen. Ich spüre Stärke in mir wachsen. Aber das ist alles noch ganz neu. Meine Seele ist ungeduldig. Na ja, für die ist das ja auch alles klar. Aber ich muss alles mit meinem Verstand erst einmal sortieren."

„Ist das so? Oder ist das auch wieder ein Glaubenssatz?", schmunzele ich.

„Verzögerungstaktik", gibt SV-Emilia zu.

Nun geht sie ganz zaghaft auf die Seele zu. Vorsichtig streckt sie eine Hand aus und berührt die Fingerspitzen von SV-Uranus/Seele.

Die Seele beruhigt sich: „Endlich! Darauf habe ich so lange gewartet. Sie ist da. Und jetzt kann ich ihr alle Zeit der Welt geben."

Es dauert ein wenig, bis sich die beiden an beiden Händen halten und in die Augen schauen können. Aber es reicht für ein warmes und wohliges Gefühl. Für eine Umarmung ist SV-Emilia noch nicht bereit. Das ist aber nicht schlimm, denn der Kontakt ist über die Hände und Augen hergestellt. Mehr ist nicht nötig.

Jetzt bitte ich Emilia im Austausch für SV-Emilia an den Teppich. Das Original sagt: „Du hast mir ganz schön Angst eingejagt mit deinem Befreiungsschrei, aber nur im ersten Moment. Wenn du das kannst, dann werde ich das bestimmt demnächst im

Wald auch schaffen."

„Dann schreien wir beide noch einmal kräftig", lacht die Seele.

Die beiden grinsen als hätten sie einen Lausbubenstreich vereinbart. Emilia geht auf ihre Seele zu, reicht ihr die Hände, schaut sie genau an und kann sie nach ein paar Minuten zaghaft umarmen.

„Ist das warm hier", sagt sie, als sie sich aus der Umarmung löst.

„Das ist deine Energie aus deinem Inneren. Genieße es!"

Damit wird die Aufstellung beendet.

Nach sieben Monaten meldete sich Emilia als Stellvertreterin für einen Aufstellungstag an und wir freuen uns über das Wiedersehen. Dabei berichtete sie mir, was seit ihrer Aufstellung geschehen war. Seit Jahren hatte sie keinen Kontakt mehr zu ihrem Vater. Kurz nach der Aufstellung traf sie ihn „zufällig" im Supermarkt und anstatt sich wie bisher schnellstens aus dem Staub zu machen, sprach sie ihn an und verabredete sich mit ihm. Seither stehen die beiden wieder im guten Kontakt.

Die Glaubenssätze schrieb sie sich im Nachhinein nochmals auf und machte sich bewusst, wie viele (mehr als bei dem Seminar) Glaubenssätze noch in ihr steckten. Sie sagte: „Ich bin immer noch solo – ungewöhnlich für mich. Aber das macht nichts. Diesmal möchte ich wirklich den Mann sehen, die Person, mit der ich eine Beziehung eingehe. Ich weiß, dass ich noch etwas Zeit brauche. Im Moment ruhe ich erst einmal in meiner Mitte." Etwa ein Jahr nach ihrer Aufstellung ließ sie sich auf eine neue Partnerschaft ein, die jetzt schon seit zweieinhalb Jahre andauert.

Trauer und Abschied

*" Trauer ist das gleichzeitige Erleben
von Liebe und Leid –
Verbundenheit in der Trennung."*

(Andreas Tenzer)

Einführung

Von einem geliebten Menschen verlassen zu werden ist immer mit Schmerzen, Trauer und Verletzung verbunden. Stirbt jedoch der geliebte Partner ganz plötzlich, unerwartet und viel zu früh, ist das neben dem Tod eines Kindes wahrscheinlich für die meisten von uns das Schlimmste, was passieren kann. Diese unwiederbringliche Trennung kann uns innerlich zerreißen. Wir zweifeln am Sinn des Lebens und an der Gerechtigkeit. Nicht umsonst sehen Psychologen den Tod des Partners als höchsten Stressfaktor an. Wird dieser Verlust mit dem Stressfaktor 100 bewertet, entfallen beispielsweise auf den Verlust der Arbeitsstelle nur noch 47 Punkte.

Die Verarbeitung eines Todesfalls ist genauso individuell wie die Menschen selbst. Manche ertragen es nicht fernzusehen, also zuzuschauen, wie das Leben ohne den geliebten Menschen weitergeht. Manche können nicht essen. Andere stürzen sich in Arbeit. Viele tragen ein Jahr lang schwarze Kleidung, andere wiederum müssen sich mehr denn je unter die Leute mischen. Niemand kann uns wirklich sagen, was die beste Art der Verarbeitung ist. Es wird viel von Trauerarbeit gesprochen, doch die allermeisten von uns haben verlernt, mit der Trauer umzugehen.

Um das nächste Beispiel ein wenig besser verstehen zu können, möchte ich die Phasen der Trauer kurz aufzeigen. In der Regel wird der Verlust eines geliebten Menschen zunächst mit totaler Fassungslosigkeit aufgenommen. Es ist ein schockähnlicher Zustand. Wir funktionieren, regeln die Formalien und verabschieden uns. Darauf folgt die Verzweiflung, das Weinen. Die Frage nach dem Warum. Wir weinen um den Menschen, weil wir ihn hier in der Stofflichkeit verloren haben und nun allein sind. Durch dieses Fragen bewegen wir uns in die nächste Phase, die tief unter der Traurigkeit verborgen liegt: die Phase der Wut. Die Wut über einen Todesfall ist gesund und wichtig. Wir werden sauer, auch wenn wir es nicht immer zeigen können. Warum hat uns dieser Mensch verlassen? Wie konnte Gott, das Leben, das Schicksal uns so etwas antun und so hart zu uns sein? Wieso hat der Mensch uns im Stich gelassen? Diese Wut gehört zur natürlichen Verarbeitung des Schmerzes. Leider wird sie oft verdrängt, denn es gehört sich schließlich nicht, auf einen Toten oder Gott böse zu sein. Erst nach dieser Wut bekommen wir langsam Frieden und können wieder nach vorne blicken. Es tut noch immer weh und wir vermissen den anderen, aber wir haben überlebt und leben weiter.

Auch weil heute nur noch wenig Trauerarbeit geleistet wird, ist die Trauer und der Verlust eines geliebten Menschen immer wieder einmal Thema bei den Astrologischen Symbolaufstellungen. Nachfolgend ein Beispiel.

Fallbeispiel

Der Reitunfall

Mario, 31 Jahre alt aus Franken, meldete sich etwa ein Jahr nach dem Tod seiner Frau bei mir. Er berichtete von dem Reitunfall, bei dem er seine Frau Gloria plötzlich und unerwartet auf tragische Weise verloren hatte und in welcher körperlichen und seelischen Verfassung er sich seither befand.

Gloria und Mario kannten sich bereits seit fünf Jahren als sie beschlossen zu heiraten und eine Familie zu gründen. Gloria war eine begeisterte Reiterin. Auch wenn Mario Glorias Liebe zu den Pferden nicht im gleichen Maße teilte, war er doch sehr stolz auf seine sportliche Frau, die auch als Turnierreiterin etliche Erfolge verbuchen konnte. An einem regnerischen Nachmittag im Herbst unternahm Gloria wie so oft mit ihrem Pferd einen Ritt hinaus in die freie Natur, nicht ahnend, dass dies ihr letzter sein sollte. Die erfahrene Reiterin überquerte eine Weide im vollen Galopp, als die Tragödie ihren Lauf nahm. Ein Spaziergänger, der Augenzeuge des Unglücks wurde, berichtete später fassungslos, wie schnell alles geschah. Das Pferd stolperte und ging zu Boden. Gloria stürzte mit ihm. Sie hatte keine Chance auf irgendeine Weise zu reagieren. Die Wucht ihres Aufpralls auf den Boden war fatal. Der vom Spaziergänger alarmierte Rettungsdienst traf kurze Zeit später ein und konnte nur noch Glorias Tod feststellen. Genickbruch. Das Pferd überlebte schwer verletzt. Etwa eine Stunde nach dem schrecklichen Unfall erhielt Mario den folgeschweren Anruf mit der Nachricht, die sein Leben zerstören und seine gerade acht Monate dauernde glückliche Ehe mit Gloria binnen eines Augenblicke auslöschen sollte: Gloria ist tot!

„Wir hatten noch so viele Pläne, wollten im nächsten Jahr mit der Familienplanung starten. Wir wollten reisen, ein Haus für uns bauen. Nie hat einer von uns beiden je auch nur einen einzigen Gedanken an so etwas Schreckliches verschwendet. Wir wollten leben. Sie war doch noch nicht einmal dreißig Jahre alt. Für mich ist in nur einem einzigen Augenblick die gesamte Welt in sich zusammengefallen. Die dann folgenden Wochen verbrachte ich in einer Art Trance, habe kaum gegessen, nur geweint. Ich wollte allein sein, konnte keine klaren Gedanken fassen. Nach einem Monat ging ich zwar wieder zur Arbeit, aber ich konnte mich nicht konzentrieren. Ich kann es immer noch nicht. Sogar das Autofahren fällt schwer. Ich kann nicht richtig schlafen und habe keine Vorstellung davon, wie ich dieses Leben überhaupt weiterführen soll. Meine Freunde distanzieren sich von mir, denn sie wissen nicht wie sie mit der Situation und mit mir umgehen sollen. Es ist auch so schmerzvoll, ihre glücklichen Familien zu sehen."

Mario erzählte auch über Glorias Pferd. "Es wurde im Reitstall wieder aufgepäppelt und gesund gepflegt. Erst drei Monate nach Glorias Tod habe ich den Stall wieder betreten. Ich wusste nicht, welche Gefühle auf mich zukommen würden. Doch als ich das Tier sah, wusste ich, dass es mich um Verzeihung bat. Es stand mit gesenktem Kopf im Stall und war ähnlich wie ich kaum ansprechbar. Auch wenn dies ein wichtiger Schritt war, hat mich dieser Besuch sehr viel Kraft gekostet. Das Pferd war immer lammfromm gewesen, doch nun war es unberechenbar. Nach meinem Besuch wurde es aggressiv und konnte seither nicht mehr geritten werden. Alle Versuche es zu besänftigen scheiterten. Auch ein Pferdeflüsterer stieß bei dieser Aufgabe an seine Grenzen. Nur, wenn ich da bin, lässt es sich anfassen. Wie soll es nur weitergehen? Und wie soll es mit mir weitergehen? Mein Arzt möchte mir Antidepressiva verschreiben. Ich war nie depressiv vor Glorias Tod und möchte diese schweren Medikamente nicht nehmen. Aber wenn nicht bald etwas geschieht, fürchte ich, dass ich wahrscheinlich sogar meinen Arbeitsplatz verlieren werde."

Nach diesen Erläuterungen erklärte ich Mario die Möglichkeiten, die ihm die Astrologische Symbolaufstellung bieten kann. Möglicherweise stand ein Teil seiner Seele so unter Schock, dass er in dieser Starre verweilte. Das konnte bewirken, dass ein Teil seiner inneren Mitte ver-rückt und die eigene Stärke nicht mehr nutzbar war. Die Frage, ob er bereit für eine Aufstellung sei, bejahte Mario. Er vergewisserte sich aber gleichzeitig, dass er den Raum jederzeit verlassen könnte, wenn er der Situation nicht mehr gewachsen sei. Ja, selbstverständlich. Wir beschlossen, nicht weiter zu mutmaßen, was die Ursache für die nicht enden wollende zermürbende Situation sein könnte, sondern wollten abwarten, was die Aufstellung zutage bringen würde.

Wenig später kommt Mario zum vereinbarten Termin. Er äußert den Wunsch, nicht zuerst aufstellen zu wollen. Mario möchte zunächst beobachten, worum es überhaupt geht. Er ist sich zudem nicht sicher, ob er überhaupt bis zum Abend durchhalten würde. Mario beobachtet die erste Aufstellung des Tages sehr genau, wird aber als Stellvertreter nicht eingesetzt. Als er dann schließlich auf dem „heißen Stuhl" neben mir sitzt, sind seine ersten Worte: „Ich habe die erste Aufstellung gesehen und vieles mitgefühlt. Aber ob das bei mir auch so funktioniert, weiß ich nicht." Ich mache ihm Mut und bitte ihn, so viel zu erzählen, wie es ihm möglich ist. Da wir ja bereits ein intensives Vorgespräch geführt hatten, ist es nicht unbedingt notwendig, alle Details zu beschreiben. So erwähnt er zum Beispiel die Entwicklungen des Pferdes seiner Frau nicht mit einem Wort.

Wir formulieren die Aufstellungsfrage und Mario sucht sich spontan jemanden aus der Gruppe, der ihn in der Aufstellung vertreten soll. SV-Mario steht nun am Teppich auf seinem Platz. Ihm ist kalt, er friert und er ist traurig. „Hier darf ich gar nicht stehen. Ich möchte gern zwei Schritte vom Teppich zurücktreten."

Als Planet/Seelenanteil bleibt Neptun stehen. Auch Neptun ist traurig. Ich frage nach, ob der Grund für die Traurigkeit der Verlust der Ehefrau ist.

„Nein, ich bin so unendlich traurig, dass sich SV-Mario zurückzieht und dass es ihm nicht gut geht. Ich weiß aber, wenn ich zu ihm gehen würde, würde er mich ablehnen."

SV-Mario nickt: „Sie macht mich noch trauriger und ich will nicht mehr weinen."

„Er will keinen Kontakt zu mir, weil er das mit Trost verwechselt. Ich will aber nicht trösten, sondern ihm zeigen, wie stark er ist."

Neptun, der für Gefühle, Intuition, Spiritualität, aber auch für den Kontakt zum Jenseits steht, ist tatsächlich die optimale Konstellation für diese Aufstellung. Als erstes wähle ich verdeckt einen Stellvertreter für die Trauer und bitte ihn, sich selbst einen Platz zu suchen. Der erste Impuls führt die Trauer hinter den Seelenanteil/Neptun. Er legt die Arme um Neptun und stützt so die Seele. Diese sagt: „Jetzt muss ich nicht mehr traurig sein und warm ist es auch. Aber ich fühle immer noch mit SV-Mario mit."

Als nächstes stelle ich den Schock zwischen Neptun und SV-Mario, auf SV-Marios Platz, den er zuvor verlassen hat. SV-Mario zieht sich einen Stuhl heran und sagt: „Das tut gut. Jetzt muss ich nicht mehr stark sein."

Die Situation entspannt sich, stagniert gleichzeitig jedoch. Da Mario mir zuvor von dem aggressiven Pferd erzählt hatte, wähle ich nun einen Stellvertreter für das Pferd aus und bitte ihn, sich neben den Schock zu stellen.

„Wie geht es dir da?"

Der SV-Pferd nickt nur.

Der Schock sagt: „Den kann ich nicht schützen, dann müsste er auch hinter mir stehen."

Aber das Pferd schüttelt nur den Kopf.

Neptun findet den SV-Pferd total interessant und muss ihn fortwährend anschauen.

Nun stelle ich die Wut dazu. Ich bitte den SV-Wut sich zu SV-Mario zu stellen. Sie schauen sich nur kurz an, schütteln beide den Kopf und der SV-Wut stellt sich direkt hinter SV-Pferd. Dieser hebt den Kopf und lächelt jetzt.

Hier zeigt sich, dass die Phase der Wut von Mario unterdrückt wurde. Das Pferd muss seine Wut leben, damit Mario sie sieht und sich die Wut vielleicht auch zugestehen kann.

Wieder stellt sich eine Pattsituation ein. Also stelle ich nun eine Stellvertreterin für Gloria ins 8. Haus (das Haus des Ehepartners, aber auch das Haus der Toten). Kaum steht SV-Gloria dort, drehen sich alle Stellvertreter zu ihr um. Ich frage: „Was ist denn auf einmal so interessant?"
SV-Mario erwidert: „Die weiß, wie es weitergeht. Wir müssen aufpassen, was sie zu sagen hat."
SV-Gloria entgegnet: „Wie es weitergeht, musst du selbst entscheiden. Ich bin da, aber irgendwie auch nicht. Ich wäre gern bei dir, aber das geht nicht. Ich möchte, dass du das Leben liebst und lachst. Ich kann aber auch verstehen, dass es zurzeit nicht geht. Ich bin da für dich, in deinem Herzen."

Zur Erinnerung, kein Teilnehmer, bis auf den Hauptstellvertreter und der Planet/Seelenanteil, weiß, für wen oder was er steht!

SV-Gloria ergänzt noch: „Ich würde die Stellvertreter um dich herum gerne mitnehmen. Sie gehören nicht zu dir. Vieles davon gehört zu mir. Du sollst das nicht alles für mich tragen müssen. Du bist frei. Versteck dich nicht! Du hast alles richtig gemacht, bist ein wunderbarer Mensch und da ist so viel Liebe für dich in mir."
Der Schock, die Wut, die Trauer und sogar das Pferd nicken, sind jedoch sehr gefasst. SV-Mario und Neptun weinen. Nun ist es an der Zeit aufzulösen.

Ich gehe der Reihe nach vor und erinnere zu Beginn Mario noch einmal an Neptun und daran, was dieser Seelenanteil anfangs gesagt hatte. Dann erkläre ich den Schock. Der Schock an sich, der sich auf den Platz von Mario gestellt hatte, ist überlebenswichtig, um den Verlust aushalten und weiterleben zu können. Er übernimmt auch die Aufgabe, sich dahinter verstecken zu können und fungiert als eine Art Schutzschild nach außen. Dafür bringt jeder Verständnis auf. Hinter dem Schock kann man sich auch entspannen. Man hat keine Verpflichtungen und kann sich zurückziehen. Aber irgendwann gleitet der Person das Leben aus der Hand und der Schock wird zur Blockade, so dass kaum noch etwas wahrgenommen werden kann. Ich weise zusätzlich noch auf die Bemerkung des SV-Schocks zum Pferd hin und erläutere, dass das Pferd die Wutphase der Trauer ausgelebt hat. Es sind vielmehr

Marios Anteile, die gesehen werden wollen. Wut ist nicht nur schlecht. In der Wut sind beide Pole enthalten. Wut kann auch gesund sein, denn diese Kraft gibt uns den Mut, Dinge in Angriff zu nehmen, Dinge zu verändern. Das auf den Kopf gestellte "W" von Wut ergibt "M"ut. Bei den Erklärungen weichen SV-Wut, SV-Schock und auch SV-Trauer vom Teppich zurück und stellen sich seitlich zwischen SV-Mario und SV-Gloria. Neptun positioniert sich so, dass er sowohl SV-Mario als auch SV-Gloria sehen kann.

Jetzt ist der Zeitpunkt gekommen, SV-Gloria aufzudecken. Bisher hat Original-Mario alles aufgenommen und tapfer durchgehalten. Ich kann jedoch seine Anspannung spüren und nehme seine Hand.

„Und dort im 8. Haus, die Stellvertreterin steht für deine Gloria."

Mario beginnt leise zu weinen. „Das weiß ich. Alles, was die Stellvertreterin sagte, hätte original von ihr sein können. Geht es ihr gut?"

„Frag sie selbst!"

SV-Gloria antwortet: „Ja, es geht mir sehr gut. Aber ich möchte nicht, dass du dein Leben verschwendest. Unsere Pläne sind immer noch deine Pläne. Lebe sie!"

SV-Mario schaltet sich nun ein: „Ich möchte unbedingt zu ihr gehen, darf ich?"

„Natürlich!"

„Die Verabschiedung fehlt mir total." SV-Mario und SV-Gloria umarmen sich.

„Warum bist du so früh gegangen und hast mich allein gelassen?"

„Es war Zeit für mich und für dich. Für mich zu gehen und für dich, diese Aufgabe zu bekommen. Aber wir werden uns wiedersehen und tief in dir weißt du das auch. Zeit ist etwas von Menschen Gemachtes. Genieße die Erfahrungen, die noch auf dich warten. Ich werde immer da sein."

Der SV-Pferd gesellt sich schließlich zu den beiden. „Es tut mir so leid. Ich habe das Gefühl, die Schuld liegt bei mir. Hätte ich doch nur besser aufgepasst. Du warst immer so gut zu mir."

„Nein, du trägst keine Schuld. Ich bin in einem Moment der Freiheit gegangen. Freiheit, die ich durch dich erst erleben durfte. Besser hätte es nicht sein können."

Der SV-Pferd atmet tief durch, umarmt SV-Gloria, bedankt sich und kann gehen.

Mario hatte im Vorfeld befürchtet, dass es ihm zu viel werden könnte, aber nun sitzt er ganz gebannt bei uns und beobachtet das Geschehen. Es laufen zwar Tränen, aber er ist präsent und mit jeder Faser seines Körpers dabei. Als das Pferd die Runde verlässt, lächelt er sogar.

Danach verfügt SV-Mario über die Kraft, sich den Stellvertretern für Schock, Wut und Trauer zuzuwenden. Er geht auf jeden Einzelnen zu und reicht ihnen die Hände. Er bedankt sich, nimmt seine ausgelagerten Anteile zurück und richtet sich von Minute zu Minute mehr auf. Dann führt Mario die drei Stellvertreter zu Gloria. „Ich weiß nicht mehr, was ich mit ihnen tun soll. Du sagtest, sie würden zu dir gehören. Kannst du sie nehmen?"

„Ja, das sind jetzt meine und es ist gut."

SV-Gloria stellt die drei in den Nebenraum, kehrt aber noch einmal zurück und sagt: „Ich glaube, für den ersten Schritt in deine neue Zukunft ist es noch wichtig, dass du mich im Rücken spürst. Ist das richtig?"

SV-Mario nickt. Er kehrt auf seinen Platz zurück und schaut nun zum ersten Mal den Neptun offen und gerade an. Seine Seele strahlt und ist überglücklich. „Endlich bist du wieder da. Ich hab dich so vermisst." Doch bevor SV-Mario auf die Seele zugehen kann, kommen aus dem Nebenraum SV-Wut und SV-Trauer noch einmal zurück und fordern: „Du hast uns noch nicht alles zurückgegeben. Da fehlt noch etwas. Wir wollen sichergehen, dass du dir erlaubst wütend zu sein und zu heilen."

Ich frage: „Was genau ist denn noch zurückzugeben?"

Sie zucken mit den Schultern.

Ich nehme eine leere Pappbox, die ich für diese Fälle dabei habe und reiche sie SV-Mario. Der schaut mich mit ganz großen Augen an. „Was soll ich tun?"

„Pack bitte alles in diese Box, was nicht oder nicht mehr zu dir gehört. Alles was zur lähmenden Trauer gehört, zur unterdrückten Wut, zur Resignation, zur Lähmung, zum Schuldgefühl, zum Schock, zum Minderwertigkeitsgefühl, zu allem, was dir sonst noch einfällt. Packe alles hinein und dann schließe die Box!"

Verwunderung steht noch immer in SV-Marios Augen. „Als du gesprochen hast, habe ich gedanklich genau das getan, und diese Pappbox ist immer schwerer geworden."

„Ist denn jetzt alles darin enthalten?"

„Ja."

„Gut, dann gib die Box jetzt dorthin, wohin sie gehört!"

Und ganz spontan gibt SV-Mario die Box in die Hände von SV-Trauer. SV-Trauer lächelt: „Danke, das ist meins und darauf habe ich noch gewartet."

Dann können beide gehen. SV-Mario dreht sich noch einmal zu SV-Gloria um, die die ganze Zeit hinter ihm steht.

„Bist du noch da?"

„Ja, und ich bleibe auch noch. Schau, deine Seele ist ganz stolz auf dich und sie wartet nun auf dich."

Endlich ist es so weit. SV-Mario kann nun den ersten Schritt auf die Seele zumachen. SV-Gloria hat ihre Hand noch auf seiner Schulter. Beim zweiten Schritt auf die Seele zu, lässt SV-Gloria die Hand heruntergleiten. SV-Mario bemerkt es zwar, akzeptiert es aber und konzentriert sich voll auf seine Seele. Die Verbindung ist sehr stark und gut. Nachdem er ein paar Minuten die Hände seiner Seele gehalten hat, sagt SV-Mario: „Das tut so gut. Es geht wirklich nicht um Trost, sondern ich merke, wie die Kraft wieder zurückkommt. Mir wird warm und ich fühle mich rundum wohl."

SV-Gloria erwidert: „Ich werde jetzt gehen. Du bist in guten Händen. Ist das okay für dich?"

„Mein Kopf schreit NEIN, aber mein Bauchgefühl sagt JA, wenn ich an meine Seele denke."

SV-Gloria verlässt den Raum. Nun können sich SV-Mario und seine Seele umarmen.

Anschließend setzen wir das Original ein. Marios Tränen sind zwischenzeitlich getrocknet und er besitzt bereits jetzt eine völlig veränderte Ausstrahlung. Irgendetwas ist von ihm abgefallen. Er spricht zu seinem Stellvertreter: „Es tut mir leid, dass du all dies an meiner Stelle durchleben musstest."

Der Stellvertreter lächelt: „Das war kein Zufall. Ungefähr in deinem Alter habe auch ich eine große Liebe an den Tod verloren. Seitdem sind zwar schon fast zwanzig Jahre vergangen, aber ich hatte wohl noch einiges aufzuarbeiten. Es tat auch mir gut."

Mario möchte gern noch einmal die Stellvertreterin seiner Frau umarmen und erkundigt sich, ob das möglich ist. „Ja, geh zu ihr!" Mario geht hinaus, umarmt seine verstorbene Frau und verabschiedet sich von ihr, bevor er in den Raum zurückkehrt. Nun ist er bereit, seiner Seele entgegenzutreten. Mario ist sehr aufgeregt und seine Schritte zurück auf den Teppich sind äußerst bedächtig und sehr bewusst. Sie reichen sich die Hände und lachen. Ein weiterer Schleier ist gefallen.

Mario verbringt den Seminartag bis zum Ende mit uns. Als er geht, sagt er: „Ich weiß zwar nicht genau wie das geht und was gerade passiert ist, aber ich fühle mich jetzt einfach leichter."

Ein halbes Jahr später meldete sich Mario wieder bei mir. Was er berichtete, konnte ich kaum glauben. Seinen Arbeitsplatz hat er nicht nur behalten, er war sogar befördert worden.

*"Nichts ist schwieriger,
als einfach loszulassen."*

(Siegfried Wache)

Er hat eine neue Lebensgefährtin gefunden, die akzeptieren kann, dass Gloria immer einen besonderen Platz in seinem Herzen innehaben würde. „Aber weshalb ich wirklich anrufe: Du wirst es nicht glauben! Meine neue Lebensgefährtin hat mir gestern erzählt, dass ich Papa werde. Ich muss ständig an meine starke Seele denken. All das hätte ich vor einem halben Jahr nicht für möglich gehalten."

Natürlich interessierte mich noch, was aus Glorias Pferd geworden war. „Dem Pferd geht es gut. Zwar waren die Aggressionen nicht auf Knopfdruck weg. Wir haben aber nicht aufgegeben und es noch einmal mit dem Pferdeflüsterer versucht – und diesmal mit großem Erfolg. Ich werde das Pferd behalten, aber ein Reiter werde ich in diesem Leben sicherlich nicht mehr."

Kapitel 7

Kinder, Familienverstrickungen
und der verlorene Zwilling

" *Die eigenen Familienverstrickungen sind vom Tag unserer Geburt Stolperstein, Herausforderung, Geschenk und Entwicklungsaufgabe in einem.* "

(Ilka Plassmeier)

„Kinder, Kinder"

Viele Eltern möchten gern für ihre Kinder aufstellen lassen. Grundsätzlich ist das möglich. Aber jedes Anliegen und jede Blockade ist separat zu beurteilen, denn gerade bei Aufstellungen in Bezug auf Kinder ist einiges zu beachten. Da die Eltern mit dem Anliegen für das Kind zu mir kommen, hinterfrage ich die Situation in der Regel genau. Was genau stört, nervt, hemmt? Stört, hemmt oder belastet es das Kind denn tatsächlich auch? Hat das Kind tatsächlich das Problem? Oder liegt es eher bei den Eltern? Manchmal möchten unsere Kinder uns auf eine von uns inzwischen gut verdrängte Blockade aufmerksam machen, die zum blinden Fleck geworden ist. Das Kind reagiert vielleicht mit Symptomen oder Auffälligkeiten eben nur, damit die Eltern auf den eigenen blinden Fleck aufmerksam werden. Es gibt natürlich auch Situationen, bei denen die Ursache nicht bei den Eltern zu finden ist. Bei dem Kind blockiert der Kontakt zur eigenen Seele und diese Ursache können wir über eine Aufstellung aufdecken und wandeln.

Grundsätzlich ist zu beachten, dass immer ein Vorgespräch nötig ist, wenn Kinder in Aufstellungen involviert sind. Erst dann kann entschieden werden, für wen die Aufstellung sinnvoll ist. Sollte die Entscheidung für eine Aufstellung des Kindes fallen, obliegt dies bei unter Zehnjährigen den Eltern allein. Ist es jedoch älter als zehn Jahre, sollte in jedem Fall auch das Einverständnis des Kindes eingeholt werden. Zwar ist die Anwesenheit des Kindes bei der Aufstellung nicht erforderlich, aber es muss darüber informiert sein. Bereits Zehnjährige wissen bewusst oder unbewusst genau, dass es um Veränderung geht. Wenn die Eltern die Aufstellung nicht kindgerecht erklären können oder noch Fragen offen sind, spreche ich auch gern vorher mit dem Kind selbst und erkläre, was geschehen wird. Wie schon erwähnt, kann auch in Abwesenheit aufgestellt werden, aber wenn es der Wunsch des Kindes sein sollte, ist es natürlich herzlich willkommen. Zumindest ein Elternteil sollte anwesend sein, falls sich im Verlauf der Aufstellung Fragen ergeben. Und sicher ist es für Eltern ebenfalls ein bewegendes Erlebnis, denn eine Aufstellung arbeitet auch bei ihnen unbewusst weiter.

Diagnose ADHS

ADHS, Aufmerksamkeitsdefizit-Syndrom mit Hyperaktivität, ist heute eine oft gestellte Diagnose. Die Kinder sind hyperaktiv, aggressiv, nicht zu bändigen, können sich nicht konzentrieren, sind aufmüpfig. ADHS wird als psychische Störung klassifiziert. Auf neurobiologischer Ebene wird die Störung unter anderem als striatofrontale Dysfunktion erklärt. Für den Verlauf und die individuelle Ausprägung spielen daneben psychosoziale Faktoren und Umweltbedingungen eine wichtige Rolle. Allerdings gibt es, trotz einer großen Anzahl unterschiedlichster biologischer Ursachen, kein stimmiges Modell zu ADHS. Könnte es sich bei ADHS um einen seelischen Aufdecker handeln, der das Thema rücksichtslos hochtreibt, damit es wahrgenommen und bewusst wird? Eine medikamentöse Ruhigstellung, bei der das Gehirn geschädigt wird, kann zumindest nicht die Lösung sein (meine persönliche Meinung).

Die Medizin greift immer öfter mit Psychostimulanzien ein, zum Beispiel Ritalin. Doch inzwischen ist erwiesen, dass es durch derartige Medikamente zu Hirnzellenveränderungen, extremen Verhaltensveränderungen mit Suchtcharakter und erheblichen Langzeitveränderungen kommt. Mediziner schätzen, dass 400.000 Kinder in Deutschland derart verhaltensauffällig sind, wie es schon der Frankfurter Kinderpsychiater Heinrich Hoffmann 1845 im „Struwwelpeter" beschrieb und was heutzutage ADHS genannt wird.

Wenn Verhaltenstherapien nichts mehr gegen den unbändigen Bewegungsdrang der kleinen Rebellen auszurichten vermögen, greifen Medizin und auch Eltern immer öfter zu Ruhigstellern, wie beispielsweise Ritalin, Medikinet oder Concerta und andere. Nach einer Untersuchung des Sigmund-Freud-Instituts in Frankfurt werden bereits 150.000 Klein- und Grundschulkinder in Deutschland regelmäßig mit Psychostimulanzien behandelt. Auch Erwachsene mit der Diagnose ADHS nutzen diese Medikamente. Schätzungen in den USA liegen bei über einer Million erwachsenen Konsumenten. Das Medikament greift in den Hirnstoffwechsel ein, indem es die Konzentration der Botenstoffe Dopamin und Noradrenalin an den Schaltstellen der Nervenzellen beeinflusst und dadurch den Bewegungsdrang dämpft. Die genauen Wirkmechanismen sind jedoch noch ungeklärt. Die Therapie ist aufgrund schwerer Nebenwirkungen stark risikobehaftet. Der Beipackzettel sollte normalerweise jeden Menschen abschrecken, aber wann wird der schon gelesen? Es ist einfacher ihn zu ignorieren, weil der Arzt unser volles Vertrauen genießt und schon das Richtige verschreiben wird. Dabei warnen immer mehr Ärzte und Kinderpsychiater vor dem Hintergrund des immer weiter steigenden Konsums schon bei den Kleinsten. Es ist möglicherweise mit weiter reichenden Erscheinungen als Appetitlosigkeit, Schlafstörungen oder Herzrasen zu rechnen. Darauf macht nun eine US-Untersuchung aufmerksam, die Neurowissenschaftler vom Weill Cornell Medical College in New York im *"Journal of Neuroscience"* veröffentlicht haben.

Bitte versteh mich richtig: Ich möchte niemanden verurteilen oder aburteilen. Aber meine Absicht ist es, ein wenig wachzurütteln. Natürlich gibt es auch Eltern, die die Risiken größtenteils kennen und aus purer Verzweiflung und Hilflosigkeit sich dennoch für die Medikamente entscheiden. Hier sei gesagt: Es gibt viele sanfte Methoden, den Ursachen auf den Grund zu gehen. Manche sind sehr zeitaufwendig, aber es lohnt sich. Eine Astrologische Symbolaufstellung ist nur eine dieser vielen Möglichkeiten. Es sollte auf allen Ebenen nach Lösungen statt nach Unterdrückung der Symptome gesucht werden, auch wenn dies aufwendiger ist und wir uns dem inneren Schweinehund stellen müssen. Es ist zum Wohle des Kindes. Und es liegt in der Verantwortung der Eltern, den bestmöglichen – nicht den einfachsten Weg – zu wählen.

Im Laufe der Jahre haben viele Eltern hyperaktiver Kinder den Weg der Astrologischen Symbolaufstellungen genutzt. Die seelischen Hintergründe waren immer verschieden, stimmig zur Alltags- und Familiensituation und sehr erkenntnisreich. Auch zu diesem Bereich folgt exemplarisch ein Beispiel, dessen Inhalt nicht generell auf ähnlich gelagerte Fälle übertragbar ist.

Fallbeispiel

Der Raufbold der 4. Klasse - Fremdenergien

Dennis war gerade 10 Jahre alt geworden, als seine Mutter mich anrief und von den Problemen berichtete. Das Einzelkind war der Raufbold der 4. Klasse und nach zwei wegen ihm einberufener Konferenzen drohte der Schulverweis. Die Noten waren so schlecht, dass die Versetzung gefährdet war. Dennis störte im Unterricht, ärgerte die Mädchen und prügelte sich in den Pausen mit den Jungs. Er war immer der Anstifter und ließ nicht locker, bis er einen Gegner gefunden hatte. Zuhause zeigte sich ein ähnliches Bild. Seine Mutter berichtete: „Etwa zweimal bis dreimal täglich bekommt Dennis seine gefährlichen fünf Minuten. Dann erkenne ich ihn nicht wieder. Er schmeißt mit Sachen um sich und schimpft wie ein Kesselflicker. Zum Glück hat es noch keine größeren Verletzungen gegeben. Wir waren schon beim Schulpsychologen, beim Homöopathen und bei verschiedenen Kinderärzten. Organisch und medizinisch ist nichts festzustellen. Auch eine Gehirnstrommessung zeigte keine Auffälligkeiten. Nun soll er auf ein Internat für schwer erziehbare Kinder. Aber das ist doch nicht die Lösung und ich glaube, er gehört da auch nicht hin. Vielleicht liegt es an meiner verkorksten Familie. Ich habe keinen Kontakt mehr zu meiner Mutter. Meinen Vater kenne ich nicht. Meine Schwester ist teilweise auch so chaotisch wie Dennis. Es vergeht kein Tag, an dem sie sich nicht mit irgendjemandem streitet. Bestimmt ist es gut, wenn ich aufstelle. Das wird es ihm doch erleichtern, oder?"

Zwar konnte ich ihre Überlegungen nachvollziehen, aber mein Gefühl sagte mir, zunächst einmal einen Blick in die Horoskope von Mutter und Sohn zu werfen. Also bat ich um ihre Geburtsdaten. Nachdem der Überprüfung beider Horoskope stellte ich fest, dass bei den Themen der Mutter nichts auf eine Ursächlichkeit aus der Mutterlinie heraus hindeutete, auf die ihr Sohn reagieren könnte. Im Horoskop des Jungen fand sich allerdings eine Konstellation, die auf extreme Verhaltensweisen hinwies (von der Mutterseite her allerdings unbelastet). Ich konnte keine Verbindung aus astrologischer Sicht zwischen der Mutter/Mutterlinie und Dennis Verhaltensauffälligkeiten finden. Daher schlug ich der Mutter vor, ihren Sohn direkt aufzustellen. Wenn der Junge unter eigenen Themen litt und ein Elternteil zusätzlich noch seelische Tiefenarbeit betreiben würde, hätte dies sogar noch heftigere Auswirkungen zur Folge haben können. Gut Gemeintes könnte sich schnell umkehren und zum Bumerang werden. Wird das Kind nicht gesehen und käme dann zusätzlich noch der Entwicklungsprozess eines Elternteils hinzu, könnte anstelle einer Erleichterung für den Jungen eine Art Explosion stattfinden, die sein Leid sogar noch verstärken würde. In diesem Fall würde dann die Redewendung „Gut gemeint ist noch nicht gut gemacht" passen.

Ich bat die Mutter, mit Dennis über Aufstellungen zu sprechen. Weiterhin sollte sie ihn darüber aufklären, dass ihm die Aufstellungsarbeit bei seinen Problemen und auch in der Schule helfen soll. Nach dem Gespräch mit Dennis rief mich seine Mutter überraschend zurück: „Dennis ist einverstanden. Er hat sich sogar bedankt, dass wir helfen möchten. Er hat gesagt, dass ihm alles so leid tut und er manchmal gar nicht weiß, warum er das macht. ,Mama, das ist so, als würde ich neben mir stehen und einfach zuschauen, was ich für Blödsinn mache.' Das hat er wirklich gesagt und ich hatte keine Ahnung davon. Warum hat er mir nie gesagt, dass er darunter leidet?"

„Mach dir jetzt bitte keine Vorwürfe. Du tust doch alles für deinen Jungen und suchst nach einem Weg. Hier geht es nicht um Schuld, sondern um Lösung."

Ich war froh über Dennis Reaktion. Er war bei dem Telefonat anwesend und wollte mich tatsächlich kurz sprechen. Es war ihm wichtig mir verständlich zu machen, wie er selbst die Ausbrüche empfindet.

„Manchmal beobachte ich mich dabei und es macht mich traurig. Manchmal bin ich aber auch voll dabei und tobe mich aus. Verstehst du das? Aber meistens macht es mich traurig, auch weil ich die anderen traurig mache. Aber ich kann nicht anders. Jetzt weißt du alles. Die Mama hat gesagt, ich darf zu Hause bleiben."

„Ja, das darfst du. Danke, dass du so mutig warst, mir das zu erzählen."

So kommt Dennis Mutter schließlich zum nächsten Aufstellungs-Seminar. Nachdem sie der Gruppe kurz von Dennis berichtet hat und wir die Aufstellungsfrage für Dennis formulieren, sucht sie intuitiv einen Stellvertreter für Dennis aus. Dieser muss lachen, als sein Name genannt wird. „Als du von Dennis erzählt hast, dachte ich, du sprichst von mir. Mir ging es in jungen Jahren bis weit in die Pubertät hinein genauso. Ich kann das gut nachvollziehen. Leider reagierten meine Eltern mit Prügel und harter Erziehung. Es war sehr leidvoll. Dennis hat seine Mutter gut gewählt. Und du hast mich gut gewählt. Ich hoffe, ich werde Dennis ein würdiger Stellvertreter sein."

SV-Dennis stellt sich nun an den Teppich auf den Platz von Dennis. Die erste Reaktion: „Huch, ich bin ganz überrascht hier im Mittelpunkt zu stehen. Die schauen alle. Ich wundere mich über meinen eigenen Mut."

Dennis Mutter bestätigt, dass Dennis außerhalb seiner Aggressivitätsphasen eher ein schüchterner Junge ist.

Nun stelle ich die drei Planeten hinzu. SV-Dennis schaut sie sich genau und kritisch an. Zwei sind für ihn neutral und uninteressant. Aber bei Pluto ballt er die Fäuste: „Warum lässt du das zu, dass mir das passiert? Du bist an allem Schuld!"

Pluto reagiert vollkommen gelassen und erwidert: „Ich bin kein Schläger. Du prügelst dich doch."

SV-Dennis stehen vor Wut die Tränen in den Augen. Somit ist klar, dass in diesem Fall der Pluto als Seelenanteil stehen bleibt.

Ich frage SV-Dennis: „Ist dir bewusst, dass dein Gegenüber ein Teil von dir ist, ein Seelenanteil? Dass ihr eins seid?"

„Nee, mit dem will ich nix mehr zu tun haben. Wir können nicht eins sein. Der ist voll doof."

Dennis Stellvertreter ist nun richtig in die Rolle eingetaucht und wechselt auf die kindliche Ebene. Hier sollte sich der Aufstellungsleiter anpassen und ruhig sowie kindgerecht kommunizieren.

Unabhängig vom Horoskop wähle ich nun zwei Stellvertreter für die Aggressionen und Ängste. Sie nehmen ihre Plätze rechts und links von Dennis ein. SV-Dennis reagiert hoch erfreut: „Super, das sind meine Kumpel. Mit denen kann ich Pferde stehlen. Den blöden Pluto, den Spielverderber, brauche ich nicht."

SV-Aggressionen und SV-Ängste stimmen Dennis zu.

Plutos Qualität ist die Polarität von Macht und Ohnmacht, ein ganz besonderer Tiefgang, Leidenschaftlichkeit und mystische Themen. Im Pluto liegt eine besondere Kraft, um durch die tiefsten Tiefen zu gehen und wie ein U-Boot den Meeresgrund nach Schätzen abzusuchen. Das birgt natürlich auch Gefahren. Aber wie soll einem Kind das verdeutlicht werden? Also verzichte ich zunächst auf diese Erklärungen.

Nun wähle ich einen Stellvertreter für Fremdenergien aus. Dieser stellte sich direkt hinter Dennis und stützt sich mit seinen Ellenbogen auf Dennis Schultern, der unter der Kraft leicht in die Knie geht. SV-Aggressionen und SV-Ängste haken ihre Arme rechts und links ein, damit er stehen kann. Pluto/die Seele reagiert sofort mit einem Kommentar: „Soll ich dir das geschickt haben? Wärst du bei mir und unter meinem Schutz, würde dir das nicht passieren."

Der SV-Fremdenergie ist unglaublich machtvoll, sich keiner Schuld bewusst und sagt lapidar: „Ist doch prima so."

Da SV-Dennis diesen Zustand nicht lange aushalten würde, wähle ich schnell einen weiteren Stellvertreter, bevor er sich nicht mehr auf den Beinen halten kann. So kommt ein Stellvertreter für die Familie des Großvaters väterlicherseits in die Runde.

Die Stellung des Plutos in Dennis Geburtshoroskop weist auf diesen Bereich der Familie hin.

Ich platziere den Stellvertreter im 4. Haus, das bei männlichen Aufstellern für die Vaterlinie steht. Der SV-Fremdenergien reagiert sofort und nimmt seine Ellenbogen von SV-Dennis Schultern. Ein Durchatmen geht durch den Raum. Aber bei SV-Dennis ist geradezu sichtbar, wie auf einmal wieder die Rollläden heruntergehen. Er möchte den neuen Stellvertreter nicht ansehen. Pluto ist seiner Meinung nach sowieso doof. SV-Aggressionen und SV-Ängste sind ebenfalls nicht weiter interessant. Er schaltet regelrecht ab und ist kaum noch ansprechbar. Jetzt meldet sich Dennis Mutter zu Wort: „Genauso sieht Dennis aus, wenn er kurz davor ist, auszuticken. Das ist unheimlich!"
Nun bin auch ich sehr gespannt, was passieren wird. Tatsächlich geschehen die Dinge von allein und der Stellvertreter für die Familie des Urgroßvaters ergreift das Wort: „Was soll dieses Theater hier eigentlich? Hier ist doch keiner echt. Alles Lügner. Hier will ich gar nicht sein, das macht mich so sauer."
SV-Dennis sackt noch mehr in sich zusammen. Pluto/die Seele wird ebenfalls unruhig: „Warum ist der eigentlich hier? Können wir den nicht wegschicken? Ich bekomme Angst, dass SV-Dennis sich von ihm anstecken lässt."
Ich frage: „Was meinst du mit *anstecken*?"
„Er hat eine ganz selbstzerstörerische Energie. Das soll nicht auf SV-Dennis abfärben. Ich mache mir große Sorgen. Er verliert immer mehr an Kraft."

Bis zu diesem Zeitpunkt wusste noch niemand, wer für wen oder was steht. Alles läuft verdeckt. Nun ist der Zeitpunkt gekommen, Dennis Mutter zu erklären, was dort vor sich geht. Dennis ist ein ganz offenes und feines Kind *(ein Kind der neuen Zeit, manche nennen das Indigo- oder Kristallkinder etc., doch dazu später mehr)*. Er nimmt Schwingungen auf und kann sich kaum bis gar nicht abgrenzen oder schützen. Das wurde bereits deutlich, als er das Aufstützen der Fremdenergien einfach aushielt, ohne sich zu wehren oder wegzugehen. Die Fremdenergien ließen erst von ihm ab, als die Herkunft dieser Energien dazu gestellt wurde. Seine Aggressionen und Ängste helfen ihm einfach nur über den Alltag. Sie dienen als Ventil, diese Energien wieder loszuwerden. Versehentlich wurde der eigene Seelenanteil anfangs mit der Herkunftsenergie verwechselt. Scheinbar nimmt er unbewusst die aggressive Energie eines Ahnen auf, um an ihn zu erinnern, ihn zu erlösen, etwas aufzudecken oder Ähnliches. Nachdem ich alle Stellvertreter und die Zusammenhänge erklärt habe, richtet sich SV-Dennis ein wenig auf und sagt: „Heißt das, es gibt Hoffnung, dass sich etwas ändert?"

„Wenn du das möchtest, kannst du etwas verändern. Ja!"

„Kannst du das nicht einfach wegmachen?"

„Nein, das kannst nur du. Es ist wichtig, dass du es selbst machst, sonst ist es ja nicht echt und du wüsstest nicht, was zu tun ist, wenn es noch einmal kommt. Meinst du, du kannst das schon?"

„Vielleicht, wenn mir meine Seele hilft?"

Pluto/seine Seele lächelt: „Ich dachte schon, du fragst nie. Na klar, ich helfe dir!"

Pluto kommt dazu und schiebt den SV-Fremdenergien sanft beiseite. Er stellt sich hinter SV-Dennis und legt seine Hände um dessen Hüften.

„Das tut gut. Jetzt kann ich den Ahnen da angucken."

Der SV-Familie-des-Urgroßvaters sagt schnippisch: „Was für ein Drama. Das geht gar nicht. Alles total lächerlich!"

Ich wende mich nun an den SV-Familie-des-Urgroßvaters und frage: „Sag mal, was liegt unter deiner Arroganz? Und wer genau bist du? Dennis hat sich nämlich bereit erklärt, etwas für dich aufzudecken und du dankst es ihm so?"

„Na ja, sonst hätte mich ja niemand wahrgenommen. Unter meiner Arroganz liegt ganz viel Angst und Trauer. Ich hatte einen Bruder, der so ein toller Kerl wie Dennis war. Aber der ist an Lungenentzündung gestorben als er acht Jahre alt war. Ich war damals zehn Jahre alt, so wie Dennis jetzt. Ich war so wütend, dass der liebe Gott ihn mir weggenommen hat und so traurig, dass ich auch nicht mehr leben wollte. Was dann passiert ist, weiß ich nicht mehr."

Diese Infos kamen nicht so flüssig wie es hier geschrieben ist. Dafür musste ich mehrfach nachhaken und immer wieder ermutigen, dass immer das Erste, was dem Stellvertreter in den Kopf kommt, auch das Richtige ist. Nicht nachdenken, einfach aussprechen. Es ist nicht wichtig, ob es für den Kopf Sinn macht.

Die Mutter wusste nichts über Dennis Ahnen väterlicherseits. Die Scheidung liegt zwar bereits fünf Jahre zurück, aber es besteht noch immer ein guter Kontakt und daher hat sie vor, hierzu Nachforschungen anzustellen. Ich hake nochmals nach: „Du stehst ja für ein Mitglied der Familie des Uropas von Dennis. Bist du der Uropa selbst? Antworte spontan!"

„Nein, ich habe nicht das Gefühl, dass ich Kinder hatte."

„Wer warst du? Antworte wieder spontan!"

„Ich war der Bruder des Uropas. Wir waren viele Geschwister. Aber zu dem kleinsten

Bruder, der an Lungenentzündung starb, hatte ich den größten Bezug."

„Was meinst du denn, warum ist der Bruder gestorben?"

„Es war einfach Zeit zu gehen."

„Was war deine Aufgabe dabei?"

„Ich glaube, ich sollte lernen, weiterzuleben. Das konnte ich aber nicht. Nein, das wollte ich nicht. Ich war so sauer. Ich glaube, ich bin auch nicht alt geworden. Das hat die Familie noch trauriger gemacht. Das tut mir so leid."

„Was passiert gerade mit dir?"

„Ich erkenne, dass ich zu früh gegangen bin. Es hätte andere Wege gegeben. Jetzt hab ich auch noch Dennis das Leben schwer gemacht. Es tut mir so leid. Ich hatte damals das Gefühl, alle trauern nur um meinen Bruder. Ich dachte, mich und meine Trauer sieht keiner. Ich war so allein."

Der SV-Bruder-des-Urgroßvaters geht nun auf Dennis zu: „Kannst du mir verzeihen? Das wollte ich nicht. Du bist so toll und ich hätte dich auch gern als meinen Bruder gehabt."

SV-Dennis sagt: „Klar, das verstehe ich doch. Jetzt hab ich ja meine Seele bei mir. Wenn ich dir helfen kann, ist das doch prima."

(Kinder wachsen manchmal so schnell über sich und uns hinaus.)

„Wie schön, dass ich hier heute meinen Frieden machen kann. Dafür helfe ich dir jetzt aber auch. Wollen wir zusammen die anderen Stellvertreter verabschieden?"

„Gerne. Weißt du noch wofür sie standen?"

„Nö, ist aber auch egal, oder?"

Ich lasse das Gespräch und die Aufstellung einfach laufen. Alles ist auf einem guten Weg. SV-Dennis nahm von SV-Aggressivität und SV-Ängste seine ausgelagerte Freundlichkeit und Leichtigkeit zurück. Gegenüber SV-Fremdenergien grenzte er sich nun deutlich ab und sagte: „Du hast mir nicht gut getan und ich hab es zugelassen. Das wird nicht mehr passieren. Jetzt habe ich Rückendeckung von meiner starken Seele und einem tollen Uropa-Onkel. Jetzt lerne ich, Nein zu sagen."

SV-Fremdenergien ist beeindruckt und respektiert SV-Dennis Entscheidung. Die drei lassen sich in den Nebenraum führen und allen geht es gut. Als SV-Bruder-vom-Urgroßvater SV-Dennis zu seinem Platz gebracht hat und auch Pluto/Dennis Seele seine Position in der Mitte des Teppichs wieder eingenommen hat, sagt SV-Dennis: „Jetzt muss ich mich bestimmt auch von dir verabschieden, oder?"

SV-Bruder-des-Urgroßvaters nickt: „Ja, es wird Zeit für mich weiterzugehen. Ich danke dir von Herzen, dass ich meinen Frieden finden durfte. Du bist ein toller Junge und wirst dich jetzt abgrenzen können."

Sie umarmen sich und SV-Dennis lässt ihn gehen.

SV-Dennis schaut zu seiner Seele und freut sich und ist ganz aufgeregt.

Ich frage nach: „Weißt du noch, wie es am Anfang war?"

„Ja, bekloppt, oder? Ich habe die beste und stärkste Seele der Welt und nett ist sie auch noch. Mit der kann ich Pferde stehlen."

Die Seele lacht: „Na dann los, komm schon her!"

Beide fallen sich in die Arme, lachen und hüpfen herum.

Dennis Mutter ist sprachlos. Als sie die Worte wiederfindet, sagt sie: „Ich hoffe, dass Dennis alles mitbekommen hat. Es wäre zu schön, wenn er auch wieder so ausgelassen sein könnte."

„Lass es arbeiten und warte ab! Dennis hat alles mitbekommen, da kannst du sicher sein."

„Soll ich noch nachforschen, was da wirklich gewesen ist? Oder sollen wir das ruhen lassen?"

„Wenn es dich sehr beschäftigt, forsche ruhig nach. Du machst damit nichts kaputt."

Der Dennis-Stellvertreter sagt nach der Aufstellung: „Jetzt weiß ich, warum es mich so sehr hier hingezogen hat. Eigentlich war meine Teilnahme nicht geplant. Aber als ich heute Morgen aufwachte, zog mich irgendetwas hier hin. Ich wusste, dass Ilka heute Seminar hat und dass Stellvertreter auch immer spontan willkommen sind. Ich musste also einfach kommen. Meine Aufstellung war mehr als überfällig."

Dennis Mutter meldete sich vier Monate nach der Aufstellung telefonisch bei mir: „Es ist unglaublich, wenn ich es nicht selbst miterleben würde. Dennis war während des Seminars beim Vater und als ich ihn am nächsten Tag abholte, fragte dieser mich, ob wir Dennis etwa gegen 15 Uhr aufgestellt hätten. Und das haben wir ja. Er meinte dann, er hätte gemerkt, dass wir seither einen anderen Sohn haben. Dennis sei total lieb und anhänglich gewesen und sie hätten einen tollen Männerabend miteinander verbracht.

Und ich kann dir sagen, es hat sich wirklich alles verändert. Dennis war anfangs zwar ab und zu noch wütend, aber das Prügeln in der Schule hat sofort aufgehört. Zuhause fliegen jetzt auch keine Sachen mehr durch die Gegend. Mittlerweile ist die Wut komplett verflogen. Dennis wollte alles über die Aufstellung wissen und ich habe ihm alles so gut es ging erklärt. Das Schuljahr hat er zwar nicht mehr geschafft, aber er wurde auch nicht von der Schule verwiesen. Der Schulpsychologe steht vor einem

Rätsel. Ich bin so stolz auf meinen Jungen. Das Leben ist richtig schön geworden.

Übrigens habe ich wirklich nachgeforscht. Mein Ex-Mann wusste auch nicht mehr viel über die Familie seines Großvaters. Darüber wurde nicht viel gesprochen. Doch ich konnte über meinen Ex-Schwiegervater herausfinden, dass es alles stimmt. Der Opa meines Ex-Mannes hatte viele Brüder und Schwestern. Ein Geschwisterchen starb bereits früh. Er wusste jedoch nicht warum. Aber er wusste, was mit dem anderen Bruder passiert war und als er das erzählte, wurde mir ganz anders. Der Bruder, der ungefähr zwei Jahre älter war, konnte den Tod des kleinen Bruders nie verwinden und hat sich später selbst das Leben genommen."

Über Dennis hat er nun auch seinen Frieden gefunden. Dennis hat gelernt, sich innerlich abzugrenzen und bei sich und seiner Seele zu bleiben.

Fallbeispiel

Finja, die kleine Aufdeckerin der Familienbande

Das folgende Beispiel fällt nur auf den ersten Blick in den Bereich von ADHS-Kindern, denn dieses Kind zeigte ausschließlich der Mutter gegenüber eine Art Hyperaktivität, Rebellion und ständigen Kampf. Dabei war die Mutter dem ersten Eindruck nach ein sehr ruhiger und klarer Mensch. Das Kind ließ sie jedoch völlig verzweifeln. In diesem Beispiel möchte ich aufzeigen, wie Kinder zu kleinen Aufdeckern werden und sich dadurch die zu lösenden Familienverstrickungen deutlich zeigen können.

Zur Aufstellung erscheint Anita, 39 Jahre alt, glücklich verheiratet, gelernte Bankkauffrau, derzeit Hausfrau und Mutter einer dreieinhalbjährigen Tochter. Anita ist eine sehr sympathische Frau mit einem offenen Lachen, müden Augen und mit einer ganz eigenen, angenehmen Präsenz. Sie hat eine Anreise von mehreren hunderten Kilometern für die Aufstellung in Kauf genommen, ist schon tags zuvor angekommen und es ist ihr anzumerken, dass sie in Gedanken bei ihrer Tochter ist. Bevor das Seminar beginnt, telefoniert sie auch schnell noch einmal mit Zuhause und vergewissert sich, dass alles in Ordnung ist. Ihr Mann beruhigt sie: „Alles bestens, mach dir keine Sorgen!"

Mit Anita hatte ich einige Tage zuvor telefoniert und ich war über das Problem mit ihrer Tochter bereits informiert. Irgendwie hatte ich das Gefühl, dass die Ursache nicht wirklich bei dem Kind zu finden war. Wir vereinbarten, dass ich für beide die Horoskope ausarbeite und wir dann spontan am Aufstellungstag überprüfen und entscheiden, für wen die Aufstellung nötig ist. Anitas Mann war informiert und einverstanden.

Nun sitzt sie auf dem heißen Stuhl und die Erschöpfung ist ihr deutlich anzusehen. Sie berichtet: „Ich liebe meine kleine Finja, aber sie ist ein Satansbraten und hat zwei Gesichter. Niemand kann nachvollziehen, was zwischen uns passiert, denn niemand bekommt es live mit. Immer wenn wir zu zweit allein sind, rastet sie aus. Ich kann sie kaum bändigen. Sobald jemand anderes anwesend ist, ist sie das liebste Engelchen auf Erden. Manchmal denke ich, mein Mann und meine Freundinnen, denen ich natürlich davon erzähle, müssen mich für völlig durchgeknallt halten, denn es gibt ja keinerlei Beweise dafür. Finja spielt gern das Unschuldslamm und ist natürlich Papas kleiner Liebling. Zum Glück glaubt mir mein Mann, weil er das Chaos zu Hause kennt. Vieles geht zu Bruch, wird durch die Gegend geschmissen und zerstört, wenn Finja ihre Ausraster hat. Ich weiß mir keinen Rat mehr. Alle möglichen Verhaltens- und Erziehungsmethoden habe ich ausprobiert. Egal ob viel Aufmerksamkeit oder

Aufmerksamkeitsentzug, Belohnung oder Bestrafung, Reden oder Festhalten, nichts hat genützt. Ich weiß einfach nicht mehr weiter. Wie gesagt, das alles ist verflogen, sobald ein Dritter dabei ist. Ich trau mich schon gar nicht mehr, mit ihr allein zu sein. Spinne ich? Ist das vielleicht nur Einbildung? Mein Mann ist selbst Arzt und weiß sich auch keinen Rat, außer dass er mir ans Herz legte, eine Therapie oder eine Mutter-Kind-Kur zu machen."

Unsere direkten Verwandten und Partner sind natürlich immer unsere besten und stärksten Spiegel. Finja spiegelt etwas von Anita und auch umgekehrt. Sicher ist bei beiden eine Ursache zu finden. Doch wo setzen wir nun an?

„Kannst du mir ein ganz prägnantes Beispiel schildern? Oder über das berichten, was letztendlich der Auslöser für die Anmeldung zur Aufstellung war?", frage ich nach.
„Gerne. Das krasseste Beispiel und der Grund warum ich hier bin, war ein Vorfall vor etwa zwei Wochen. Es war an einem Dienstagnachmittag. Finja hatte ihren Mittagsschlaf schon hinter sich, war munter und lieb und spielte ganz normal in ihrem Zimmer. Dann rief meine Mutter an und wir telefonierten ungefähr fünf oder sechs Minuten miteinander. Währenddessen hörte ich Finja in ihrer Spielzeugkiste kramen. Zumindest dachte ich das. Aber als ich nach dem Telefonat ins Kinderzimmer ging, traf mich fast der Schlag. In den wenigen Minuten des Telefonats hatte sich Finja ins Wohnzimmer geschlichen, meine Glasvitrine geöffnet, war auf einen Stuhl geklettert und hatte sich irgendwie elf meiner sechzehn wertvollen Porzellanfiguren geschnappt, die ich seit Jahren sammle. Damit ist sie dann ins Kinderzimmer gedackelt – ich sehe es vor meinen Augen, auch wenn ich es damals nicht dabei war – hat die Figuren überall auf dem Boden verteilt, den Holzhammer aus ihrer Bauklotzkiste hervorgekramt und allen Figuren die Hände, Arme und Köpfe abgeschlagen. Als ich in das Zimmer kam, saß sie inmitten der Scherben und lachte mich fröhlich an. Kein Anflug von Wut. Sie war sich keinerlei Schuld bewusst. Ich war so entsetzt, dass ich auf den Boden sank und erst einmal hemmungslos geweint habe. Finja kam zu mir, kuschelte sich auf meinen Schoß, schaute mich stumm und ernst an und wischte mir immer wieder die Tränen weg. Das ist doch nicht normal! Ich schwöre, dass es so war. Als ich mich einigermaßen gefasst hatte, wollte ich natürlich von ihr wissen, warum sie das getan hatte. Sie zeigte dann auf die Trümmer und sagte: ‚Böse'. Es ist, als würden wir beide uns völlig fremde Sprachen sprechen. Auf der einen Seite bin ich und ich verstehe sie nicht, und auf der anderen Seite ist sie und sie begreift nicht, was mir weh tut. Ich bin wirklich am Ende."

Dieses Beispiel gibt für mich den Ausschlag. Während Anita erzählte, habe ich mir die Horoskopzeichnungen von beiden angeschaut. Finja leidet nicht. Sie ist der vollen Überzeugung, etwas Gutes zu tun. Nur kennen wir das Was und das Warum noch nicht. „Finja wurde eine besondere Konstellation mit auf den Weg gegeben", ergreife ich nun das Wort. „Sie hat es sich zur Aufgabe gemacht, bei den Menschen sämtliche roten Knöpfe zu drücken, Salz in alte Wunden zu streuen, damit diese Menschen aufwachen und etwas verändern. Das wird sie bewusst und unbewusst begleiten. Keine leichte Aufgabe! Später wird sie nur einen Raum betreten müssen, ohne überhaupt etwas zu sagen, und die Menschen werden sie und ihre Aufdecker-Funktion sofort spüren. Sie wird bei den Menschen, die auf dem Weg und empfänglich dafür sind, offene Türen einrennen. Bei Menschen, die lieber verdrängen oder bei denen die Zeit noch nicht reif ist, wird sie vielleicht Ablehnung erfahren. Ihre Aufgabe wird es sein zu lernen, damit umgehen zu können. So wie du den Vorfall geschildert hast, scheinst du eine ihrer ersten Aufgaben zu sein. Unbewusst nimmt sie wohl etwas Ungeklärtes, Verdrängtes wahr, dass es bei dir aufzulösen und auch zu wandeln gilt. Daher möchte ich gerne heute für dich aufstellen. Ist das in Ordnung?"

„Ja, sicher. Alles was nötig ist. So geht es nämlich nicht weiter. Ich habe allerdings keine Ahnung, was es bei mir zu klären geben soll", antwortet Anita.

„Na ja, dafür sind wir ja hier. Und ich habe zwei bis drei Hinweise im Horoskop. Wir schauen mal, was davon im Argen liegt", beruhige ich sie lächelnd.

Anita weiß sofort, welchen Seminarteilnehmer sie als ihren Stellvertreter auswählen wird: „Du bist mir schon heute Morgen im Flur aufgefallen und ich habe das Gefühl, uns verbindet etwas. Magst du für mich stehen?"

„Gerne", erwidert die Teilnehmerin.

Nachdem sich SV-Anita am Platz eingefühlt hat, berichtet sie, dass es sich dort eng anfühlt. „Als ob ich in einer Röhre stehe, die immer enger wird. Ich habe gar keinen Spielraum mehr. Meine Arme könnte ich jetzt nicht ausstrecken. Die Luft wird auch etwas knapp. Wird alles etwas viel."

Anita nickt: „Das fühle ich manchmal, wenn ich abends erschöpft ins Bett falle."

Nun wähle ich nach und nach Stellvertreter für die drei Planeten Uranus, Neptun und Pluto aus und platziere sie in der Mitte des Teppichs. Neptun, Pluto und Anita unterhalten gegenseitig freundschaftliche Beziehungen. Zu Uranus aber bekommt sie keinen richtigen Kontakt. Auf Nachfrage berichtet Uranus, dass er Neptun und Pluto am liebsten wegschubsen würde, dass es viel zu eng auf dem Teppich sei *(gleiches Symptom)* und die Luft langsam zu dick würde.

„Was hat der da gesagt?", fragt SV-Anita, „ich hab nur Wortfetzen gehört und damit kann ich gar nichts anfangen. Nuschelt der? Oder haben sich meine Ohren zugesetzt?"

Auch hier haben wir eine Gemeinsamkeit mit dem, was sich im Außen über Anitas Tochter zeigt. Somit ist klar, dass Uranus als Seelenkraft stehenbleiben muss und ich bitte die Neptun- und Pluto-Stellvertreter, sich wieder zu setzen.

„Klasse", reagiert SV-Anita genervt, „der, den ich nicht verstehe, bleibt. Wie sollen wir uns denn bitte verständigen? Hast du einen Dolmetscher hier oder kann der Gebärdensprache?" SV-Anita ist höchst gereizt und angriffslustig.

SV-Uranus atmet durch. „Gut, jetzt wird es schon etwas freier. Aber ich habe das Gefühl, dass ich ein pubertierendes Gör hier vor mir habe. Voll die Zicke. Wie alt bist du eigentlich?"

SV-Anita zuckt nur genervt mit den Schultern. „Das ist wie Chinesisch. Waaas? Ich spiele das nicht, ich verstehe wirklich nichts. Das ist echt unglaublich."

Von außen betrachtet, wäre das eine urkomische Situation, wenn es im Alltag nicht so ernst wäre.

Der Uranus-Standort im Horoskop verrät mir, dass Anita scheinbar ein Mutterthema hat. Also frage ich das Original: „Wir haben ja gerade gehört, dass deine Seele meint, sie hätte eine Art pubertierendes Gör vor sich. Wie war denn deine Pubertät?"

„Ach, so eine richtige Pubertät hatte ich gar nicht. Nicht so wie andere davon erzählen", sagt Anita, „ich war immer artig und sehr angepasst. Meine Mutter hatte leichtes Spiel mit mir und wir hatten ein sehr gutes Verhältnis. Papa hat viel gearbeitet, aber er hat uns jeden Abend ins Bett gebracht und am Sonntag den ganzen Tag Zeit für uns gehabt. Ich hatte eine sehr schöne Kindheit, auch wenn wir in sehr einfachen Verhältnissen gelebt haben und uns nicht viel leisten konnten."

Das kommentiere ich nicht weiter, registriere nur ihre Selbsteinschätzung und wähle jetzt einen Stellvertreter für das Muster „Auftrag der Mutter" (dazu später mehr). Ich bitte den Stellvertreter, sich hinter SV-Anita zu stellen. Sofort wird SV-Anita angezogen und kippt nach hinten.

„Ach, ist das schön. Da habe ich gleich ein geborgenes Gefühl. Darf ich mich umdrehen? Ich glaube, das ist meine große Liebe."

SV-Anita dreht sich um und schaut SV-Auftrag-der-Mutter ganz verliebt an, streichelt ihm sogar vertraut über den Arm. „Wir verstehen uns, auch ohne Worte. Wir sprechen die gleiche Sprache. Der versteht mich. Prima, jetzt brauche ich mich um die dahinten *(sie meint ihre Seele)* nicht mehr zu kümmern. Es kann so leicht sein. Schön!", schwärmt SV-Anita.

SV-Uranus/Seele wird wütend: „Sag ich doch, was für ein Gör. Eine Frechheit ist das! Ich bin wichtig und sie zeigt mir die kalte Schulter. Hallo? Hier gibt es Input! Hier spielt die Musik. Da kannst du mir noch so oft den Rücken zeigen. Ich krieg dich schon wieder in Position! Haben wir was zum Schmeißen hier? Ich hätte jetzt gern Schneebälle, die ich ihr in den Nacken schmeißen kann."

Die Seele ist wirklich kreativ. Hier wird ganz deutlich, dass Anitas Tochter Finja nur der Spiegel im Außen für das ist, was sie innerlich mit ihrer Seele veranstaltet. Deutlicher geht es beinahe nicht. Aber im Moment kommentiere ich das nicht. Ich wähle eine weitere Stellvertreterin für die Mutter von Anita aus und platziere sie im „Mutterhaus" außen am Teppich. SV-Mutter fühlt sich unbehaglich: „Ich würde mich gern unsichtbar machen. Mich soll hier niemand sehen und ich möchte auch niemanden zur Last fallen. Nein, nein, nur keine Ablenkung."

SV-Uranus/Seele hat sich spontan mit SV-Mutter konfrontiert und sich direkt zu ihr gedreht: „Nix da. Du bleibst! Wen soll ich denn sonst angucken. Ich komme ja zu SV-Anita nicht durch. Vielleicht klappt es über dich."

SV-Mutter schaut betreten zu Boden: „Nö, ich kann gar nicht die Lösung sein. Ich bin so hilflos."

Ich frage SV-Anita und Auftrag-der-Mutter: „Wie geht es euch beiden dort?"

SV-Anita antwortet: „Prima, ich bin so verliebt. Nichts ist wichtiger. Was die dahinten machen interessiert mich nicht."

SV-Auftrag-der-Mutter, der sehen kann, was mit der Seele und auch sonst noch am Teppich passiert, schränkt jedoch ein: „Das ist ja schön, dass sie so verliebt ist und ich so viel Aufmerksamkeit bekomme, aber ich finde auch spannend, was sich da bei den anderen so tut. SV-Mutter macht mich ein wenig ärgerlich. Sie tut so unbeholfen, dabei hat sie nur einfach keinen Mut. Sie könnte, wenn sie wollte."

Das scheint SV-Anita zu beschäftigen: „Hm, das finde ich jetzt aber blöd. Warum interessiert sich mein Gegenüber für die Chinesen da? Kann der Chinesisch?"

SV-Auftrag-der-Mutter sagt milde zu SV-Anita: „Das ist kein Chinesisch. Du hast es nur ausgeblendet, weil du über beide Ohren in mich verliebt bist. Aber ist das wirklich echt mit uns? Oder bin ich für dich eigentlich nur ein Notnagel?"

„Das trifft mich jetzt aber. Wie kannst du so etwas denken?", SV-Anita lässt die Schultern hängen.

„Mensch, jetzt werde endlich erwachsen", murrt SV-Uranus/Seele, „schau doch endlich mal auf dein Leben. Und das ist hier bei mir. Du vernachlässigst mich und damit dich selbst total."

Original-Anita neben mir läuft rot an. Es ist ihr unangenehm, versucht sie doch, nach außen das Bild einer perfekten Hausfrau und Mutter zu verkörpern. Da sich die Situation im Aufstellungsfeld festigt und langsam einfährt, merke ich, dass es Zeit für die Auflösung ist, also die Stellvertreter zu benennen und Anita zu erklären, was sich dort zeigt.

„So Anita, wir haben den Ist-Stand schon erreicht. Wir konnten bei deinem Stellvertreter und deiner Seele deutlich erkennen, was ursächlich für Finjas Aktionen ist. Finja reagiert auf deine Seele und spiegelt dein Innerstes. Kinder bis zu sieben Jahren leben ganz natürlich im Energiefeld der Mutter. So kochen natürlich die Themen hoch, wenn es dort Verdrängungen gibt. Wir hätten auch Finja mit ihren dreieinhalb Jahren in die Mitte stellen können. Sie wäre sicher auch sauer gewesen und hätte dich mit etwas bewerfen wollen. Also sei deiner Tochter nicht böse, sie ist der Engel, der dir zeigt, was dran ist. Du bist ganz von deiner Seele und von deiner Kraft abgewandt und mit einem Muster beschäftigt. Deine Seele probiert aber auf alle möglichen Arten, deine Aufmerksamkeit zu bekommen. Sie hat sogar schon jemanden gefunden, der sich am liebsten davonstehlen würde. Der letzte Stellvertreter nämlich. Aber bevor ich auflöse, habe ich noch eine Frage: Warum sammelst du die Porzellanfiguren? Eigentlich machst du mir gar nicht den Eindruck, dass du auf so etwas solchen Wert legst würdest. Es muss also noch einen emotionalen Wert geben."

Anita schaut mich verblüfft an und antwortet: „Ich erwähnte ja schon, dass wir uns nicht viel leisten konnten. Als ich klein war ist meine Mutter aushilfsweise einige Wochen putzen gegangen. Papa durfte davon nichts wissen. Von dem Geld, das sie dafür bekam, hat sie sich dann eine dieser wunderschönen Porzellanfiguren gegönnt. Sie war ganz aufgeregt, weil sie die im Schaufenster gesehen hatte. Es war eine Ballerina mit einem Rüschenkleidchen, ganz fein. Als meine Mutter es kaufen ging, durfte ich mit. Aber ich musste versprechen, dass ich niemandem, nie, davon erzähle. Das war unser Geheimnis. Sie hat die Figur vor Papa versteckt und nur hervorgeholt, wenn wir allein waren. Dann hat sie sie geputzt, auf den Tisch gestellt, eine Schallplatte aufgelegt und wir haben getanzt." Anita lächelt. „Deshalb sammele ich, glaube ich, heute ganz offen diese Figuren. Es ist eine Hommage an meine Mutter und ein Beweis, dass sich etwas geändert hat bei den Frauen in unserer Familie. Keine Geheimnisse mehr."

„Eine Frage noch: Wenn es diese Geschichte nicht geben würde, würdest du die Figuren dann trotzdem noch sammeln? Findest du sie so schön und wäre es dir das Geld wert?"

Die Antwort kommt ganz spontan: „Nein, sicher nicht!"

„Dann werde ich dir jetzt erklären, warum ich dich nach den Figuren gefragt habe. Der Stellvertreter, in den SV-Anita sich so verknallt hat und den sie ihrer eigenen Seele bevorzugt, steht für den Auftrag der Mutter. Das muss ich ein wenig erklären. Bei dieser Konstellation im Horoskop gibt es drei unterschiedliche Möglichkeiten, wie sich das Muster zeigen kann. Entweder soll die Tochter das Leben der Mutter wiederholen, rein nach dem Motto: So wird das gemacht. Und ich (die Mutter) weiß es sowieso besser. Oder es ist eine Art Versorgungsauftrag. Die Mutter hat schon alle in der Familie versorgt und sich aufgeopfert und nun ist es wiederum an dir, Familienmitglieder zu pflegen, aufzufangen und zu versorgen. Aber ich habe das Gefühl, dass es bei dir um die dritte Möglichkeit geht, nämlich die Wunschverwirklichung der Mutter. Hier wird ein Lebenswunsch für die Mutter gelebt. Als Beispiel: Die Mutter ist Ballerina (die Ähnlichkeit zu der Porzellanfigur vergessen wir einmal) und wünscht sich nichts mehr, als an der Staatsoper Prima-Ballerina zu werden. Doch dann wird sie schwanger und der Lebenstraum zerplatzt. Es ist zeitlich und physisch einfach nicht mehr machbar. Sie bekommt aber eine Tochter und nun wird diese gefördert und gedrillt, Ballett zu lernen, Tanz zu studieren, um dann den Lebenstraum der Mutter zu leben. Bei dieser Konstellation erklären wir uns als Tochter solidarisch und versuchen, der Mutter diesen Wunsch zu erfüllen. Darüber vergessen wir aber die eigenen Wünsche und wissen letztendlich gar nicht mehr, dass es überhaupt Wünsche und eigene Potenziale gibt. Und so wie du es geschildert hast, mit eurem guten Verhältnis (nicht falsch verstehen: Das ist natürlich schön), deiner Anpassung in der Pubertät und dann noch mit dem Geheimnis um die Porzellanfiguren, tippe ich einmal, dass du etwas lebst, was sich deine Mutter für sich selbst gewünscht hätte. Sie jedoch konnte es nicht manifestieren, aus welchem Grund auch immer. Erinnerst du dich noch? Den letzten Stellvertreter, den ich mit einbezogen habe, auf den sich deine Seele immer noch konzentriert, sagte: ,Ich bin hilflos'. Er möchte sich unsichtbar machen und nicht verantwortlich sein. Der Stellvertreter für den Auftrag der Mutter ist aber ganz interessiert an ihm. Das passt auch, denn dort steht der Stellvertreter für deine Mutter."

*"In unserem Unbewussten
gibt es Geheimnisse,
an die wir ohne Aufdecker von
außen nicht herankommen."*

(Ilka Plassmeier)

Anita braucht erst einmal einen Schluck Wasser. „Das ist unheimlich", flüstert sie fast, „vom ersten Moment an, als der Stellvertreter hereinkam, habe ich gedacht, der ist wie meine Mutter. Und meine Seele hat wirklich so Dinge vorgebracht, die von Finja hätten sein können. Und auch, dass meine Stellvertreterin nichts versteht... Ich muss mich kurz sammeln." Ich lasse ihr Zeit. Es ist deutlich zu sehen, wie es in ihr arbeitet. „Es stimmt, ich lebe das Leben, das sich meine Mutter immer gewünscht hatte und sich dann auch für mich gewünscht hat. Wir haben in einem Plattenbau mit unzähligen Familien in einer ganz kleinen Wohnung zu fünft gewohnt. Meine Eltern, meine Schwester, unsere Oma und ich. Mein Vater hat viel gearbeitet und war sehr stolz. Er hat darauf bestanden, dass Mutter nicht arbeitet. Mein Vater war der Ansicht, dass ein Mann seine Familie selbst ernähren können muss. Meine Mutter hat sich daran gehalten. Doch ich glaube, sie hätte gerne auch gearbeitet und zu einem besseren Leben beigetragen. Aber so war das halt. Unsere Mutter hat zu meiner Schwester und mir immer gesagt: ‚Ihr werdet wunderbare Männer bekommen – Ärzte, Anwälte oder Firmeninhaber. Ihr sollt es besser haben. Lernt fleißig und seid artig, dann kommen die richtigen Männer. Wenn ihr dann geheiratet habt, lebt ihr in euren eigenen Häusern mit schönen, großen Gärten, vielleicht mit einer Putzfrau und lieben Kindern, habt keine Sorgen und könnt mit so vielen Porzellanfiguren dekorieren wie ihr wollt.'

Mein Gott, ich lebe das ungelebte Leben meiner Mutter. Genauso ist es ja gekommen. Mein Mann verbietet es mir zwar nicht zu arbeiten, aber ich weiß schon, dass er es lieber hat, wenn ich mich einzig um Finja kümmere. Da haben wir es wieder." Sie schüttelt sich.

„Weißt du denn, was du möchtest?", frage ich nach.

„Ganz ehrlich? Keine Ahnung. Aber ich habe ja alle Möglichkeiten. Ich muss es nur ausprobieren. Finja, mein Liebling, das wollte sie mir die ganze Zeit sagen. Da wäre ich nie drauf gekommen. Chinesisch eben!" Jetzt lacht Anita.

Nun frage ich bei allen Stellvertretern nach, was sich verändert hat, ob es sich stimmig anfühlt und wie es ihnen geht. SV-Anita sagt: „Meine rosarote Brille hatte ja vor dem Auflösen schon ein klareres Glas bekommen, als sich meine große Liebe auch für den anderen Stellvertreter interessierte. Jetzt ist das Rosarot komplett weg. Schade eigentlich. Ich habe alles, was ihr gesprochen habt, klar und deutlich hören können. Ich habe sozusagen an euren Lippen gehangen. Jetzt bin ich natürlich gespannt, ob ich nun auch meine Seele verstehen kann. Darf ich mich umdrehen? Ja, das ist gut. Aber ich hab auch ein bisschen Angst, was ich jetzt wohl zu hören bekomme."

Nachdem SV-Anita sich umgedreht hat, wendet sich ihr auch die Seele wieder zu. SV-Auftrag-der-Mutter konzentriert sich auf den Stellvertreter der Mutter. Als nächstes frage ich bei SV-Auftrag-der-Mutter nach und erhalte die Antwort: „Es erleichtert, dass ich jetzt für SV-Anita nicht mehr im Mittelpunkt stehe. Irgendwie habe ich auch Bezug zu SV-Mutter. Da muss ich jedenfalls immer hinschauen."

SV-Mutter sagt: „Das ist mir so unangenehm. Ich möchte in einem Mauseloch verschwinden. Es stimmt alles, was gesagt wurde. Aber ich hab es doch nur gut gemeint. Ich wollte doch nur das Beste für meine lieben Töchter. Ist das denn so falsch?"

„Daran ist weder etwas falsch noch richtig. Es ist wie es ist. Ihr habt einfach Lernaufgaben aneinander. Und dazu gehören immer zwei. Der eine, der wünscht und der andere, der erfüllt. Anita hätte von Anfang an auch innerlich Nein sagen können. Es gibt genügend Kinder, die rebellieren und gar keinen Wunsch der Eltern erfüllen. Sich abzugrenzen, sich selbst zu erkennen, Nein zu sagen und etwas anders zu machen gehört zu ihrer Entwicklungsaufgabe und du warst ein gutes Lerninstrument. So greift ein Zahnrädchen in das andere", beruhige ich Anitas Stellvertreterin. Nach diesen Sätzen richtet sie sich erstmals auf und strafft leicht die Schultern: „Da bin ich aber erleichtert. Ich hab mich so schlecht und schuldig gefühlt."

„Wie ich in einer vorherigen Aufstellung schon einmal sagte. Auf seelischer Ebene gibt es keine Schuld. Alles ist Erfahrung. Nur unser Ego und Verstand wertet in gut oder schlecht. Das Leben ist vollkommen."

SV-Anita und SV-Mutter lächeln sich an.

SV-Seele sagt nun: „So langsam wird es aber Zeit, dass sich nicht mehr alles um Anitas Mutter dreht, oder? Ich werd schon ganz ungeduldig."

SV-Anita fällt die Kinnlade herunter: „Ich verstehe meine Seele. Das ist ja ein Ding! Kein Genuschel mehr! Keine Watte in den Ohren. Deutsch, nicht Chinesisch. Hach, ich könnte vor Freude hüpfen!"

„Mach es ruhig, das macht es leicht und es befreit."

SV-Anita hüpft ein paar Mal kichernd auf und ab. Jetzt ist alles gut und entspannt.

„So, SV-Anita, wollen wir es denn jetzt angehen und aufräumen?", frage ich nach.

„Gerne und ich habe da schon eine Idee. SV-Auftrag-der-Mutter ist ja eigentlich der Wunschtraum meiner Mutter. Dann gehört er ja auch dort hin, oder? Da würde ich ihn gerne hinbringen."

„Das kannst du gleich tun. Aber schau zunächst, was er für dich vielleicht noch als Geschenk bereit hält. Erinnerst du dich an dein Verliebtsein? Was könntest du im Außen nicht zurückbekommen haben?"

„Die Selbstliebe?", fragt SV-Anita unsicher.

„Könnte sein, oder? Frag doch mal den Stellvertreter!"

SV-Auftrag-der-Mutter erwidert: „Das ist richtig. Wenn du dich selbst liebst, wirst du auch wissen, was du dir für dein Leben wünschst. Ich möchte dir gern das, was an Verbundenheit zwischen uns noch geblieben ist, vollständig zurückgeben und dann möchte ich gern gelöst zu SV-Mutter gehen. Dort ist mein Platz."

Sie reichen sich die Hände, umarmen sich und dann führt SV-Anita den Auftrag zur Mutter. Der Auftrag stellt sich hinter die Mutter, die noch ein wenig unsicher dreinschaut. Aber ganz schnell ist sie einverstanden und bleibt weiterhin aufrecht. SV-Anita sagt zur SV-Mutter: „Das ist deins. Ich habe es getragen und aufbewahrt. Habe dir gezeigt, dass es geht. Vielleicht kannst du es jetzt für dich auch leben. Ich wünsche es dir. Aber es ist deine Entscheidung."

„Ich habe so eine wundervolle Tochter und ich bin so stolz auf sie", seufzt SV-Mutter, „danke dir, mein Kind. Ich werde mich jetzt auch zurückziehen. Jetzt bist du dran und vielleicht kann ich mir noch etwas abgucken, so aus der Ferne".

SV-Mutter lächelt SV-Anita sanft zu. Sie umarmen sich innig. Danach setzen sich Mutter und Auftrag am Rande des Raums entspannt auf zwei Stühle. SV-Anita nimmt ihren Platz am Teppich wieder ein: „Kannst du noch einmal etwas zu mir sagen? Ich habe Angst, dass es eben nur ein Trugschluss war, dich verstehen zu können", bittet sie ihre Seele.

„Gerne. Bist du langsam fertig? Es gibt noch so viel zu entdecken und ich will endlich loslegen. Hast du mich verstanden?", grinst SV-Seele.

SV-Anita lacht: „Dann bin ich ja mal gespannt. Schön, dass wir nun auf einer Welle funken."

Mit diesen Worten geht sie auf ihre Seele zu und reicht ihr die Hände. „Das ist viel schöner als vorhin. Hier ist keine rosarote Brille. Das hier ist echt. Warm, sanft, voller Kraft, es blitzt angenehm in meinem Kopf. Keine Ahnung was da passiert, aber vielleicht ist ja auch ein Geistesblitz dabei", vermutet SV-Anita durchaus richtig.

„Ja, manchmal ist es auf diese Weise nachzuempfinden, was bei einer Aufstellung passiert", versuche ich dieses Gefühl zu erklären, „wir arbeiten ja nicht nur im seelischen Bereich, sondern auch mit den Gehirnhälften. Unsere linke Gehirnhälfte

(Ego, Verstand) hat an solchen Tagen ein wenig Pause und wir arbeiten mehr mit der rechten (Intuition, Gefühl). Dadurch synchronisieren sich die Gehirnhälften spätestens beim Seelenkontakt und die Synapsen werden neu geschaltet. Es ist eher selten, aber so kann sich das bemerkbar machen."

SV-Anita und SV-Seele lachen sich an. Sie finden den Vergleich mit einem gerade angehenden Kronleuchter super witzig. Sie umarmen sich und fangen an, Pläne zu schmieden.

Nun ist der Zeitpunkt für den Wechsel vom Stellvertreter zum Original gekommen. Ich bitte Anita selbst in die Aufstellung und zunächst außen am Teppich ihren Platz einzunehmen. Anita zittert. Ich frage, ob alles in Ordnung ist. „Ja, alles ist gut. Ich zittere, weil mir wohlige Schauer über den Körper laufen. Mir gehen tausend Dinge durch den Kopf. Die verbliebenen fünf Porzellanfiguren werde ich meiner Mutter schenken. Ich brauche sie nicht mehr. Ich kann es kaum erwarten, Finja durch die Luft zu wirbeln und ihr Lachen zu hören. Ich bin so unendlich dankbar. Und da steht meine Seele und kann es auch nicht erwarten. Das war bis hierhin schon ein so großes Geschenk. Ich werfe mal gerade alle Zweifel über Bord, ob ich das gleich aushalte, ob ich das verdient habe. Kopf aus! Ich komme!"

Und schon steht die Verbindung mit ihrer Seele. Sie albern ein wenig rum, prusten und seufzen und liegen sich letztendlich glücklich in den Armen. Ich vergewissere mich noch einmal bei den anderen Stellvertretern, ob alles in Ordnung ist und alle nicken lächelnd. Ein gutes Gefühl.

Mit Anita stand ich telefonisch noch einige Wochen in Kontakt. Sie hatte einen unglaublichen Energieschub und wollte natürlich von all ihren neuen Erfahrungen nach der Aufstellung berichten. Sie hat die Figuren ihrer Mutter ohne weitere Erklärung geschenkt. Die war ganz gerührt und dankbar und hütete diese seither wie einen Schatz. Finja und Anita sind inzwischen ein richtig gutes Team. Nach der Aufstellung gab es keine Probleme mehr. Finja ist gegenüber ihrer „neuen" Mama ganz entspannt, fröhlich und neugierig. Anitas Mann nahm ihr einmal den Hörer aus der Hand und berichtete kurz, dass er sich in seine aktive und attraktive Frau neu verliebt habe. Zu ihrer Überraschung willigte ihr Mann sofort ein, als sie ihm offenbarte, gerne arbeiten zu wollen.

Ändern wir uns im Inneren und sind dort klar, zieht das Äußere, also auch der Partner, in der Regel nach.

Ihre Kreativität hat sich einen Weg von innen nach außen gebahnt. Zu ihrem Innenarchitektur-Studium absolvierte sie zusätzlich eine Feng Shui-Ausbildung und sie ist heute in diesem Bereich erfolgreich tätig.

Übrigens: Dort, wo die Glasvitrine gestanden hatte, steht heute ein Hundekörbchen. Anita und Finja haben sich ihren Traum erfüllt und nun gibt es einen neuen Wirbelwind auf vier Pfoten in der Familie.

Verlorener Zwilling

Einführung

Ganz dynamisch entwickelte sich die Aufstellungsarbeit im Laufe der Zeit weiter, was nicht zuletzt meinen Teilnehmern zu verdanken war. Nachdem ich bereits zwei Jahre Astrologische Symbolaufstellungen erfolgreich leitete, zeigte sich eine neue Ursache. Bei einer Aufstellung in Hamburg kamen wir an einen Punkt, an dem ich merkte nicht mehr weiterzukommen, obwohl der Ist-Stand noch nicht erreicht war. Ich stellte gemäß Geburtshoroskop weitere Symbole auf, die uns jedoch auch nicht weiter voranbrachten. Irgendwann sagte eine Stellvertreterin: „Hier fehlt etwas. Es fühlt sich so an, als ob ein Teil von der Hauptstellvertreterin fehlt. So als wäre sie nur halb da. Das habe ich vor kurzem einmal in einem Zeitungsartikel gelesen." Danach wandte sie sich direkt der Aufstellerin zu und fragte: „Hast du einen Zwillingsbruder oder eine Zwillingsschwester?" Die Aufstellerin war verblüfft, verneinte die Frage aber. Es gab zwei ältere Geschwister. Aber sie hätte immer gern einen Zwilling gehabt. Schon als Kind habe sie sich immer vorgestellt, dass sie mit einem imaginären Zwilling spielen würde, dass er im Krankenhaus versehentlich zu anderen Eltern gegeben worden sei und irgendwann wieder bei ihr sein würde. Allen lief ein Schauer über den Rücken. So stellte ich *(verdeckt)* einfach aus dem Bauch heraus den „verlorenen Zwilling" dazu und war gespannt, was passieren würde.

Ich bitte den Stellvertreter des Zwillings, sich aus dem ersten Impuls heraus einfach einen Platz zu suchen. Er ging sofort zur Hauptstellvertreterin, nahm sie in die Arme, hatte Tränen in den Augen und sagte: „Endlich sind wir vereint."

Es ist die perfekte Symbiose. Die Seele beobachtet alles sehr skeptisch und sagt zunächst: „Du gehörst hier aber nicht hin." Als das überhaupt niemand zur Kenntnis nimmt, meint sie: „Na super, jetzt bin ich total abgeschrieben. Die lebt ja nur noch für und durch den. Dabei gibt es den gar nicht!"

Interessanterweise war allen klar, dass es hier um einen Zwilling ging, obwohl ich das beim Aufrufen des Stellvertreters weder erwähnt noch erläutert hatte. Laut Aufstellerin gab es schließlich objektiv auch keinen Zwilling.

So fragte ich nach: „Wieso gibt es den denn nicht?"

„Na, der hat sich doch ganz fix aus dem Staub gemacht. Der wollte ja gar nicht geboren werden. Sie trauert dem immer noch hinterher."

Als das ausgesprochen war, atmete die Hauptstellvertreterin tief durch, löste sich aus der Klammerumarmung und sagte: „Das war wichtig. So hab ich das noch gar

nicht gesehen. Mir fehlte dieser Teil einfach immer. Aber warum oder weshalb, war mir nicht klar."

Für alle Leser, die jetzt gerade ein großes Fragezeichen im Kopf haben, weil sie noch nie etwas von dem „Verlorenen Zwilling" gehört haben, kommen hier ein paar Erläuterungen dazu. Die Natur sichert sich immer den Fortbestand seiner Art. Im Tierreich sind Mehrlingsgeburten keine Seltenheit. Der menschliche Körper ist allerdings eher für Einzelschwangerschaften und Einzelgeburten ausgelegt. Dennoch beschreitet die Natur auch bei Menschen häufig den etwas sichereren Weg. Bis in die 70er oder 80er Jahre war das Phänomen des „Verlorenen Zwillings" weitgehend unbekannt. Zwar gab es damals auch bei Geburten einzelner Kinder bereits Hinweise darauf, dass möglicherweise während der Schwangerschaft ein Zwilling existierte, jedoch wurde die Mutter den seltensten Fällen darüber informiert. Hier und da geisterten unfassbare Schauergeschichten umher, dass bei Operationen im Erwachsenenalter kleine Knochen im Körper eines Menschen gefunden wurden, die auf einen eingewachsenen Zwilling hindeuteten. Nur wenige glaubten daran.

Die moderne Wissenschaft (die Niederlande sind hier führend) mit ihren Untersuchungen und den inzwischen hervorragenden Ultraschallgeräten hat aber in den letzten zehn bis fünfzehn Jahren Verblüffendes festgestellt. Laut Schätzungen der gynäkologischen Untersuchungen sind zwischen dreißig und fünfzig Prozent ALLER Schwangerschaften Mehrlingsschwangerschaften. Das ist eine unglaublich große Zahl angesichts der Tatsache, dass lediglich etwa zehn Prozent aller Geburten tatsächlich Mehrlingsgeburten sind. Was geschieht also bei den verbleibenden Mehrlingsschwangerschaften? Irrtümer der Wissenschaft? Nein! Es gibt verschiedene Gründe, warum der Zwilling nicht geboren wird. Manchmal hat die Mutter vielleicht noch Zwischenblutungen und so geht der schwächere Teil mit einer Blutung ab. Manche Embryonen entwickeln sich nicht und sterben einfach ab. Sie verkapseln sich und gehen in der Regel mit der Nachgeburt als undefinierbarer Zellklumpen ab. In ganz wenig Fällen trägt das geborene Kind diese Verkapselung in sich. Und in den seltensten Fällen geht der Zwilling durch einen Abtreibungsversuch der Mutter. Aus Sicht der Natur wird sichergestellt, dass ein Kind überlebt und die Art erhalten bleibt. Aber was sind die Aspekte aus seelischer Sicht? Die Seele hat sich schließlich vor der Zeugung die Eltern ausgesucht. Was ist mit dem Zwilling? War das geplant? Oder war es ein Versehen? Drängelten sich mehrere Seelen um gerade diese Eltern? Haben wir uns das dann auch so ausgesucht?

Die Astrologischen Symbolaufstellungen belegen es: Ja, wir haben es uns so ausgesucht! In etwa 85 Prozent der Aufstellungen stellte sich heraus, dass sich der Aufsteller (der letztendlich geboren wurde) ohne den „Begleitschutz" des Zwillings nicht getraut hätte zu inkarnieren. Das ist sehr verblüffend, denn es bedeutet, dass die Seelen, die als Zwillinge gezeugt werden, bereits vor der Zeugung Kontakt hatten. Sie suchen sich die Eltern gemeinsam aus und zwar nach den Bedürfnissen, Zielen und Entwicklungsmöglichkeiten des überlebenden Kindes. Der verlorene Zwilling ist sozusagen oft der Bodyguard oder die Starthilfe. Gemeinsam vereinbaren sie, dass sie zusammen gezeugt werden, dass sich aber der verlorene Zwilling nach einer gewissen Zeit wieder verabschieden wird. So weit, so gut. Beim Eintritt in die Polarität und Stofflichkeit entwickelt sich das Ego bereits mit der Zeugung. Die übergeordnete, seelische Liebe verliert an Realität und das Loslassen wird schwierig. Nun sind zwei Seelchen in der Gebärmutter stofflich geworden. Meist verstehen sie sich gut und halten einander. Doch der Zwilling erinnert sich an die Vereinbarung und verabschiedet sich. Das bedeutet für das überlebende Kind einen ultimativen Verlust, da es sich in der Stofflichkeit und in der Polarität mit einem heranwachsenden Ego befindet.

Nun kommen völlig unbewusste Gedanken hoch: Warum er/sie und nicht ich? Wieso darf ich leben und er/sie musste gehen? Eine Überlebensschuld kann sich breitmachen. Und vielleicht nimmt das Kind sich dann schon vor, für zwei zu leben. Es ist der Überzeugung dazu da zu sein, damit sein Geschwisterchen durch ihn weiterleben kann *(Workaholic bis zum Burnout)*. Vielleicht denkt das Kind auch, nichts wert zu sein und deswegen immer verlassen zu werden *(Selbstwertthema und Partnerschaftsprobleme)*. Oder es begibt sich auf eine immerwährende erfolglose Suche nach Ersatz, dessen Anforderungen niemand gerecht werden kann. Die Auswirkungen sind vielfältig.

Ähnlich vielfältig sind die unbewussten Symptome, die sich im späteren Alltags- und Erwachsenenleben zeigen können. Wir kaufen alles immer im Doppelpack. Wenn ein lieb gewonnenes einmaliges Originalteil verloren oder kaputt geht, trauern wir diesem unendlich lang hinterher. Der Vorratskeller ist rappelvoll, obwohl wir als Single leben. Wenn wir verreisen, nehmen wir den ganzen Kleiderschrank mit (nicht das typische Frauenklischee bitte). Wir leiden möglicherweise auch unter zwanghaftem Heimweh, da wir befürchten, dass der Zwilling gerade dann wieder auftaucht, wenn wir im Urlaub sind und ihn deswegen verpassen. Auch Beziehungsprobleme können sich ergeben: Entweder warten wir ständig auf den Traumprinzen oder die Traumprinzessin, doch niemand ist gut genug, denn niemand kann die Seelenstruktur des Zwillings aufweisen, oder wir klammern übermäßig und erdrücken den Partner, aus Angst die „bessere" Hälfte wieder zu verlieren, und es kann auch sein, dass wir uns gar nicht einlassen können, denn Nähe bedeutet möglicherweise Tod und Verlust.

Das ausgeprägteste Symptom in der heutigen Zeit ist aber tatsächlich, dass wir versuchen für zwei zu leben. Das zeigt sich in der Regel im Beruf. Wir arbeiten für zwei oder sogar drei. Wir leisten und leisten und vergessen dabei die Lebensfreude, die wir vermeintlich nicht verdient haben. Schließlich musste jemand gehen, damit wir überhaupt leben durften. Die Überlebensschuld drückt so sehr, dass wir zu hart uns selbst gegenüber werden. Doch dabei wird das Entscheidenste vergessen: Der verlorene Zwilling ist nur für ein paar Wochen inkarniert, damit dieser eine Mensch überhaupt zur Welt kommen kann. Der Zwilling möchte, dass dieser Mensch lebt und genießt und seine Entwicklung vorantreibt, denn das war das Ziel. Das tiefe Verdrängen dieser Tatsache lässt ein Herankommen an das Thema kaum zu. Im Rahmen einer Aufstellung haben wir den feinstofflichen Körper, die Seele des Zwillings anwesend und können nun direkt fragen. Dabei stellt sich oft heraus, dass der Zwilling ganz traurig ist zu sehen, wie der Mensch sich quält, obwohl dies gar nicht der Plan war. Der verlorene Zwilling gibt dann den polaritätsgebundenen Menschen frei, was eine unglaubliche Entschuldung und Erleichterung bedeutet.

Doch es gibt auch noch andere Situationen als der oben beschriebene Begleitschutz. Ab und an kommt es auch vor, dass die Zwillinge tatsächlich in Konkurrenz stehen. Es wird zu eng und Machtkämpfe entstehen. Auch das ist kein Zufall und es gibt ebenso die unterschiedlichsten Gründe. Manchmal liegt eine karmische Verbindung vor und diese Kämpfe fanden bereits in früheren Leben statt. Manchmal geht es darum, sich endlich einmal durchzusetzen, nach dem Motto: Zeig, dass du wirklich leben willst! So kann es sein, dass die Zwillinge in der Gebärmutter tatsächlich kämpfen und der eine dem anderen den Platz wegnimmt, die Luft abdrückt oder Ähnliches. Wir könnten uns zu der Überlegung verleitet fühlen, dass dann die Überlebensschuld noch größer sein müsste. Nicht unbedingt, denn sie wird ja vom Machtthema überdeckt. Hier wird der Kampf gerechtfertigt: entweder er/sie oder ich. Während einer Aufstellung kam auch schon zutage, dass beide Zwillinge die Mutter nicht teilen möchten und die gesamte Aufmerksamkeit für sich beanspruchen. Zwangsweise muss der andere gehen. Es ist während einer Aufstellung daher wichtig, dass diese Dinge ausgesprochen werden. Nur so kann das Verdrängte aufgedeckt und die Verbindung gelöst werden. Auch wenn die Zwillinge in der Gebärmutter um das Überleben kämpften und sich gegenseitig versuchten zu besiegen, zeigt sich während der Aufstellung, dass auch in solchen Fällen ein Plan dahintersteckte – für beide! Vielleicht sollten sie lernen, zu teilen. Vielleicht sollten sie lernen, einzusehen, dass die Machtkämpfe nichts bringen und einer immer den Kürzeren zieht.

Während der Aufstellung kann sich durch das Wiedersehen nicht nur eine freudige Umklammerung zeigen, sondern auch ein Machtkampf. So giften sich die Stellvertreter aufs Heftigste an. Für den Leiter ist es wichtig, die Ruhe zu bewahren und einzulenken, die Stellvertreter immer wieder auf die einsichtige Ebene zurückzuführen und angemessen zu hinterfragen, bis Ruhe einkehrt. Die Symptome im Hier und Heute mit einem Machtkampf-Zwilling sind natürlich wieder ähnlich. Ständige Streits mit Chefs oder Partnern. Sie sind eher der Einzelgänger und haben vielleicht das Gefühl, dass alle etwas im Schilde führen. Mobbing am Arbeitsplatz ist auch nicht auszuschließen. Und doch hat dieser Mensch ein sehr machtvolles Auftreten und wir merken, dass wir uns mit ihm lieber nicht anlegen sollten.

Nachdem sich der „Verlorene Zwilling" zum ersten Mal bei einer Aufstellung zeigte, kam das Thema immer wieder einmal vor. *(Ist das Wissen erweitert, bildet sich eine neue Resonanzebene. Damit meine ich: Wenn etwas Neues hinzukommt und wichtig ist, dann ziehen wir es natürlich auch an. So lernen wir aus Erfahrung. Unsere Seele verschafft uns diese Übung.)* Dadurch konnte ich die astrologische Seite entsprechend prüfen. Und tatsächlich! Es gibt im Geburtshoroskop deutliche Hinweise auf dieses Thema. Heute sind mehrere Konstellationen Grundlage für das Aufstellen des verlorenen Zwillings. Aber auch ich musste mich zunächst einmal mit dem Thema beschäftigen und recherchieren. Wer sich durch diese Ausführungen sehr angesprochen fühlt und mehr wissen möchte, dem kann ich folgende Bücher ans Herz legen: *„Der verlorene Zwilling"* von Evelyn Steinemann, Kösel-Verlag, ISBN-13: 978-3466307173 / *„Das Drama im Mutterleib"* von Alfred R. und Bettina Austermann, Verlag: Königsweg, ISBN-13: 978-3981247107 / *„Gesucht: Mein verlorener Zwilling"* von Barbara Schlochow, Verlag: Editions à la carte Zürich, ISBN-13: 978-3905708332.
Hier sind die wissenschaftlichen Erläuterungen und weitere seelische Hintergründe zu finden.

Fallbeispiel

Vollgas mit angezogener Handbremse und Bodyguard in einem

Alena, 43 Jahre alt, verheiratet, drei Kinder, wohnhaft in einer deutschen Großstadt, berufstätig in einer mittleren Führungsposition eines großen Unternehmens. Sie hatte für den Seminartag eine weite Anreise auf sich genommen. Den Grund für ihre Aufstellung schilderte sie wie folgt: „Seit einiger Zeit rütteln meine Kinder irgendetwas in mir wach. Etwas kommt in mir hoch, aber ich kann es nicht richtig benennen. Bis vor zwei Jahren lebte ich in einer perfekten Welt: tolle Familie, super Job, Haus, Reisen, alles, was man sich wünscht. Aber schleichend fing ich an, alles in Frage zu stellen. Immer mehr klammerte und klammere ich mich an meinen Mann. Ich habe große Angst, dass er uns plötzlich und unerwartet verlässt. Er sagt, das wäre totaler Quatsch, er würde uns doch lieben. Aber um Liebe geht es gar nicht, daran zweifle ich nicht. Ich fürchte, wenn ich so weitermache, dränge ich ihn zur Flucht. Dann mein Beruf. Ich arbeite und schufte für zwei und habe trotzdem das Gefühl, ich komme nicht von der Stelle. Die überfällige Beförderung nagt auch an meinem Selbstwertgefühl. Ist es immer noch nicht genug, was ich leiste? Ich stehe meine Frau, bin stark und schütze alle so gut ich kann. In letzter Zeit ist mir aufgefallen, dass mir das innere Kind völlig fehlt. Das fehlte mir schon immer. Meine Mutter war Alkoholikerin und ich musste für sie einspringen. Mein Vater hat alles gemacht und getan, was in seiner Macht stand. Aber wenn man nach der Schule nach Hause kommend von einer lallenden Mutter begrüßt wird und die Wohnung aussieht, als wäre eine Bombe explodiert, ist es schwierig eine unbeschwerte Kindheit zu führen. Eine Freundin überredete mich vor kurzem zu einem Seminar mit dem 'inneren Kind'. Das war unerträglich für mich. Nach drei Stunden bin ich aufgestanden und gegangen. Ich habe kein inneres Kind – wie soll ich dann damit arbeiten? Neuerdings weine ich viel. Ich betrauere mich und meine Kindheit und doch bin ich glücklich, dass meine Kinder es anders erleben können. Es gibt so viele Lücken in meinen Erinnerungen. Komisch. Ich leide unter Asthma und habe oft Probleme mit dem Atlaswirbel. So, ich glaube, jetzt ist alles raus."

Alena schildert die Dinge vollkommen emotionslos, wie auswendig gelernt.
„Das war aber gut sortiert", bemerke ich.
„Ich habe auch die letzten zwei Wochen nichts anderes gemacht, als immer wieder durchgespielt, worum es mir geht. Wie die Vorbereitung zu einer Rede."
Ich nicke. „Du hast gesagt, dass du alle schützt, so gut du kannst. Was sollte das bedeuten?"
Alena denkt kurz nach und sagt dann: „Zum Beispiel, wenn ich merke, dass es einem meiner Mitarbeiter nicht gut geht. Dann schütze ich ihn vor noch mehr Arbeit oder irgendwelchen Auseinandersetzungen. Ich bin ja schließlich Abteilungsleiterin. Oder

wenn meine Kinder raufen, ergreife ich immer Partei für den Schwächeren. Ich mag keine Ungerechtigkeiten und versuche immer auszugleichen."

„Kannst du dir vorstellen, dass etwas in dir auch für dich etwas ausgleichen möchte und sich deshalb im Außen diese Schwierigkeiten zeigen?", frage ich nach.

Alena grübelt kurz, dann nickt sie: „Ja, das kann schon sein. Du meinst außen wie innen, richtig?" Ich nicke.

Gemeinsam erarbeiten wir für sie eine Aufstellungsfrage und schon darf sie sich einen Stellvertreter für sich selbst aussuchen. Dieser ist schnell gefunden und am Astroteppich platziert.

„Ich stehe gut. Langsam wird mir heiß. Die Hitze steigt von unten nach oben. Puh, ich zieh mal meine Strickjacke aus." SV-Alena befreit sich von der Jacke und krempelt die Ärmel hoch. „Huch, das war jetzt aber komisch", sagt sie und schüttelt sich leicht.

„Was war denn?", erkundige ich mich.

„Da war was. Wie ein kalter Luftzug, der ging an meinem Rücken vorbei. Uh, ein bisschen spooky!"

Auch die anderen Seminarteilnehmer haben es bemerkt. An mir zog der Luftzug ebenfalls vorbei, obwohl Fenster und Türen geschlossen sind und es draußen nicht windig ist. Ich registriere den Hinweis als ein weiteres Puzzleteilchen.

Wenn es um verstorbene Ahnen und deren Seelen geht, sind diese Phänomene nicht selten. Es wird plötzlich kalt, obwohl draußen 35 Grad herrschen. Ein Windhauch geht durch den Raum. Man fröstelt. In der Regel nimmt das auch die ganze Gruppe wahr.

„Bemerkst du sonst etwas oder verändert sich noch etwas?"

„Nein, sonst ist alles gut. Bin auf die Planeten gespannt. Kannst loslegen!", antwortet SV-Alena.

Also wähle ich *(verdeckt)* die Stellvertreter für die Planeten aus. Als aussagekräftiger Planet bleibt der Neptun in der Mitte stehen. SV-Alena hat große Angst vor ihm und ist weit zurückgewichen. Die anderen Planeten waren unauffällig und eher neutral.

„Was habe ich denn gemacht, dass sie so vor mir zurückweicht? Ich bin mir keiner Schuld bewusst. Was siehst du denn in mir, bitte?", fragt SV-Neptun bei SV-Alena nach.

SV-Alena kann SV-Neptun nicht ansehen und sagt zu mir: „Ich fühle mich vollkommen bedroht. Als wenn der lebensgefährlich für mich ist. Ich halte das kaum aus. Kannst du nicht etwas vor mich stellen? Eine Art Schutzschild? Jetzt brauche ausnahmsweise ich mal jemanden, der mich schützt. Ich bekomme vor Angst kaum noch Luft. Es fällt mir immer schwerer zu atmen."

Manchmal bedeutet „außen, wie innen" auch, dass wir genau das tun, was wir uns für uns selbst wünschen. Alena schützt im Alltag ihre Kontakte, dabei wünscht sie sich selbst Schutz. Achte einmal bei Geschenken darauf! Schenkst Du nicht auch gerne das, was Du selbst gern geschenkt bekämst? Weiterhin bemerke ich hier eine Parallele zu dem von Alena erwähnten Asthma. Ihre Stellvertreterin bekommt vor lauter Angst keine Luft mehr.

SV-Neptun zuckt ratlos mit den Schultern und macht mit nach oben gerichteten Handflächen eine verzweifelte Geste. Also wähle ich den nächsten Stellvertreter für die Überlebensschuld aus. So teste ich mich langsam an das Thema des „verlorenen Zwillings" heran, zu dem es im Horoskop von Alena gleich vier Hinweise gibt.

Nach Alenas Anfangserläuterungen gab mir meine innere Stimme bereits einen Hinweis auf den „verlorenen Zwilling". Der Blick ins Horoskop bestätigte dieses dringende Gefühl. Deshalb prüfe ich mein Gefühl verdeckt über die Stellvertreter. Sollte der verlorene Zwilling nicht das Thema für die Ursache sein, würde es sich sofort zeigen. Dann käme eine Reaktion oder Resonanz zu diesen Stellvertretern.

SV-Überlebensschuld stellt sich auf den ursprünglichen Platz von SV-Alena, schaut SV-Neptun an und lächelt: „Mir geht es hier gut. Ich weiß gar nicht, was SV-Alena hat. SV-Neptun ist doch total nett. Ich bekomme guten Kontakt. Und SV-Alena spüre ich nicht. Sie ist wie ausgeblendet."
SV-Neptun entspannt sich auch deutlich, lässt die Arme und Schultern wieder sinken: „Wie gut, dass mich jemand richtig wahrnimmt. Ich hatte schon Angst, dass auch der Stellvertreter die Flucht ergreift. Aber das tut jetzt gut, was immer SV-Alena in mir sieht. Vielleicht glaubt sie ja diesem Stellvertreter mehr als mir, dass ich ihr nichts Böses will."
SV-Alena atmet lange aus. Sie hatte vor lauter Angst wohl den Atem angehalten: „Oh, das tut gut. Jetzt kann ich SV-Neptun nicht mehr sehen. Wunderbar! Aber du hättest auch niemand anderen hinstellen dürfen! Außer diesem Stellvertreter hätte ich sonst niemandem vertraut. Aber jetzt ist es gut. Als wäre ich in einem Versteck untergekrochen."

„Sag mal, wie alt bist du jetzt eigentlich?", frage ich aus einem Impuls heraus nach. „Ich weiß es nicht genau, aber ganz, ganz jung. Und das macht mich gerade traurig. Als Kind sollte man sich doch wohl fühlen, freuen und spielen. Aber hier ist alles dunkel und gefährlich. Nur im hintersten Winkel bin ich sicher", berichtet SV-Alena.

Diese Entwicklung in der Aufstellung deutet auf einen Abtreibungsversuch der Mutter hin. Rückführungen in die pränatale Phase in der Reinkarnationstherapie zeigen genau diese Reaktionen. Dunkel, hinterste Ecke, Bedrohung, sich nicht zeigen können. Aber noch ist es nicht hundertprozentig klar und an dieser Stelle schon etwas vorwegzunehmen, wäre zu früh.

SV-Überlebensschuld wendet sich an SV-Alena, ohne sich dabei umzudrehen: „Du kannst mir wirklich glauben und vertrauen! Die Seele hier ist überhaupt nicht gefährlich. Total harmlos. Willst du nicht doch einmal schauen?"
„Auf keinen Fall. Sicher bist du auch getäuscht oder geblendet. Und dann gehe ich dabei drauf. Kommt gar nicht in Frage!", wehrt SV-Alena sofort ab.

Die Überlebensschuld steht in direkter Verbindung zum verlorenen Zwilling. Nun bin ich mir sicher, dass diese Problematik Alena unbewusst belastet und aufgedeckt werden will. Deshalb wähle ich als nächstes einen Stellvertreter für den verlorenen Zwilling aus. Der Stellvertreter soll sich außen an den Teppich am achten Haus, dem Haus der Verstorbenen, aufstellen. SV-Alena ist ganz aufmerksam. Sie kann SV-Zwilling von ihrer Position aus genau sehen. Die beiden können den Blick kaum voneinander abwenden.

SV-Neptun resigniert: „Ich hatte gehofft, dass jetzt etwas kommt, was uns wieder enger zusammenbringt. Aber jetzt bin ich ganz abgeschrieben für SV-Alena. Schade!"
SV-Überlebensschuld zeigt sich unbeeindruckt: „Ja, der gehört dazu. SV-Alena und er haben etwas zu klären", wirft er nur ein.
SV-Alena sagt zu dem SV-Zwilling: „Du, ich glaube, ich stehe auf deinem Platz. Deshalb habe ich sicher auch diese große Angst. Ich kenne die hier alle eigentlich gar nicht. Aber dich kenne ich. Und es freut mich riesig, dich zu sehen! Aber hier ist etwas verrückt. Ich gehöre auf deinen und du auf meinen Platz!"
SV-Zwilling schüttelt den Kopf: „Es ist zwar schön, dich zu sehen, aber ich muss dich enttäuschen. Ich gehöre nicht auf den Platz, auf dem du stehst. Du willst dich ja nur

aus dem Staub machen, weil du Angst vor dir selbst hast. Vielleicht vor der Freiheit, vielleicht vor der Eigenverantwortung, vielleicht auch, weil du dir nicht erlaubst, dich zu freuen oder auch einmal Blödsinn zu machen und kindisch zu sein. Das werde ich dir nicht abnehmen. Das gehört zu dir. Und du hast ein falsches Bild von deiner Seele, glaub mir!"

SV-Alena hält sich die Ohren zu und weint: „Nein, nein, nein, ich will das nicht hören. Ihr seid alle so gemein zu mir. Ich will das nicht! So geht das nicht! Ich kann das nicht alleine", schluchzt sie, „kann ich dann nicht wenigstens zu dir kommen?" Sie sieht SV-Zwilling sehnsüchtig an.

„Nein, das geht nicht", lehnt SV-Zwilling ab, „auch hier bin ich nicht ganz richtig. Ich bin nur hier, weil es dir nicht gut geht. Aber ich gehöre nicht hier her. Hast du das gehört?"

SV-Alena nickt traurig.

Nun bin ich doch ein wenig neugierig und habe eine Idee: „SV-Zwilling, wo gehörst du denn eigentlich hin? Könntest du den Platz einmal einnehmen?"

SV-Zwilling schaut sich um und sucht. Dann wählt er den Flur aus und stellt sich so auf den Flur, dass SV-Alena ihn nicht sehen kann: „Das ist zwar nur eine Zwischenlösung, aber immerhin besser als drinnen."

SV-Alena verlässt anschließend den Rückzugsplatz und stellt sich auf den Platz, an dem bisher der SV-Zwilling stand. Dann schüttelt sie den Kopf und kehrt wieder zurück. Das wiederholt sie zwei oder drei Mal, ohne dass ich sie unterbreche oder ein anderer etwas sagt. Sie probiert aus, wohin sie gehört. So sieht es zumindest aus. Nachdem sie wieder an ihren Platz zurückgekehrt ist und immer noch den Kopf schüttelt, frage ich: „Was passiert da gerade? Was machst du?"

„Ich wollte wissen, ob ich doch dorthin gehöre, aber es passt nicht. Nur hier passt es auch nicht. Und so springe ich zwischen den Plätzen hin und her, weil ich nicht weiß, wo ich sonst hin soll. Und ich möchte auch den Platz für den anderen frei halten, der jetzt auf dem Flur steht. Vielleicht kommt er ja zurück und dann darf hier niemand anderes stehen. Verstehst du das? Ich höre mich sicher total verrückt an, wie von einer fixen Idee besessen", versucht SV-Alena zu erklären. Ja, ich verstehe sehr gut!

Nun ist die Zeit gekommen Original-Alena zu erklären, was die Ursache für ihre Symptome ist und auch für das, was ihr widerfährt. Ich wende mich an Alena: „Hast du alles mitbekommen?"

„Oh ja. Sehr vieles davon trifft auf mein Inneres zu, aber mein Kopf steht gerade im Wald und weiß nicht, was da wirklich passiert ist. Ich kenne die Angst, die

Bedrohung, die Panik, die Sehnsucht und das Weinen. Auch habe ich mich früher oft in der hintersten Ecke meines Zimmers versteckt, wenn meine Mutter einen Ausraster hatte. Das ist mir für meine Stellvertreterin jetzt echt unangenehm. Ist alles okay bei dir?"

Ihre Stellvertreterin lächelt und nickt: „Alles in Ordnung. Ich habe viel von mir erkannt. Da gibt es unglaublich viele Parallelen, aber das erzähle ich dir später. Mach dir keine Sorgen! Ich entspanne mich gerade und weiß, dass es jetzt endlich besser wird. Du darfst jetzt auch vertrauen!"

„Gut, dann werde ich mir selbst mal glauben", schmunzelt Alena, „ich bin bereit."

„Deine Stellvertreterin hast du dir ja selbst ausgesucht. Du sagtest gerade, dass du dich in vielem wiedererkennst. Dein Seelenanteil, deine Seele in der Mitte, die so traurig ist, weil sie so verkannt wird, steht für den Neptun: Stellvertretend für 'sich und seinem Gefühl vertrauen' - 'Wahrheiten erkennen und zulassen' - ‚Kontakt zur höheren oder jenseitigen Ebene bekommen'. All das gehört zum Neptun. Und wir haben gesehen, wie viel Angst vor ihm und vielleicht auch der Wahrheit besteht. Schließlich hat sich deine Stellvertreterin in einer Phase sogar die Ohren zugehalten. Es war fast lebensbedrohlich. Aber da wird etwas verwechselt! Neptun hat immer wieder betont, wie harmlos er sei. Auch dass er dir nichts Böses wolle und er traurig sei. Ich werde dir auch erklären, was da verwechselt wird. Bist du jetzt bereit für die Auflösung und Erklärung für das, was sich hier deutlich gezeigt hat?" Alena nickt.

„Der erste Stellvertreter, der regelrecht von dir, also deiner Stellvertreterin, eingefordert wurde, steht für die Überlebensschuld. Die Überlebensschuld ist ein Muster im Horoskop. Das bedeutet, dass man sicher der Meinung ist, es nicht verdient zu haben überhaupt zu leben, und dass vielleicht sogar ein anderer dafür gehen musste. Das steht unter dem Motto: Wieso musste der andere gehen und nicht ich? Nun weiß ich aber von dir, dass es keine Todesfälle bei Geschwistern gab. Weißt du von Fehlgeburten oder Abtreibungen?", vergewissere ich mich ein letztes Mal.

„Nein, die gab es nicht. Meine Mutter war ja oft im Suff und da kommen viele unangenehme Wahrheiten und so manche Wahnvorstellung ans Licht, aber das hat sie nie erwähnt", überlegt Alena. „Aber halt, einmal sagte sie zu mir: 'Hätte ich dich doch wegmachen lassen, dann würdest du mir nicht immer im Weg stehen.' Das hatte ich ganz vergessen. Oh ja, es tat unglaublich weh und ich saß den ganzen Abend in der hintersten Ecke meines Zimmers bis Papa kam. Ich habe nicht geweint, aber ich hatte höllische Angst. Ja, ich erinnere mich wieder."

„Mit dieser Überlebensschuld-Mauer versuchst du nun, die vermeintlich überall lauernde Gefahr abzuwenden und dich dahinter zu verstecken", erkläre ich weiter. „Als nächstes habe ich dann den zweiten Stellvertreter hinzugenommen. An den Dialog, der dann entstand, kannst du dich sicher gut erinnern. Ach schau, da kommt er wieder rein."

SV-Zwilling steht nun im Türrahmen gelehnt und hört gespannt zu: „Ja, ich glaube, ich muss noch einmal wiederkommen, damit SV-Alena es auch wirklich versteht. Auch ich muss zur Klärung wohl noch etwas beitragen, auch wenn ich noch nicht weiß, was es genau ist."

Ich fahre fort: „Dieser Stellvertreter hier, den deine Stellvertreterin entweder bei sich haben oder mit ihm die Plätze tauschen wollte. Erinnerst du dich? Als er hinausging, versuchte sie von Platz zu Platz zu springen, sozusagen für zwei zu leben. Dieser Stellvertreter steht für den verlorenen Zwilling. Sagt dir das etwas?"

Ich registriere, dass SV-Alena und SV-Zwilling wissend nicken und sich liebevoll anschauen. Ich sehe aber auch, dass bei Alena selbst ein Fragezeichen auf der Stirn steht. „Nein, was ist das? Wer hat was verloren?"

„Okay, lass es mich für alle erklären. Bei dem verlorenen Zwilling handelt es sich tatsächlich um einen Zwilling, der allerdings nicht zusammen mit dir auf die Welt gekommen ist, also nicht geboren wurde."

„Wie? Und wo ist der jetzt?", wirft Alena ein. Ihre Verwirrung steigt, was aber bei einem Verdrängungsmechanismus nicht ungewöhnlich ist.

„Dieser Zwilling wurde zusammen mit dir gezeugt. Die Natur ist da nämlich wirklich pfiffig und geht manchmal auf Nummer sicher, würden die Wissenschaftler jetzt sagen. Auf seelischer Ebene gibt es Gründe dafür, warum ihr euch entschieden habt, gemeinsam zu inkarnieren. Also, gehen wir einmal davon aus, dass dies dort dein Zwilling ist". Ich weise auf den Stellvertreter in der Tür. „Dann bedeutet das zusammen mit der Überlebensschuld, dass du dir unbewusst vorwirfst: 'Warum musste mein Zwilling gehen und nicht ich? Warum habe ich es verdient zu leben und er nicht?' Noch wissen wir nicht, warum er gegangen ist und was die Vereinbarung war. Manchmal passiert es, dass die Mutter einen Unfall hat und dabei ein Zwilling stirbt. Oder die Mutter hat Zwischenblutungen und die Schwangerschaft ist noch gar nicht bemerkt worden. Der Zwilling geht dabei unbemerkt ab. Früher konnten die Ärzte so etwas auf dem Ultraschall nicht erkennen. Manchmal hatte sich der Fötus verkapselt und ist mit der Nachgeburt abgegangen. Manche Zellen lösten sich aber auch einfach in der Fruchtblase auf. Du als kleines Seelchen hast aber schon unmittelbar mitbekommen, dass Leben auch Verlust und Tod bedeutet. Deshalb setzt bei dir diese unglaubliche Angst ein. Daher kann auch dieses Klammern an den Partner aufgrund der Befürchtung vorkommen, dass er irgendwann geht. Es können auch körperliche Symptome auftreten. Und deshalb, also im Zusammenhang mit der Überlebensschuld, kann es auch den Versuch geben, für zwei zu arbeiten, weil unbewusst das Leben für den Zwilling mitgelebt werden soll. Kannst du mir bis hierhin folgen?"

Alena nickt mit geöffnetem Mund und großen Augen: „Das hört sich sehr phantastisch an! Aber innerlich schreit jede Faser meines Körpers laut Ja. Es scheint zu stimmen. Ich bin platt. Natürlich, jetzt wird es mir klar. Das erklärt einiges!"

Bisher haben alle Anwesenden meine Erklärungen gelassen aufgenommen und hören gespannt zu. Ich wende mich an alle am Teppich. „Und nun wüsste ich gerne von euch, warum das so gewesen ist. Warum du, SV-Zwilling, gegangen bist."

SV-Zwilling überlegt kurz und berichtet dann: „Hier ging es zum einen um eine Verabredung zwischen uns *(er deutet auf SV-Alena)*. Ich war als eine Art Begleitschutz und Bodyguard für Alena mit inkarniert."

Alle anderen nicken.

„SV-Alena hätte sich sonst gar nicht für diese Mutter entschieden und wäre geflüchtet."

Wieder nicken alle.

Original-Alena schaut vom einen zum anderen.

„Gut, also sind beide gezeugt worden und auch eine Zeit lang zusammen herangewachsen. Habt ihr euch gut verstanden?", frage ich beim Zwilling und SV-Alena nach.

Sie lächeln sich an und SV-Alena sagt: „Ja, das haben wir. Ich habe ihn so sehr geliebt. Deshalb war es ja so eine Tragödie und so ein Schock, dass er mich verlassen musste."

„Zwilling, was war der Grund dafür, dass du gegangen bist?"

Mir ist bewusst, dass meine unausgesprochene Vermutung schockieren kann, aber es ist ganz wichtig herauszufinden, was genau passiert ist. Es erscheint mir angemessen, denn die Stellvertreter sind sehr stabil. Kaum habe ich die Frage ausgesprochen, antwortet SV-Alena: „Es war ein Abtreibungsversuch. Und meinen Zwilling hat´s erwischt."

Nun ergreift der Zwilling das Wort: „Ja, so war es und das war vorher so abgesprochen. Wir wussten, dass das passieren würde. Und es war wichtig für Alena, dass sie überlebt. Deshalb war ich ihr Schutzschild und bin für sie gegangen. Es war kein Opfer, nichts Heroisches. Es gehörte zum Plan! Aber scheinbar kann sich Alena nicht mehr daran erinnern. Deshalb bin ich noch einmal wiedergekommen. Weißt du nicht mehr? Wir haben es kommen sehen und du hast dich ganz hinten versteckt und ich war vorn. Zum Glück hat es kein Arzt gemacht, sonst hätte es vielleicht nicht geklappt. Unsere Mutter war zu betrunken. Sie hat gedacht, es hätte geklappt. Auch wenn sie sich am nächsten Morgen so gut wie gar nicht daran erinnern konnte. Dich trifft keine Schuld und du brauchst auch nicht für mich zu leben! So war der Plan und ich warte nur noch darauf, dass du mich loslassen kannst. Denn ich habe selbst so einen schönen Teppich mit so einer tollen Seele. Und da würde ich gerne hin. Deine Seele dort auf dem Teppich, die gehört zu dir und glaub mir, sie passt auf dich auf und wird dich besser beschützen, als ich es je konnte. Vielleicht war es der Schock oder die Einsamkeit, oder vielleicht auch schon das menschliche Ego, das Alena so blockiert hat. Aber bitte glaub mir, es ist alles in Ordnung mit mir und es gibt für dich nichts mehr zu fürchten."

SV-Alena und SV-Zwilling gehen aufeinander zu und reichen sich die Hände. Es herrscht vollkommene Ruhe, auch draußen. Alena neben mir ist ergriffen und braucht ein Taschentuch. Sanft und leise unterbreche ich die Stille: „Besser hätte ich es nicht formulieren können. Wie fühlst du dich Alena?"
„Das erklärt so vieles. Ich bin so dankbar, dass ich das heute erleben darf. Zwar rollen bei mir die Tränen, aber innerlich ist irgendetwas frei geworden", beschreibt sie ihre Gefühle.

SV-Alena und SV-Zwilling umarmen sich. Immer noch ist es ganz ruhig. SV-Neptun beobachtet die Szene wohlwollend und auch SV-Überlebensschuld ist sehr geduldig. Die Stimmung hat etwas Würdevolles. Als sich die beiden voneinander lösen, flüstert SV-Zwilling: „Ich werde jetzt gehen. Ist das okay für dich? Ich weiß, dass du nun alleine klarkommst. Ganz vieles wird auf einmal unwichtig werden. Und schau mal, deine Seele wartet immer noch auf dich! Obwohl du so viel Angst hattest und dich so abgewendet hast, hat sie ausgehalten und steht immer noch dort und wartet. Ist doch toll, oder?"
SV-Alena nickt: „Ja, ich lasse dich zwar schweren Herzens gehen, aber ich lasse dich gehen. Es ist so schön, dass ich jetzt weiß, wer du bist und wie das alles zusammenhängt. Ich kann nun loslassen."

Die Hände der beiden lösen sich und SV-Zwilling schließt beim Verlassen des Raumes die Tür hinter sich. Als die Tür ins Schloss gezogen wird, wendet sich SV-Alena den anderen Stellvertretern zu. Sie ist jetzt ganz ruhig und schaut sich beide genau an. Dann sagt sie: „Unglaublich, die Angst ist weg. Das hätte ich nicht für möglich gehalten. Einfach weg. Fühlt sich das gut an!"

SV-Überlebensschuld tritt ein wenig zur Seite und sagt mit einer einladenden Geste: „Ich glaube, das hier ist dein Platz. Vielleicht magst du ihn noch einmal ausprobieren? Glaub mir, es steht sich gut hier!"

SV-Alena nickt, stellt sich auf ihren Platz und lächelt SV-Überlebensschuld an: „Du hast mir so gut getan. Ich hatte das Gefühl, dass du den vollen Überblick hast, stark und selbstbewusst bist. Du kannst es mit allem und jedem aufnehmen!"

„Was meinst du denn, was für ein Potenzial könnte in der Überlebensschuld stecken? Worum geht es bei der Transformation?"

„Keine Ahnung, ich bin gerade ein wenig unkreativ und habe einen Knoten im Hirn."

Ich helfe auf die Sprünge: „Wie wäre es mit Eigenverantwortung, Selbstbewusstsein und Selbstvertrauen. Also genau das, was der Stellvertreter für dich symbolisiert hat?"

„Oh ja, das hört sich gut, ja sogar verlockend an", grinst SV-Alena.

„Ich glaube, du brauchst deinen Bodyguard wirklich nicht mehr. Um ihn entlassen zu können, musst du nur diese Qualitäten zu dir zurückzunehmen. Und das kannst du über die Hände machen. Versuch einmal, ob ihr euch beide Hände reichen könnt!", schlage ich vor.

SV-Alena dreht sich zu SV-Überlebensschuld und reicht ihm die Hände: „Danke, dass du da warst. Ohne dich hätte ich das nicht geschafft."

SV-Überlebensschuld nickt und sagt: „Gern geschehen!"

Dann umarmen sie sich und SV-Alena führt ihn zu seinem Platz. Nachdem SV-Alena zu ihrem Platz am Teppich zurückkehrt, atmet sie mehrmals mit geschlossenen Augen tief durch und sagt dann: „Ich kann durchatmen, super!"

Und SV-Neptun/Seele fügt hinzu: „Und ich bin so stolz und so froh, dass sie endlich da ist. Ich platze fast vor Stolz und Freude. Lass dir so viel Zeit wie du brauchst, jetzt kann ich warten!"

„Jetzt will ich aber nicht mehr warten", grinst SV-Alena zurück, „pass auf: Jetzt komm ich! Jetzt will ich es wissen!"

Und schon steht sie mitten auf dem Teppich bei ihrer Seele und nimmt sie in den Arm.

„Ha, ich könnte springen und hüpfen", freut sich SV-Alena, „das ist so leicht und schön!" Und schon hüpft sie los und ihre Seele gleich mit. Alena neben mir lacht.

Ich lasse die beiden Stellvertreter sich erst einmal ein wenig austoben und frage später: „Und, SV-Alena, wie ist es jetzt?"
„Wie soll ich das beschreiben? Es ist leicht, ich bin ganz da. Es fühlt sich wundervoll und voller Freude an. Mein Vertrauen wächst immer mehr. Ich bin stolz auf meinen Mut. Was will man mehr?", freut sich SV-Alena.
„Und bei dir, SV-Neptun/Seele?"
„Ich bin einfach nur glücklich, dass sie mich endlich als das erkannt hat, was ich bin. Ich gehöre zu ihr und sie kann mich endlich annehmen. Es fühlt sich an, als würden wir eins werden", versucht SV-Neptun/Seele zu beschreiben.
„Was meint ihr? Können wir jetzt das Original einsetzen?"
Beide nicken kräftig und laden Alena ein. SV-Alena zieht sich zurück, als Alena ihren Platz einnimmt. Sie ist noch verunsichert und schüchtern. Aber sie macht es ihrer Stellvertreterin nach, schließt die Augen und atmet mehrmals tief durch: „Das tut gut." Als sie die Augen öffnet, sieht ihr Gesicht ganz klar und frisch aus.
Ihr Blick fällt auf SV-Neptun/Seele: „Sei mutig und vertrau mir. Alles ist gut. Du kannst zu mir kommen."
Noch einmal durchatmen und Alena macht die ersten Schritte. Es ist noch nicht so leicht und frei, wie es sich bei ihrer Stellvertreterin zeigte. Sie hadert ein wenig.
„Brauchst du noch etwas Hilfe, Alena?", erkundige ich mich.
Alena nickt ein wenig verlegen.
Ich bitte Alenas Stellvertreter nochmals mit auf den Teppich. Er soll sich hinter Alena stellen und ihr die Hände auf die Schultern legen.
„Ja, das tut gut."

Der Stellvertreter hat den Wandel schon vollzogen und kann so am besten helfen, das Original zu unterstützen. Man könnte auch sagen, dass der Hauptstellvertreter in solchen Situationen als Urvertrauen steht und unterstützt.

Jetzt wird die Leichtigkeit langsam spürbar und Alena rückt näher an ihre Seele heran. Nach einigen Momenten traut sich Alena, ihre Seele zu umarmen. Sie fängt leise an zu kichern. Mit der Umarmung löst sich ihre Stellvertreterin von ihrem Rücken und zieht sich wieder zurück. Jetzt braucht sie keine Unterstützung mehr. Einige Zeit später schaut Alena ihre Seele an und umarmt sie wieder. Das wiederholt sich einige Male.

„Alles okay bei euch?"

„Alles bestens. Es braucht noch etwas Zeit und Ruhe, aber wir sind auf einem sehr guten Weg", berichtet SV-Neptun/Seele.

„Prima. Können wir dann den ehemaligen Stellvertreter für den Zwilling als er selbst wieder reinholen?", frage ich nach.

„Huch, den hab ich ja völlig vergessen. *(Das wollte ich hören!)* Ja klar, kann wieder reinkommen", lacht Alena.

Damit beende ich die Aufstellung.

Ein dreiviertel Jahr später meldete sich Alena noch einmal bei mir und berichtete, was sich nach der Aufstellung ereignet hatte. „Eigentlich ist es unspektakulär, aber in mir hat sich viel getan. Das Klammern und die Panik, dass mein Mann mich verlassen könnte, waren sofort weg. Er war so erleichtert und überrascht, dass er einfach zweite Flitterwochen buchte und wir seither eine wundervolle Zeit miteinander verbringen. Wir sind neu verliebt. Das Weinen ist weg. Dafür bin ich verspielt und habe viel Blödsinn im Kopf. Das Leben macht wieder Spaß. Mein Chef überraschte mich dreieinhalb Monate später mit einer Beförderung, auf die ich so lange gewartet hatte. Ich habe es mir ganz ruhig angehört und dann gemerkt: Stopp, das bedeutet noch mehr Arbeit, noch mehr Verantwortung. Ich lebe doch jetzt für mich und das reicht mir. So habe ich die Beförderung abgelehnt. Das war die beste Entscheidung seit Jahren – mit Ausnahme der Aufstellung natürlich. Die innerliche Trauer ist weg. Ich lebe und ich freue mich über mein Leben. Meiner Mutter habe ich innerlich verziehen und an meinen Zwilling denke ich voll Dankbarkeit. Wie gesagt, im Außen ist das nicht messbar, aber innerlich ist es eine Kehrtwendung. Das Asthma ist zwar noch da, aber wenn es kommt, erinnere ich mich an die Aufstellung und die Ursache. Dann werde ich ganz ruhig und es geht schneller wieder vorbei."

Kapitel 8

Die Gesundheit
Der Körper als Bühne für die Seele

*"Geh Du vor, sagte die Seele zum Körper,
auf mich hört er nicht, vielleicht
hört er auf Dich.
Ich werde krank werden,
dann wird er Zeit für Dich haben,
sagte der Körper zur Seele."*

(Ulrich Schaffer)

Wichtiger allgemeiner Hinweis

Die Astrologischen Symbolaufstellungen bieten Hilfe zur Selbsthilfe. Keinesfalls ersetzen sie notwendige medizinische Maßnahmen und ärztliche oder andere therapeutische Hilfe. Bei den in den folgenden Beispielen aufgeführten körperlichen Erscheinungen oder gesundheitlichen Blockaden waren medizinische Ursachen bereits abgeklärt oder wurden während des Prozesses ärztlich begleitet. Mir geht es in erster Linie um eine ganzheitliche Heilung, die auch die Medizin mit einschließt. Es gehört zum Lebensprinzip der Polarität hier auf der Erde. Werden beide Pole berücksichtigt und in Schwingung gebracht, ist Heilung und Wachstum möglich. Wird einer der Pole (Medizin oder Seelenheilung) verteufelt oder verdrängt, wird sich dieser Pol zwangsläufig später wieder bemerkbar machen. Vielleicht über ein anderes Symptom, aber mit der gleichen Ursache.

Es ist in den letzten Jahren zu beobachten, dass immer mehr Menschen neben der Medizin zusätzlich alternative Heilmethoden nutzen. Auch Ärzte verschließen sich der Thematik nicht mehr gänzlich. Wie heißt es so schön: Wer heilt, hat Recht! Auf wen die Heilung letztendlich zurückzuführen ist, spielt im Nachhinein keine Rolle mehr. Auch ist zu bemerken, dass Medizin und Wissenschaft sich an bisher unerklärliche Phänomene heranwagen. Das ist doch ein gutes Zeichen für ganzheitliche Heilung und Gesundung! Krankheiten und gesundheitliche Einschränkungen sind ein Appell des Lebens. Sie zeigen an, dass im Leben etwas im Ungleichgewicht ist. Die Seele nutzt den Körper als letzte und stärkste Projektionsfläche, um uns zu Veränderungen zu bewegen.

Bei den folgenden Beispielen waren die medizinischen Ursachen abgeklärt oder es waren keine vorhanden, weil die Klienten medizinisch gesund waren. Die Beispiele sind ganz individuell. Das heißt, solltest Du unter einem der Symptome leiden oder Ähnlichkeiten entdecken bedeutet dies nicht, dass die hier aufgeführte Lösung auch gleichzeitig Deine persönliche Lösung darstellt. Jede Aufstellung ist individuell, jede Ursache ganz persönlich und Dein Thema muss separat beleuchtet und aufgedeckt werden! Ich hatte beispielsweise bislang keine zwei gleichartigen (identischen) Aufstellungen im Bereich Rückenschmerzen, obwohl ich zu diesem Thema reichlich Nachfragen hatte und immer noch habe.

Migräne und Kopschmerzen

Werfen wir einen Blick auf *http://de.wikipedia.org/wiki/Migräne,* so wird uns erklärt: *„Die Migräne (von altgriechisch ‚halber Schädel') ist eine neurologische Erkrankung, unter der etwa 10 % der Bevölkerung leiden. Sie tritt bei Frauen etwa dreimal so häufig auf wie bei Männern und hat ein vielgestaltiges Krankheitsbild. Dieses ist bei Erwachsenen typischerweise durch einen periodisch wiederkehrenden, anfallartigen, pulsierenden und halbseitigen Kopfschmerz gekennzeichnet, der von zusätzlichen Symptomen wie Übelkeit, Erbrechen, Lichtempfindlichkeit (Photophobie) oder Geräuschempfindlichkeit (Phonophobie) begleitet werden kann.“*

Wer noch nie ansatzweise einen Migräneanfall erlebt hat, kann nicht nachvollziehen, von welchen Schmerzen dies begleitet ist. Einmal in meinem Leben (wahrscheinlich damit ich weiß, worum es geht) habe ich einen solchen Anfall erlebt. Seither verstehe ich, warum bei Migräne Arbeitsunfähigkeitsbescheinigungen ausgestellt werden und für welchen Schmerz sie steht. Es helfen keine Tabletten, Licht ist unerträglich. Man liegt in einem dunklen Zimmer, im Bett oder auf dem Sofa, versucht nicht zu denken und sich nicht zu übergeben. Es bleibt kein Raum für irgendetwas anderes. Regelmäßige Migräne schränkt die Lebensqualität und den Handlungsspielraum erheblich ein.

Jeder Migränepatient kennt in der Regel einige Trigger, die einen Anfall auslösen können und meiden diese daher. Das können beispielsweise Stress, hormonelle Zyklusphasen, bestimmte Lebens- oder Genussmittel oder Ähnliches sein. Aber diese Trigger/Auslöser sind nicht die Ursache für das seelische Muster, das unter der Migräne liegt. Und so werden auf Dauer immer mehr Trigger hinzukommen und die Auslöser verlagern sich. Die Psychosomatik bei Migräne ist vielfältig. Die Deutungsmöglichkeiten reichen von einem starken Gedankenkarussell, Kopflastigkeit und Perfektionismus über Depressionsanfälligkeit, Angst und versteckte Aggressivität, bis hin zu einem Zusammenhang mit sexuellen Hemmungen. In der Aufstellungsarbeit sind die Ursachen vielfältig und individuell verschieden, wie bei jedem anderen Thema auch. Da die Aufstellungsarbeit bei Migräne gute Transformationsmöglichkeiten bietet und die Symptome in der Regel gut und schnell nachlassen, möchte ich im Folgenden ein Praxisbeispiel anführen.

Fallbeispiel

Veränderungen tun weh

Sybille, 51 Jahre alt, alleinstehende Witwe, wohnhaft im Harz, eine erwachsene Tochter, wurde über eine Bekannte an mich verwiesen und hatte die Ausführungen auf meiner Homepage sehr aufmerksam gelesen. Die Anmeldung zu einer Aufstellung hatte sie immer wieder verworfen, denn wenn es ihr gut ging rückte der Leidensdruck in den Hintergrund. Aber auch Gedanken, wie „Ach, das ist doch nicht so schlimm, das wird schon wieder!" hindern die seelischen Themen nicht daran, so lange weiter an die Oberfläche zu drücken, bis wir hinschauen und etwas verändern. So dauerte es tatsächlich zwei Jahre bis Sybille sich über meine Homepage für eine Aufstellung anmeldete. Sie kam ohne weiteres Vorgespräch direkt zum Seminar. Ich lernte sie also erst am Aufstellungstag kennen und erfuhr somit erst dann von ihren Symptomen.

Sybille berichtet schon bei der Kennenlern-Runde, dass sie seit Jahren unter ständig wiederkehrender und immer heftiger werdender Migräne leidet und daher nicht weiß, ob sie bis zum Abend bleiben kann. Seit der Anmeldung zum Seminar ist sie beschwerdefrei und sie hatte daher auch mit dem Gedanken gespielt, die Aufstellung wieder abzusagen. (Vielleicht kommt die Migräne ja nicht wieder und ich muss mich meinem inneren Sabotageprogramm nicht stellen!) Die Nacht vor dem Seminartag war nicht sonderlich erholsam. Die Schläfen pochen und sie hat Angst, dass die Migräne gerade jetzt wieder zurückkommen könnte.

Unsere Selbstverhinderungsprogramme sind in diesen Fällen wirklich kreativ. Das Unterbewusstsein weiß: „Ich habe mich angemeldet. Und jetzt wird sich etwas verändern." Da aber unsere Sofazone nicht unbedingt von den alten Systemen loslassen möchte, gaukelt es uns vor, dass es die Symptome gar nicht mehr gibt, und dass wir auch ohne Aufstellung bereits geheilt sind. Wenn uns das allerdings nicht von der Aufstellung fernhält, werden kurz vorher Verhinderer in Form von Krankheit oder anderen Umständen geschickt, wie in diesem Beispiel durch das Andeuten der Migräne, damit wir nicht hinschauen müssen. Schön, dass Sybille trotz allem erschienen ist.

Obwohl Sybille meine Aufstellungsarbeit nicht kennt, steht sie unter Druck und meldet sich an diesem Tag als erste für eine Aufstellung. Als Sybille auf dem heißen Stuhl sitzt, berichtet sie: „Ich leide seit gut dreißig Jahren unter Migräne. Anfangs nur sporadisch und so habe ich mir nichts dabei gedacht. Gerade in jungen Jahren ist es ja nicht ungewöhnlich, dass man allein wegen der Hormone öfter einmal

Kopfschmerzen hat. Aber die Migräneanfälle waren schon immer sehr heftig. Bis etwa Mitte dreißig kamen sie vielleicht sieben oder acht Mal im Jahr und dauerten immer ein oder zwei Tage. Aber dann nahm nicht nur die Häufigkeit, sondern auch die Intensität zu. Mit Anfang vierzig kamen die Anfälle fast wöchentlich und dauerten manchmal sogar drei bis vier Tage. Ich musste mich dann krankschreiben lassen, konnte nur in abgedunkelten Räumen mit kalten Kompressen auf dem Kopf flach liegen. Radio hören, fernsehen oder lesen war nicht drin. Zweimal musste ich sogar ins Krankenhaus, weil die Migräne heftiges Erbrechen auslöste und ich wegen Dehydrierung an den Tropf musste. Nichts half. Keine Tablette, kein Hausmittel. Das ging über etwa drei Jahre. Dann entspannte sich die Situation ein wenig. Heute, also seit etwa drei Jahren, habe ich mindestens einmal im Monat einen Migräneanfall und das bedeutet ungefähr fünf bis sechs Krankschreibungen jedes Jahr. Das ist mir gegenüber meinem Chef und den Kollegen immer total unangenehm. Sie haben zwar vollstes Verständnis, aber wie lange noch? Deswegen kommt obendrein noch Existenzangst dazu. Was ist, wenn ich durch diese Migräneanfälle meinen Arbeitsplatz verliere? Würde ich in meinem Alter noch etwas Neues finden? Da bekomme ich schon manches Mal richtige Panikattacken. Mein Mann ist vor zehn Jahren verstorben. Meine Tochter lebt seit fünf Jahren mit Mann und Enkel in Schweden. Ich fühle mich manchmal schon sehr allein, obwohl ich einen wunderbaren Freundeskreis und zwei tolle Geschwister habe, zu denen ich guten Kontakt pflege. Ich möchte einfach, dass diese Migräneanfälle und die ständige Angst davor aufhören."

„Kannst du dir denn vorstellen, wie ein Leben ohne Migräneanfälle ist?"

„Das muss wundervoll sein. Aber wirklich vorstellen kann ich es mir kaum. Die Migräne schwebt immer wie ein drohender Schatten über mir."

Und so formulieren wir die Aufstellungsfrage mit dem Ziel, dass Sybille gesund und kraftvoll in ihrer ruhigen Mitte steht und ihre Wünsche, Bedürfnisse und Ziele im Leben erkennt, annimmt und auslebt, um mit Leichtigkeit und Freude ihren Weg zu gehen. „Das hört sich zu schön an, um wahr zu sein. Ja, das nehme ich gern. Auch wenn es sich ganz neu anfühlt."

Sybille wählt nun eine Stellvertreterin für sich selbst aus und ich bitte sie, sich an den Teppich zu stellen und sich in die Rolle einzufühlen.

„Atme bitte tief durch, spür dich ein! Wie geht es dir dort?"

SV-Sybille sagt: „Ich fühle nicht viel. Mein Stand ist gut und fest, sehr aufrecht und

"Leben ist ein Fluss der Veränderung.
Du hast die Wahl: Klammerst Du Dich
am Ufer fest? Das kostet Kraft und
der Strom reißt an Dir.
Oder lässt Du los?
Dann genieße die Reise!"

(Ilka Plassmeier)

stabil. Moment, jetzt zieht Kopfschmerz auf. Er kriecht langsam vom Nacken nach oben. Sehr unangenehm, es fordert meine ganze Aufmerksamkeit und es wird schlimmer. Ich möchte die Augen schließen. Das Außen wird mir zu viel." SV-Sybille schließt die Augen.

Nun wähle ich nach und nach die drei Stellvertreter für Uranus, Neptun und Pluto. Jedes Mal, wenn ein Planet dazukommt, macht SV-Sybille kurz die Augen auf, schüttelt den Kopf und sagt: „Ich kann nicht hinschauen." Keiner der drei macht einen Unterschied für sie. Ich befrage die Planeten wie es ihnen geht. Neptun und Pluto sind neutral und es geht ihnen gut. Aber Uranus sagt: „Mir wird das alles zu eng. Ich möchte mich gern zurückziehen. Das hat nichts mit den Personen selbst zu tun, nur mit der Situation. Darf ich einen Schritt zurück nach hinten?"
„Ja, sicher. Und wie geht es dir dort?"
SV-Uranus tritt zurück: „Nein, da wird es noch schlimmer. So ein Mist! Hier krieg ich auch Kopfschmerzen. Ich komme doch lieber wieder einen Schritt nach vorn. Selbst wenn es mir da auch nicht gut geht."

Da SV-Sybille sich ausblendet *(Augen geschlossen und keine Meinung)*, folge ich meinem Impuls und lasse den Uranus stehen. Die anderen Stellvertreter werden aus den Rollen entlassen und dürfen sich wieder setzen. Ich wende mich an Sybille persönlich und frage: „Wie sind denn die Veränderungen so für dich?"
Sybille weiß noch nicht, welcher Planet stehen geblieben ist und wofür er steht.
Sie antwortet: „Veränderungen mag ich nicht. Sie bedeuten oft eine Katastrophe. Mein Mann starb – Veränderung. Meine Tochter ging nach Schweden – Veränderung. Auch mein Auszug von Zuhause war damals nicht leicht. Veränderungen tun weh. Lieber nichts verändern, das bringt nur Schmerz!"
Kein Wunder also, dass Uranus stehen geblieben ist, der Veränderer, der neue Wege gehen will, und zwar mit Freude und Leichtigkeit. Wir sind also auf der richtigen Spur. Das erkläre ich jetzt Sybille und den Teilnehmern.

SV-Sybille kann jetzt die Augen öffnen, schaut aber aus dem Fenster „Jetzt halte ich das Licht aus. Der Kopfschmerz ist immer noch da, aber wenn ich auf den Baum da draußen schaue, kann ich es ertragen."
„Was bedeutet der Baum denn für dich? Was symbolisiert er?"
„Beständigkeit. Der steht schon jahrelang auf diesem einen Fleck und ihm geht's gut damit."

„Richtig, Bäume wechseln nicht den Standort. Und doch wachsen sie und verändern sich. Und das nicht nur im Wechsel der Jahreszeiten."

„Das sehe ich aber nicht. Ich sehe den Baum nur so, wie er jetzt ist."

SV-Uranus wird bei unserem Gespräch ganz nervös: „Das ist ja nicht zum Aushalten hier. Das macht mich so wütend! Hier spielt die Musik! Warum blendet SV-Sybille mich immer wieder aus? Bin ich so schrecklich? Mir geht es doch auch nicht gut."

SV-Sybille ist hiervon wenig beeindruckt.

Als erstes kommt ein Stellvertreter *(verdeckt)* für die Migräne in die Aufstellung. Ich bitte den Stellvertreter sich hinter SV-Sybille zu stellen. Diese reagiert nicht. SV-Migräne fühlt sich hinter SV-Sybille ganz wohl, aber es ist deutlich zu sehen, dass er über die Schulter von SV-Sybille hinweg mit dem SV-Uranus/Seele regelrecht flirtet. Sie grinsen sich an und haben direkten Augenkontakt. SV-Sybille ist das egal. So bitte ich den SV-Migräne, sich einmal zu SV-Uranus/Seele zu stellen. Das passt. Die beiden fühlen sich pudelwohl miteinander und die Symptome bei Uranus sind verflogen.

Hier ist deutlich zu sehen, dass die Migräne auf seelischer Ebene schon voll integriert ist. Das Muster/Symptom sitzt tief verwurzelt.

Jetzt wähle ich einen Stellvertreter für das Selbstverhinderungsprogramm und bitte ihn, sich vor SV-Sybille zu stellen. Interessanterweise stellt er sich nicht wie beabsichtigt zwischen Seele und SV-Sybille. Obwohl sie sich leicht in Richtung Fenster abwendet hatte, positioniert er sich frontal vor SV-Sybille, ganz nah, Auge in Auge. Das überrascht mich, aber ich lasse es geschehen. SV-Sybille guckt einen Moment irritiert: „Ach guck mal, der ist ja genau wie der Baum! Präsent und beständig. Der steht da auch schon lange. Prima, den kann ich anschauen. Und das Beste ist: Meine Kopfschmerzen sind weg!"

Darauf reagiert SV-Uranus/Seele beleidigt: „Na klasse, alles wie immer. Bloß nichts Neues. Bloß nicht vertrauen oder mich anschauen."

SV-Uranus/Seele wendet sich SV-Migräne zu und sagt: „Du bist ganz anders. Hier weiß ich, dass ich verstanden werde."

SV-Sybille reagiert nicht auf diese Äußerung.

Da sich der SV-Selbstverhinderungsprogramm noch nicht geäußert hat, frage ich ihn direkt: „Und wie geht es dir?"

„Sehr gut. Hier spielt die Musik. Sie tanzt nach meiner Pfeife und was die Seele da brabbelt, interessiert doch gar nicht!"

Jetzt wird SV-Uranus/Seele richtig wütend: „Geht's dir noch gut? Ich bin die Seele und nur SV-Sybille und ich sind hier wichtig. Du kannst gleich einpacken und gehen!"
„Ach ja? Ich glaube nicht, dass SV-Sybille will, dass ich gehe. Du bist doch Luft sie."
Bevor der Streit weitergeht, schalte ich mich ein: „Kurz zur Erinnerung, bitte nehmt jetzt nichts persönlich! Es sind nur die Rollen, in denen ihr steht."
Alle nicken und schmunzeln.
SV-Uranus/Seele wettert weiter gegen SV-Selbstverhinderungsprogramm: „Du arroganter Schnösel! Du blendest SV-Sybille doch nur. Irgendwann wacht er schon auf und sieht klar."
„Ich blende nicht, ich bin!", feixt SV-Selbstverhinderungsprogramm.
Ich schalte mich wieder ein: „SV-Sybille, alles okay bei dir? Du bist so still. Sag doch auch einmal etwas!"
SV-Sybille entgegnet: „Ich genieße es, schmerzfrei zu sein. Es stimmt schon, hier wird nur gebrabbelt. Das höre ich gar nicht. Der tut mir gut und basta!"

Jetzt schaltet sich Original-Sybille ein: „Das mit dem Gebrabbel kenne ich. Das sage ich auch oft bei Migräneanfällen. Worte kann ich dann gar nicht verstehen und alles hört sich wie Gebrabbel an. Manchmal habe ich auch auf der Arbeit oder auf Feiern das Gefühl, dass die Menschen um mich herum nur brabbeln. Das sind tatsächlich meine Worte und Gedanken."

Mein Gefühl sagt mir, dass wir nicht weitersuchen müssen. Wir haben den Ist-Stand bereits erreicht. Die Kopfschmerzen, das Ausblenden, die unterdrückte Aggression, also alles, was über die Migräne gelebt wird, ist auf Seiten der Seele deutlich zu sehen. Die Veränderungsangst *(SV-Sybille ist auf SV-Selbstverhinderungsprogramm fixiert, das es schon sehr lange gibt)* ist sehr präsent. Also löse ich auf und erkläre Sybille, wer dort steht und was es bedeutet.

„Die Migräne, die bei der Seele steht, bedarf nicht vieler Erklärungen. Hier ist deutlich sichtbar, dass die Seele über die Migräne versucht, Kontakt zu Sybille aufzunehmen. Sie schickt ihr die Migräne, damit sie die Augen öffnet, das Leben in die Hand nimmt, aus sich selbst heraus etwas verändert und auch ihre Bedürfnisse lebt."
Als das ausgesprochen ist, sagt SV-Uranus/Seele: „Besser hätte ich es nicht sagen können. Leider konnte ich ja nicht hingehen und sie schütteln. Na ja, zumindest normalerweise im Alltag nicht. Hier und Heute schon, aber ich bin mir nicht sicher, ob

sie das ausgehalten hätte. Ich bin so sauer, dass sich nichts bewegt und sie so viel Angst hat. Angst vor mir und dem Leben. Aber ich will ihr doch nichts Böses. Ich will, dass sie lebt, sich liebt und das Leben umarmt! Es gibt so viel Schönes und sie schaut nur den Heiopei da an!", versetzt er SV-Selbstverhinderungsprogramm einen letzten Seitenhieb. SV-Uranus/Seele schnaubt wie ein Stier, muss dann aber selbst lachen. Alle Anwesenden stimmen ebenfalls ein und es ist spürbar, wie sich die Aggression langsam auflöst.

Nun erkläre ich Sybille, worauf sie da so fixiert ist: „Das, was dein Stellvertreter als beständig und schon lange existent beschrieben hat, ist das Selbstverhinderungs- programm. Manche Menschen haben diese Konstellation im Geburtshoroskop als eine Aufgabe im Leben, die zu bewältigen ist, bevor sie frei werden können. Das Symbol bedeutet, dass wir dazu neigen, uns selbst immer wieder eine Bananenschale in den Weg zu werfen. Mit an Sicherheit grenzender Wahrscheinlichkeit rutschen wir jedes Mal kurz vor dem Ziel darauf aus. Wir verbauen uns selbst immer wieder den Erfolg und müssen daher jedes Mal wieder ganz von vorn anfangen. Irgendwann geben wir dann ganz auf. Zum Ziel kommen wir auf diese Weise natürlich nicht. Im schlimmsten Fall verlieren wir sogar das Ziel aus den Augen und den Glauben daran, dass es überhaupt ein erstrebenswertes Ziel gibt. Mit dem Selbstverhinderungsprogramm leben wir stark kopflastig und versuchen ständig, uns das Leben logisch zu erklären. Wenn das aber nicht funktioniert, kann das Resultat daraus Selbstzweifel sein.

Bei dir im Horoskop habe ich noch einen Hinweis auf deine Kindheit bekommen. Vielleicht hat dein Vater oder deine Mutter dir schon früh gesagt, dass du als Frau sowieso nicht viel erreichen kannst und du lieber etwas Vernünftiges erlernen und gut heiraten sollst. Nur warst du wohl nicht der Typ, der sich dagegen durchsetzen konnte. Kann das sein?"

Sybille ist sehr ergriffen und weint. „Ja, das stimmt. Ich habe oft zu hören bekommen, dass aus mir nie etwas werden würde. 'Du bist zu doof, das zu verstehen. Und zwei linke Hände hast du auch. Such dir einen Mann, der kochen kann, sonst verhungerst du.' Vieles war sicherlich gar nicht so gemeint. Aber es tat weh."
„Und was hast du mit deiner Wut über diese Bemerkungen gemacht?"
„Welche Wut? Er hatte ja vielleicht Recht."
„Hatte er Recht?"

„Ich weiß nicht. Kochen kann ich inzwischen ganz gut."

Ich wende mich an SV-Seele: „Sag du mir, hatte der Vater Recht?"

„Nein, im Gegenteil. Ich spüre so viel Kreativität und auch handwerkliches Geschick. Sybille, kannst du mir sagen, was deine Hobbys sind?"

Sybille wird ganz klein im Stuhl und sagt leise: „Ich restauriere gern alte Möbel und mache etwas Besonderes daraus. Das weiß aber so gut wie niemand. Nur meine Freunde. Wenn Fremde meine Wohnung betreten, sage ich immer, dass ich die Möbel so gekauft habe."

„Das muss raus! Steh doch dazu! Es macht dir Freude und scheinbar bist du darin sehr gut. Was würdest du dir wünschen, wenn du alles tun könntest, was du willst?", fragt SV-Seele.

„Wenn ich mehr Selbstbewusstsein hätte, würde ich gern nebenberuflich eine Holz-Fachschule besuchen, damit ich mehr Techniken kennen lerne. Das wäre toll! Wenn sich dann sogar noch ein paar Leute finden würden, die gerne so ein Möbelstück hätten und es zu schätzen wüssten, das wäre mein Traum."

Nun erwidere ich: „Das Selbstbewusstsein hast du. Du hast es nur zum Selbst-verhinderungsprogramm ausgelagert. Schau einmal, wie souverän der Stellvertreter die ganze Zeit war. Und er ist ein Teil von dir. Es kommt nur darauf an, wie du diese Energie nutzt. Vielleicht hast du nichts von dem, was du als Kind gehört hast, in Frage gestellt und einfach alles ungefiltert angenommen. Vielleicht gab es auch später noch Auslöser, wenn es um deine Selbständigkeit ging. Wann bist du eigentlich von Zuhause ausgezogen?"

„Früh, mit Ende achtzehn. Ich habe kurz in einer kleinen Wohnung gelebt und mit zwanzig geheiratet."

„Und mit neunzehn Jahren traten auch die Kopfschmerzen in dein Leben?"

„Ja."

„Als es darum ging, selbständig zu werden und eigene Wege zu gehen?"

„Ja, stimmt." Sybilles Gesicht hellt sich auf. „Ich wollte Tischlerin werden. Aber das war damals undenkbar. So machte ich nach meinem Abitur ein Hauswirtschaftsjahr und danach eine kaufmännische Lehre. Dann kam auch schon meine Tochter. Als ich mit Ende dreißig wieder zu arbeiten begann, war der Traum doch schon unmöglich geworden."

SV-Seele kommt zu Sybille, nimmt ihre Hände und sagt: „Weißt du was? Gemeinsam mit mir kannst du deinen Traum immer noch leben. Du brauchst mir nur zu vertrauen, okay? Ich werde mich jetzt einmal um deinen Stellvertreter kümmern und dann treffen wir uns wieder."

Sybille nickt, wenn auch sehr zweifelnd.

Nun frage ich SV-Sybille: „Wie geht es dir jetzt?"

„Viel besser. Ich kann mich umschauen. Habe alles interessiert wahrgenommen. Als von den Möbeln die Rede war, bekam ich eine wohlige Gänsehaut. Einfach toll! SV-Seele ist jetzt viel interessanter. Und sich selbst immer wieder ein Bein zu stellen, nur damit alles beim Alten bleibt und um den Programmsatz eines anderen zu bestätigen, ist schon ganz schön blöd. So, was soll ich jetzt machen? Ich hab richtig Tatendrang."

SV-Sybille lächelt, schaut sich offen um und schwingt mit den Armen.

„Wie wäre es, wenn du dich zunächst einmal mit dem Selbstverhinderungsprogramm beschäftigst. Dorthin hast du deinen Mut, dein Selbstbewusstsein und deine Durchsetzungskraft ausgelagert. Du kannst ihn wandeln und diese Eigenschaften von ihm zurückbekommen."

"Niemand im Außen – nur man selbst kann sich die Erlaubnis für Leichtigkeit, Freude und Leben geben."

(Ilka Plassmeier)

„Hallo? Darf ich einmal etwas fragen?", schaltet sich SV-Migräne ein, „ich bin völlig raus und mich beachtet sowieso keiner mehr, darf ich mich setzen?"
Ich vergewissere mich bei den Teilnehmern und alle nicken lächelnd. SV-Seele verabschiedet SV-Migräne mit den Worten: „Verzeih, dass du auf einmal für mich ausgeblendet warst. Du warst lange gut und wichtig. So hatte ich jemanden, mit dem ich agieren konnte. Vielen Dank dafür!"
SV-Migräne setzt sich.

Nun wendet sich SV-Sybille dem SV-Selbstverhinderungsprogramm zu und fragt: „Bist du auch nicht bockig, wenn ich jetzt das zu mir nehme, was mir gehört? Und wenn ich dich wandele?"
„Nein. Ich glaube, es tut mir ganz gut, wenn ich den Überschuss an Selbstbewusstsein wieder loswerde. Ich gebe dir gern, was zu dir gehört und was dich stärkt. Du brauchst mich doch nicht wirklich."
Sie reichen sich die Hände.
SV-Selbstverhinderungsprogramm sagt: „Du bist stark. Du bist schlau. Du bist kreativ. Du kannst dich durchsetzen. Sei selbstbewusst und vertrau deiner Seele! Lebe deine wunderbaren Fähigkeiten und sch... drauf, was die anderen sagen!"
SV-Sybille lacht unter Tränen und umarmt SV-Selbstverhinderungsprogramm. „Danke. Danke, dass du da warst und danke für die Erlaubnis."
SV-Sybille führt SV-Selbstverhinderungsprogramm nun in den Nebenraum. Ihm geht es dort gut und er lässt sich entspannt nieder.

SV-Sybille nimmt seinen Platz am Teppich ein. Seine Seele strahlt ihn an, aber beide sind leicht irritiert. Irgendetwas stimmt noch nicht. Ich frage SV-Seele: „Sag mal, kann es sein, dass du auch noch einmal zu SV-Selbstverhinderungsprogramm musst? Ihr hattet euch ja ganz schön gefetzt."
„Ja, das wäre vielleicht ganz gut. Ich weiß ja, dass es nur ein Schutz für SV-Sybille und eine wichtige Aufgabe im Leben war. Wer weiß, was sonst passiert wäre! Es war erst einmal schon richtig so. Vor allem hat er ja auch ihre wundervollen Qualitäten aufbewahrt, damit sie nicht verloren gehen und sie sich jetzt bei Sybille voll entfalten können." SV-Seele geht zu SV-Selbstverhinderungsprogramm und bedankt sich ehrlich und aufrichtig. Jetzt ist alles gut.

Die Seele nimmt ihren Platz wieder ein und nun können SV-Sybille und die Seele Kontakt aufnehmen.

SV-Sybille lacht als er auf die Seele zugeht und die Seele sagt: „Du hast ja ganz kalte Hände."

„Ja, ich hatte auch noch ein wenig Angst, aber ich habe allen Mut zusammengenommen. Das fühlt sich gut an."

Als nach einigen Minuten alles stimmig ist, sagt SV-Sybille zum Original: „So, jetzt wird es aber allerhöchste Zeit, dass du das auch fühlst. Das ist der Hammer! Lass uns tauschen!"

Sybille nimmt ihren Platz am Teppich außen ein. Sie ist noch ein wenig schüchtern und verlegen. Die Seele sagt: „Du kannst mir vertrauen. Ich bin für dich da. Und wir beide schaffen das jetzt!"

„Ja, aber, was hatte das alles mit meiner Migräne zu tun?"

„Alles. Denk nicht, sondern fühl dich und spüre mich!"

Die Seele reicht ihr die Hände. Nun liegt es an Sybille, die dargebotenen Hände zu nehmen. Sie atmet ein paar Mal tief durch und lässt sich dann darauf ein. Kaum ist der Kontakt hergestellt, klatschen alle Seminarteilnehmer. Sie sind ergriffen und honorieren Sybilles Mut. Sybille ist ein wenig verunsichert, aber die Seele fordert sie auf: „Schau mich an! Es ist alles gut. Sie freuen sich für dich. Es ist dein Applaus. Genieß es! Zum ersten Mal im Mittelpunkt deines eigenen Lebens."

Sybille entspannt sich langsam, kann tiefer atmen. „Ich kann es gar nicht glauben, aber es geht mir gut. Ich habe keine Kopfschmerzen und fühle mich frisch wie lange nicht. Hach, hier bleibe ich stehen, das ist toll!"

Sybille meldete sich drei Wochen nach der Aufstellung telefonisch. Seit dem Seminartag hatte sie keine Migräne mehr gehabt. Ich wies sie aber vorsichtshalber darauf hin, nicht in Panik zu geraten, falls der Kopfschmerz doch einmal zurückkommen sollte. „Deine Seele prüft dich dann, ob du vertraust, bei dir und in der neuen Energie bleibst. Melde dich doch in fünf oder sechs Monaten nochmals und berichte."

Das tat Sybille auch und ich hatte Monate später eine andere Frau in der Leitung: „Ich bin so mutig wie noch nie. Ich habe meine Arbeitszeit halbiert. Das geht finanziell und ich belege Kurse an der Holz-Fachschule. Ich bin die Älteste dort, aber zum Glück nicht die einzige Frau. Es ist so toll! Ich hätte nie gedacht, dass ich so viel Traute habe. Und du hattest Recht! Ich hatte noch zweimal Kopfschmerzen. Aber nur Kopfschmerzen, keine Migräne. Das hätte ich mir vor einem Jahr nicht träumen lassen. Diesen Sommer werde ich zum ersten Mal meine Tochter und ihre Familie in Schweden besuchen. Und ich werde auch zum ersten Mal in ein Flugzeug steigen. Das ist alles ziemlich aufregend, aber es macht mir keine Angst. Ich weiß ja, dass ich eine Seele habe, die auf mich aufpasst und sich über all das freut. Danke!"

Unerfüllter Kinderwunsch

Für viele Paare sind Kinder wichtiger Bestandteil einer Partnerschaft, die Krönung und Festigung der Beziehung. Doch leider steigt die Tendenz, dass der Kinderwunsch unerfüllt bleibt. Eine Statistik des Deutschen Ärzteblattes beziffert den Anteil ungewollt kinderloser Paare in Deutschland mit ungefähr zehn bis fünfzehn Prozent. Die ungewollte Kinderlosigkeit ist gemäß medizinischer Diagnosen nicht allein Frauensache, sondern ist zu jeweils dreißig bis vierzig Prozent auf beide Partner gleichermaßen zurückzuführen. Unterschiedlichste Gründe, wie beispielsweise organische oder seelische Ursachen, aber auch berufliche und wirtschaftliche Hintergründe, das Alter der Frau, Lebensweise, Ernährung, Zigaretten- und Alkoholkonsum oder auch Umweltfaktoren üben einen entscheidenden Einfluss auf die Fruchtbarkeit aus. Die organischen Ursachen für ungewollte Kinderlosigkeit werden ebenso oft beim Mann (ca. 40 %) wie bei der Frau (ca. 40%) oder aber bei beiden gemeinsam (ca. 30 %) diagnostiziert. Nur bei etwa zehn Prozent der ungewollt kinderlosen Paare können die Ursachen der Sterilität nicht festgestellt werden. Und so gibt es viele medizinische Wege, den Körper zu manipulieren und den Willen des Paares in Sachen Kinderwunsch durchzusetzen. Leider finden die Seele und die psychische Belastung des Paares während solcher Prozeduren oft wenig Berücksichtigung oder sie werden häufig sogar vollkommen ignoriert. Dabei ist es nachgewiesen, dass fast alle Frauen bei fehlgeschlagener In-Vitro-Fertilisation aufgrund des hohen psychischen Drucks an posttraumatischen Belastungsstörungen leiden.

Was für eine Frau die Diagnose „Sie können auf natürlichem Weg keine Kinder bekommen" bedeutet, weiß ich aus eigener Erfahrung. Am Schlimmsten für mich persönlich war es, dass mir das Leben die Wahl genommen hatte selbst darüber entscheiden zu können, ob ich ein Kind möchte oder nicht. Damals machte ich mir über seelische Ursachen noch keine Gedanken. Zudem schwang auch ein Minderwertigkeitsgefühl mit. Als Frau keine Kinder bekommen zu können, war für mich gleichbedeutend mit Versagen. Man, oder besser gesagt „frau", fühlt sich nicht vollwertig. In einer glücklichen Beziehung mit ausgeprägtem Kinderwunsch rebelliert dann das Ego, der Verstand kommt nicht mehr mit und sucht nach anderen Wegen. Es gibt mindestens eine seelische Ursache, warum sich eine Schwangerschaft nicht einstellen will. Solange diese nicht ansatzweise bewusst oder

geklärt ist, vergrößern medizinische Methoden das Leid teilweise noch.

Es gibt Frauen, die nach einer künstlichen Befruchtung oder Hormontherapie Schwierigkeiten haben, sich auf die Schwangerschaft oder auch auf das Neugeborene einzulassen. Das Einsetzen der befruchteten Eizellen wird als kalter Akt empfunden, herzlos und ohne Verbindung zum Partner. Nicht selten ähneln die Schilderungen denen eines Missbrauchs. Hormontherapien können das Wesen, die Stimmungen und das Verhalten der Frau verändern und von Nebenwirkungen begleitet sein. Die Medizin kennt heute viele Wege. Meist lassen wir anderen Gedanken über mögliche Ursachen zudem keinen Spielraum. Vielleicht soll es einfach noch nicht klappen, damit die Partner zuvor noch etwas klären, an sich arbeiten oder etwas erkennen? Ist vielleicht der Partner noch nicht der Richtige? Mangelt es noch an Klarheit oder Selbstbewusstsein? Fehlen eventuell das Loslassen und die Hingabe zum Leben oder zum Partner? In jedem Fall ist ein Entwicklungsschritt noch nicht vollendet und solange diese Entwicklung nicht spürbar ist, gehen beide Partner nicht in Resonanz zu einer Empfängnis.

Meine Mutter erzählte mir einmal, dass ich eigentlich fünf Jahre früher kommen sollte. Aber es klappte nicht. Ende der 60er Jahre war die Medizin noch nicht so fortschrittlich. Also schickte mein Vater natürlich meine Mutter zum Frauenarzt. Für ihn war klar, dass es an ihr liegen musste. Sie ließ sich auf den Kopf stellen, doch alles war in bester Ordnung. Es dauerte fast vier Jahre bis sich mein Vater zu einem Urologen traute und festgestellt wurde, dass das medizinische Problem bei ihm lag. Das kratzte ziemlich an seiner Männlichkeit, doch trotzdem ließ er sich hormonell behandeln. In den Augen meiner Mutter tat der Beziehung dieser „Schuss vor den Bug" meines Vaters sehr gut. Das war wohl noch wichtig, bevor ich kommen konnte. Ich persönlich finde es genau stimmig, dass ich erst später kam. Wäre ich fünf Jahre älter, wäre mein Leben ganz anders verlaufen. Ich hätte nicht die Menschen getroffen, die ich traf, nicht den Partner gefunden, der mich prüfte, wachsen ließ und mich seit fast zwei Jahrzehnten begleitet, der Altersunterschied zu meinem kleinen Bruder wäre noch größer - es gäbe vieles aufzuzählen. Ich bin sehr in Frieden mit den Umständen.

Die Paare oder Frauen, die bei mir bezüglich des Kinderwunsches vorstellig werden, haben in der Regel schon die meisten medizinischen Möglichkeiten ausgeschöpft und sind regelrecht ausgebrannt. Viele sehen eine Aufstellung als letzten Strohhalm an. Dabei sollte die seelische Ursachenforschung im Grunde genommen die erste

Wahl sein, bevor wir all die anderen Qualen auf uns nehmen. Aber es gehört zum Entwicklungsprozess und dem Weg des Menschen, auch diese Erfahrung zu machen. Daher sollten wir nicht urteilen! Bisher zeigte sich der Leidensdruck in meiner Praxis stärker bei den Frauen und so kamen meist sie zur Aufstellung. Für die Aufstellung spielt es keine Rolle, welcher der beiden Partner kommt. Einer ist immer der Spiegel des anderen und eine Aufstellung steht immer in Wechselwirkung mit dem anderen. Kommt also einer der beiden zur Seelenarbeit und zum Entwickeln, kann der andere nachziehen. Seelisch gesehen haben beide Partner eine Entsprechung dazu, dass die Schwangerschaft nicht auf Anhieb klappt. Aber die wenigsten Betroffenen stellen sich die Frage, was der Vorteil daran sein könnte, dass eine Schwangerschaft sich nicht einstellen will. Was für einen Vorteil sollte es geben? Wir leiden ja schließlich. Auch die Frage, warum man sich einen Partner/eine Partnerin ausgesucht oder angezogen hat, der/die unfruchtbar ist, stellt man sich nicht. Was sollte uns das auch schon zeigen? Da ist nichts Gutes zu finden!

Die häufigsten Diagnosen für den unerfüllten Kinderwunsch sind Zyklus- und Hormonstörungen sowie eine unzureichende Qualität der Spermien. Hier werden sehr deutlich die Themen der Weiblichkeit und der Männlichkeit angesprochen. In Aufstellungen jedoch stehen diese Themen eher selten im Zusammenhang mit der Ursache. Für die seelischen Ursachen und die erforderlichen Entwicklungsschritte spricht auch die Tatsache, dass viele Paare nach der Bewältigung des immensen bürokratischen Aufwands einer Adoption letztendlich ein bis zwei Jahre später noch ein leibliches Kind bekommen. Der Druck ist weg, man/frau lässt los und auf einmal passiert es ganz einfach.

Im Folgenden möchte ich Dir zwei Beispiele aus meiner Praxis für Schwangerschaften aufzeigen, die es auf natürlichem Weg eigentlich gar nicht geben dürfte.

Fallbeispiel

Das Leben ist ein Kampf

Pia, 33 Jahre jung, seit sieben Jahren glücklich verheiratet, dem ersten Eindruck nach eine selbstbewusste, erfahrene und bodenständige Frau, erfuhr durch einen meiner auswärtigen Vorträge über meine eigene Geschichte und sprach mich nach dem Vortrag persönlich an. Sie wollte gern nochmals bestätigt haben, dass ich meine Hormonstörungen tatsächlich ohne weitere medizinische, medikamentöse oder homöopathische Behandlung auflösen konnte.

Dann berichtete sie mir mit traurigen Augen, dass sie und ihr Mann sich so sehr ein Kind wünschten. Seit ihrer Pubertät litt Pia jedoch unter Hormonstörungen, Zyklusstörungen und laut der ärztlichen Diagnose unter PCOS, dem Polyzystischem Ovarialsyndrom. Diese Diagnose ist für die Betroffenen wie ein Schicksalsschlag, denn damit wird medizinisch festgestellt, dass die Frau unfruchtbar ist. Pia und ihr Mann hatten sogar schon zwei In-vitro-Fertilisationen (künstliche Befruchtung der Eizellen im Reagenzglas mit anschließendem Einsetzen der befruchteten Eizellen in die Gebärmutter) durchgeführt und selbst finanziert. Leider ohne Erfolg. Keine der eingesetzten Eizellen entwickelte sich weiter. Die Ärzte erklärten diese Tatsache mit einem unwirtlichen Klima in der Gebärmutter. Pia begab sich zum Heilpraktiker und später auch in Psychotherapie, um nach seelischen Ursache zu forschen. Doch es wühlte sie alles seelisch noch mehr auf und der Körper reagierte mit heftigen Gebärmutterentzündungen.

„Ich bin so dankbar für meinen Mann. Er macht das alles mit und steht mir zur Seite. Manchmal, in stillen Momenten, in denen die Selbstzweifel übergroß sind, frage ich mich, warum er bei mir bleibt. Er wünscht sich doch Kinder und ich kann ihm keine schenken. Vielleicht sollte er sich eine andere Frau suchen", rätselt Pia mit Tränen in den Augen.
„Er scheint dich sehr zu lieben. So wie es aussieht, bist du ihm wichtiger als ein Kind", beruhige ich sie.
Sie berichtet weiter, dass ihr die Ärzte aufgrund der Gebärmutterentzündungen zu einer Totaloperation geraten haben. Für die Ärzte schien völlig klar zu sein, dass sie in diesem Leben kein Kind austragen würde.
„Aber das will ich nicht. Dann ist das letzte Fünkchen Hoffnung weg. Wie soll ich damit leben? Meine Nerven liegen blank, ich schlafe kaum noch und bin total erschöpft. Meinst du, eine Aufstellung kann noch helfen?"

Ein Heilungsversprechen zu geben wäre vollkommen unseriös!

Ich entgegnete: „Bei mir persönlich ist das Wunder tatsächlich geschehen. Aber ich kann dir nicht versprechen, dass es auch bei dir funktioniert. Das wäre verantwortungslos. Ich kann dir anbieten, dass wir über die Aufstellung herausfinden, was dich auf seelischer Ebene blockiert, was dein Körper dir über diese Verweigerungshaltung mitteilen möchte. Dann können wir diese Energie und Ursache auf seelischer Ebene beheben. Wichtig ist jedoch in erster Linie, dass du wieder in dein Gleichgewicht und zur Ruhe kommst, dein Selbstbewusstsein gestärkt wird und du schlafen kannst. Was sich dann daraus vielleicht entwickelt? Lassen wir uns überraschen!"

Pia entschied sich am folgenden Tag für die Aufstellung. Obwohl ihr Mann gerne dabei gewesen wäre, kommt sie allein zum Seminartag. Ich hatte ihr geraten, aus dem Bauch heraus zu entscheiden, ob sie ihn mitbringen möchte.
„Er wäre sofort dabei gewesen, aber ich habe das Gefühl, dass es hier nur um mich geht. Und ich weiß nicht, was sich zeigen wird. Vielleicht versteht er das nicht oder er versteht es falsch. Deshalb bin ich allein gekommen", erklärt Pia bei der Begrüßung.

Die Klienten können immer selbst entscheiden, ob Partner oder Familienmitglieder anwesend sein sollen. Der Klient muss sich gut dabei fühlen und vor allem dadurch nicht gehemmt sein. Für mich spielt es eine nebensächliche Rolle. Ich beachte nur, dass ich den Partner oder Verwandte in der Aufstellung dieses Klienten nicht einsetze. Zum einen wissen sie zu viel über das Thema des Klienten und versuchen die Aufstellung kopflastig steuern. Zum anderen könnte es nach dem Seminartag noch zu Verstrickungen oder Zweifeln kommen, falls sich der Partner oder der Verwandte in einer sehr hartnäckigen oder besserwisserischen Blockaderolle wiederfindet. Das wäre sehr kontraproduktiv.

Nachdem Pia sich die erste Aufstellung an dem Seminartag angesehen hat, fasst sie allen Mut zusammen und traut sich als nächstes aufzustellen. Sie berichtet von den medizinischen Hintergründen, von ihrem psychischen Druck, von ihrem liebenden Ehemann und von ihren Wünschen und Lebenszielen. Nachdem wir die Aufstellungsfrage mit dem Ziel, dass Pia in ihre volle Kraft kommt, ihre Weiblichkeit entdeckt, genießt und lebt, Fruchtbarkeit zulässt und sich vertrauensvoll ihre Ziele erfüllt, ausgearbeitet haben, sucht sich Pia intuitiv aus der Teilnehmergruppe eine Stellvertreterin für sich selbst aus. „Wie soll ich denn jemanden auswählen? Ich kenne doch noch niemanden. Sollte er oder sie nicht zu meinem Thema passen?

Wäre es nicht besser, ich frage in die Runde, wer sich angesprochen fühlt?", fragt sie mich zweifelnd.

„Nein, such einfach jemanden aus, der dich anspricht! Das wird schon richtig sein. Je weniger wir mit dem Kopf arbeiten, desto besser", beruhige ich sie.

Also wählt sie eine ältere Frau aus der Gruppe mit den Worten: „Du wirst sicher aktuell nicht in meiner Situation stecken und wohl auch keine Kinder mehr bekommen, aber ich fühle mich mit dir so verbunden und möchte dich gern bitten, für mich zu stehen."

Ihre Stellvertreterin nickt, schmunzelt und sagt: „Das mache ich sehr gern. Ich hatte auch mit Zyklusstörungen zu tun. Aber früher gab es noch keine künstlichen Befruchtungen. Wir adoptierten damals unseren Sohn und ein Jahr später wurde ich doch schwanger. Das passt also schon."

Pia entspannt sich sichtlich.

SV-Pia geht zu ihrem Platz am Teppich und spürt sich ein. „Mir ist sehr, sehr warm und doch zieht innerlich ein Frösteln durch meinen Körper, wie bei Schüttelfrost. Ich fühle Druck auf meinem Brustbein und bin total nervös", beschreibt SV-Pia ihre Empfindungen.

Verdeckt stelle ich nun nach und nach die Planeten hinzu. Mit Neptun fühlt sich SV-Pia freundschaftlich verbunden, sie bekommen guten Bezug. Mit Pluto ist die Beziehung neutral, entspannt und harmonisch. Als SV-Uranus hinzukommt, sagt SV-Pia sofort stöhnend: „Ach nein, die ist ja wie meine Großmutter! Streng, dominant und rechthaberisch."

„Ja, das kann sein", lächelt SV-Uranus selbstbewusst, „aber das brauchst du doch. Sonst geht hier gar nichts. Streng dich mal an!"

Somit dürfen die Stellvertreter für Neptun und Pluto sich wieder setzen. Die stärkste und ablehnendste Reaktion zeigt sich gegenüber Uranus, dem Seelenanteil, der für das Aufbrechen alter Muster, Veränderung und neue Wege steht. Die Assoziation mit der Großmutter passt perfekt. Ich gehe auf diesen Hinweis aber vorerst nicht ein und frage auch nicht beim Original nach. Nach einem Blick in das Geburtshoroskop stelle ich *(verdeckt)* hinter SV-Pia die Fremdbestimmung.

„Das ist super!", sagt SV-Pia begeistert, „die Sonne geht auf, das Frösteln ist weg und da kommt viel Energie von hinten."

Und SV-Fremdbestimmung sagt: „Hier fühle ich mich richtig und wohl. Man sieht mich nicht und doch bin ich ganz dicht dabei."

SV-Uranus/Seelenanteil ist immer noch von oben herab und erwidert: „Na ja, wenn sie das denn unbedingt braucht, soll sie es haben. Aber vorher fand ich es besser."

Nun bitte ich einen Teilnehmer *(verdeckt für das Symbol Lebensangst)* sich links neben SV-Pia zu stellen.

Beide beäugen sich. „Kann ich mal die andere Seite ausprobieren?", fragt SV-Lebensangst.

„Ja, sicher, schau wie es da ist!", antworte ich.

„Ja, die rechte Seite ist viel besser. Hier gehöre ich hin! Hier kann ich SV-Pia schützen und ihr Kraft geben."

Die Lebensangst ist ein Symbol dafür, dass dieser Mensch sich in lebensbedrohliche Situationen bringt, dem Leben misstraut, das Leben für lebensgefährlich hält und manchmal vielleicht sogar mit Suizidgedanken spielt.

SV-Pia lächelt SV-Lebensangst an und hakt sich unter.

„Das ist prima, wir kennen uns schon lange. So, jetzt geht es mir richtig gut. Der Uranus da kann ruhig gehen, der labert sowieso nur Blödsinn und tut mir nicht gut!"

Ich gebe zu bedenken: „ Der Uranus steht aber doch für deine Seele. Ihr seid eins. Er kann nicht einfach so gehen. Und wenn du ihn ablehnst, lehnst du etwas in dir ab. Das, was hinter und neben dir steht, sind deine Blockaden, mit denen du dich eingerichtet hast. Die geben dir wirklich mehr Halt, als deine Kraft im Inneren?"

SV-Pia denkt kurz nach: „Dann ist das eben so! Wie können das Blockaden sein, wenn es mir damit so gut geht?"

„Weil sie einmal Schutz für dich bedeutet haben, was sie jetzt aber nicht mehr sind."

„Aber es geht mir doch endlich gut!"

„Stimmt. Das denkst du jetzt unbewusst, aber wie zeigt sich das Leben im Außen?"

SV-Pia schaut das Original an, die ganz aufmerksam dem Gespräch folgt und räumt ein: „Das Leben sieht nicht so schön aus. Da gibt es Erwartungen. Auch ich habe Erwartungen. Es ist anstrengend und traurig. Deshalb halte ich mich ja so fest. Ich habe Angst, dass es noch schlimmer wird, wenn ich etwas verändere und mit Uranus Kontakt aufnehme! Kann ich das aushalten?"

„Du erwartest also Schlimmeres?"

SV-Pia nickt und schaut betreten zu Boden.

„SV-Uranus/Seele, wie geht es dir und was sagst du dazu?"

„Kein Wunder, dass es ihr im Leben nicht gut geht. Mit den zwei Pappnasen da geht es auch nicht anders. Ich bin die Lösung! Aber ich kann es ihr noch nicht mitfühlend klarmachen. Ich bin immer noch sehr streng und unnachgiebig."

Zu Beginn des Seminartages habe ich alle Teilnehmer gebeten, in den Rollen keine Aussage persönlich zu nehmen. Als die Bezeichnung „Pappnasen" fällt, erinnere ich nochmals daran, dass diese Bemerkung nur mit der Rolle in der Aufstellung zu tun hat. Das zieht immer ein erlösendes Lachen nach sich.

Ein weiterer Blick ins Horoskop verrät mir, dass die Mutter der Mutter eine Rolle spielen könnte und da SV-Pia bei Uranus bereits den Vergleich mit einer Oma angestellt hat, wähle ich verdeckt eine Stellvertreterin aus.

Die SV-Oma springt vom Stuhl auf: „Darauf hab ich gewartet. Hättest du mich jetzt nicht ausgewählt, hätte ich mich von selbst eingemischt", mit diesen Worten stellt sich die SV-Oma mit dem Rücken vor SV-Uranus/Seele und versucht, die Seele mit dem Po wegzuschubsen.

Jetzt ist SV-Uranus/Seele völlig sprachlos: „Was soll das denn? Das ist ja wohl eine Frechheit. Hier ist MEIN Platz. Verschwinde!"

„Kommt gar nicht in die Tüte! Ich hab hier das Sagen. Du bist doch ein kleines Würmchen gegen mich! Ich muss auf SV-Pia aufpassen, damit sie endlich in die Strümpfe kommt."

Und noch jemand meldet sich bei dieser Dynamik zu Wort. SV-Fremdbestimmung fällt ein: „Na endlich, da ist ja meine Verstärkung! Jetzt kann ich hier auch groß werden und muss mich nicht mehr verstecken."

SV-Pia ist ganz verschüchtert und klammert sich an SV-Lebensangst: „Ist das mein Mann? Oje, so viel Einmischung macht mir Angst. Jetzt möchte ich wirklich gehen." SV-Pia rückt mit SV-Lebensangst weit aus dem Geschehen heraus. Aber sie hat keine Chance.

SV-Fremdbestimmung bleibt wie ein Rucksack hinter ihr und auch SV-Oma geht mit. „Was soll ich jetzt denn nur machen? Es zieht mir meine ganze Kraft weg. Wie gut, dass ich nur auf mich aufpassen muss. Auf andere könnte ich jetzt nicht auch noch achten. Das ist so bedrohlich hier!"

Hier haben wir nicht nur den Hinweis darauf, woher die Fremdbestimmung kommt, sondern auch auf die eigenen Erwartungen und das Gefühl, für ein Kind gar nicht sorgen zu können.

"Die Flucht ist der einzige
Ausweg – sagt der Verstand.
Doch zum richtigen Zeitpunkt
sorgt die Seele dafür, dass das Thema
uns nicht nur hinterher rennt,
sondern sogar überholt,
damit wir es ansehen."

(Ilka Plassmeier)

Ich schaue zu Pia im Original. Sie nickt gedankenverloren und ernst.

Nun ist es Zeit aufzudecken, für wen oder was die Stellvertreter stehen, zusammen-zufassen und mehr Licht ins Dunkel zu bringen. Ich wende mich zunächst an Pia im Original: „Hast du bis hierhin alles verfolgt? Was sagst du dazu?"
„Ja, genauso fühle ich mich. Manchmal geborgen, geschützt und stark. Und im nächsten Moment ist die Welt nur noch gefährlich. Aber ich werde das nicht los und bin allem hilflos ausgeliefert. Zu meiner inneren Stimme gibt es keinen Kontakt mehr. Es ist ein ständiger Kampf. Das Leben ist Kampf! Das Fruchtbarkeitsthema ist Kampf! Ich mag nicht mehr kämpfen. Ich will nur noch Ruhe. Manchmal wäre es einfacher aus dem Spiel auszusteigen und zu sterben, oder?", fasst Pia zusammen. Sie hat intuitiv schon selbst erklärt, was dort passiert ist.

Nun decke ich nach und nach auf. Pia steht unter starker Fremdbestimmung. Mit diesem Thema im Horoskop fällt es sehr schwer, Entscheidungen zu treffen. Als Kind übernehmen das andere für uns. Das Leben wird von Eltern und Familie vorgeplant. Das kann angenehm und bequem sein, ist allerdings für die Entwicklung der eigenen Persönlichkeit und das Erreichen der selbst gesetzten Ziele wenig förderlich. Meist suchen wir uns dann einen starken Partner, der uns weiterhin alles abnimmt, weil wir nie gelernt haben, Dinge selbst zu tun. Pia nickt eifrig und mit leuchtenden Augen. „Richtig. Ich bin die ersten sechs Jahre meines Lebens bei meiner Oma aufgewachsen, da meine Mutter sehr viel gearbeitet hat. Und Oma war schon ein Dragoner. Sie hat immer organisiert und geplant und ich hatte als braves Mädchen zu folgen. Auch heute noch kann sie überhaupt nicht verstehen, dass ich so ein großes Problem aus der Kinderlosigkeit mache." Jetzt muss ich innerlich lächeln. Immer wieder spannend, wie die Energien zusammenspielen. Dass Pia bei ihrer Oma gelebt hat, wusste ich nicht. Lediglich durch das Aufstellen war das Thema aufgekommen.

Als nächstes erläutere ich die Lebensangst in allen Varianten und Pia ist so überrascht, dass ihr der Mund offen steht: „Jetzt weiß ich, warum ich meinen Mann nicht dabei haben wollte. Genau das sind oft meine Gedanken! Manchmal möchte ich einfach nicht mehr. Das Leben ist so anstrengend. Alle wollen etwas, ich will etwas, aber nichts geht. Das macht mich dann so traurig und kraftlos, dass ich manchmal schon überlegt habe, einfach vor einen Baum zu fahren."
„Vergiss bitte eines nicht. Diese Angst ist nicht nur negativ, sie dient auch als Schutz. Wie wir gerade gesehen haben, war sie deine einzige Verbündete, mit der du gehen

wolltest, nachdem der letzte Stellvertreter und SV-Fremdbestimmung hier so aufmischten. Und in jedem Schutz liegt auch ein Schatz. Was könnte denn das Gegenteil von Lebensangst sein?"

„Lebensfreude oder Lebensmut?", lächelt Pia jetzt.

Bevor wir zum Wandeln kommen, steht noch die wichtigste Aufdeckung bevor und ich erkenne einmal mehr wie gut es ist, vorab nicht ganz so viel über den Klienten zu wissen, die Stellvertreter über das Horoskop zu finden und verdeckt aufzustellen. Da ich immer Aufzeichnungen mache, für wen oder was ich den Stellvertreter wähle, kann ich Pia nun meine Notizen zeigen.

„Das ist ja unglaublich. Da steht: Großmutter mütterlicherseits. Das kann man tatsächlich im Horoskop sehen? Dass meine Oma so viel Einfluss auf mich hatte?"

„Ja, und mit dem Aufstellen wird es noch bestätigt."

Pias Oma war ihre erste bewusste Bezugsperson. Die Oma legte also gleich in jungen Jahren den Grundstein für Pias Lebensaufgabe: in die Selbstbestimmung kommen und Abgrenzung lernen. Es gehören immer mindestens zwei zu diesem Spiel. Einer, der Grenzen überschreitet und einer, der es zulässt, dass Grenzen überschritten werden. Natürlich ist es als kleines Kind schwierig, direkt Grenzen zu setzen, aber dennoch nicht unmöglich. Gerade diese Erfahrung mit der Oma macht es vielleicht erst zum Lernthema. Pia bestätigt, dass sie sich schon immer schlecht abgrenzen konnte und besonders bei dem Thema Kinderwunsch gelang es ihr überhaupt nicht. Sie tat alles, was die Ärzte vorschlugen und versuchte natürlich auch den Wünschen ihres Mannes nachzukommen.

„Was wünscht DU dir denn?"

„Ich wünsche mir tatsächlich auch ein Kind. Aber wenn ich ehrlich bin, dann nicht mehr, wenn ich das Gefühl habe, alle schauen nur noch auf meine Gebärmutter!", erklärt Pia.

Nun wende ich mich wieder den Stellvertretern zu. SV-Pia hat sich sichtlich entspannt und SV-Lebensangst losgelassen. Sie schaut zu SV-Oma und lächelt jetzt. SV-Oma und SV-Uranus/Seele kibbeln sich noch immer ein wenig.

SV-Pia sagt: „Die Oma ist wirklich sehr dominant. Aber sie hat ja auch gesagt, dass sie auf mich aufpassen will. Das war zwar etwas viel, aber vielleicht gar nicht so böse gemeint, wie es sich anhörte. Ich hab ja meinen Platz auch nicht verteidigt."

SV-Oma entspannt sich und unterlässt den unterschwelligen Zwist mit SV-Uranus.

Als erstes wendet sich SV-Pia SV-Lebensangst zu: „Du hast immer tapfer an meiner

Seite gestanden und mir Halt geboten. Danke, von ganzem Herzen! Jetzt möchte ich mich aber der Freude, der Leichtigkeit und dem Mut zuwenden. Verstehst du das?"

„Das verstehe ich gut. Und ich möchte dir Kraft mit auf den Weg geben, bevor du mich wegschickst", antwortet SV-Lebensangst.

Beide reichen sich die Hände und schauen sich tief in die Augen. Währenddessen löst sich langsam SV-Oma aus der Mitte und dem Gerangel mit SV-Uranus/Seele und verlässt den Teppich. SV-Uranus/Seele atmet durch und lächelt erleichtert.

Mit einem Seufzen lässt SV-Pia eine Hand von SV-Lebensangst los und sagt: „Das tat gut. Und nun entscheide ich, dass ich dich nach draußen auf den Flur begleite und verabschiede."

SV-Lebensangst nickt und lässt sich hinausführen.

SV-Fremdbestimmung bleibt diesmal auf dem Platz stehen, zieht eine Schnute und schaut traurig.

Als SV-Pia wieder hereinkommt, ist sie überrascht. „Hier hat sich ja einiges getan", lächelt sie, „schön, dann mache ich wohl endlich etwas richtig! Es ist super zu sehen, wie scheinbar jetzt alle anfangen, meine Entscheidungen zu respektieren."

„Hast du denn früher schon einmal Entscheidungen selbst getroffen?", prüfe ich fragend nach.

SV-Pia überlegt kurz und lacht dann: „Nein, stimmt, das habe ich bisher ja noch nie ausprobiert. Noch besser. Ich muss es nur tun. Das ist es: Ich muss es nur tun! Ich brauche mir keine Sorgen zu machen, dass irgendjemand das nicht akzeptieren könnte. Super!", freut sich SV-Pia.

Nun geht sie schnurstracks auf SV-Fremdbestimmung zu.

„Ja, jetzt bin ich dran, klasse. Erst Energie ziehen und dann in die Ecke stellen", mault SV-Fremdbestimmung.

„Nein, das siehst du falsch! Ich bin dir dankbar. So dankbar. Du warst wichtig. Du hast mir Kraft gegeben und unsichtbar in meinem Rücken gestanden. Erst jetzt weiß ich zu würdigen, worum es wirklich geht. Ich darf selbst bestimmen, Nein sagen, mich abgrenzen, mein Tempo finden. Ohne dich wüsste ich das doch gar nicht!"

SV-Fremdbestimmung schaut auf und freut sich. Beide umarmen sich herzlich. Ganz viel Wärme und Herzlichkeit entwickelt sich.

SV-Pia sagt: „Ich möchte dich auch nicht raus auf den Flur stellen, da wärst du nicht richtig. Ich möchte, dass es dir gut geht. Ich bringe dich in den Nebenraum, da steht ein bequemer Sessel. In Ordnung?"

SV-Fremdbestimmung nickt zustimmend.

Während SV-Pia SV-Fremdbestimmung ins Nebenzimmer geleitet, zieht sich SV-Oma immer weiter zurück. Als SV-Pia wieder zurückkommt, steht SV-Oma am Rande des Raums. Wieder ist SV-Pia überrascht: „Du brauchst dich nicht zu verkrümeln. Du bist meine Oma und ich liebe dich. Was hätte ich ohne dich gemacht? Wie wäre es mir gegangen? Du bist wie du bist und ich hätte nie eine andere Oma als dich haben wollen. Von keiner anderen kann ich besser lernen."

„Ich bin so stolz auf dich. Du bist so eine wunderbare Frau geworden und jetzt kann ich mich entspannen und dich deinen Weg gehen lassen. Ich habe gespürt, wie stark jetzt deine Seele ist und dass du es mit ihr gut haben wirst. Vertrau ihr und geh deinen Weg, ob mit oder ohne Kinder. Hauptsache, du wirst glücklich!"

SV-Pia und SV-Oma stehen Tränen in den Augen und sie fallen sich in die Arme. Auch SV-Uranus/Seele ist gerührt. SV-Pia begleitet SV-Oma noch zu ihrem Platz und entlässt sie dann aus der Rolle.

„Hach, ich könnte vor Freude quietschen", lacht SV-Pia, „hätte ich gewusst, dass es so leicht sein kann, hätte ich das schon viel früher gemacht. Aber ich wusste es ja nicht!"

„Und auf mich hast du ja nicht gehört", stichelt SV-Uranus/Seele.

„Nein, stimmt nicht ganz! Ich habe dich gehört, aber ich hatte einfach Angst. Mir fehlte das Vertrauen."

„Wie sieht es jetzt aus?"

„Du kommst mir nicht mehr so dominant vor. Ich bin größer geworden. Jetzt sind wir auf Augenhöhe. Und in deinen Augen sehe ich so etwas wie Tatendrang, richtig?"

„Sehr richtig", lächelt SV-Uranus/Seele, „endlich muss ich mich nicht mehr rangeln und du bist wirklich gewachsen. Jetzt kann es was werden."

SV-Pia geht den ersten Schritt auf SV-Uranus/Seele zu. Zaghaft und entschlossen zugleich. SV-Uranus/Seele bietet ihr seine Hände dar. Mit einem weiteren Schritt auf die Seele zu ergreift SV-Pia die Hände. Beide fangen an zu lachen, halten sich an den Händen fest und drehen sich wie ein Kreisel in die Runde. Die Leichtigkeit ist greifbar.

„Oh, ist das toll. Ich möchte spielen, lachen, Blödsinn machen, tanzen. Und meine Seele macht alles mit. Ich kann entscheiden und alles ist gut."

Beiden Stellvertretern geht es sehr gut, so dass das Original eingesetzt werden kann.

*"Im Lachen liegt Erleichterung
und Erlösung darüber,
auch mal etwas nicht
zu wissen und versagen zu dürfen."*

(Ilka Plassmeier)

Pia steht etwas wackelig von ihrem Stuhl auf, aber ihr Gesicht zeigt Zuversicht. Sie bedankt sich bei ihrer Stellvertreterin, die sich setzen darf und nimmt ihren Platz am Teppich ein. Ihre Seele lacht sie an. „Das Original ist noch besser als die Stellvertreterin. Ich merke aber, dass sie noch ein wenig Zeit braucht. Sie entscheidet und ich bin da."

Pia nickt. „Das ist gut. Ich könnte jetzt nicht Ringelrein tanzen. Meine Knie sind noch ein wenig weich. Das sind jetzt ganz wichtige Schritte, die ich gehe und ich will das alles genau mitbekommen." Sie schließt die Augen und atmet mehrmals tief durch. Dann öffnet sie die Augen, lächelt und geht auf ihre Seele zu. Diesmal streckt sie der Seele die Hände entgegen. Sie schauen sich an und umarmen sich still und sanft.

„Endlich Ruhe, endlich ich", hört man Pia aus der Umarmung murmeln und ihre Seele streichelt ihr sanft über das Haar.

Nachdem sich Pia wieder gelöst hat und wir die Aufstellung beenden, sagt sie: „Ich weiß nicht, wann ich zum letzten Mal eine so tiefe Ruhe in mir gespürt habe. Vielleicht ist es jetzt überhaupt das erste Mal. Das tut gut!" Ihre Gesichtszüge sind ganz entspannt, die Augen klar und sie wirkt nun tatsächlich etwas größer.

„Bitte lass dir in den nächsten Wochen Zeit. Entspann dich! Denk nicht über Kinder nach! Lass kommen, was kommen will! Die letzten Jahre waren anstrengend und du darfst jetzt loslassen. Du entscheidest – und das geht ganz leicht."

Pia nickt.

Zwei Wochen nach dem Seminartag schrieb Pia eine E-Mail an mich: „Mir geht es gut und ich kann schlafen. Ich hab das Gefühl, dass ich eine Menge Schlaf nachzuholen habe. Ich habe mit meiner Oma gesprochen und mich bei ihr bedankt und ihr gesagt, dass ich mein Leben nun selbst in die Hand nehme und meine Entscheidungen ebenfalls selbst treffe. Sie war ganz verdattert und sagte nur, dass sie so stolz auf mich sei und ich mir keinen Druck machen solle. Mit meinem Mann habe ich auch gesprochen. Ich habe ihm meine Entscheidung, erst einmal ein Jahr Kinderwunschpause zu brauchen, mitgeteilt und ich hatte das Gefühl, er war sogar erleichtert. Wir lieben uns und ich brauche keine Angst zu haben, dass er mich verlässt. Ich bin viel stärker als ich dachte. Das tut gut. Gerne denke ich an den Aufstellungstag zurück und werde wieder berichten."

Viereinhalb Monaten später ruft mich Pia dann sehr aufgelöst an. „Es war erst alles so gut. Genau wie ich es dir geschrieben habe, ging es eine ganze Weile weiter.

Rundherum super. Aber seit drei Tagen liege ich flach. Ich habe unglaubliche Unterleibsschmerzen und ich habe Angst, dass es wieder eine Entzündung ist und eine Operation nun unumgänglich ist."

"Hast du noch das Abschlussbild mit deiner Seele im Kopf? Weißt du noch, wie es sich angefühlt hat? Bleib im Vertrauen! Atme durch! Fühl die Umarmung mit deiner Seele! Wird es besser?"

„Ja, es wird besser. Das möchte ich wieder haben!"

„Heute ist es schon spät. Deshalb möchte ich, dass du dich den ganzen Abend lang auf deine Seele und das wohlige Gefühl konzentrierst, damit du dich nicht in die Angst steigerst und verrückt machst. Und morgen früh gehst du direkt zum Frauenarzt. Versprich mir das!"

„Ja, das mache ich. Ich vertraue. Vielleicht ist ja auch nichts und ich werde nur geprüft."

„Genau. Warte ab!"

„Ich melde mich morgen wieder."

Am nächsten Morgen um 9.30 Uhr rief Pia mich wieder an. Sie weinte – allerdings vor Freude. „Das glaubst du nicht! Ich bin nicht krank. Ich bin schwanger. Ende zweiter Monat. Das ist unglaublich! Das Kleine hat es geschafft. Nicht nur, dass die Befruchtung ganz natürlich geklappt hat, es ist auch geblieben und hat sich eingenistet. Ich kann es kaum glauben! Und mein Frauenarzt auch nicht. Ich wurde zwar als Risikoschwangerschaft eingestuft, aber ich vertraue und habe ein gutes Gefühl." Was für eine schöne Nachricht am frühen Morgen.

Pias Tochter ist gesund und auf natürlichem Weg zur Welt gekommen und die Oma ist stolz, nun ein Urenkelchen zu haben.

Zur Erinnerung: Jeder unerfüllte Kinderwunsch hat eine ganz individuelle seelische Ursache. Das obige Beispiel berichtet über Pias persönliches Thema.

Fallbeispiel

Die Schwimmer schwimmen nicht

Jens, 37 Jahre alt, kam mit seiner Frau zur Aufstellung. Er wollte selbst aufstellen und die Anwesenheit seiner Frau war ihm sehr wichtig. Während des Seminars war zu beobachten, dass die beiden sich sehr nahestanden und gegenseitig ein gutes Gespür füreinander hatten. Da es kein Vorgespräch mit Jens gegeben hatte, war ich natürlich sehr gespannt, worum es bei ihm gehen würde.

Als er sein Problem schildert, bin ich sehr überrascht, denn es kommt nicht oft vor, dass ein Mann mit diesem Thema so offen umgeht. Es scheint ihn also sehr zu belasten. Jens schildert, dass er und seine Frau Louisa sich seit einigen Jahren ein Kind wünschen. Nachdem es lange nicht auf natürlichem Weg klappte und Louisas Frauenärztin zu keinem Befund kam, begab sich Jens zum Urologen. Dieser stellte fest, dass Jens Spermien zu 100 Prozent unbeweglich waren. Das bedeutet zwar noch keine generelle Unfruchtbarkeit, aber die Zeugungschancen sind äußerst gering. Für Jens war die Diagnose scheinbar so niederschmetternd, dass seine Lust auf Sex immer weniger wurde. Bis zum heutigen Aufstellungstag haben die beiden beinahe seit zwei Jahren nicht mehr miteinander geschlafen, was dem Kinderwunsch natürlich nicht entgegenkommt. Louisa berichtet, dass sie auf Sex durchaus verzichten könne ohne etwas zu vermissen. Trotz alledem ist der Kinderwunsch bei beiden noch immer vorhanden.

Es hört sich paradox an, aber die beiden führen bis zum Aufstellungstag eine Bruder-Schwester-Beziehung, mit der sie sich eingerichtet haben. Einzig der Kinderwunsch lässt dieses Problem hochkochen. Doch auch schon vorher herrschte eher Unlust als Leidenschaftlichkeit, obwohl die beiden sich sehr lieben und das auch zeigen. Zärtlichkeiten und Zuneigungen werden ausgetauscht. Aber auch Zuhause geht es nicht darüber hinaus.

„Dafür muss es doch noch einen anderen Grund als die Diagnose geben", überlegt Jens. „Eine künstliche Befruchtung kommt für uns nicht in Frage. Wenn es auf normalem Wege nicht klappt, soll es vielleicht nicht sein. Aber wir möchten wenigstens wissen, warum."
„Wenn wir nun nach der Ursache des Problems schauen, kann es aber sein, dass auch die Lust zurückkehrt. Also, dass nicht nur der Kinderwunsch erfüllt werden könnte, sondern dass sich möglicherweise auch Leidenschaftlichkeit einstellt. Ist das in Ordnung für euch?", frage ich vorsorglich nach.
Beide schauen sich ein wenig unsicher an, nicken dann aber lachend.

„Ich glaube, es gibt Unangenehmeres, als Lust zu haben und diese auch auszuleben", lacht Jens und Louisa stimmt ein.

„Gut, dann wollen wir einmal nach der Ursache der Unlust und der unbeweglichen Spermien suchen und schauen, was wir tun können", leite ich die Aufstellung ein.

Ich verzichte bei diesem Beispiel auf eine ganz ausführliche Beschreibung und stelle nur die wichtigsten Ereignisse der Aufstellung dar. Der Ablauf bleibt natürlich wie bei allen anderen Aufstellungen gleich.

"Der Verstand ist immer und gerne auf der Flucht, doch die Seele nutzt die Beine als Bremsen und schickt uns Blockaden, die unseren Schatz bewahren."

(Ilka Plassmeier)

Jens Stellvertreter spürt sich ein und berichtet: „Vielleicht denke ich das jetzt wegen der Erzählungen von eben, aber ich fühle mich nicht wirklich männlich. Eher neutral bis weiblich. Ich habe fast das Gefühl, als wäre es meine Aufgabe, ein Kind zu empfangen und zu gebären. Und wenn ich jetzt zu Louisa hinüberschaue *(der Stellvertreter meint die Original-Louisa, die die Aufstellung beobachtet)*, weiß ich zwar, dass wir ein Paar sind, aber irgendwie wäre es falsch, wenn sie schwanger würde. Das macht nicht wirklich Sinn, oder?"

„Wenn du es so fühlst und wenn dir das als erstes in den Kopf kommt, ist es schon passend", beruhige ich den Stellvertreter.

Als Seelenplanet bleibt der Neptun in der Mitte stehen. Auf diesen reagiert SV-Jens mit den Worten: „Der fordert mich heraus: 'Steh deinen Mann'. Aber das geht gar nicht. Ich lasse mich nicht unterdrücken!" *(Interessante Reaktion!)*

SV-Neptun sagt nur: „Also, ich finde Sex toll und das größte Geschenk sind dann noch Kinder. Du liebst doch deine Frau über alles!"

SV-Jens schaut sich unsicher um und es hat den Anschein, als würde er einen Fluchtweg suchen.

Als das Symbol „Falsche Haut" in Person eines Stellvertreters in die Aufstellung tritt, bittet SV-Jens: „Könntest du dich bitte vor mich stellen? Ich halte das kaum aus. Ich habe das Gefühl, dass ich mir selbst etwas nicht verzeihe und wenn ich meine Seele da sehe, muss ich mich dem Ganzen früher oder später stellen. Davor habe ich aber Angst, denn was ist dann?"

SV-Falsche-Haut stellt sich vor ihn und wendet sich SV-Neptun zu.

„Ah, das ist gut! Jetzt kann ich entspannen. Das ist jetzt erst einmal vom Tisch."

SV-Neptun bleibt aber gelassen und versucht immer wieder, an SV-Falsche-Haut vorbeizuschauen. Die aber bewegt sich synchron zu ihm und deckt SV-Jens.

Nun stelle ich verdeckt für Louisa eine Stellvertreterin hinzu. Louisa hatte bereits vor der Aufstellung zugesagt, sich selbst auch stellen zu wollen, wenn es helfen würde. Aber auch sie soll zunächst nicht wissen, für wen der Stellvertreter steht, damit alle im Fühlen bleiben. Ich bitte die Stellvertreterin, sich selbst einen Platz zu suchen. Nun würde man damit rechnen, dass sie sich wegen der innigen Beziehung direkt zu SV-Jens stellen würde. Aber dazu kommt es nicht. Am Teppich wählt SV-Louisa den Platz genau gegenüber von SV-Jens. So stehen SV-Neptun und SV-Falsche-Haut dazwischen.

SV-Louisa sagt: „Ich wäre so gern bei SV-Jens, aber es steht viel zwischen uns. Unausgesprochenes oder Ausgesprochenes, ich weiß nicht genau."

Nun verrenkt sich SV-Jens beinahe den Hals, um SV-Louisa sehen zu können. Doch SV-Neptun und SV-Falsche-Haut bewegen sich wiederum synchron mit, so dass sein Versuch chancenlos bleibt.

Die Äußerungen der Stellvertreter und die Neptun-Konstellationen *(einige Quadrate)* lassen mich darauf schließen, dass es hier um ein früheres Leben geht. Also forsche ich in dieser Richtung vorsichtig nach: „SV-Jens, wenn du dich nicht richtig männlich fühlst, heute aber ein Mann bist und wenn du das Gefühl hast, dass die Rollen verschoben sind, könnte es dann sein, dass es hier um ein früheres Leben geht? Du möglicherweise noch darin verhaftet bist?"

Sofort nickt SV-Neptun wissend.

SV-Louisa sackt sichtlich in sich zusammen und sieht traurig aus.

SV-Jens grübelt ein wenig: „Das wäre zumindest eine Erklärung, warum ich mich so weiblich fühle. Vielleicht war ich einmal eine Frau?"

„Oh ja", bestätigt SV-Neptun, „ihr seid damals schon ein Paar gewesen, allerdings mit vertauschten Geschlechterrollen."

SV-Louisa sagt: „Ja, das stimmt. Er war die Frau, die ich liebte und begehrte. Aber sie war versprochen und musste einen anderen Mann heiraten."

„Ja, das fühlt sich stimmig an. Da ist so etwas wie eine Erinnerung. Sie war so ein hübscher Mann und ich war so verliebt", stimmt SV-Jens zu.

SV-Neptun ergänzt: „Und der Stellvertreter vor dir ist der Mann, den du damals geheiratet hast oder heiraten musstest. Du konntest dich hinter ihm und seinem Einfluss verstecken, sonst hättest du mit deiner Liebe durchbrennen müssen."

Wenn es um frühere Leben geht, werden den normalen Symbolen immer entsprechende Rollen aus dem damaligen Erleben zugewiesen. Die Aufstellung entwickelt sich dynamisch und die Geschichte des früheren Lebens entfaltet sich über die Stellvertreter.

„Davon wusste ich aber nichts", erwidert SV-Falsche-Haut irritiert, „ich dachte, ich müsste SV-Jens schützen."

Nun greife ich kurz ein: „Die Aufstellung entwickelt sich gerade ganz eigenständig und wir sind schon auf einem guten Weg, die Hintergründe zu entschlüsseln. Daher möchte ich jetzt kurz auflösen, wer hier welche Rolle hat. Kannst du mir und der

Aufstellung noch folgen, Jens?"

Jens nickt: „Ja, auf jeden Fall. Interessanterweise habe ich mich nie für Reinkarnation interessiert. Aber in den letzten zwei Wochen sind mir zwei Bücher und diverse andere Informationen in die Hände gefallen und ich habe jedes Mal eine Gänsehaut bekommen. Ich hatte eine leise Ahnung, dass so etwas auch bei uns zutreffen könnte. Ich bin gespannt und etwas aufgeregt."

„Also. Zu Beginn hat dein Stellvertreter von Unterdrückung gesprochen. Er erwähnte auch ein schlechtes Gewissen gegenüber der Seele, dem Neptun, der für die Wahrheit und die Intuition steht. Als erstes habe ich einen Stellvertreter gewählt, den dein Stellvertreter gleich als eine Art Schutzschild vor sich gestellt haben wollte. Dieser Stellvertreter steht für die "Falsche Haut". Passend zu dem, was sich hier zeigt, steht die Falsche Haut für eine Rolle, in der man sich nicht zu 100 Prozent zeigen muss. Als ob du ein Kostüm anhast und den echten Jens darunter versteckst. Wahrscheinlich ahnst du es und die Stellvertreter wissen es sowieso schon. Der zweite Stellvertreter steht für deine heutige Frau, für Louisa. Es steht etwas zwischen euch, was wohl aus einem früheren Leben stammt. Wie wir gehört haben, geht es scheinbar um eine unerfüllte Liebe, weil du als Frau einem anderen einflussreichen Mann versprochen warst. Damals konntet ihr wahrscheinlich aufgrund der äußeren Begebenheiten keine Beziehung führen. Heute führt ihr zwar nach außen eine Beziehung, aber im Innen fehlt etwas. Macht das Sinn für dich?"

Jens nickt: „Aber was machen wir denn jetzt? Wie soll das denn gehen?"

„Keine Sorge, wir haben gerade erst begonnen aufzudecken und abzuarbeiten", beruhige ich Jens. Mit den Stellvertretern zusammen werden nun die Einzelheiten des früheren Lebens Stück für Stück herausgearbeitet. Dabei stellt sich folgende Geschichte dar.

Jens und Louisa kannten sich in dem früheren Leben bereits von Kindesbeinen an. Jens war die Frau und Louisa der junge Mann. Für die beiden war immer klar, dass sie zusammenbleiben und später eine Familie gründen würden. Leider hatten sie nicht bedacht, dass es zu dieser Zeit üblich war, Ehen zu arrangieren. Und so verheiratete Jens damaliger Vater ihn/sie mit einem älteren, durchaus netten und wohlhabenden Mann. Dieser wusste nichts von der Liebe, die Jens und Louisa verband. Jens sprach nicht über seine/ihre Gefühle, weder mit den Eltern noch mit dem zukünftigen Ehemann, sondern ergab sich dem Schicksal. Als Jens Hochzeit feststand, trafen sich Jens und Louisa ein letztes Mal an ihrem Lieblingsplatz, einer Lichtung im Wald. Dort verabschiedeten sie sich unter Tränen und gaben sich ein Versprechen: „Ich werde für immer nur dich lieben und mit niemand anderen jemals Kinder bekommen." Dieses Versprechen sitzt so tief im Unbewussten und der Seele fest, dass es durch die neuen Geschlechter im heutigen Leben immer noch Gültigkeit besitzt.

Als dieses Versprechen ans Tageslicht kommt und klar und deutlich von beiden Stellvertretern ausgesprochen wird, sagt die Falsche Haut: „Damit bin ich raus. Meine Rolle hat sich erledigt und ich kann gehen."
SV-Neptun stehen Tränen in den Augen: „Na endlich! Habt ihr das jetzt verstanden? Ich habe Lust, endlich richtig zu lieben. Und zwar mit jeder Faser meines Körpers."
SV-Jens reagiert mit leichtem Unverständnis: „Wie? Was machen wir denn nun?"
SV-Louisa lächelt: „Hast du es nicht gemerkt? Nachdem wir das ausgesprochen haben, hat sich alles aufgelöst. Ich fühle mich als Frau. Ich bin wieder im Hier und Jetzt. Und du?"
„Stimmt, wo du es jetzt sagst. Wow, bin ich ein Mann. Jetzt kommt das Gefühl bei mir an und das der Weiblichkeit verschwindet. Fühlt sich das gut an! So klar und bereit", schmunzelt SV-Jens.

In diesem Fall reichte es aus, das alte über die Inkarnationen hinausgehende und bindende Versprechen aufzudecken, um die Ursache aufzuheben. Für die meisten Aufstellungen, bei denen wir in einem früheren Leben landen, ist es jedoch wichtig herauszuarbeiten, warum etwas schiefgelaufen ist. Was hätte verändert werden können? Und wie hätte das Alternativleben dann ausgesehen? Dazu aber an anderer Stelle mehr.

„Ich bin ungern Spielverderberin und trenne euch auch nur schweren Herzens, aber ihr seid heute ja verheiratet und werdet heute Abend gemeinsam nach Hause gehen. SV-Jens, kannst du dich von SV-Louisa trennen und einmal schauen, wie es denn jetzt mit deiner Seele ist?", frage ich nach.
SV-Jens und SV-Louisa zwinkern sich zu und umarmen sich herzlich, dann setzt sich SV-Louisa mit den Worten: „Ich bin da und freue mich auf dich. Jetzt entdecke dich erst einmal selbst."

SV-Jens nimmt seinen Platz am Teppich ein, atmet durch, schaut SV-Neptun/Seele an und lächelt. Auch SV-Neptun/Seele lächelt und sieht rundherum zufrieden aus.

"Vergebung beginnt immer bei sich selbst.
Eine Ent-Bindung von Versprechen
bewegt den Stein von Deinem Herzen
und die Last von Deinen Schultern."

(Ilka Plassmeier)

„Jetzt fällt der Groschen. Alles, was ich am Anfang über Neptun gesagt habe, war nur in meinem Kopf und hatte mit dem früheren Leben zu tun. Das hat überhaupt nichts mit meiner Seele zu tun, die ist einfach nur da", sortiert SV-Jens nochmals, „sie weiß einfach mehr als ich. Das ist auch ganz okay. Sie erzwingt nichts. Es war nur meine Not, die ich spürte. Jetzt fühlt es sich gut an! Darf ich hingehen?"

Die Aufstellung findet einen guten und stabilen Abschluss. Auch Jens als Original kann sich gut einlassen und fühlt sich angekommen. Louisa hat die Aufstellung beobachtet und sagt hinterher: „Das war schon spannend. Nicht selbst aufzustellen, aber trotzdem eine der eigenen Facetten dort zu sehen. Da war vieles dabei, was ich auch selbst gesagt hätte. Auch ich habe mich wiedererkannt."

Die Aufstellung hatte der Ehe der beiden das i-Tüpfelchen verliehen. Die kleine Tochter wurde auf natürlichem Wege gezeugt und ist heute schon über zwei Jahre alt. Sie kam neuneinhalb Monate nach dem Aufstellungstag zur Welt. Ein Geschwisterchen hat sich bereits angekündigt.

Neurodermitis

Neurodermitis ist eine chronische, nicht ansteckende Hautkrankheit, mit roten, schuppenden, manchmal auch nässenden und von einem starken Juckreiz begleiteten Ekzemen. Sie gilt als nicht heilbar, sondern nur als behandelbar. Medizinisch sind die Ursachen noch unklar. Für die seelischen Ursachen gibt es etliche Deutungsmöglichkeiten: Sich in seiner Haut nicht wohl zu fühlen, keine Nähe ertragen zu können, sich spüren zu wollen, unterdrückte Aggressivität und vieles mehr. Das kann alles sehr gut bei Rüdiger Dahlke, Louise L. Hay und anderen renommierten Autoren nachgelesen werden.

Diese Hautkrankheit kann sowohl im Kindesalter als auch im Erwachsenenalter ausbrechen. In der Regel können sich Erwachsene allerdings nicht mehr erinnern, wann der Ausschlag erstmalig aufgetreten ist, was jedoch für die seelische Ursachenforschung wichtig wäre. Gerade wenn die Neurodermitis im Erwachsenen-alter ausbricht, gibt es üblicherweise einen deutlichen Hinweis darauf, in welchem seelischen Zusammenhang die Reaktion mit dem Körper steht. Bricht beispielsweise die Neurodermitis während der Schwangerschaft aus, gibt es meist ein Thema mit der Weiblichkeit, der Mütterlichkeit, dem nährenden Prinzip, der Versorgung und mit Nähe. Oder bei Ausbruch während eines Arbeitsplatzwechsels steht dies oft mit Angst vor Ablehnung, Erschöpftheit, großer Anspannung, Erwartungsdruck oder auch Perfektionsanspruch im Zusammenhang. Manchmal geht der Hautauschlag auch mit Mobbing einher oder die Haut fängt genau bei oder nach einem Familienstreit an zu schwelen. Die Ursachen können auch hier wieder vielfältig und individuell sein.

Zu beobachten ist, dass in den letzten Jahren die Erkrankung bei Kleinkindern stark zunimmt. Hier ist individuell zu betrachten, ob das Kind das Thema selbst mitbringt oder ob das Kind bei Vater und Mutter auf ein Thema aufmerksam machen möchte. Einige wenige Kinder leiden nämlich nicht unter Juckreiz, sondern allein unter dem Ausschlag, den die Eltern sehen und versorgen müssen. Hier sollte überprüft werden, wo die seelische Ursache wirklich liegt und wer hier wirklich leidet.

Die Medizin greift zur Behandlung in der Regel auf Salben, Cremes und Lotionen zurück. Dies ist ein sehr anschauliches Beispiel dafür, dass AUSSEN therapiert wird, anstatt INNEN nachzuforschen. Diese tägliche Hautpflege beinhaltet im leichten Stadium neben Ölen oftmals Johanniskrautextrakt, Nachtkerzenöl, Zink, Harnstoff oder Dexpanthenol. Wer sich ein wenig mit Heilpraktika und homöopathischen Mitteln auskennt, findet hier bereits einige Hinweise. In schlimmen Fällen kommt Cortison äußerlich und innerlich zum Einsatz. Eine dauerhafte äußerliche Anwendung von Cortison führt jedoch dazu, dass die Haut sehr dünn und empfindlich wird. In ganz schweren Fällen müssen Kleidung, Waschmittel, Duftstoffe und Bettbezüge angepasst werden. Häufig tragen die Betroffenen zudem nachts Handschuhe, damit sie sich im Schlaf die Haut nicht aufkratzen können. Sanfte Therapien, wie beispielsweise Lichttherapie mit hoch dosiertem UV-Licht, Entspannungstechniken zur Stressreduzierung, Homöopathie oder Akupunktur führen in der Regel zu einer Linderung der Symptome, müssen aber regelmäßig durchgeführt werden und sind recht kostenintensiv.

In den letzten Jahren hatte ich viele Klienten, die mit dem Thema Neurodermitis zu mir kamen. Auch hier war jede Aufstellung ganz individuell, genau wie die weitere Entwicklung der Krankheit. Bei einigen Aufstellern ist der Ausschlag nach einer Aufstellung komplett verschwunden. Bei anderen trat eine erhebliche, dauerhafte Symptomlinderung ein. Aber es gab auch einige, die zwei oder drei Mal aufstellen mussten, bevor sich eine Besserung einstellte. Bei so tiefgehenden Themen ist es wie mit einer Zwiebel: Schale für Schale muss entfernt werden, bevor das Innere zum Vorschein kommt. Zusammenfassend lässt sich sagen, dass der chronische Ausschlag bei etwa sechzig Prozent der Aufsteller komplett verschwunden ist, die verbleibenden vierzig Prozent der Aufsteller berichten über Verbesserungen des Krankheitsbildes und von innerlicher Entspannung.

Neurodermitis führt zu etlichen psychischen Problemen. Das Selbstwertgefühl ist im Keller und es besteht eine generelle Scheu sich zu zeigen. Je nachdem, wo der Ausschlag am Körper sichtbar ist, kann der Gang ins Schwimmbad, kurze Kleidung im Sommer oder sogar schon ein Händeschütteln zum Problem werden. Je mehr es juckt, desto mehr leidet das Nervenkostüm. Vielfach zeigen sich auch Schlafstörungen, weil sich die Betroffenen entweder nachts die Haut aufkratzen oder weil das Liegen auf den betroffenen Stellen unangenehm und schmerzhaft ist. Die emotionale Befindlichkeit ist aus dem Gleichgewicht. Die Betroffenen neigen zu einer Übersensibilität, großer Traurigkeit und unterdrückten Aggressionen. Häufig besteht auch eine ständige Angst vor neuen Entzündungen. Über die psychischen

Belastungen dieser Krankheit wurde eine umfassende Geburtenstudie des Helmholtz Zentrums München erstellt, um die Spätfolgen der Neurodermitis zu untersuchen. Auffällig ist, dass Neurodermitis-Patienten vielfach auch unter Heuschnupfen und allergischem Asthma leiden. Im Folgenden möchte ich ein Beispiel aus meiner Praxis aufzeigen.

Fallbeispiel

Die Kontrolle behalten

Viola, 46 Jahre alt, verheiratet, zwei Kinder, Hausfrau. Sie leidet seit ihrer Pubertät unter Neurodermitis in der Körpermitte, sprich von der Leiste über den Bauch bis unter die Brüste, um die gesamte Taille herum, am Steißbein und am unteren Rücken sowie im Nacken und am hinteren Haaransatz. In schlimmen Phasen, die von sehr starken Entzündungen begleitet werden, verwendet Viola eine Cortisonsalbe. Wenn ihre Haut an den betroffenen Stellen nicht schuppt oder nässt, ist sie pergamentartig, trocken und faltig. Vor ihrem Mann schämt sie sich für die Neurodermitis und empfindet ihren Körper als hässlich. Unter Stress ist der Juckreiz im Nacken und am hinteren Haaransatz kaum auszuhalten und sie kratzt sich diese Bereiche blutig. „Es erleichtert, wenn ich spüre, dass die Stellen aufbrechen. Aber gleichzeitig ekele ich mich vor mir selbst und könnte weinen. Vielleicht verdiene ich es auch nicht, gesund zu sein. Ich habe ständig ein schlechtes Gewissen und schaue immer, ob mich jemand beobachtet hat. Niemand weiß es, aber tief in mir fühle ich eine unglaubliche Wut und ich habe Angst, dass ich irgendwann einmal die Kontrolle verliere und ausflippe. Es sind so viele Schreie in mir, die den Weg nach draußen noch nicht gefunden haben. Es fühlt sich manchmal so an, als würde ein dunkler Schatten auf meinem Leben liegen. Ich kann durch das ewige Jucken nichts genießen", berichtet Viola kurz vor ihrer eigenen Aufstellung.

Bezeichnenderweise hat sie sich den ganzen Tag zurückgehalten und ist die letzte, die aufstellt *(dies gibt den Hinweis auf „vielleicht hab ich es nicht verdient")*. Die Teilnehmer nehmen die Anspannung und Nervosität von Viola während ihrer Erzählungen deutlich wahr und einige müssen sich vermehrt kratzen. Das Energiefeld, also das morphische Feld, breitet sich aus und die Aufmerksamkeit und Konzentration liegt ganz bei Viola. Es wird Raum geschaffen. Selten ist es so deutlich spürbar.

Nach dem Formulieren der Aufstellungsfrage sucht sich Viola sehr zögerlich einen Stellvertreter. „Das kann ich niemandem zumuten. Wem soll ich das antun?", zweifelt sie und das schlechte Gewissen ist direkt präsent.
„Es geht darum, die Energie zu verändern. Du schickst ja niemanden mit deinem Krankheitsbild nach Hause, sondern es geht um Wandlung, Transformation und Lösung. So kannst du die Stellvertreterwahl auch als eine Art Geschenk annehmen, denn die Person, die dich vertritt, wird nicht zufällig dort stehen", beruhige ich sie.
Nun wählt sie einen Stellvertreter. SV-Viola erwidert sofort nach der Wahl: „Mach dir keine Sorgen! Ich bin die richtige. Ich fühlte mich sehr angesprochen bei deinen

Erzählungen. Zwar habe ich keine Neurodermitis, aber als Kind hatte ich eine Säure- und Laugenallergie und habe mir die Hände blutig gekratzt. Mit neunzehn Jahren habe ich das durch Schüssler-Salze abwenden können. Schade, eigentlich! Jetzt kann ich mich nicht mehr vor dem Putzen drücken", lacht sie.

SV-Viola stellt sich wie angewiesen außen an den Teppich auf ihren Platz und spürt sich ein. Kurz schließt sie die Augen und atmet tief durch. Als sie die Augen öffnet berichtet sie: „Ich bin äußerlich gut geerdet, aber innerlich herrscht Chaos. Ich glaube irgendjemand hat einmal gesagt, ich müsse mich zusammenreißen und ein anständiges Mädchen sein. Jetzt muss ich das wohl, dabei bin ich das nicht. Und ich bin pingelig. Guck mal, da liegen ein Haar und ein Fussel auf dem Teppich. Das geht gar nicht!" Mit dem Fuß beseitigt sie die Dinge vom Teppich und es ist zu spüren, dass sie am liebsten gleich den ganzen Raum putzen würde. Ich lasse sie gewähren und warte lächelnd ab. Mal schauen, ob sie sich selbst bei dem ertappt, was sie gerade tut. Hier zeigt sich nicht nur Pingeligkeit, sondern vor allem Ablenkung vom Wesentlichen. Man beschäftigt sich lieber mit Putzen und Ordnung als mit dem eigenen Innenleben.

Ich frage sie noch einmal: „Wie geht es dir?"
„Gut, aber hast du mal einen Lappen? Da ist ein Fleck auf dem Teppich."
„Gut" ist immer relativ. Sie ist der Frage komplett ausgewichen, aber ich belasse es dabei.

Original-Viola läuft rot an und lacht nervös: „Oh, ist mir das peinlich! Genauso bin ich. Meine Pingeligkeit nervt meinen Mann schon sehr. Ich kann aber nicht anders! Sieht von hier aus betrachtet ziemlich lächerlich aus."
„Ilka, kannst du mal bitte das Licht dunkler machen, damit ich das nicht sehen muss?", schaltet sich SV-Viola ein und die Gruppenteilnehmer können sich das Lachen kaum verkneifen. Auch SV-Viola muss nun über sich selbst lachen. Das ist gut, denn es zeigt uns, dass die Pingeligkeit noch keine fanatischen Züge angenommen hat. Auffällig ist, dass SV-Viola sich unbewusst im Nacken kratzt und eine Hand in die Taille gestemmt hat.

Nun kommen die Planeten mit Stellvertretern in die Aufstellung. Gegenüber Neptun ist SV-Violas Reaktion leicht überheblich: „Was ist das denn für ein Weichei? Der geht ja gar nicht!"

"*Perfektion ist eine Illusion,*
unerreichbar und
eine Täuschung unseres
Egos – bedeutet aber für viele
„Kontrolle behalten".
Das Leben / Universum ist
stets vollkommen,
wir brauchen es nur
anzunehmen – dafür braucht
es Urvertrauen."

(Ilka Plassmeier)

SV-Neptun bleibt gelassen und die Worte prallen an ihm ab: „Mir geht es hier gut und sie kann sich da ruhig aufplustern, ich mag sie trotzdem."
Nun kommt Uranus hinzu.
„Mit dem weiß ich auch nichts anzufangen", ist SV-Violas erste Reaktion.
SV-Uranus fühlt sich selbstbewusst und in sich ruhend.

SV-Viola kann mit Neptun und Uranus nichts anfangen, weil sie genau das symbolisieren, was Viola nicht hat: innere Ruhe, Gelassenheit, Selbstliebe und Selbstbewusstsein.

Als letztes wird der Pluto hinzugezogen und die Auswirkungen sind im wahrsten Sinne des Wortes umwerfend. SV-Pluto kippt auf dem ihm zugewiesenen Platz nach hinten und tritt augenblicklich zwei Schritte zurück: „Das geht ja gar nicht. SV-Viola stößt mich ganz stark ab. Das fühlt sich an, als ob sie mich zurückschubst."
„Ich mache doch gar nichts! Aber ich merke, dass ich nervös werde und es juckt am Bauch", entgegnet SV-Viola und kratzt sich.
Das ist für mich das Zeichen, dass es sich bei der Aufstellung um das Plutothema handelt: Macht und Ohnmacht, Leidenschaftlichkeit, die tiefsten Tiefen, Verdrängung und Verborgenes, Extreme, Vorstellungskräfte sowie Zerstörung und Aufbau. Somit dürfen die anderen zwei Planetenstellvertreter sich setzen.
SV-Viola kratzt sich immer heftiger: „Ich würde mich am liebsten umdrehen. Das will ich gar nicht sehen. Aber ich kann mich nicht umdrehen, weil ich dann keine Kontrolle mehr habe."
SV-Pluto stolpert noch einen Schritt zurück und steht nun nicht mehr auf dem Teppich, so stark ist die Kraft der Verdrängung dieses Seelenanteils und Potenzials. Auch SV-Viola weicht nun einen großen Schritt zurück. Sie macht ihren Platz frei, geht in den Rückzug und sofort stellt sich Erleichterung ein: „So! So geht es. Ich hab noch alles im Blick und die Nervosität und der Juckreiz legen sich."

Über die Aspekte des Pluto verrät mir das Geburtshoroskop die nächsten drei Symbole für die weiteren Stellvertreter und innerlich bin ich einmal mehr positiv überrascht, wie treffend die Astrologie ist. Doch ich lasse mir nichts anmerken. Den ersten Stellvertreter wähle ich verdeckt für den Perfektionsanspruch aus. Dieser Stellvertreter soll sich vor SV-Viola stellen. SV-Perfektionsanspruch schaut Pluto an, der nochmals einen Schritt rückwärts macht. SV-Viola freut sich: „Super, jetzt hat jemand anderes die Kontrolle und mir geht es zum ersten Mal richtig gut. Total erleichtert und freudig."

SV-Perfektionsanspruch sagt: „Ja, ich halte hier die Stellung. Ich bin stark und an mir kommt man nicht vorbei. Pluto bräuchte ich nur anzupusten und er würde umfallen. Allein das zu wissen, reicht mir schon. Demonstrieren muss ich es nicht."

SV-Pluto/Seele nickt und bestätigt: „Das stimmt. Angst habe ich aber nicht. Wenn ich umgepustet werde, richte ich einfach meine Krone zurecht und stehe wieder auf. Ich bin zwar weit weg, aber immer noch da und unverwüstlich. Ich gebe die Hoffnung nicht auf, dass meine Stunde noch kommt – im Guten."

Nun wähle ich verdeckt einen Stellvertreter für das Sündenbocksyndrom und bitte ihn, sich rechts neben den SV-Perfektionsanspruch zu stellen. Das tut er auch, aber überraschenderweise stellt sich SV-Sündenbock nicht mit Blickrichtung zu SV-Pluto/Seele auf, sondern genau umgekehrt und schaut SV-Viola an. Sie blickt ernst und prüfend zurück. Die beiden mustern sich gegenseitig.

Auf Nachfrage sagt SV-Viola: „Na ja, die Leichtigkeit ist jetzt weg, aber ich weiß noch nicht genau, was ich davon halten soll. Vielleicht ist es ganz gut, wenn jemand ein Auge auf mich hat." Das Selbstvertrauen bröckelt.

SV-Pluto/Seele reagiert nicht und spürt keine weitere Veränderung.

SV-Perfektionsanspruch ignoriert SV-Sündenbock.

Nun frage ich SV-Sündenbock nach seinem Befinden.

„Ich bin ganz ruhig und klar. Ich warte. Ich warte darauf, dass SV-Viola einen Fehler begeht oder sich auch nur ein wenig zu viel bewegt. Für meine Anweisungen reicht ein Wimpernschlag, denn sie ist meine Marionette. Sie tut, was ich will!"

Das letzte Symbol, für das ich verdeckt einen Stellvertreter wähle, ist die Opferhaltung. SV-Opferhaltung soll sich links neben SV-Perfektionsanspruch stellen. Aber auch er wendet sich nicht der Seele, sondern SV-Viola zu.

Dies alles zeigt sehr deutlich, dass die Blockaden hausgemacht, sprich mehr oder weniger eingeredet (bis hin zur Autosuggestion) sind. SV-Sündenbock und SV-Opferbereitschaft fixieren sich auf SV-Viola und interessieren sich nicht für den Seelenbereich. Hier wird deutlich, was unsere Gedanken, Vorstellungen und Glaubenssätze ausrichten können. Eine Art selbsterfüllende Prophezeiung.

SV-Viola bemerkt: „Das ist gut! Nun passen zwei auf, dass ich alles richtig mache. Und nach vorne hin bin ich geschützt."

„Nimmst du denn deine Seele noch wahr?", frage ich nach.

„Seele? Wer war das doch gleich? Ach nein, die ist weg für mich."

SV-Opferhaltung lächelt SV-Viola an: „Ich finde sie toll und empfinde ganz viel Wärme, Mitgefühl und Zuneigung für sie. Ich glaube, sie mag sich selbst nicht so gern, dabei ist sie wunderschön. Ich bin richtig verliebt in sie."

SV-Viola lächelt zurück und fragt ungläubig: „Wirklich? Ach, so schön bin ich nicht. Aber es tut gut, ein wenig gemocht zu werden." Sofort nihiliert (verneinen, kleinmachen, abwerten) SV-Viola die ihr entgegengebrachte Aufmerksamkeit, weil sie die Situation nicht gut ertragen kann.

SV-Pluto/Seele sagt: „Ich habe zwar keine Sorge, dass mich irgendetwas umhaut und ich werde immer noch auf Abstand gehalten, aber es geht mir soweit gut. Es macht mich nur unglaublich traurig, dass SV-Viola mich nicht mehr sieht. Moment, nein, es macht mich auch wütend und kribbelig! Das verändert sich jetzt schnell. Ich spüre, wie sich in mir eine Kraft aufbäumt. Aber ich zweifle, ob das was nützt." SV-Pluto/Seele ballt unbewusst und unbemerkt die Hände zu Fäusten und neigt sich leicht vorwärts.

Die wachsende Unzufriedenheit und Ärgerlichkeit ist deutlich an seiner Körpersprache zu erkennen. Ohne weiter nachzufragen lasse ich die Situation sich weiter entwickeln.

„Ich werde immer saurer. Was ist das hier für ein Müll? So will sie leben? Was ist mit mir? Keiner sieht sie. Sie steht da wie ein kleines Mädchen und hört nur auf andere, anstatt auf mich einzugehen. Jetzt macht doch mal was, bevor ich platze!", bricht es nach einer kleinen Weile aus SV-Pluto/Seele heraus.

Ich beobachte, wie sich der Gesichtsausdruck von SV-Viola verändert. Sie sieht leicht gequält und verunsichert aus. Sie beginnt wieder unbewusst, sich zu kratzen. Je mehr die Wut der Seele spürbar wird, desto nervöser wird SV-Viola.

Auch wenn es für die Teilnehmer manchmal nicht leicht ist oder ihnen langweilig wird, ist es wichtig, geduldig abzuwarten und die Situation kochen zu lassen, damit das Original die Entwicklung nachvollziehen und sich ganz deutlich einfühlen kann.

Jetzt ist der Zeitpunkt für die Auflösung und die Benennung der Stellvertreter gekommen. Kurz vorher schaut Viola mich zweifelnd an: „Wie soll man denn aus der augenblicklichen Lage herauskommen? Das ist doch eine Pattsituation. Ich bin sehr gespannt, was da jetzt steht. Es ist schon überraschend, wie deutlich hier zu sehen war, wie es in mir aussieht."

Nun decke ich auf und beginne, Viola das Thema Perfektionsanspruch zu erklären. „In deinem Horoskop ist genau das zu finden, was wir ganz zu Beginn bei SV-Viola beobachten konnten. Du bereitest dir selbst einen unglaublichen Druck, damit im Außen alles perfekt ist und du niemandem Fläche für Kritik oder Angriffe bietest. Dabei vergisst und verbiegst du dich. Als sich der Stellvertreter vor dich stellte, warst du erleichtert. So konntest du die Kontrolle behalten. Alles soll geordnet und perfekt sein, aber niemand kann jemals hundertprozentig vollkommen sein. Die Perfektion, die du anstrebst, wird weder erwartet, noch ist sie gewollt. Das, was wir vom Kopf her als Fehler, Unordnung oder Chaos erachten, ist dennoch mit allen Paradoxen rund, stimmig und genial. Das Universum ist perfekt und das Leben ist perfekt, und trotzdem sind wir der Meinung, es immer noch weiter verbessern zu müssen.

Wir konnten hier gut sehen, was deine Überzeugung, vollkommen sein zu müssen, mit deiner Seele macht. Je mehr wir versuchen, einem für uns perfekten Bild zu entsprechen, desto mehr entfernen wir uns von uns selbst. Diese Blockade war wieder einmal ein Schutz. Es gab aufgrund der Erziehung, der Erfahrung und des eigenen Anspruchs keine andere Strategie. Hier können wir auch gut sehen, wie dein Selbstbewusstsein in diese Blockade ausgelagert wurde. Der Perfektions-Stellvertreter kennt seine Stärke und muss sie nicht einmal unter Beweis stellen. Er steht aufrecht und gelassen auf DEINEM Platz. Da, wo du im Leben hingehörst! Er ist aber nur so lange dort, wie du ihn brauchst. Er hält deinen Platz frei und bewahrt deine Stärke."

SV-Perfektion lächelt Viola an und nickt unmerklich.

„Dann kam der nächste Stellvertreter rechts neben den Perfektionsanspruch hinzu und drehte sich direkt zu dir um. Deine Leichtigkeit war verflogen und Selbstzweifel keimten auf. Dieser Stellvertreter steht für das Sündenbocksyndrom. Das muss ich ein wenig erklären. Das Sündenbocksyndrom steht für eine Konstellation im Horoskop, die aufzeigt, dass wir uns für alles und jeden verantwortlich fühlen. Fremdschämen gehört auch beispielsweise dazu. Wenn jemand anderes sich schlecht benimmt, haben wir ein betretenes Gefühl im Bauch und unser Kopf läuft rot an. Als Kind wurden wir vielleicht für Dinge verantwortlich gemacht, die wir gar nicht getan haben, konnten uns dagegen jedoch nicht wehren, weil uns die Worte fehlten. Du hast wahrscheinlich oft gehört, dass alles deine Schuld sei! So oft, dass du irgendwann angefangen hast, es zu glauben. Diese Aufgabe wird uns in die Wiege gelegt. Wir sollen zu uns selbst finden, selbstbewusst und klar werden. Es ist die Aufgabe zu erkennen, wer die Verantwortung und die Konsequenzen zu tragen hat, und diese dann auch bei demjenigen zu belassen.

Das Wort Sündenbock hat seinen Ursprung in der Bibel. Aus dem Alten Testament wissen wir, dass die Juden ihre Sünden einem Ziegenbock aufluden und diesen dann in die Wüste jagten. Davon leitet sich die Bezeichnung Sündenbock ab. Dieser alttestamentliche Ritus geht vermutlich teilweise auf nomadisches Brauchtum zurück. Beim Weidewechsel sollte durch ein Opfer an den Wüstengott Asasel Unheil für die Herde abgewehrt werden. Man ging davon aus, dass Schuld auf Menschen, Tiere und Dinge übertragen und durch deren Entfernung aus der Gemeinschaft unwirksam gemacht werden konnten. Es wird auch von einem landwirtschaftlichen Brauchtum berichtet. Als es in früherer Zeit noch viele Bauern gab und diese unterschiedliche Tiere hielten, war in jedem Stall ein Ziegenbock zu finden. Das hatte einen guten Grund, denn Ziegenböcke galten zu damaliger Zeit als sehr empfindlich und anfällig. Wenn dann eine Krankheit über das Land zog, wurde zuerst der Ziegenbock von ihr heimgesucht. Zeigte er die ersten Anzeichen der Krankheit, schlachtete der Bauer den Bock und der Stall blieb verschont. So hielt der Ziegenbock seinen Kopf im wahrsten Sinne des Wortes für das Allgemeinwohl hin. Ob diese Ausführung stimmt, ist nicht überliefert. Doch es trifft das Bild sehr genau. Wie du sehen kannst, schaut SV-Sündenbock nur auf dich und nicht auf die Seele. Das zeigt, dass du einen starken Willen und eine starke Überzeugungskraft dir selbst gegenüber hast. Je öfter du dir etwas sagst, desto mehr glaubst du daran. Es ist wie ein Mantra."

Viola nickt und seufzt: „Das stimmt wohl. In allem kann ich mich gut wiederfinden. Wenn andere Blödsinn in der Schule machten und der Lehrer fragte, wer es gewesen war, wurde ich rot, weil ich mich so für die anderen schämte. Natürlich bemerkte der Lehrer das. Allein der Blick war unerträglich. Das passt."

„Nun zu unserem letzten Stellvertreter in der Runde, der dich ebenfalls fixiert und nicht an der Seele interessiert ist. Dieser Stellvertreter steht für die Opferhaltung. Das bedeutet, man macht sich selbst zum Opfer oder aber man lässt sich zum Opfer machen. Vielleicht fühlen wir uns handlungsunfähig, finden uns nicht richtig zurecht oder haben das Gefühl, der Willkür anderer oder der Willkür des Lebens und des Schicksals ausgesetzt zu sein. Diese Haltung ist nicht zu unterschätzen! Eine

Opferhaltung ist daran zu erkennen, dass an jeder Kleinigkeit, die wir selbst ganz einfach abstellen könnten, immer andere Schuld sind. Und dass wir jammern und klagen und dennoch nicht wirklich etwas verändern oder verändern möchten. Der sekundäre Gewinn aus dieser Haltung kann durchaus groß und angenehm sein. Auch das ist nicht zu unterschätzen! Wir bekommen Aufmerksamkeit von außen, können in Selbstmitleid zerfließen und haben es trotzdem ziemlich bequem. Das Leben selbst in die Hand zu nehmen und etwas zu verändern, würde zunächst einmal Unsicherheit bedeuten. Was kommt dann? Vielleicht macht es auch deswegen Angst, weil wir bestimmte Dinge noch nie getan haben und nicht wissen, was sie möglicherweise bewirken oder auslösen. Aber wie du selbst gehört hast, hast du über dieses Muster auch Anteile und Qualitäten von dir ausgelagert. Der Stellvertreter für die Opferhaltung zeigt Mitgefühl, Wärme und Zuneigung für dich. Er ist sogar richtig verliebt. Dorthin ist deine Selbstliebe verschwunden. Je mehr du dich als Opfer siehst und nicht handelst, desto mehr beginnst du dich selbst abzulehnen. Deswegen kannst du dich in deiner Haut auch nicht wohl fühlen. Macht das für dich Sinn?"

„Ja", antwortet Viola, „aber ganz ehrlich, das muss ich erst einmal verarbeiten. Es ist stimmig und fühlt sich wahr an. Nur mein Kopf hört es natürlich nicht gern, wenn ich mir jetzt eingestehen soll, dass ich für meine Misere selbst die Schuld trage. Huch, siehst du, und schon ist der Sündenbock wieder da! Blöd, dass ich niemanden im Außen verantwortlich machen kann", schmunzelt sie.
„Stimmt! Es geht darum zu erkennen, für was du verantwortlich bist, also was du selbst verursacht hast und ändern kannst. Und ebenso musst du lernen zu erkennen, wenn jemand anderes verantwortlich und Verursacher ist, und die Verantwortung dann auch dort zu belassen."
„Den Satz sollte ich mir aufschreiben. Das ist wichtig!", meint Original-Viola.

Während der Erklärungen habe ich die Stellvertreter im Blick behalten und registriert, dass sich dort einiges bewegte. SV-Seele hat sich entspannt, die Gesichtszüge sind sanft, die Hände geöffnet, die Wut verflogen. SV-Perfektionsanspruch scheint geschrumpft zu sein. SV-Sündenbocksyndrom und SV-Opferhaltung sehen ein wenig müde aus. Nun wird es allerhöchste Zeit für die Wandlung. Ich frage in die Runde wie es geht.
SV-Seele/Pluto sagt: „Gut, wirklich gut. Ich komme langsam ins Gleichgewicht. Die Wut ist weg und es ist ein Gefühl, als ob die Sonne langsam aufgeht."

SV-Perfektionsanspruch berichtet: „Meine Tage hier sind wohl gezählt. Viola braucht meinen Schutz nicht mehr. Aber die Stärke soll sie von mir noch bekommen."

SV-Sündenbocksyndrom gibt nachdenklich zu: „Oha, das hat ja so gar nichts mit mir zu tun. Nein, im Ernst, das ist genau mein Thema. Absolut stimmig!"

SV-Opferhaltung teilt mit: „Ich bin immer noch total verliebt. Sie ist so schön und wenn ich ihr dabei helfen kann, es selbst zu sehen, dann gerne. Das soll sie auch spüren!"

SV-Viola schaut alle noch ein wenig ungläubig an und sagt dann: „Puh, das bedeutet also, ich soll meine Stärke, die Liebe zu mir selbst, Selbstbewusstsein und Eigenverantwortung von den drei Blockade-Symbolen annehmen. Das ist ganz schön viel auf einmal. Ob ich das schaffe?"

„Wenn du Hilfe brauchst, schau doch einmal nach vorn und am Perfektionsanspruch vorbei! Dort steht deine Seele und sie hilft dir bestimmt. Sicher ist sie froh, endlich einmal gebraucht zu werden", helfe ich SV-Viola weiter.

SV-Pluto/Seele nickt und winkt ihr zu: „Ich brauche nur ein Wort von dir und ich bin da!"

„Ich weiß nicht", zögert SV-Viola die nächsten Schritte heraus. Sie wartet ab und schaut in die Runde. Schon setzt der Juckreiz im Nacken wieder ein. „Mist, jetzt hab ich es gemerkt. Wenn ich stagniere und nichts tue, juckt es mich. Das war ganz wichtig, sonst hätte ich nach der Aufstellung wieder alles von mir weisen können. Aber das ist jetzt klar", erkennt SV-Viola, „wo soll ich anfangen?"

„Wo möchtest du anfangen? Es sind deine Schritte, deine Entwicklung und du musst lernen zu entscheiden", stelle ich sie vor die Wahl.

SV-Viola tippt dem Perfektionsanspruch auf die Schulter und bittet ihn, sich umzudrehen. Sie beäugt ihn kritisch und entscheidet dann: „Du hast Recht, ich brauche dich nicht mehr, wenn ich mir meine Stärke zurücknehme. Ich muss nicht vollkommen sein. Ich bin perfekt, so wie ich bin, als SV-Viola. Hach, das macht es so leicht! Ich habe gar nicht gemerkt, dass es schwierig war. Es war so normal. Magst du mir die Hände reichen? Ich möchte mich bei dir für deinen Schutz und deine Größe bedanken."

Sie reichen sich die Hände und lächeln. Nach kurzer Zeit führt SV-Viola SV-Perfektionsanspruch in den hinteren Teil des Raumes zu einem Stuhl, bedankt sich und bittet ihn, sich zu setzen. Alles ist für SV-Perfektionsanspruch völlig in Ordnung.

„Ich kann Dir die Tür nur zeigen, durchgehen musst du selbst."

(Zitat aus dem Film „Matrix")

„So, jetzt habe ich mehr Kraft. Aber bevor ich mich dem SV-Sündenbock stellen kann, brauche ich noch ein wenig Selbstliebe", sagt SV-Viola und wendet sich der Opferhaltung zu. „Ich bin für mich verantwortlich. Ich entscheide, ob ich jammern oder etwas verändern möchte. Ich weiß nicht, ob ich mich schon selbst lieben kann. Ob alles so schnell geht? Aber ich werde daran arbeiten, damit ich das in mir sehe, was du gesehen hast."

SV-Opferhaltung schaut mich an und bittet: „Hast du einmal einen Spiegel für mich?"

Ich reiche dem Stellvertreter einen Handspiegel.

SV-Opferhaltung hält SV-Viola den Spiegel vor das Gesicht und sagt: „Schau dich an! Schau dich wirklich an! Du bist eine tolle Frau und du wirst immer klarer. Halte das einmal aus! Wann hast du dich zum letzten Mal wirklich angesehen?"

SV-Viola versucht auszuweichen, hat aber keine Chance. Den Blick auf das eigene Gesicht zu halten, fällt ihr noch schwer. Langsam freundet sie sich damit an und ein paar Minuten später ist ein Lächeln zu erkennen.

„Genau das wollte ich sehen! Zwar habe ich schon gespürt, wie die Energie hinübergeflossen ist und sich meine Verliebtheit langsam löste", erklärt SV-Opferhaltung, „aber ich wollte sichergehen, dass es auch bei Viola im Kopf ankommt. Jetzt ist meine Aufgabe erledigt und ich bin zufrieden. Sie braucht mich nicht wegzubringen! Ich gehe von allein, da ich schon aufgelöst bin."

SV-Viola lächelt SV-Opferhaltung über den Spiegel hinweg an und bedankt sich lautlos.

Nun nimmt die Seele ihren Platz in der Mitte des Teppichs ein.

SV-Viola schaut sie an: „Wieso hab ich das früher nicht gesehen? Mit dem ganzen Hin und Her habe ich nur meiner Seele geschadet, also mir selbst."

„Ohne diese Erfahrung wüsstest du doch jetzt den anderen Pol gar nicht zu schätzen. Und außerdem gehört es zu dem, was du in diesem Leben lernen willst. Alles gehört zu dir. Bedaure bitte nicht, was du erlebt hast! Deine Erfahrungen, egal ob selbst gewählt oder von außen eingetreten, machen dich als Mensch aus und du kannst davon nur profitieren. Frage nicht, was wäre gewesen wenn? Das ist müßig und führt im schlimmsten Fall wieder zurück in die alte Spirale. Bleib in der sich wandelnden Energie und vertraue!", bestärke ich SV-Viola nochmals.

Die Seele nickt und lässt SV-Viola nicht aus den Augen. „Das schaffst du! Nur noch einer und dann ist der Weg frei. Ich freu mich auf dich. Ich bin so stolz auf dich, dass du endlich aus deinem Karussell aussteigen wirst", ermutigt die Seele SV-Viola.

Nun wendet sich SV-Viola dem SV-Sündenbock zu. Sie nimmt mit einem tiefen Atemzug allen Mut zusammen und als ihre Blicke sich treffen, muss SV-Viola lachen: „Was mache ich nur für ein dramatisches Spiel daraus? Das fühlt sich gerade so an, als würde ich meinem inneren Schweinehund gegenüberstehen und der sieht auch noch ganz harmlos aus."

SV-Sündenbock stimmt lachend zu. Sie reichen sich die Hände und können sich nach ein paar Sekunden auch umarmen. „Danke, dass du mir gezeigt hast, wie man sich durchsetzt. Danke, dass du aufgepasst und kontrolliert hast. Jetzt weiß ich, wie das geht! Ab sofort werde ich immer ein Auge darauf haben, wer für was verantwortlich ist und wer was verursacht hat. Ganz bewusst", verspricht SV-Viola.

„Na, das glaube ich dir noch nicht. Brauchst du mich nicht doch noch?", setzt SV-Sündenbock nach.

Mit sicherer Stimme und festem Entschluss antwortet SV-Viola: „Ich bin mir sicher. Danke und leb wohl!"

„Gut, jetzt glaube ich dir. Aber ich werde ab und zu noch einmal vorbeischauen und nachsehen, ob du dir sicher bleibst", kündigt SV-Sündenbock an.

Viola wird in den nächsten Wochen auf die Probe gestellt werden. Das kündigt sich hier an. Im Nachgespräch werde ich sie noch einmal deutlich darauf hinweisen und sie bitten, sich bei mir zu melden, sobald etwas kippen sollte.

„Das kann ich gern tun, wenn du deine Zeit verschwenden möchtest", kontert SV-Viola lachend.

„So gefällst du mir", lobt SV-Sündenbock.

SV-Viola verabschiedet sich und führt SV-Sündenbock in den Nebenraum.

Nun nimmt SV-Viola mit einer stolzen Haltung ihren Platz ein und sagt: „Das hab ich echt gut gemacht, finde ich."

„Das stimmt", bestätigt die Seele, „weißt du, was am schönsten ist? Am Anfang wurde ich energetisch von dir weggeschoben und abgelehnt und jetzt kippe ich nach vorn und werde magnetisch angezogen. Ich hoffe, du merkst das auch und kommst bald zu mir!"

SV-Viola nickt, erwidert aber: „Ich bin total aufgeregt. Lass mir einen Moment Zeit!" Sie schließt die Augen, schüttelt sich und atmet tief durch. Als sie die Augen wieder öffnet, lächelt sie. Mit zwei Schritten ist sie bei der Seele und reicht ihr wie selbstverständlich die Hände. Man kann deutlich spüren, wie sich die Energie im

Raum verändert. Es ist ganz still. Plötzlich ist auf der Straße ein Gehupe zu hören. Eine Hochzeit fährt vorbei. Was für ein wundervolles Zeichen und so stimmig für das, was gerade geschieht. Nach dem ersten Verdutztsein, lachen sich SV-Viola und ihre Seele an und es ist spürbar, wie sich die Verbindung festigt.

„SV-Viola, fühlt es sich so gut an, so dass wir das Original einsetzen können?"

„Ja, auf jeden Fall! Dieses Ankommen muss sie spüren! Ein anderes Wort gibt es dafür nicht. Zum ersten Mal heute habe ich ganz warme Füße und fühle mich satt und vollständig. Viola, das gehört dir und ich danke dir, dass ich deine Stellvertreterin sein durfte."

Noch ein wenig schüchtern nimmt Viola die Worte an, steht auf und nimmt ihren Platz außen am Teppich ein. Nach einer kleinen Weile des Einspürens bemerkt sie: „Komisch, seit du uns erklärt hast, wer für was steht, ist der Juckreiz, der am Anfang echt heftig war, völlig weg. War aber auch vielleicht nur, weil ich so gespannt mitgegangen bin. Ich müsste doch jetzt nervös sein, oder? Doch ich freu mich einfach nur. Ich kann zwar meiner Seele noch nicht in die Augen schauen, aber sie hat witzige Socken an."

Wir freuen uns mit Viola über die kleinen Entdeckungen, die sie gerade macht. Ganz langsam wandert ihr Blick höher. Als sie die Augen ihres Seelenstellvertreters erreicht hat, schnappt sie nach Luft: „Wow, was für tolle Augen! Das ist ja umwerfend." *(Augen sind das Tor zu Seele!)* Zaghaft wagt sie einen ersten Schritt auf den Teppich. Sie testet langsam, spürt sich immer wieder ein und die wachsende Sicherheit ist ihr anzusehen. Viola tippt die angebotenen Hände ihrer Seele zunächst vorsichtig mit den Fingerspitzen an und tastet sich dann behutsam vor. In ihrer eigenen Geschwindigkeit lässt sie ihre Hände langsam in die ihrer Seele gleiten, ohne den Augenkontakt zu unterbrechen. Das Knistern ist fast zu hören.

„Darf ich dich auch umarmen?", fragt Viola zögerlich.

„Darauf warte ich doch! Ja, gerne!""

Diese Verbindung ist wichtig, damit Viola in Kontakt zu sich selbst kommt, Nähe im Außen zulassen kann, selbstbewusst wird, so dass es für die Seele keinen Anlass mehr gibt, ihr weiterhin den Juckreiz zu schicken. Diese Verbindung wird dafür sorgen, dass sie sich als das wahrnimmt, was sie ist: ein liebenswerter Mensch mit innerer Stärke und wachsender Eigenverantwortung. Nach ein paar Minuten ist erkennbar, dass Viola und ihre Seele sich gegenseitig ansehen können, die

Verbindung sicher ist und sich Entspannung bei beiden einstellt. Als ich die Aufstellung beende, bedanke ich mich für das Vertrauen und die Geduld.

Vier Wochen später schrieb mir Viola eine Postkarte und berichtete, dass die innerliche Nervosität verschwunden sei und der Juckreiz sich erheblich verbessert habe. Nach etwa drei Monaten rief sie mich an. Viola war traurig, weil sie von einer Nachbarin zu Unrecht beschuldigt worden war, ein Geheimnis ausgeplaudert zu haben und sie meinte, dass das alte Thema nun doch zurückkäme. Ich erinnerte sie an die Worte des SV-Sündenbocksyndroms: „Das ist eine Prüfung, erinnerst du dich? Bleib im Vertrauen! Du brauchst nichts tun! Du weißt doch, dass du das Geheimnis nicht ausgeplaudert hast. Bleib bei dir! Jetzt ist Geduld gefragt und erinnere dich an deine Seele und das Schlussbild."
Sofort wurde Viola am Telefon ruhiger. „Kurz nachdem meine Nachbarin mir die Vorwürfe machte, habe ich mir wieder zwei Stellen aufgekratzt und bin in Panik verfallen, deshalb habe ich auch direkt angerufen."
„Das ist die Vertrauensprüfung. Lass dich nicht verunsichern! Wenn du nichts ausgeplaudert hast, weise den Vorwurf innerlich zurück und bleib selbstsicher! Du wirst sehen, dass es sich schnell in Wohlgefallen auflöst", antworte ich.
Wiederum eine Woche später schrieb Viola mir eine E-Mail. Das Missverständnis hätte sich aufgeklärt und die Plaudertasche wurde gefunden. Der Juckreiz hätte sich nach unserem Telefonat auch wieder beruhigt.

Viola berichtete nach über sieben Monaten nochmals über ihre Neurodermitissymptome. Der Juckreiz war größtenteils verschwunden. Es gab keine nässenden Stellen mehr, aber die Haut schuppte sich noch und musste viel eingecremt werden. Auf Cortison konnte sie jedoch schon vollständig verzichten. Im Nacken und am Haaransatz juckte es ab und an noch. Innerlich war sie ruhig und ausgeglichen. Inzwischen traute sie sich sogar wieder ins Schwimmbad. Sie fühlte sich mittlerweile immer wohler in ihrer Haut. Ein Jahr später kam Viola noch ein zweites Mal zum Aufstellen, um ihre Erfahrungen weiter zu vertiefen.

Fallbeispiel

Rückenschmerzen – Bandscheibenvorfälle

Inga, 27 Jahre alt, verheiratet, Mutter zweier Söhne und selbständig im Bereich Kosmetik. Sie hatte fünf Monate zuvor einen zweiten Bandscheibenvorfall erlitten und wollte nun über eine Aufstellung den Ursachen der Rückenbeschwerden auf den Grund gehen. Als sie mich anrief berichtete sie, dass sich dieser zweite Bandscheibenvorfall nur drei Tage nach einer Familienaufstellung ereignet hatte. Deswegen war sie verunsichert, ob sie überhaupt noch aufstellen sollte. Ich erklärte ihr, dass es sich bei den Astrologischen Symbolaufstellungen um eine ganz andere Art der Aufstellungen handelt, in denen die eigene Seele eine Art Sicherheitsnetz darstellt und die Familie, wenn überhaupt, eine nebensächliche Rolle spielt. Natürlich konnte ich ihr keine Schmerzfreiheit nach der Aufstellung garantieren. Aber sie würde dann sicher wissen, was tatsächlich hinter dem Symptom steckte.

„Ich weiß aber nicht, ob ich den ganzen Tag aushalten werde, weil ich noch nicht lange sitzen kann. Wäre es ein Problem oder wäre es möglich, dass ich nur bis zur Mittagspause bleibe?"

„Wenn ich vorab informiert bin, ist das kein Problem und in Ausnahmefällen wie bei dir natürlich selbstverständlich", versicherte ich ihr.

Nachdem sie noch zwei Nächte über die Entscheidung geschlafen hatte, kam die Anmeldung für eine im darauffolgenden Monat stattfindende Aufstellung bei mir an.

Als sie bei mir auf dem heißen Stuhl sitzt, schildert Inga ihre Situation wie folgt: „Ich bin heute hier, weil ich die Ursache für meine zwei Bandscheibenvorfälle ergründen möchte. Ich möchte etwas innerlich verändern, damit mein Körper nicht mehr reagieren muss. Ich möchte diese starken Schmerzen nicht mehr haben, die mich so außer Gefecht setzen, dass ich meinen Söhnen nicht gerecht werden kann und meine Selbständigkeit auf dem Spiel steht. Ich weiß nicht wirklich, wer ich selbst bin. Ich glaube, da liegt der Knackpunkt. Ich versuche mit meiner Schwiegermutter klarzukommen. Sie hat uns sehr geholfen, wann immer ich nicht mehr konnte. Aber das ist einfach ein Scheißgefühl! Meine Mutter lebt im Ausland. Mit ihr wäre es einfacher gewesen. Ich versuche immer, es allen Recht zu machen und für alle da zu sein. Außerdem laden alle ihren Müll bei mir ab. Nicht nur im Studio bin ich der Seelenmülleimer meiner Kunden – das ginge ja noch. Nein, auch meine Freunde, meine Geschwister, mein Mann und meine Schwiegermutter laden alles bei mir ab. Außer meinen Mann vielleicht interessiert es keinen, wie es mir geht. Ich kann auch nicht wirklich Nein sagen. Bei mir kann man unangekündigt zu jeder Tages- und Nachtzeit vor der Tür stehen und ich mache dann demjenigen auch noch Kaffee und Kuchen. Nur für mich ist halt niemand da. Alles muss ich mit mir allein ausmachen.

Wenn ich einmal mein Herz ausschütten will, hat niemand Zeit und meinen Mann möchte ich nicht belasten.

Ja, und wenn ich gerade einmal dabei bin, alles zu sagen: Ich mag meinen Körper nicht. Ich finde mich unattraktiv und frage mich, was mein Mann an mir findet. Ich leide unter Übergewicht und habe fast zwanzig Kilo zu viel auf den Hüften. Mein Arzt zieht mich damit immer auf, dass mein Rücken zu viel zu tragen hätte. Er findet sich auch noch unglaublich witzig dabei und merkt überhaupt nicht, wie sehr mich das verletzt. Seit der zweiten Schwangerschaft bekomme ich die Pfunde einfach nicht mehr weg. Egal, ob ich Diät mache oder mich bewege, nichts geht! Jetzt habe ich aufgehört mich zu quälen. Aber glücklich bin ich eben nicht. So, das war es, glaube ich", endet Inga.

„Was wünscht du dir? Wie soll es denn konkret aussehen, wenn die Ursache erkannt und gewandelt ist und du deine Aufmerksamkeit auf die schönen Dinge im Leben richten kannst?", erkundige ich mich.
„Ich möchte einen gesunden Rücken haben, schmerzfrei sein, Stärke und Rückgrat haben, mich abgrenzen können, Nein sagen können ohne schlechtes Gewissen und ich möchte wieder Freude in meinem Leben und mit meiner Familie. Und Leichtigkeit, eine schlanke Figur. Ja, das wäre schön! Kann ich das morgen schon haben, bitte?", lacht Inga.
„Jetzt hast du es aber ganz schön eilig! Wollen wir nicht erst einmal schauen, was wir tun können und dann darf sich das Gewünschte nach und nach zeigen?", beruhige ich Inga.

Ingas Probleme und die Wünsche sind nun bekannt und wir formulieren eine umfassende Aufstellungsfrage, die sich für Inga sehr stimmig anfühlt. Anschließend wählt sie einen Stellvertreter für sich selbst aus.

Während sich SV-Inga einspürt, ist eine leichte Unruhe in der Teilnehmergruppe zu bemerken. Scheinbar fühlen sich mehrere durch dieses Thema angesprochen. Auf Nachfrage berichtet SV-Inga: „Mir ist schwummerig und doch bin ich innerlich total leer und gleichgültig. Als wenn ich aufgegeben hätte und nur noch über mich ergehen lasse. Meinen Körper spüre ich nicht. Sogar wenn ich mich strecke, scheint alles in Ordnung zu sein. Ich hätte jetzt gedacht, dass ich mich vor Schmerzen krümmen würde. Aber nein, körperlich alles gut!"

Die körperlichen Symptome müssen sich nicht zeigen. Je nachdem wie weit der Klient mit seinen Erkenntnissen bisher gekommen ist, weiß er ja, dass der Körper nur die Bühne für die Seele darstellt und das eigentliche Thema ein anderes ist. Bei anderen Klienten zeigen sich manchmal Körpersymptome, die im Vorgespräch gar nicht genannt wurden, tatsächlich aber vorhanden sind. Vielleicht braucht der Klient diesen Hinweis, damit er/sie überzeugt ist, dass es sich bei der Aufstellung um kein Schauspiel handelt, sondern es tatsächlich um ihn/sie geht.

„Was meinst du, kommt da noch mehr? Oder können wir jetzt starten?", erkundige ich mich.

„Mehr kommt nicht. Es kann losgehen", signalisiert mir SV-Inga.

Nun teste ich nach und nach die drei Planeten aus. Als erstes kommt ein Stellvertreter für Uranus dazu.

SV-Inga reagiert ein wenig bockig: „Den mag ich nicht. Der ist so streng."

SV-Uranus reagiert leicht aggressiv: „Dann eben nicht!"

Als nächstes bitte ich einen Stellvertreter für Neptun hinzu. SV-Inga schaut nur ganz kurz hin und widmet sich dann dem, was draußen am Himmel passiert.

„SV-Inga, kannst du uns sagen, was der SV-Neptun bei dir auslöst?"

„Ich hab keine Lust mehr. Das ist mir zu anstrengend. Jetzt stehen da schon zwei, die etwas von mir wollen", kommt als Antwort.

„Kannst du mir denn sagen, ob du keine Lust mehr hast, weil jetzt zwei Planeten dort stehen, oder weil es SV-Neptun ist?", frage ich weiter.

„Hm, SV-Neptun überfordert mich. Da würde ich mich auch ausklinken, wenn er allein da stehen würde."

SV-Neptun fängt an sich aufzuregen: „Willst du etwas ändern oder nicht? Wenn nicht, dann verschwende nicht unsere Zeit!"

SV-Inga scheint das gar nicht gehört zu haben.

Nun bitte ich SV-Pluto dazu.

Wiederum kommt keine Reaktion, doch SV-Inga sagt: „Wir haben einen so schönen, blauen Himmel. Ich bin völlig raus."

SV-Pluto zeigt sich auch gereizt: „Ich kann den anderen nur zustimmen. Wenn sie nicht will, können wir uns ja wieder setzen. Zwingen können wir sie nicht. Das ist doch kindisch!"

Da SV-Inga sich ausklinkte als Neptun kam, verzichte ich auf eine Blind-Austestung und entlasse die Stellvertreter für Uranus und Pluto.

*"Manche Menschen tragen die Last
der Welt auf ihren Schultern und
wundern sich über Schmerzen.
Tiere krümmen den Rücken nur,
um sich zu verteidigen und größer zu machen.
Lernen wir von ihnen."*

(Ilka Plassmeier)

Wenn nicht ganz klar ist, welcher Planet am aussagekräftigsten ist, teste ich die Wirkung jedes einzelnen Planeten blind aus. Das heißt, der Hauptstellvertreter schließt die Augen und jeder Planet stellt sich nach und nach einzeln in die Mitte. Nun soll der Hauptstellvertreter mit geschlossenen Augen seine Wahrnehmung mitteilen. Dabei zeigt sich immer, um welchen Seelenanteil es geht.

Als SV-Inga realisiert, dass Neptun stehenbleibt, verlässt sie ihren Platz, geht zum Fenster, lehnt sich locker an den Fensterrahmen und schaut weiterhin hinaus.

„Aber die will mich doch gar nicht. Sie will noch nicht einmal diskutieren oder streiten. Da ist nichts! Was soll ich dann hier?", rätselt SV-Neptun. „Wie kann ich denn Kontakt zu ihr bekommen?"

Da habe ich eine Idee und schlage vor: „SV-Neptun, wie wäre es, wenn du die kommenden Stellvertreter auswählst und ich sie mit Symbolen belege?"

„Das ist super! Gerne schicke ich ihr etwas, damit sie aufwacht. Vielleicht sieht sie mich dann auch", willigt SV-Neptun ein und schaut sich in der Runde der Seminarteilnehmer um. Sofort fällt ihm jemand auf und so bittet er den Teilnehmer sich hinter SV-Inga zu stellen. Zeitgleich vergebe ich für diesen Stellvertreter laut Geburtshoroskop das Symbol „Scheinwelt".

SV-Scheinwelt tut wie ihm aufgetragen, stellt sich hinter SV-Inga und legt zudem von sich aus seine Hände auf ihre Schultern.

Sofort sacken SV-Inga leicht die Knie weg. „Siehst du, jetzt werde ich doch gezwungen. Scheiß Spiel! Jetzt sind Rückenschmerzen da und ich kann den Druck der Hände kaum aushalten", jammert SV-Inga gequält.

Sie bleibt aber am Fenster und schaut weiter hinaus.

SV-Scheinwelt entgegnet: „Ich drücke doch gar nicht! Meine Hände liegen nur ganz leicht auf deinen Schultern. Wenn du das nicht möchtest, sag es einfach! Ich dachte nur, dass ich dich berühren muss, damit du mich wahrnimmst."

SV-Inga schweigt.

SV-Neptun nickt: „Das reicht noch nicht. Sie kann wirklich aushalten. Kann ich noch einen Stellvertreter auswählen?"

Ich nicke zustimmend.

Nun bittet SV-Neptun eine weitere Person, sich auf den Platz von SV-Inga am Teppich zu stellen. Ich benenne diesen Stellvertreter „Falsche Haut". SV-Falsche-Haut begutachtet kurz die Lage, lächelt SV-Neptun an: „Der Platz hier ist super! Ich weiß gar nicht, warum SV-Inga aus dem Fenster schaut. Hier ist doch richtig was los. SV-Neptun bemüht sich wirklich."

SV-Neptun beobachtet neugierig, ob SV-Inga möglicherweise reagiert. Und tatsächlich zeigt sie jetzt leichtes Interesse. Sie dreht ihren Kopf so, dass sie im Augenwinkel sehen kann, wer da auf ihrem Platz steht, vermeidet aber, dass SV-Neptun in ihr Blickfeld kommt.

„Hm", überlegt SV-Inga, „der interessiert mich. Wenn es ihm auf meinem Platz so gut gefällt, könnte er mir ja vielleicht helfen? So als eine Art Lebensmanager. Der organisiert und macht und tut und ich kann vielleicht ein wenig aufs Sofa. Ich würde gern mal ausprobieren, ob ich mich hinter ihn stellen kann." Sie dreht sich und geht langsam los, ohne SV-Neptun eines Blickes zu würdigen. Doch dann seufzt sie: „So etwas Dummes! Ich dachte, dieses Schulterpaket würde nicht mitgehen." Sie meint damit SV-Scheinwelt, der SV-Inga wie angetackert im Gleichschritt folgt, ohne die Hände von ihren Schultern zu nehmen. Aber SV-Inga setzt ihren Weg fort und stellt sich dann hinter SV-Falsche-Haut. „Ja, das entspannt. Die ursprüngliche Verantwortung und die Anspruchshaltung von Außen sind nicht mehr spürbar. Ich kann mich hier wie hinter einer Mauer verstecken, muss nichts sehen. Nur die blöden Hände auf meinen Schultern und die Last stören mich noch, aber ich kann es noch ertragen", berichtet sie, als sie hinter SV-Falsche-Haut steht.

SV-Neptun schwankt: „Zumindest hab ich sie wieder ins Spiel bekommen, aber glücklich bin ich nicht. Will sie denn überhaupt etwas verändern? Oder will sie das ewig so weitermachen? Dann werde ich verkümmern. Ich bin jetzt schon total erschöpft und würde mich gern setzen." SV-Neptun setzt sich im Schneidersitz in der Mitte des Astroteppichs auf den Boden und wartet ab.

„Hast du gehört, was deine Seele sagte? Denn das ist deine Seele, die da auf dem Boden sitzt und versucht zu dir durchzudringen. Es ist ein Teil von dir. Ihr seid eins", wende ich mich an SV-Inga.

SV-Inga schaut nun vorsichtig hinter SV-Falsche-Haut hervor und erblickt SV-Neptun/Seele: „Kann sein. Aber ich bin mir nicht sicher, ob wir uns schon kennen. Oder ob ich überhaupt gewollt bin."

„Ich kenne dich und ich will dich auch. Aber nicht, wenn du dich hinter dieser Mauer versteckst und ich dir ständig etwas schicken muss, nur um deine Aufmerksamkeit zu erlangen. Das ist anstrengend. Dabei könnte es so leicht sein. Das Leben ist so schön, wenn man will!", gibt SV-Neptun zurück.

„Ist es irgendwie möglich, dass ich mit SV-Neptun sprechen kann, bevor ich mich stelle und mit den anderen konfrontiere?", fragt mich SV-Inga. "Ich habe da zwei wichtige Fragen, auf die mir die Antworten noch fehlen. Egal wie sie lauten, ich muss es einfach wissen!"

Ich nicke und lasse sie zu ihrer Seele gehen.

SV-Inga setzt sich ebenfalls im Schneidersitz SV-Neptun/Seele gegenüber und kann ihn direkt anschauen. „Ich freue mich, dass du da bist. Auch wenn du dir deine Themen noch nicht angeschaut hast. Es tut gut, dich zu sehen. Was hast du für Fragen?", möchte SV-Neptun/Seele wissen.

„Ich habe das Gefühl, dass meine Mutter mich nicht wirklich mag. Ist das so?", SV-Ingas Stimme wird immer leiser.

„Wie kommst du darauf?", fragt SV-Neptun/Seele.

„Weil sie nie da ist, wenn ich sie brauche."

„Bittest du sie denn um Hilfe? Weiß sie, dass du sie dann brauchst?"

„Nein. Ich kann nicht um Hilfe bitten. Und ich möchte auch nicht, dass sie sich Sorgen macht."

„Was erwartest du denn dann? Dass sie hellsehen kann? Du gibst ihr noch nicht einmal die Chance für dich da zu sein."

Obwohl SV-Inga Tränen über die Wangen laufen, muss sie lachen: „Ja, ist ja eigentlich auch logisch, aber daran habe ich nie gedacht. Ich dachte immer, Mütter müssen so etwas doch fühlen."

„Fühlst du das immer bei deinen Kindern?", hakt SV-Neptun/Seele nach.

SV-Inga schüttelt den Kopf.

Original-Inga neben mir muss schniefend leise lachen und flüstert mir zu: „Das ist unglaublich. Es passt. Das ist das, was in mir immer wieder hochkommt."

SV-Neptun/Seele ergreift die Hände von SV-Inga und fragt: „Du hast gesagt, du hättest zwei Fragen. Was ist die zweite Frage?"

SV-Inga zögert und schaut betreten auf die Hände, die sie hält: „Ich weiß nicht, ob ich auf die Erde gehöre. Bin ich denn überhaupt gewollt hier?"

SV-Neptun/Seele ist nun ganz berührt: „Ja, du bist gewollt! Ganz sicher. Nur du musst dich noch entscheiden, ob du hier auch glücklich sein willst."

Die beiden rutschen noch näher zusammen und SV-Inga kuschelt sich halb sitzend, halb liegend auf den Schoß von SV-Neptun/Seele.

„Ich habe die Aufstellung einen Schritt weiter laufen lassen und wir sind bereits über den Punkt des Ist-Stands hinausgegangen, weil hier etwas Wichtiges passiert ist, wie du gemerkt hast", erkläre ich nun an Inga gewandt. „Der Ist-Stand wäre normalerweise an der Stelle gewesen, als deine Stellvertreterin zwischen den beiden Symbolen stand und Neptun sich setzte. Aber schön, dass es sich auch ohne Benennung weiterentwickelte." Alle Stellvertreter nicken zustimmend.

„Nun werde ich dir erklären, was oder wer dort steht und was zu der Blockade, zu den Rückenproblemen und allem anderen geführt hat. Ganz zu Beginn haben wir gesehen, dass deine Stellvertreterin nichts mit der Seele zu tun haben wollte. Deutlicher kann man eine Verdrängung oder ein Problem gar nicht darstellen. Diese Haltung passte im Nachhinein gesehen genau zu dem, was dort gerade in der Mitte ausgesprochen wurde. Gehöre ich hier her? Bin ich gewollt? Deine Seele war ein wenig verzweifelt und resigniert. Aber sie ergriff liebend gern die Initiative, als sie ihr angeboten wurde und dirigierte die Stellvertreter tatsächlich so, dass sie dich ein wenig aus der Reserve locken konnten.

Der erste Stellvertreter, der ausgewählt wurde und der dir so eine Last auf den Schultern war, steht für die Scheinwelt. Das ist im Horoskop ein Symbol dafür, dass wir in der Regel alles dafür tun, die Fassade und den schönen Schein nach außen hin zu wahren. Vielleicht hast du das schon bei deinen Eltern beobachtet. Nach außen hin ist alles gut und perfekt, aber beim Blick hinter den Vorhang, ist meist ein kleines Häufchen Elend zu entdecken. Die Fassade einzureißen, würde einer Katastrophe gleichkommen, denn die Angst vor dem Farbe bekennen ist immens groß. Was denken die anderen? Werde ich dann noch mehr verletzt? Man liefert sich schließlich nicht freiwillig aus! Das Aushalten dieses Musters hat deine Stellvertreterin enorm belastet. Auch wenn der Stellvertreter förmlich an dir klebt, gibt es auch eine gute Seite daran. Nämlich, dass du dich spürst, dass du etwas wahrnimmst. Das Symbol zeigte sich hartnäckig und dominant. Es ließ sich nicht abschütteln. Der weiß, was er will! Diese Qualität hast du über die Angst vor dem Farbe bekennen ausgelagert und verdrängt. Du gestehst es dir nicht zu, hartnäckig und selbstsicher zu sein. Es ist genau das, was du eingangs sagtest – Nein sagen zu können. Alles okay bei dir? Kommst du bis hierin gefühlsmäßig mit?"

Inga hat sich alles sehr gefasst angehört. Die Tränen sind getrocknet und sie sieht nachdenklich aus. Sie atmet durch und sagt: „Ja, das ist sehr treffend. Der schöne Schein bei meinen Eltern – zum Kotzen! So wollte ich niemals werden. Erst jetzt fällt mir auf, dass ich das gleiche nur in einem anderen Gewand lebe. Wie bekloppt ist das denn?"

„Sei nicht so hart zu dir. Du hast dir deine Eltern so ausgesucht, dass sie zu deinem Lebensplan passen. Ihr habt Entsprechungen zueinander. Die meisten wollen nicht so werden wie ihre Eltern und doch sind sie es irgendwie. Wie gesagt, unsere Eltern haben wir uns ausgesucht, weil wir an ihnen optimal lernen wollen. Wir müssen aber teilweise so sein wie sie, damit wir es bemerken. Sonst wäre alles viel zu einfach. Von 'einfach' lernt man in der Regel nicht", führe ich Inga langsam von den Gedanken an die Eltern wieder weg.

„Der zweite Stellvertreter, den deine Seele an deinen Platz stellte und der dir wie ein Lebensmanager vorkam, hinter dem man sich verstecken kann, steht für die 'Falsche Haut'. Das muss ich auch ein wenig erklären. Die falsche Haut steht im Horoskop für ein Verhalten, bei dem wir uns für jede Situation eine zweite Haut oder ein Kostüm zurechtlegen. So schlüpfen wir von einem Kostüm in das nächste und zeigen uns niemals ganz und hundertprozentig. So sind wir die gute Freundin, die immer zuhört, die nette Nachbarin, die immer alle Zutaten zum Backen im Vorratsschrank hat, die perfekte Gastwirtin, die alle versorgt, die liebende Ehefrau und Mutter, die sich um Mann und Kinder kümmert. Aber wo bist du? Mit jedem Kostüm versteckst du etwas von dir. Nie bist du ganz echt. Niemand erkennt, wie es dir unter diesem Kostüm geht. Die Außenwelt nimmt dich genauso wahr, wie du es ihnen mit deiner Kostümierung vorgibst zu sein. Sie können einfach nicht darunterschauen, weil du es nicht zulässt. Alles außer dir selbst ist wichtig.

Aber auch diese Schutzhaltung, dieses Symbol, hat eine wundervolle, positive Seite. Du kannst die falsche Haut zur eigenen Authentizität wandeln. Mit diesem Lebensmanager, wie deine Stellvertreterin ihn benannte, kannst du echt werden. Seine Qualitäten anzunehmen bedeutet auch, den echten Platz (denn er steht ja auf deinem) im Leben wieder einzunehmen und sich mit allen Stärken und Schwächen zu zeigen. Beide Symbole ähneln sich und doch sind sie unterschiedlich. Bei der Scheinwelt geht es um die äußere Wahrnehmung: Was sagen die Nachbarn? Und bei der falschen Haut geht es um das Innere: Ich will nicht, dass jemand sieht, wie schlecht es mir geht, denn dann verletzt er mich nur und ich bin schutzlos ausgeliefert! Bei dem einen ist es eine starre Fassade und bei dem anderen etwas situativ Wandelbares, was durchaus kreativ ist. Du hast durch die vielen verschiedenen Facetten deiner Kostüme die wunderbare Gabe, dich in andere

Menschen und die unterschiedlichsten Situationen ganz leicht hineinversetzen zu können. Du kannst ganz feine Nuancen wahrnehmen und dadurch anderen wunderbar helfen. Aber bitte erst, wenn du authentisch bist und dich nicht mehr versteckst! Sonst leidest du nämlich, genauso wie du es erlebt hast. Was hältst du davon?"

„Es hört sich vielleicht merkwürdig an", entgegnet Inga, „aber ich bin auf einmal völlig ruhig. Es macht Sinn und fühlt sich schon viel leichter an. Hätte ich da auch allein darauf kommen können?"

„Bist du allein darauf gekommen, gerade in den letzten Monaten, als es dir so bescheiden ging?"

Inga schüttelt den Kopf.

„Für sich selbst ist man oft blind und sieht den Wald vor lauter Bäumen nicht. Das geht uns allen so", lächle ich und alle Seminarteilnehmer nicken.

„Was meinst du? Können wir jetzt in die Wandlung gehen?", frage ich Inga.

„Ja, sehr gern. Ich bin vollkommen in meiner Mitte. Das ist echt überraschend."

Jetzt wende ich mich wieder Ingas Stellvertreterin zu, die immer noch im Schoß ihrer Seele liegt. Aber sie schaut uns an und lächelt zufrieden. „Was meinst du, SV-Inga, kannst du dich noch einmal dazu durchringen, deine ausgelagerten Anteile zu dir zurückzunehmen und die Stellvertreter zu wandeln und zu entlassen?"

„Och, es ist gerade so schön gemütlich hier. Aber ich merke, dass mich meine Seele doch ein wenig drängelt. Was muss, das muss! Bist du denn da und auch noch so liebevoll, wenn ich zurückkomme?", vergewissert sich SV-Inga bei der Seele.

„Ja, sicher! Ich bin immer da und ich beobachte dich genau. Wenn du Hilfe brauchst, würde ich mich freuen, wenn du mich rufst, okay?", schlägt SV-Neptun/Seele vor.

SV-Inga nickt, erhebt sich zügig und mustert die anderen beiden Stellvertreter genau. Nach einem kurzem Moment beschließt SV-Inga: „Ich fange mit der falschen Haut an. Ich brauche zuerst mein Selbstvertrauen und meinen Platz wieder, bevor ich mich der Scheinwelt stellen kann. Wenn ich die Kraft der Authentizität habe, dann kann ich auch die Fassade fallen lassen und aufrecht mit gesundem, geradem Rücken stehen."

Sie stellt sich vor SV-Falsche-Haut und schaut ihm fest in die Augen: „Puh, nicht leicht. Mann, warst du 'ne gute Mauer! Toll zum Verstecken. Aber ganz ehrlich, du bist echter und präsenter als ich. Ich war ein kleiner Feigling, weil ich immer noch gehadert habe, ob ich überhaupt hier sein will. Aber eben bei Neptun habe ich gespürt, dass es sich lohnen wird. Deshalb möchte ich dich fragen, ob du mir helfen kannst, genauso selbstsicher und stark zu werden wie du es bist?"

SV-Falsche-Haut schaut sie prüfend an: „Du weißt, worauf du dich da einlässt? Es wird dann auch immer wieder einmal Menschen geben, die dich nicht liebhaben werden, weil du so bist wie du bist. Weißt du, wessen Angelegenheit das dann ist?"

SV-Inga schüttelt verunsichert den Kopf.

„Das ist dann deren Angelegenheit! Das musst du begreifen. Mit einem Kostüm kannst du dich anpassen. Aber wenn du echt bist, darf es auch Menschen geben, die dich ablehnen. Das werden zwar wenige sein, aber es ist wichtig, dass du darauf vorbereitet bist. So wie du zukünftig Nein sagen wirst, haben auch sie das Recht Nein zu sagen. Kannst du damit umgehen?", prüft SV-Falsche-Haut streng nach.

„Noch nicht, aber wenn du mir meine Anteile, meine Kraft wiedergeben könntest, klappt das sicher."

„Du willst das wirklich haben? Weißt du, wie viel Größe das ist?", zögert SV-Falsche-Haut alles hinaus. Er möchte sichergehen, dass SV-Inga die Veränderung wirklich will und nicht wieder zurückfällt.

„Ja, Mensch, ich bin mir verdammt sicher! Kannst du mal mit den Spielchen aufhören und mir jetzt endlich deine Hände reichen?", weist SV-Inga ihn zurecht und muss schon selbst über die Vehemenz lachen, mit der sie gerade gesprochen hat.

Nun reicht ihr SV-Falsche-Haut lächelnd und zufrieden die Hände.

Auch SV-Neptun/Seele lächelt, der inzwischen aus dem Schneidersitz aufgestanden ist und von seinem Platz aus SV-Inga im Auge behält.

„Da kommt aber eine Menge an. Mir wird ganz heiß und schwitzig", amüsiert sich SV-Inga, „kann jemand die Heizung herunterdrehen, bitte?" Aber sie bleibt und löst die Verbindung über die Hände nicht. Wir warten weiter ab.

„Ha, so langsam wird es wieder angenehmer. Das war ja wie eine Hitzewallung. Aber schön. Ich glaube, ich bin gerade ein paar Zentimeter gewachsen. Für mich reicht das jetzt. Was meinst du, SV-Falsche-Haut?"

„Nein. Da fehlt noch etwas. Versteck dich nicht wieder! Du hast gerade wieder etwas weggelassen. Was ist es?", fordert SV-Falsche-Haut sie heraus.

SV-Inga läuft leicht rot an: „Was willst du? Soll ich etwa sagen, dass mir der Schweiß den Rücken heruntergelaufen ist bis zum Allerwertesten?"

Beide prusten vor Lachen.

„Ja, genau das wollte ich hören. Jetzt bist du da. Sei ehrlich zu dir und anderen! Das lässt dich echt werden. Und? Ist etwas Schlimmes passiert?", fragt SV-Falsche-Haut als sie sich wieder beruhigt haben.

„Nein, außer dass wir alle gelacht haben. Es war schön. Ich verstehe, was du meinst. Ich soll meine Befürchtungen über Bord werfen und einfach schauen, wie die anderen reagieren. Danke, das ist gut!"

„Genau, und nun ist meine Aufgabe hier erfüllt. Jetzt schaffst du den Rest locker alleine. Du darfst stolz auf dich sein!"

SV-Falsche-Haut umarmt SV-Inga, geht unaufgefordert zu seinem Platz zurück, setzt sich und zwinkert ihr noch einmal aufmunternd zu.

Nun hat SV-Inga freie Sicht auf SV-Scheinwelt. Das Lächeln verschwindet allmählich und sie schaut SV-Scheinwelt ernst an: „Vor dir habe ich ein wenig Angst. Durch dich hatte ich solche Rückenschmerzen und es war so schwer. Wenn ich das gerade Erlebte auf diese Situation übertrage, bedeutet es, dass Leichtigkeit erst in mein Leben kommt, wenn ich mich dir stelle, dich annehme und wandle? Das habe ich doch richtig verstanden, oder?", macht SV-Inga mit sich selbst aus.

SV-Scheinwelt lächelt und nickt: „Ich war immer leicht. Du hast es nur anders wahrgenommen. Ich habe dich kaum berührt. Du hast eine schwere Last daraus gemacht."

„Ich brauche keine Schmerzen mehr. Jetzt weiß ich, worum es geht. Nämlich das zu zeigen, was wirklich ist. Keine Fassade, sondern die Realität", resümiert SV-Inga.

Ich mische mich kurz ein: „Denk daran, was SV-Falsche-Haut sagte! Es wird nicht jedem auf Anhieb gefallen. Aber was schön ist (die Fassade), ist oftmals nicht wahr. Und andersherum ist die Wahrheit manchmal nicht schön. Aber die Wahrheit ist echt und auf sie kann man sich verlassen, von ihr wird man nicht betrogen, hintergangen oder ausgenutzt. Du hast die Wahl. Was ist dir lieber?"

Spontan sagt SV-Inga: „Die Wahrheit, ist doch klar!", und reicht nun SV-Scheinwelt die Hände. Für eine Weile hakeln beide mit den Fingern. Doch dann löst sich die Anspannung und es kehrt sichtbar Ruhe ein. SV-Inga erkennt: „Jetzt wird es tatsächlich leichter, vor allem im Schulterbereich. Spannend. Es fühlt sich an, als würden die Bänder und Sehnen lockerer."

„Ich bin froh, dass ich nicht mehr der Buhmann für dich bin", lächelt SV-Scheinwelt. Die beiden verstehen sich zusehends besser.

„Bevor ihr euch ineinander verliebt", unterbreche ich sanft den Kontakt der beiden, „wie sieht es denn aus, SV-Inga, meinst du, du schaffst es jetzt ohne SV-Scheinwelt?

Magst du einmal schauen, wie es jetzt mit deiner Seele ist?"

„Oh ja, gern. Hm, was mache ich denn jetzt mit dir, SV-Scheinwelt? Lass mich kurz überlegen! Ich glaube, ich möchte dich in den Nebenraum bringen. In den schönen Ohrensessel, damit auch du dich entspannen kannst. Ist das okay für dich?", erkundigt sie sich.

SV-Scheinwelt nickt zufrieden und lässt sich aus dem Raum führen.

SV-Neptun/Seele bleibt an seinem Platz und wartet. Als SV-Inga zurückkommt, achtet sie genau darauf, dass die Tür fest geschlossen ist. Dann kehrt sie an ihren echten Platz zurück. „So, da bin ich. Hier und Jetzt. Draußen ist es längst nicht so spannend wie hier. Auch das habe ich jetzt kapiert. Ich bin da!"

SV-Neptun-Seele grinst über das ganze Gesicht und lockt sie mit dem Finger zu sich. SV-Inga nähert sich nun gern ihrer Seele. Beide reichen sich die Hände, probieren aus, welche Haltung am besten ist und finden einen guten Stand.

„Warum wollte ich dich nur nicht? Ich weiß das schon gar nicht mehr. Ist auch nicht wichtig. Wichtig ist das Jetzt. Klasse!", freut sich SV-Inga.

„Du bist gewollt", wiederholt SV-Neptun/Seele noch einmal ausdrücklich.

„Ich weiß das", bestätigt SV-Inga jetzt lächelnd.

Langsam kommen sie sich immer näher, bis sie sich ganz umarmen können. Original-Inga atmet dabei hörbar aus und lehnt sich im Stuhl zurück. Auch sie kann sich jetzt allmählich entspannen.

Nachdem sich die Stellvertreter aus der Umarmung wieder lösen, erkundige ich mich, ob es sich gut anfühlt, so dass wir das Original einsetzen können.

„Unbedingt", antworten beide wie aus einem Mund und fangen an zu lachen.

Ich bedanke mich bei SV-Inga und bitte sie, Platz zu nehmen.

Nun ist Inga selbst an der Reihe. Sie stemmt sich ein wenig schwerfällig vom Stuhl hoch und geht sachte zu ihrem Platz außen am Teppich. Als sie dort angekommen ist, frage ich SV-Neptun/Seele: „Und wie ist das Original?"

„Noch ein wenig schüchtern und verlegen. Aber das legt sich gleich. Sie ist so wunderschön. So eine tolle Frau! Ich stelle mir gerade eine Rosenblüte vor, die sich jetzt voll entfaltet. Genauso ist sie."

Inga fährt sich mit beiden Händen mehrmals mit einer reibenden Bewegung durch das Gesicht: „Mein Kopf überschlägt sich ein wenig", gesteht sie, „aber meinem Rücken geht es tatsächlich gerade gut."

„Versuch nur zu fühlen und nicht auf die Gedanken zu achten", schlage ich vor.

„Okay. Dann wird es sofort besser. Ja klar, ich muss nicht wissen, wie und warum und was. Ich muss nur meine Seele annehmen. Dort ist alles, was ich brauche und wonach ich mich sehne!" Jetzt lächelt sie SV-Neptun/Seele an: „Du hast dich so abgemüht und ich habe es nicht bemerkt. Kannst du mir verzeihen?"

„Es gibt nichts zu verzeihen. Es gehört dazu und jetzt darf es gehen und Neues kann kommen. Ich bin bei dir, hörst du?", entgegnet SV-Neptun/Seele und macht nun die gleiche Lockgeste wie zuvor.

Inga lacht und folgt dem Wink.

Die Verbindung wird ein wenig zögerlicher eingegangen als mit der Stellvertreterin. Es ist jedoch wichtig, dass Inga sich selbst diese Zeit bewusst zugesteht. Am Ende liegen sie sich in den Armen. So kann ich Inga beruhigt ziehen lassen. Sie ist angekommen. Ich beende die Aufstellung und bedanke mich bei allen Stellvertretern und Anwesenden.

Heute ist Inga beschwerdefrei. Sie berichtete mir vor kurzem, dass ihr in der ersten Zeit nach der Aufstellung alles merkwürdig vorkam. Sie hatte oft das Gefühl, dass sie neben sich stand und sich beobachtete, während sie Nein sagte, ehrlich war, Gefühle zeigte und authentisch wurde. Je häufiger sie auf positive Resonanz stieß, desto besser konnte sie es im Innen fühlen. Sie berichtete aber auch von zwei zerbrochenen Freundschaften infolge ihrer Äußerung darüber, sich nicht weiter ausnutzen lassen zu wollen, und der Klarstellung, dass Geben und Nehmen ausgeglichen sein sollten. „Ich bin nicht böse darüber. So ist es leichter und klarer. Sie passten einfach nicht mehr zu mir. Dafür ist es umso schöner, dass ich gegenüber meiner Mutter den Wunsch, zu mir zu Besuch zu kommen, ausdrücken konnte. Sie sagte, auf die Einladung hätte sie schon lange gewartet. Verrückt, oder? Sie wollte mir nicht zur Last fallen. Jetzt kommt sie zu Weihnachten zu uns."

Inga hat ohne Diät, Ernährungsumstellungen oder Selbstkasteiung fünfzehn Kilo abgenommen. Bald kommen ihre Söhne in die Pubertät und sie sagte schon: „Wenn die beiden dann die nächsten Themen anstoßen, bin ich dieses Mal direkt bei dir."

Übergewicht

Das Aufstellungsthema „Übergewicht" (auch: Adipositas) ist sehr umfangreich und vielfältig. Besonders bei diesem Thema gibt es keine auch nur annähernd richtungsweisende Regel, auf die das individuelle Übergewicht zurückzuführen ist. Und doch lässt dieses Körpersymptom mir keine Ruhe. Ich forsche auf allen Ebenen nach Gemeinsamkeiten in den Aufstellungen. Naheliegend ist natürlich, das Gewicht als Schutz(-panzer) anzusehen. Aber das ist wahrscheinlich bei etwa der Hälfte aller Klienten nicht der Fall. Bei einer Aufstellung stand das Übergewicht für die ausgelagerte eigene Größe, also das eigene kraftvolle Potenzial. Der Klient machte sich sehr klein und fühlte sich minderwertig. Das Potenzial als Energie fand daher keine andere Lösung, als sich im Körper zu manifestieren. Der Übergewicht-Stellvertreter klammerte sich massiv an den Hauptstellvertreter des Klienten. Der wollte es unbedingt loswerden, versuchte es abzuschütteln, hatte aber keine Chance. Die klare Aussage des Übergewichts war: „Ich kann erst gehen, wenn du endlich deine volle Größe lebst. Aber bis dahin klammere und nerve ich. Vielleicht merkst du es dann endlich!" Kein Wunder also, dass Diäten und auch Ernährungsumstellungen erfolglos bleiben. Manchmal wird das Übergewicht aber auch als Machtdemonstration genutzt. Wie gesagt, es gibt nur wenig Gemeinsamkeiten bisher. „Ist Übergewicht vielleicht Seelenhunger?"

Nachfolgend ein Aufstellungsbeispiel mit einem ganz individuellen Thema. Wenn Du an Übergewicht leidest, dann bedenke bitte, dass bei Deiner Aufstellung vollkommen andere Themen ans Licht kommen könnten.

Fallbeispiel

Das Gewicht als „Erinner-mich"

Alice ist 29 Jahre alt, verheiratet und hat bereits vor einem Jahr aufgestellt. Heute kommt sie zum zweiten Mal.

Manchmal sind tatsächlich ein oder zwei Aufstellungen mehr notwendig, bis ein Thema vollständig erlöst ist. Eine Ursache kann mehrere Wurzeln haben und dann macht es Sinn, nach einer gewissen Zeit nochmals aufzustellen und am Ball zu bleiben. Das bedeutet nicht, dass die erste Aufstellung nicht wirkte, wie Du gleich erfahren wirst.

Alice kommt auf den heißen Stuhl und stellt sich der Runde vor: „Hallo, ich bin Alice und ich war vor etwa einem Jahr schon einmal auf diesem Platz. Damals stellte ich mein Übergewicht und das Beziehungsthema auf. Wie ihr seht, hat sich am Übergewicht nichts geändert, aber ich habe inzwischen einen wundervollen Partner, auf den ich mich wirklich einlassen konnte und immer noch kann. Bei der ersten Aufstellung zeigte sich nämlich, dass ich ein Nähe-Distanz-Thema hatte. Das ist weg! Natürlich hatte ich gehofft, dass ich auch körperlich Erleichterung finden würde, aber das sollte wohl noch nicht sein."

Alice lächelt. „Und doch hat sich in Bezug auf mein Gewicht etwas verändert. Ich quäle mich nicht mehr zahllosen Diäten. Die Zeiten sind vorbei. Hat außer Stress sowieso nichts gebracht. Und trotzdem habe ich zumindest nicht weiter zugenommen. Die gut vierzig Kilo zu viel stehen unverändert auf der Waage. Aber heute möchte ich nun endlich an die Wurzel des Übels bezüglich meines Gewichts herankommen und deshalb bin ich hier. Ich freu mich riesig darauf, am Ende wieder meine Seele umarmen zu dürfen, egal was vorher passieren wird."

Gemeinsam mit Alice erarbeite ich ihre Aufstellungsfrage. Sie fällt ausnahmsweise kurz und knapp aus, da es für Alice nur noch das Thema Übergewicht zu lösen gibt. Sie will es sich nicht mehr schwer machen, wie sie es formuliert. Ziel ist: Leichtigkeit auf allen Ebenen.

Die Aufstellung ist an diesem Tag die letzte. Als ich in die Runde blicke, scheinen bei diesem Thema jedoch alle so fit und munter wie am frühen Morgen zu sein. Alice wendet sich einer Teilnehmerin zu und sagt: „Gleich heute morgen als ich dich vor der Tür gesehen habe, warst du mir unglaublich sympathisch und das hat sich im Laufe des Tages wunderbar bestätigt. Würdest du mich vertreten?"

Die Teilnehmerin antwortet: „Herzlich gern, aber macht das denn Sinn, da ich ja ganz andere Körperformen habe als du?"

„Bestimmt, denn so eine tolle Figur möchte ich ja haben!"

Die Stellvertreterin braucht natürlich keine Angst zu haben, dass die Aufstellerin und sie nun die Körperformen tauschen, wie es in TV- oder Kinofilmen der Fall ist.

Ich wende mich an die ausgewählte Stellvertreterin und frage: „Kennst du das Thema Übergewicht persönlich?"

„Ja, schon, natürlich! Ich halte immer Diät, treibe viel Sport und bin sehr diszipliniert bei der Ernährung. Zwar hatte ich nie mit Übergewicht zu kämpfen, aber ich kenne die Angst davor. Ich habe einen Job beim Fernsehen und da sieht man natürlich jedes Gramm doppelt und dreifach. Das ist schon ein ordentlicher Druck von Außen, der da auf mir lastet", berichtet die Stellvertreterin und lächelt, als würde ihr ein Licht aufgehen: „Ich stehe gerne für Alice. Vielleicht kann ich ein wenig Entspannung hinsichtlich des Körperkults mitnehmen."

SV-Alice stellt sich außen an den Astroteppich, atmet tief durch und spürt sich ein. „Puh, mir geht es hier nicht gut. Alles dreht sich im Kopf und mir ist ganz schwindelig. Bin auch plötzlich ganz durcheinander, unsicher und ängstlich. Ich denke gerade darüber nach, ob ich pünktlich nach Hause komme, ob es meinen Kindern gut geht, ob der Hund auch keinen Blödsinn gemacht hat. Ich kann mich gar nicht mehr konzentrieren, dabei war eben noch alles gut. Doch das verblasst gerade total!"

Neben der Fahrigkeit ist bei der Stellvertreterin ganz deutlich das Hängen ihrer Schultern zu erkennen. Ihre gesamte Haltung wirkt kraftlos und matt. SV-Alice scheint meine Beobachtung zu bemerken und versucht vergeblich, sich mit beiden Händen den Rücken stützend zu strecken. Sie sackt sofort wieder in sich zusammen.

Aus einem Impuls heraus wähle ich nun gleichzeitig drei Stellvertreter für die Planeten aus und stelle alle SV-Alice gegenüber. Interessanterweise zeigt SV-Alice äußerlich keine Regung aufgrund dieser Veränderung. Sie schaut vor sich hinunter auf den Boden und massiert sich den Rücken. Ich beobachte, wie die Planeten sich einspüren. SV-Neptun versucht anscheinend den Blick von SV-Alice zu erhaschen, beugt sich ein wenig vor und schaut sie an. SV-Uranus verschränkt die Arme vor der Brust und scheint sich zu langweilen. SV-Pluto hingegen zeigt eine noch deutlichere Reaktion und geht direkt zwei Schritte zurück.

„Hast du mitbekommen, dass ich dir die drei Seelenanteile gegenübergestellt habe?", frage ich bei SV-Alice nach.

„Ja", antwortet SV-Alice, „ich bin auch ein wenig ruhiger geworden. Es ist nicht mehr so panisch, aber ich bin auch traurig geworden und es ist so schwer hier. Mein Rücken und meine Beine tun weh." Original-Alice nickt, denn genau das sind auch ihre Schmerzbereiche aufgrund des Übergewichts.

„Kannst du aufschauen und mir sagen, wie die Seelenanteile auf dich wirken?", hake ich nach.

„Ich brauche nicht aufzuschauen. Meine Wahrnehmung ist superscharf. Ich weiß, dass einer unbedingt Kontakt aufnehmen möchte, einer sich total langweilt und ein anderer weggegangen ist. Allen dreien gegenüber bin ich völlig neutral. Ich nehme sie wahr, aber mehr auch nicht. Nur, dass ich ruhiger geworden bin. Aber ob das von einem oder allen kommt? Keine Ahnung!"

Nun frage ich bei den Planeten-Stellvertretern nach. SV-Neptun berichtet: „Mir geht es hier gut und ich hätte so gern Kontakt. Ich glaube, sie ist traurig. Und ich möchte sie gern trösten und beruhigen. Es gibt keinen Grund zum Traurigsein."

SV-Uranus bestätigt ebenfalls meinen Verdacht: „Mir ist hier total langweilig. SV-Alice kommt nicht in die Puschen, macht das totale Drama und darauf habe ich keinen Bock! Ich bin da. Wenn sie kommt, kann es losgehen. Aber solange sie da wie ein Häufchen Elend steht, kann ich nichts mit ihr anfangen."

Nun erkundige ich mich beim SV-Pluto, warum er denn weggegangen ist.

„Das geht gar nicht anders. Ich könnte sogar noch einen Schritt weiter zurück", erklärt SV-Pluto und erhöht die Entfernung. „Es ist, als ob SV-Alice mich wegschiebt. Ich würde gern da bleiben, aber sie stößt mich irgendwie ab." SV-Pluto weicht so weit zurück, bis er mit dem Rücken an der Wand steht.

In diesem Moment schaut SV-Alice neugierig auf.

„Was ist passiert, SV-Alice?"

„Ich weiß es nicht genau. Aber dass SV-Pluto gesagt hat, ich stoße ihn ab, interessiert mich. Wieso denn? Ich habe gar nicht das Gefühl."

Somit ist SV-Pluto der Seelenanteil unserer Wahl und ich bitte die Stellvertreter des Neptun und Uranus, sich wieder zu setzen.

Ein Blick in die Unterlagen zeigt, dass bei der damaligen Aufstellung der Neptun aussagekräftig war. Und wie eben zu beobachten war, ist Neptun bei der diesmaligen Aufstellung sehr zugewandt und kontaktsuchend.

„Wie ist es denn nun mit euch beiden alleine? Gibt es eine Veränderung?", erkundige ich mich.

SV-Alice schüttelt den Kopf: „Unverändert interessiert."

Auch SV-Pluto/Seele verneint: „Das macht keinen Unterschied, ob die anderen da sind oder nicht. Ich werde immer noch an die Wand gepresst und kann nicht weg. Wenn SV-Alice mich anschaut, wird es fast noch schlimmer."

Ich erläutere allen kurz, dass der Pluto stehengeblieben ist, der für Macht- und Ohnmacht-Themen steht, wie hier auch deutlich zu sehen ist. Dann wähle ich *(verdeckt und laut Plutokonstellationen im Horoskop)* einen Stellvertreter für die Enttäuschung und bitte ihn, sich selbst seinen Platz zu suchen. Ganz spontan nimmt SV-Enttäuschung den freigewordenen Platz der Seele in der Mitte des Astroteppichs ein und lächelt in die Runde.

SV-Pluto/Seele reagiert sofort und sagt niedergeschlagen: „Das darf nicht sein! Das ist mein Platz! Aber in meiner Verfassung kann ich hier nichts ausrichten."

„Ich weiß", triumphiert SV-Enttäuschung, „dein Platz hier ist der machtvollste im Raum. Warum sollte ich mich mit weniger zufriedengeben?"

SV-Alice ist wieder in ihre anfängliche Introvertiertheit verfallen. Sie schaut auf den Boden und massiert sich den Rücken.

„Alles okay bei dir?", frage ich bei SV-Alice nach.

„Ja, das ist halt so. Immer wenn ich mich für mich selbst interessiere, kommt etwas dazwischen. Und schon bin ich wieder im alten Trott. Ist doch alles egal!", bemitleidet sie sich selbst.

Nun bitte ich einen Teilnehmer *(verdeckt für das Übergewicht)*, sich im Raum einen Platz zu suchen. Der Teilnehmer steht nicht auf. Er schaut sich um und sucht scheinbar nach einer geeigneten Stelle. Dann schüttelt er den Kopf: „Nein, zurzeit ist hier kein Platz."

„Gut, dann bleib dort sitzen, aber bleib bitte in deiner Rolle! Wenn du den Impuls verspürst, dann steh einfach auf und gesell dich dazu!", bitte ich den SV-Übergewicht.

Nach einem weiteren Blick ins Horoskop wähle ich noch einen Stellvertreter für Fremdenergien aus und bitte ihn, sich hinter SV-Alice zu stellen. Sofort steht auch SV-Übergewicht auf und drängelt sich zwischen SV-Fremdenergien und SV-Alice. „Jetzt muss ich aber einschreiten. Das geht gar nicht. Der schadet ihr!"

Hier erweist sich das Übergewicht tatsächlich als ein Schutzmechanismus vor den Fremdenergien.

SV-Fremdenergien lächelt, wechselt intuitiv seinen Platz und stellt sich nun vor SV-Alice. „Den Platz kann SV-Übergewicht gern haben. Das macht mir nichts, denn hier geht es nicht um den, sondern um mich", erklärt SV-Fremdenergien.

SV-Übergewicht bleibt hinter SV-Alice stehen und erwidert: „Das mag sein, aber ich passe von hier weiterhin auf SV-Alice auf und habe dich im Blick."

SV-Pluto/Seele rutscht nun an der Wand herunter und setzt sich hin: „Ich hab das Gefühl, mir geht die Puste aus. So als ob ich gerade fünf Stockwerke über die Treppen erklommen hätte."

Original-Alice nickt: „Das kenne ich gut, Treppensteigen ist immer wieder eine Herausforderung für meine Kondition."

Auf Nachfrage berichtet SV-Enttäuschung: „Sollen die mal alle machen. SV-Fremdenergien meint, dass er so wichtig wäre. Aber das stimmt nicht. Ich habe immer noch die machtvollste Position hier. Und solange mir niemand den Platz hier streitig macht, bleibe ich wo ich bin!"

Bevor ich nun den Ist-Stand auflöse, möchte ich doch noch wissen, woher diese Fremdenergien kommen, da hierzu unterschiedliche Hinweise im Horoskop zu finden sind. Also wähle ich drei Personen aus, die sich seitlich nebeneinander in den Raum stellen, um zu sehen, auf wen oder was der Fremdenergien-Stellvertreter reagiert. Ich wähle einen Stellvertreter für karmische Ursachen, einen für Familienverstrickungen und einen für Energieräuber im Hier und Jetzt. Dann frage ich bei SV-Fremdenergien nach: „Schau einmal her! Bekommst du zu irgendeinem von den dreien Kontakt oder Bezug?"

„Ja", antwortet SV-Fremdenergien, „da steht mein bester Freund. Wir kennen uns gut."

SV-Fremdenergien deutet auf den SV-Familienverstrickung.

„So? Wie lange kennt ihr beiden euch denn schon?", möchte ich wissen.

„Sehr, sehr lange. Er kommt mir ein bisschen wie mein gutmütiger Opa vor", entgegnet SV-Fremdenergien.

Zur Sicherheit erkundige ich mich auch bei allen anderen Stellvertretern, ob Resonanz da ist. Nur SV-Pluto/Seele meldet sich und bestätigt: „Den kenne ich auch. Und jetzt kann ich langsam auch wieder aufstehen."

Ich bitte die Stellvertreter für die karmischen Verstrickungen und die Energieräuber sich wieder zu setzen, da sie ganz neutral geblieben sind.

SV-Familienverstrickung meldet sich zu Wort: „Ich fühle mich aber noch viel älter als ein Opa", und grinst, „es stimmt, wir kennen uns gut. Die anderen interessieren mich nicht."

Währenddessen beobachte ich, wie sich SV-Alice nach hinten an SV-Übergewicht anlehnt.

„Ist alles in Ordnung bei dir?", will ich wissen.

SV-Alice antwortet: „Ja, ich kuschle mich nur ein bisschen an. Ich habe das Gefühl, nur die Person hinter mir sorgt sich wirklich um mich."

Damit ist nun der Ist-Stand erreicht und ich wende mich an Original-Alice: „Kannst du mit dem Bild etwas anfangen?"

Alice antwortet: „Ja, da ist vieles so wiedergegeben worden, wie ich es erlebe. Vor allem in den letzten Minuten. Ich habe tatsächlich oft das Gefühl, dass sich niemand um mich kümmert. Zwar weiß ich, dass ich erwachsen bin und ich mich um mich selbst kümmern sollte, aber manchmal ist ein wenig Rückhalt schön. Seit ich meinen Partner habe, sollte das Gefühl ja eigentlich verschwunden sein, aber das ist es nicht. Er kümmert sich ganz liebevoll um mich, aber das Gefühl bleibt."

Ich lasse direkt die Katze aus dem Sack: „Das, woran sich deine Stellvertreterin ankuschelt, steht für dein Übergewicht." Kaum habe ich das ausgesprochen, löst sich die Stellvertreterin von SV-Übergewicht. Bevor ich nun weiter auflöse, frage ich umgehend nach: „Was ist denn gerade passiert, SV-Alice?"

„Das ist ja blöd. Ich will mich doch gar nicht ins Gewicht fallen lassen. Ich sollte doch selbst erkennen, dass ich Gewicht habe, ohne dass sich das im Körper manifestieren muss. Und am liebsten möchte ich jetzt SV-Pluto/Seele zurufen: Hilf mir!", antwortet SV-Alice.

Hier bekommt man eine Vorstellung davon, was Bewusstwerdung auf dieser Ebene ausmacht. Es hat "Klick" gemacht.

„Das kannst du gleich machen, lass mich nur eben weiter auflösen, damit du weißt, wer und was hier sonst noch so steht", bitte ich SV-Alice und sie nickt. „Alice, ganz am Anfang fühlte sich deine Seele weggedrängt von dir und deiner Stellvertreterin. Wir konnten aber auch sehen, dass es mit dem Stellvertreter in der Mitte des Teppichs nicht viel zu tun hatte, da er die Reaktionen nicht verstärkte. Dieses Muster hat die Kraft deiner Seele und ist eher eine Folge der Ursache. Der Stellvertreter in der Mitte des Teppichs steht für die Enttäuschung, die du in deinem Leben immer wieder einmal erfahren hast. Bisher war das Gefühl der Enttäuschung immer sehr mächtig. Vielleicht übermächtig. Aber wenn wir uns bewusst machen, dass Enttäuschung eigentlich nur bedeutet, dass wir uns zuvor getäuscht haben, wird es bereits leichter.

Dein SV-Übergewicht wollte zunächst nicht in die Situation eingreifen. Erst als ich den nächsten Stellvertreter hereinbat, wurde er aktiv. Dieser Stellvertreter steht für Fremdenergien. Dein Körper und dein Gewicht reagieren also auf fremde Energien, als eine Art Schutz davor und natürlich auch, um darauf aufmerksam zu machen. Nun wollte ich noch wissen, woher diese Energien kommen und habe daher drei Möglichkeiten überprüft. Der letzte Stellvertreter, der hineinkam und sich als alter Freund der Fremdenergien zeigte, ist die Familienverstrickung. Das bedeutet, dass in deinem Familiensystem wohl noch Energien deiner Ahnen wirken. Dies kann noch über die Großeltern-Generation hinausgehen. Aber es hat auch noch einen anderen Aspekt. Diese Energien können nur auf dein System einwirken, wenn du eine Entsprechung dazu hast oder an etwas erinnern möchtest", schließe ich meine Ausführungen.

Original-Alice nickt: „Das erklärt auch, warum meine Eltern und meine Brüder alle schlank sind. Nur ich war halt pummelig bis dick. Deshalb vermuteten alle eine Krankheit bei mir. Aber alle Tests haben nichts ergeben."
„Weißt du denn, welches Gewicht deine Großeltern oder sogar Urgroßeltern hatten?"
„Mein Opa väterlicherseits hatte einen kugelrunden Bauch, das weiß ich noch. Aber sonst waren wohl alle eher schlank."
Das nehme ich gleich auf und frage bei der Familienverstrickung nach: „Bist du der Opa väterlicherseits?"
„Nein, aber da bin ich auch schon einmal in Kontakt getreten", antwortet der SV-Fremdenergien grinsend für SV-Familienverstrickung, der nur nickt.
Ich wende mich wieder an SV-Familienverstrickung: „Ganz spontan antworten bitte. Eine Zahl: Wie viele Generationen von Alice an gerechnet geht es zurück?"
Diesmal antwortet SV-Familienverstrickung selbst und spontan: „Sieben!"
„Und was ist damals gewesen? Ganz spontan bitte."
Als Antwort hören wir: „Es war eine harte Zeit und nicht jeder konnte versorgt

werden. Ein Ahne aus dieser Generation ist verhungert. Mindestens einer."

Auf diese Erklärung hin reagiert SV-Enttäuschung, verlässt die Position in der Mitte und setzt sich auf seinen Platz.

„Was ist los?", frage ich.

„Nichts, alles Bestens. Meine Aufgabe ist erledigt. Ich bin raus und neutral. Aber ich habe das sichere Gefühl, dass für Alice jetzt gesorgt wird – im gesunden Sinn", ist die Antwort.

Es passiert noch mehr am Teppich. SV-Pluto/Seele reckt und streckt sich und geht auf seinen Platz in der Mitte des Teppichs. SV-Fremdenergien stellt sich jetzt seitlich zur SV-Familienverstrickung. SV-Übergewicht tritt einen Schritt zurück. Die ganze Situation entspannt sich. Da so vieles in Bewegung ist, bleibe ich weiter am Ball und frage nochmals nach: „Wer ist verhungert, SV-Familienverstrickung?"

„Ein Kind", kommt als Antwort. "In diesem Strang der Familie gab es sieben Kinder und der Winter war sehr hart. Die Eltern waren überfordert und merkten nicht, dass das am gesündesten aussehende Kind zu wenig Nahrung bekam. Außerdem gab dieses Kind seine Ration der kleinsten Schwester. Und so verhungerte es schließlich."

„Gib es etwas, was dieses Kind noch aussprechen muss, damit es gehen kann und nicht mehr ständig auf Erinnerung in der Familie hofft?", frage ich.

„Als das Kind starb, war da ein Gedanke. Der Gedanke lautete: Ich habe mich so bemüht und keiner hat es gesehen. Keiner hat mein Leid gesehen. Zukünftig müssen im Körper mehr Rücklagen gebildet werden."

SV-Fremdenergien und SV-Familienverstrickung haken sich ein und nicken sich lächelnd zu. „Endlich! Unsere Aufgabe ist erledigt. Wir können jetzt gehen. Dürfen wir?", fragt SV-Fremdenergie nach.

„Wenn das für alle anderen in Ordnung ist?", mein Blick wandert in die Runde und alle nicken.

Auch SV-Übergewicht macht Anstalten sich zu setzen, aber ihn halte ich auf: „SV-Übergewicht, ich glaube, es ist für SV-Alice noch ganz wichtig, sich bewusst von dir zu verabschieden. Kannst du bitte noch stehen bleiben?"

SV-Übergewicht nickt und wartet.

SV-Alice atmet tief durch: „Was war das denn? Damit rechnet ja kein Mensch. Kein Wunder, dass alles so eingefahren war. Aber mir geht es jetzt zum ersten Mal rundherum gut, ich fühle mich wohl. Und ich glaube, meiner Seele geht es ebenso, oder?"

SV-Pluto/Seele räkelt sich hingebungsvoll: „Das kannst du laut sagen! Mir geht es genauso. Am Anfang waren tausend Fragenzeichen in meinem Kopf und jetzt bin ich klar und vollkommen ruhig. Und auch kraftvoll. Dieser Platz ist meiner und den gebe ich nicht mehr her!"

„SV-Alice, magst du dich vielleicht noch bei SV-Übergewicht, bei dem du dich so angekuschelt hast, verabschieden?", erkundige ich mich. „Er war einfach wichtig, um bewusst an dieses Kind von damals zu erinnern. Nachdem jetzt alles aufgedeckt und erlöst ist, wie wäre es?"

SV-Alice dreht sich um und strahlt SV-Übergewicht an: „Danke, ohne dich hätte ich das nicht überlebt. Ich bin dir so dankbar. Darf ich dich umarmen?"

SV-Übergewicht lacht: „Ja, sicher. Gerne! Das ist ja toll, dass ich so gewürdigt werde. Übergewicht ist ja nicht die tollste Rolle. Ich freu mich jetzt richtig."

Während sich SV-Alice und SV-Übergewicht umarmen, stelle ich noch einmal klar: „Das Übergewicht wird jetzt gewandelt. Denn jetzt wissen wir, worum es wirklich ging. Um Fürsorge und Kümmern auf anderen Ebenen. So kann aus dem Übergewicht nun Normalgewicht werden."

SV-Alice und SV-Übergewicht schauen sich lachend und in den Armen haltend an und anschließend verabschieden sie sich.

SV-Alice wendet sich nun SV-Pluto/Seele zu: „Endlich frei! Endlich angekommen! Geht es dir auch so klasse?"

„Jau, ich könnte Bäume ausreißen und Pferde stehlen und ins kalte Wasser springen. Machst du mit?", erkundigt sich SV-Pluto/Seele.

„Na klar!"

SV-Alice geht auf SV-Pluto/Seele zu und fliegt ihm regelrecht in die Arme. Beide hüpfen herum und genießen die Leichtigkeit.

Original-Alice strahlt über das ganze Gesicht. Während ich noch ein wenig abwarte und die beiden Stellvertreter das neue Gefühl genießen lasse, frage ich bei allen ehemaligen Stellvertretern nach, ob alles in Ordnung ist und sie aus den Rollen heraus sind. Alle nicken zufrieden und erfreuen sich am Geschehen auf dem Teppich. Nach ein paar Minuten können wir dann SV-Alice gegen Original-Alice austauschen. Original-Alice spürt sich zunächst außen auf ihrem Platz am Teppich ein. Dann frage ich SV-Pluto/Seele: „Und? Wie ist dein Original?"

„Ha! Noch viel besser. Ich kann es kaum erwarten, sie zu umarmen und mit ihr zu feiern!"

Das lässt sich Original-Alice nicht zweimal sagen und fällt ihrer Seele direkt in die Arme. Dieses Abschlussbild der Aufstellung mit all den Emotionen wird Alice sicher noch lange in Erinnerung behalten. Nach vielen Minuten des Genießens beende ich die Aufstellung.

Lange Zeit hörte ich nichts von Alice. Aber ich machte mir über ihre weitere Entwicklung keine Sorgen. Ich bin immer ganz im Vertrauen, dass es sich alles positiv entwickeln wird und ich bei Fragen und Nöten angerufen oder angeschrieben werde. Als ich ihr fast zwei Jahre später erneut begegnete, erkannte ich sie nicht wieder. Zu einem Seminar in Hamburg wurde eine Teilnehmerin spontan von ihrer Freundin begleitet. Ich erfuhr erst davon, als beide vor mir standen. Ich begrüßte die Teilnehmerin und da ich den Namen der Freundin nicht kannte, stellte ich mich vor: „Hallo, ich bin Ilka. Schön, dass du heute da bist!" Als Antwort kam: „Ich weiß, und ich bin Alice. Wir kennen uns!" Sie strahlte über das ganze Gesicht. Dieses Strahlen kannte ich doch? Dann dämmerte es mir. Es stand eine äußerlich komplett andere Frau vor mir. Ganz in weiß gekleidet, rank und schlank, mit neuer Frisur. Nur das Strahlen war das alte. Ich war vollkommen perplex, denn ich hatte sie wirklich nicht erkannt. Unglaublich! „Du kannst dir nicht vorstellen, wie leicht es nach meiner letzten Aufstellung war. Die Pfunde purzelten nur so", erzählte sie. „Wie von selbst hatte ich auf einmal keinen Heißhunger mehr. Als so etwa fünf Kilo verschwunden waren, hatte ich auf einmal Lust zu tanzen. Mein Freund war begeistert und wir meldeten uns zu einem Tanzkurs an. Das nahm dann mit der neu gewonnenen Leichtigkeit und Freude sogar sportliche Züge an. Jetzt sind 35 Kilo weg und das Gewicht bleibt konstant. Es ist so wundervoll!"

Übrigens: Auch Alices Stellvertreterin konnte ihren Stress mit dem Gewicht ablegen. Sie rief mich etwa sechs Monate nach der Aufstellung an und berichtete: „Seit dem Aufstellungstag achte ich nicht mehr auf meine bis dahin sehr strenge Diät. Ich bewege mich nach wie vor viel, auch in der freien Natur. Ich spüre die Leichtigkeit des Schlussbildes immer noch. Und trotzdem habe ich kein Gramm zugenommen. Ich genieße einfach!"

"Ein Hund spiegelt die Familie.
Wer sah jemals einen munteren Hund
in einer verdrießlichen Familie oder
einen traurigen in einer glücklichen?
Mürrische Leute haben mürrische Hunde,
gefährliche Leute gefährliche."

(Sir Arthur Conan Doyle)

Kapitel 9

Tiere

Das Zusammenleben von Mensch und Tier auf spiritueller Ebene – Tiere als Spiegel

Bei den Astrologischen Symbolaufstellungen geht es um das Thema „Wie innen, so außen". Das gilt natürlich auch für Haustiere, deren Halter und Bezugspersonen. Aus Haustieraufstellungen ist bereits bekannt, dass uns das Tier aus Liebe unsere eigenen Themen abnimmt und diese trägt oder gar erlöst. Aus dieser tiefen Liebe heraus spiegeln sie uns, welche Blockade wir in uns tragen, womit wir uns nicht gern beschäftigen und was es zu erlösen gibt. So wie die Menschen haben auch Tiere ein eigenes morphisches Feld und reagieren auf das Feld des Halters und der Bezugspersonen. Sie haben wie wir eine unsterbliche Seele und wissen, was uns bewegt. Allerdings lieben Tiere anders als Menschen, nämlich bedingungsloser. Unsere Haustiere erklären sich solidarisch und leiden oftmals unter den gleichen Krankheiten wie der Mensch oder sie tragen sie sogar für ihn.

Tiere haben ein feines Gespür für unsere seelische Befindlichkeit, unsere emotionalen Zustände und für Veränderung. So beobachte ich bei meinen Hunden eine besondere Feinfühligkeit Kindern gegenüber. Ist ein Kind traurig, sind sie außergewöhnlich anhänglich, zart und lassen alles mit sich machen. Ist das Kind übermütig und sehr energiegeladen, sind sie ebenfalls aktiv, fordern zum Spielen auf und tollen herum. Viele Therapeuten setzen inzwischen ihre Vierbeiner auch als Therapiehunde ein. So weiß der Therapeut sehr schnell, was in dem Klienten oder dem Kind vorgeht. Natürlich zeigen sich auch die negativen Gefühle auf der Ebene des Tieres.

Der Hund beispielsweise lebt die Aggressionen, Ängste, aber auch psychosomatischen Themen des Halters, des Familienmitglieds oder der Bezugsperson. Das Haustier spiegelt also die Ängste oder Aggressionen seines „Rudelführers". Martin Rütter zeigt in seiner Show „Der Hundeprofi" sehr eindrucksvoll, wie sehr sich Hunde auf den Menschen einstellen können. Ein überängstliches Frauchen ohne viel Selbstbewusstsein kann einen (großen oder kleinen) aggressiven Kläffer haben, der jeden Hund, jede Person oder auch jedes Auto anbellen muss. Die Halterin wird somit bei jedem Gassigehen mit ihrem eigenen Thema konfrontiert. Lernt die Halterin selbstbewusst und dominant aufzutreten, wird der Hund diese Verhaltensweise ablegen.

Tiere erkennen unbewusst die geheimen oder unterdrückten Wünsche, Sehnsüchte und Ziele ihrer Menschen. Unterdrücken wir etwas, spürt das Tier das sehr deutlich. Es will aufdecken, hinweisen und abnehmen. Wenn wir genau hinschauen und diese Beobachtungen auf uns persönlich reflektieren, lernen wir viel über uns selbst. Verdrängt der Halter beispielsweise seine Wut (auf was oder wen auch immer), zeigt das Tier Aggressionen. Auch subtile Verhaltensweisen des Menschen legt das Tier offen an den Tag. Wenn ein lammfrommer, gutmütiger und ruhiger Hund giftig, laut und aggressiv wird, sobald ein anderer Hund dem Herrchen oder Frauchen zu nahe kommt, scheint der Mensch ein Thema mit Grenzen und Grenzüberschreitung zu haben. (Eine Art „Komm mir nicht zu nahe"- oder „Rühr mich bloß nicht an"- Einstellung.) Der Hund verteidigt also die Grenzen des Halters, weil dieser selbst sie vielleicht nicht schützen kann. Löst der Halter das Thema für sich, braucht der Hund nicht mehr so überachtsam zu sein und kann sich entspannen. Innere Unruhe der Bezugsperson kann sich als Nervosität und Angst auf das Tier übertragen. Unterdrückte Trauer des Menschen kann zu einem in sich gekehrten, depressiven und eher passiven Verhalten beim Haustier führen.

Katzen zeigen uns sehr schnell, ob wir entspannt sind oder nicht. Da sie sehr eigenwillige Tiere sind, kommen sie in der Regel nur dann für Streicheleinheiten zu uns, wenn wir bereit für Nähe sind. Diese Eigenwilligkeit ist nicht zu unterschätzen und auch nicht über einen Kamm zu scheren. Wenn wir ein Thema mit Nähe und Distanz haben und es übermäßig leben, werden manche Katzen uns hartnäckig zusetzen, um uns mit der Nase darauf zu stoßen.

In unserer wissenschaftlich und technisch geprägten Welt tendieren wir generell dazu, mit Medizin, Gesprächstherapien und logischen (vielleicht auch überstürzten) Entscheidungen Symptome zu bekämpfen, ohne nach der Ursache zu suchen. So wird ein verhaltensauffälliger Hund durch strenges Training erzogen. Aber die Ursache für diese Verhaltensauffälligkeit ist immer noch vorhanden. Obwohl sie abtrainiert wird, schlummert die Ursache weiter. Ändert sich der Mensch nicht, kann dies beim Tier zu depressivem Rückzug oder gar zu Krankheit führen.

Gerade in unserer heutigen Zeit neigen wir Menschen dazu, Tiere als Kinder- oder Partnerersatz zu halten. Mitunter sollen sie sogar ein ausgefallenes Familienmitglied ersetzen. Diese Last kann das Haustier kaum tragen. Die Aufgabe ist definitiv zu groß und kann beim Tier zu Rückenproblemen oder Problemen mit dem Bewegungsapparat führen. Das Haustier versucht aufgrund bedingungsloser Liebe die Aufgabe zu meistern und wird alles tun, damit es uns gut geht. Gesund ist das allerdings nicht.

Unsere Tiere sind so individuell wie wir selbst. Es gibt weder einen Generalschlüssel für das Verhalten eines Tieres, noch eine Patentlösung für das Heilen von Krankheiten. Hier sollte immer das Verhältnis zwischen Halter und Tier durchleuchtet werden. Kommt ein Mensch zu einer Astrologischen Symbolaufstellung und schildert nebenher auch die Probleme mit seinem Haustier, hake ich allerdings nach und frage, wie das Tier sich verhält (siehe auch das Beispiel von Mario im Kapital 9 – das Pferd). Das sagt sehr viel über den Menschen aus und hilft, das Thema zu finden.

Verhalten von anwesenden Tieren bei Aufstellungen

Vorab ein Hinweis. Nach Möglichkeit sollten die Tiere nicht mit zur Aufstellung gebracht werden. Auch wenn ein Tier mitbetroffen ist, ist seine Anwesenheit nicht notwendig. Es bekommt die Energie und die Aufstellung auch von Zuhause aus mit. Ein Aufstellungstag kann für das Tier durchaus Stress bedeuten. Die Anwesenheit von Hunden ist immer im Vorfeld mit dem Aufstellungsleiter abzuklären und alle Teilnehmer sollten einverstanden sein. Niemand darf sich durch ein Tier irritiert oder gar verängstigt fühlen. Ab und an ließ sich die Anwesenheit von Hunden aber einfach nicht vermeiden – aus gutem Grund, wie Du gleich herausfinden wirst!

Fallbeispiel

Twiggy – Kleiner Pudel – großer Beschützer

Wenn ein Hund bei einer Aufstellung anwesend ist, ist es immer wieder spannend zu beobachten, dass die Tiere das morphische Feld noch intensiver wahrnehmen als wir Menschen. So brachte eine Aufstellerin ihren kleinen Pudel mit, denn sie konnte für diesen Tag keinen Hundesitter finden. Als sie morgens im Seminarraum ankam, war sie ganz aufgelöst und berichtete mir von dem Problem. „Ich möchte Twiggy, meinen kleinen Pudel, nicht so lange allein im Auto lassen. Kann ich sie mit hereinbringen oder stört das? Anderenfalls muss ich meine Aufstellung verschieben." Twiggy war ein ganz niedlicher, alter Harlekinpudel, der während der Schilderungen ihres Frauchens hinter ihren Beinen hervorlugte. Natürlich durfte Twiggy bleiben, nachdem ich alle Teilnehmer um ihr Einverständnis gefragt hatte. Es stellte sich heraus, dass Twiggy schon sehr betagt war und am liebsten bei Frauchen unter dem Stuhl saß. Auch wenn Frauchen als Stellvertreterin in einer Aufstellung eingesetzt wurde, schaute sie nur kurz auf und legte sich sogleich wieder schlafen.

Nach der Mittagspause ist Twiggys Frauchen dann mit ihrer Aufstellung an der Reihe. Twiggy begleitet sie zum heißen Stuhl, setzt sich vor ihr Frauchen und beobachtet sie sehr aufmerksam. Wir müssen alle sehr lachen, weil der kleine Pudel unglaublich ernsthaft aussieht, gerade so als würde er jedes Wort verstehen. Nachdem wir die Aufstellungsfrage formuliert haben und das Frauchen sich einen Stellvertreter ausgesucht hat, nähert sich Twiggy diesem, um ausführlich an seinen Füßen schnüffeln. Wir lassen sie gewähren und sind gespannt, was als nächstes passieren wird. „So kenne ich meine Twiggy gar nicht", meint ihr Frauchen, „normalerweise liegt sie immer nur bei mir und schläft."

Nachdem Twiggy ihre Umrundung abgeschlossen hat, trottet sie zu Frauchen zurück und legt sich schlafen. Die Aufstellung beginnt. Es werden die Planeten getestet, die Blockaden dazugestellt und schließlich der Ist-Stand aufgelöst. An diesem Punkt wird Twiggy plötzlich hellwach. Als ich sage: „Der Ist-Stand ist nun erreicht", setzt sie sich, wie auf ein unsichtbares Kommando, ganz aufrecht und wieder so ernsthaft dreinblickend vor mich. Ich fahre mit den Erläuterungen des Ist-Standes fort. Alles ist stimmig. Das Frauchen muss sogar manchmal lachen, da sie sich so ertappt fühlt. Ihr kleiner Pudel schaut dennoch einzig und allein mich an.

Nun beginnt das Wandeln der Blockaden durch Frauchens Stellvertreter. Dafür verlässt der Stellvertreter zeitweise seine Position am Teppich. Kaum ist der Platz frei, nimmt der Hund ihn ein. Ein anderer Stellvertreter hat die gleiche Idee. Auch er möchte den Platz von Frauchens Stellvertreter einnehmen und versucht nun, den Pudel ein wenig zum Wegrücken zu bewegen. Leider mit gegenteiligem Erfolg. Twiggy fletscht die paar Zähne, die sie noch hat, und verteidigt den Platz vehement. Es ist sehr lustig, alles zu beobachten und wir haben eine Menge Spaß. Der kleine Pudel passt auf, dass sich nicht hintenrum wieder eine Blockade an das Frauchen heranschleicht. So respektierten wir den kleinen Aufpasser und lassen ihn gewähren.

Nachdem alle Blockaden gewandelt sind und Frauchens Stellvertreter den Platz wieder einnehmen möchte, trottet Twiggy zur Seele hin, setze sich direkt auf ihre Füße, schaut den Stellvertreter an und wackelt ganz leicht mit dem Stummelschwänzchen. Als die Verbindung vom Stellvertreter zur Seele dann steht und stabil ist, verliert Twiggy das Interesse. Der Hund tapert zum Original-Frauchen zurück, legt sich unter den Stuhl und schläft ein. Eine wirklich eindrucksvolle Vorstellung! Mit Twiggy hatten wir einen kleinen Helfer bekommen, der genau aufgepasst hatte.

Twiggys Frauchen rief mich drei Tage nach dem Seminar an und bedankte sich noch einmal dafür, dass Twiggy dabei sein durfte. Sie sagte, dass sie ohne Twiggy wohl viel mehr Angst gehabt hätte, so aber das Seminar richtig genießen konnte. Und noch etwas sei seither richtig auffällig: „Meine Twiggy ist ja schon eine alte Dame, die lieber ihre Ruhe hat. Aber ich glaube, am Sonntag ist sie in einen Jungbrunnen gefallen. Seit der Aufstellung geht sie gerne Gassi, wozu ich sie sonst immer nötigen musste. Sie hat mit dem Nachbarshund gespielt, den sie bisher immer ignoriert hatte, und ist tagsüber jetzt viel wacher. Das Seminar hat auch meinem Schatz gut getan."

Vielleicht reagierte der Pudel aber auch nur auf das veränderte morphische Feld und spiegelt die vermehrte Kraft und Energie ihrer Halterin?

Fallbeispiel

Butch – Ablenkungsmanöver und Hellseher

Ein weiterer Gast bei einer Aufstellung war Butch, eine Bordeaux-Dogge. Butch war ein bulliges Tier, das jedem Menschen Respekt einflößen konnte. Sein Herrchen hatte vor dem Seminar angerufen und gefragt, ob es möglich wäre Butch mitzubringen. Auch hier fand sich für den Tag kein Hundesitter.

Obwohl Butch sehr groß, kräftig und fidel ist, sind alle Teilnehmer am Seminartag mit seiner Anwesenheit einverstanden. Butch ist jedoch ganz anders als die schläfrige Twiggy. Er nimmt die Präsenz und Nervosität vom Herrchen auf und ist den ganzen Tag über sehr aktiv. Butch spielt uns an diesem Tag die Rolle der „Ablenkungsmanöver". Immer wenn es wichtig wird, zieht er alle Aufmerksamkeit auf sich, indem er sich entweder wohlig knurrend von einem außen sitzenden Teilnehmer streicheln lässt, mir um die Beine läuft oder sich in seiner gesamten Länge quer über den Teppich ausstreckt. Anfangs ist es schon eine Herausforderung, die Konzentration und den Überblick bei der jeweiligen Aufstellung zu behalten. Bis mir dann in der zweiten Aufstellung in den Sinn kommt, dass auch Butch mit seiner Präsenz nicht rein „zu-fällig" hier war. Also gebe ich ihm in Gedanken immer wieder einmal die Rolle der Ablenkungsmanöver. Und tatsächlich - es passt jedes Mal in die jeweilige Situation. Somit haben wir einen tierischen Stellvertreter, dem mit logischer Argumentation natürlich nicht verständlich gemacht werden kann, seinen Platz zu räumen. Dafür sind andere Ideen notwendig. Er kann schließlich auch nicht mit uns sprechen – zumindest nicht mit Worten. Seine Hundesprache ist jedoch immer eindrucksvoll und deutlich. Wie bockig doch die eigenen Ablenkungsmanöver sein können und wie viel Spaß man damit haben kann, ist schon enorm. Butch wird es nicht langweilig und uns mit ihm auch nicht.

Butch hat aber noch eine andere wichtige Aufgabe. Er ist mein Helferlein bei der Aufstellung seines Herrchens. Interessanterweise hält sich Butch mit seinen Spielchen während der Aufstellung seines Herrchens zurück und liegt einfach nur neben dessen Stuhl. Nein, er schläft nicht. Er verfolgt die Aufstellung mit Argusaugen. Nach der Auflösung des Ist-Standes wird Butch unruhig, erhebt sich und wandert im Raum umher. Diesmal unterscheidet sich sein Verhalten allerdings von den Ablenkungsmanövern. Butch scheint etwas zu suchen. Nach zwei Umrundungen des Teppichs bleibt er vor einer weißen Wand stehen und knurrt leise. Alle sind zunächst verwundert, aber ich habe bereits so eine Ahnung. Manchmal fühlen Tiere Energien, die wir mit unseren bloßen Augen nicht erfassen können. Sie bellen dann gern die Luft oder die Wolken an. Aber nur weil wir etwas nicht sehen können, heißt das nicht, dass es nicht existent ist. Als Butch zu knurren beginnt wird es gleichzeitig merklich kühler im Raum. Das sind wichtige Hinweise für mich.

„Butch ist ein ganz wunderbarer Beobachter, der uns gerade sagt, dass noch ein wichtiger Stellvertreter fehlt, der gesehen werden möchte", sagte ich.
Also wähle ich *(gemäß Hinweis im Horoskop)* einen Stellvertreter für einen verstorbenen Ahnen aus und bitte ihn, sich genau an der Stelle zu positionieren, an der Butch offensichtlich etwas bemerkt hat. Der Stellvertreter zögert verständlicherweise ein wenig als er sich dem Hund nähert. Butch jedoch hört sofort auf zu knurren als der Stellvertreter kommt, wedelt mit dem Schwanz und trollt sich dann wieder zurück zu Herrchen. Wie sich später herausstellte, hatte der verstorbene Ahne noch eine wichtige Botschaft für das Herrchen und genau das machte die Aufstellung letztendlich rund und leicht.

Butch ist heute ein ganz gemütliches, in sich ruhendes Tier. Gut, allgemein werden Hunde mit den Jahren natürlich ruhiger. Aber auch die Nervosität des Herrchens ist vorüber, so dass Butch sich richtig entspannen kann.

In Kapitel 6 habe ich bereits von dem Pferd berichtet, das Marios Frau gehört hatte. Hin und wieder kommt es vor, dass mir nebenbei von einem Haustier berichtet wird, mit dem es Probleme gibt oder das vielleicht sogar krank ist. In solchen Fällen ist es immer gut, das Tier in die Aufstellung mit einzubeziehen, damit der Aufsteller erkennt, dass nicht nur er leidet. Es gibt tatsächlich Menschen, die sich aus der Sofazone nur dann herausbewegen, wenn ihr Tier leidet. Das eigene Leid würden sie unverändert weiter ertragen. Wenn wir es dem Tier damit leichter machen können, umso besser.

Im "freien Stellen" arbeite ich häufig mit Haustieraufstellungen. Das freie Stellen geschieht unabhängig vom Horoskop des Halters und ohne astrologischen Hintergrund. Inzwischen gibt es viele Tierheilpraktiker und Tierkommunikatoren, die Haustieraufstellung nutzen, um Krankheiten oder Leiden eines Tieres zu ergründen und ganzheitlich zu heilen. Wer sich hiermit intensiver auseinandersetzen möchte, dem empfehle ich das Buch „Wenn Tiere Schicksal für uns tragen" von Vera Schulz-Henke, Verlag: ch.falk-verlag ISBN: 3-89568-152-0

" Die eigenen Grenzen werden bei der Persönlichkeitsentwicklung ausgedehnt, erweitert und überschritten. Doch auch hier gibt es die Polarität. Es ist auch wichtig, sich gesund abzugrenzen und Grenzen zu respektieren."

(Ilka Plassmeier)

Kapitel 10

Besonderheiten, Kurzbeispiele, Infos

Was muss und was sollte ein Klient vor einer Aufstellung angeben?

Wichtige Informationen über eine bestehende Sucht, die Einnahme von Psychopharmaka (siehe weiter unten) oder anderer wichtiger Medikamente, wie beispielsweise Betablocker, Schilddrüsenmedikamente, Hormone und vieles mehr sind unbedingt im Vorfeld einer Aufstellung anzugeben.

Ebenfalls gibt der Klient vor der Aufstellung seine Geburtsdaten bekannt. Hierzu gehören Geburtsort, Geburtsdatum und Geburtszeit. Diese kann, sofern nicht bekannt, beim Standesamt der Geburtsstadt erfragt werden. Obwohl die Zeit der Geburt in den seltensten Fällen auf der Geburtsurkunde vermerkt ist, hat das Standesamt sie in den Unterlagen.

Einige Tage vor dem Seminar oder der Einzelsitzung schicke ich meinen Klienten einen Fragebogen zu, der in erster Linie zur Vorbereitung für den Klienten selbst gedacht ist. Hier sollen die aktuellen Familienmitglieder, ein Kurz-Lebenslauf mit Trennungen oder Verlusten von wichtigen Bezugspersonen, schwierige Situationen in der Kindheit, wiederkehrende Probleme, Gesundheitsthemen oder Unfälle sowie die Aufstellungsthemen aufgeführt werden. Der Klient setzt sich vor der Aufstellung beim Ausfüllen des Fragebogens also nochmals mit sich selbst auseinander und lässt sein Leben ein wenig Revue passieren. Das öffnet das Unterbewusstsein für die anstehende Veränderung und schafft auch ein wenig Klarheit auf logischer Ebene. Dieser Fragebogen wird erst beim Seminar übergeben.

1, 2, 3 – Wie oft kann, darf oder sollte ich aufstellen lassen?

Für mehr als die Hälfte aller Klienten genügt in der Regel eine einzige Aufstellung zu dem jeweiligen Thema, damit sich die Blockade lösen kann. Durch die sechsmonatige Pause nach der Aufstellung können sich zusätzlich noch weitere Themen lösen. Es gibt aber auch einige Klienten, die ein Thema zwei Mal aufstellen, bevor es sich lösen kann (siehe Beispiel Übergewicht). Der Grund dafür ist oftmals ein anderes, aber vorrangiges Thema, das zunächst gelöst werden muss, bevor wir an die Wurzel des eigentlichen Problems herankommen.

Wer an sich selbst arbeiten möchte, eine gründliche Bereinigung und Wachstum auf allen Ebenen wünscht, kann natürlich immer wieder zum Aufstellen kommen. Ich selbst nutze dieses wunderbare Instrument zur Selbsterkenntnis und um in meiner Entwicklung immer weiter voranzuschreiten

Indigo / Seelenanteil-Integration

Diese beiden Themen sind so komplex, das jedes für sich allein ein oder mehrere Kapitel füllen könnten. Da das Buch aber bereits pfundiger geworden ist als ursprünglich geplant, erläutere ich an dieser Stelle eine Seelenanteil-Integration bei einem Indigo nur schemenhaft.

Was ist ein Indigo?

Auf der Internetseite *http://de.wikipedia.org/wiki/Indigo-Kinder* ist folgende Ausführung über Indigo-Kinder zu finden: *„Der Begriff „Indigo-Kinder" wurde 1982 erstmals von Nancy Ann Tappe in ihrem Buch „Understanding Your Life Through Color" erwähnt. Die Autorin, die angibt, die menschliche „Aura" wahrnehmen zu können, will seit den späten 1970er Jahren eine Zunahme von Neugeborenen mit „indigofarbener Aura" festgestellt haben. Heute seien nahezu 100 % der unter zehnjährigen Kinder „Indigo-Kinder". Ein Indigokind weise neue und ungewöhnliche psychische Merkmale auf, die ein bislang nicht bekanntes Verhaltensmuster ergäben. Es komme mit einem hohen Selbstwertgefühl und dem Wissen um seine Erhabenheit auf die Welt, akzeptiere keine (künstlichen) Autoritäten und reagiere nicht auf Disziplinierungsversuche, verweigere ihm unverständlich oder sinnlos erscheinende Handlungen, zeige Frustrationen gegenüber ritualisierten Systemen, gelte als Querdenker, habe Schulschwierigkeiten, werde von anderen als dissozial wahrgenommen und habe einen hohen Intelligenzquotienten. Auch sei es hypersensibel gegenüber chemischen Stoffen, beispielsweise in der Nahrung. Bei Indigokindern würden von Ärzten häufig fälschlicherweise kinder- und jugendpsychiatrische Störungen wie beispielsweise eine Aufmerksamkeitsdefizit-/Hyperaktivitätsstörung (ADHS) diagnostiziert."*

Ich lasse das an dieser Stelle einfach so stehen.

Meine Erfahrung hat gezeigt, dass es tatsächlich unter Teenies und jungen Erwachsenen eine Vielzahl von Personen gibt, die seit frühester Kindheit über ganz besondere Fähigkeiten verfügen, ohne bewusst darauf hingewirkt zu haben. Das, was die Älteren sich durch Reifungsprozesse und spirituelle Öffnungen erarbeiten mussten, ist bei diesen Menschen ganz selbstverständlich von Anfang an da. Das heißt jedoch nicht, dass das Leben mit diesen Fähigkeiten ein Zuckerschlecken ist. Oftmals ist eher das Gegenteil der Fall. Es fällt Indigos durchaus schwer, in dieser Welt und mit sich selbst klarzukommen. Manchen machen die eigenen Fähigkeiten Angst. Andere versinken im Chaos von Gedanken und Eingaben oder auch im Chaos des Alltags. Struktur ist schwierig. So auch bei einem meiner Klienten vor drei Jahren.

Er kam emotional sehr aufgelöst zum Seminar. Mit Anfang zwanzig hatte er keine Ausbildung und keinerlei Plan, wohin der Weg beruflich überhaupt gehen sollte. Ordnung halten war in allen Bereichen sehr schwierig. Auch in der Beziehung herrschte Chaos. Der von mir übersandte Fragenbogen reichte bei weitem nicht aus und so kam er mit acht weiteren, wild durcheinander beschriebenen Seiten zu mir. Selbstzweifel und Verwirrung waren an der Tagesordnung. Zerrissenheit war das treffende Wort für seinen Zustand.

Die aufgestellten Planeten zeigten, dass der Uranus ausschlaggebend war. Hier bestand überhaupt kein Kontakt. Auf weiteres Fragen meinerseits stellte sich heraus, dass dieser Seelenanteil noch gar nicht richtig angekommen war. Der Seelenanteil verabscheute die Erde und hatte ein völlig negatives Bild. Von der Polarität der Welt sah er nur den einen Pol. So bat ich den Hauptstellvertreter, sich doch vorerst wieder zu setzen, denn ich musste mich zunächst um den Seelenanteil kümmern und ihn herbringen, bevor irgendetwas anderes aufgestellt werden konnte. Der Seelenanteil war sehr bockig und der festen Überzeugung, dass auf der Erde nur Krieg, Düsternis und Qual vorherrschen. Zum Glück war es ein ungewöhnlich schöner Tag, die Sonne schien und wir waren in einem Seminarraum, der einen wundervollen Blick in die Natur gewährte. Und so hielt ich mit dem Seelenanteil einen Plausch über Polarität und ganz langsam wurde die Erde schmackhaft für ihn. Dadurch öffnete sich dann schließlich auch sein Blick für den Hauptstellvertreter.

Mein persönliches Empfinden war, dass dieser Seelenanteil inkarnieren sollte, sich aber im letzten Moment dagegen entschieden hatte. So blieb er in der „Pipeline" hängen. Nicht Fisch, noch Fleisch, wie meine Mutter sagen würde. Das erklärte die

Zerrissenheit des Klienten. Solange dieser Seelenanteil nicht vollständig integriert war, regierte das Chaos und die Unsicherheit, ob dieses Leben wirklich lebenswert war, blieb bestehen. Die Aufstellung wandelte sich wie von allein, sobald der Seelenanteil „Ja" zu diesem Leben gesagt hatte. Im Seminar gab es einige verwunderte Blicke und vor allem der Klient war sehr überrascht, aber er sagte: „Das erklärt mir einiges."

Inzwischen konnte er sich für einen Beruf entscheiden und hat einen wunderbaren Arbeitsplatz gefunden. Die Gedanken sind zur Ruhe gekommen, die Wohnung ist strukturiert und das Liebesleben endlich entspannt. Ich freue mich, dass ich ihn bei einigen nachfolgenden Aufstellungen als Stellvertreter begrüßen durfte. So wurde ich Zeugin seiner Wandlung und Veränderung.

Eine weitere Seelenanteil-Integration gab es auch bei einem Kristall-Kind (die Nachfolger der Indigos), bei dem Wahrnehmungsstörungen diagnostiziert wurden.

Essstörungen – Magersucht (Anorexia) – Bulimie

Mit Essstörungen ist nicht zu spaßen. Es ist sehr wichtig, dass der Klient ärztlich, psychologisch und auch familiär betreut wird. Eine Aufstellung ist nur möglich, wenn der Klient vollkommen einverstanden ist und Veränderung tatsächlich anstrebt. Eltern oder Partner können und dürfen nicht über den Kopf eines Betroffenen hinweg über eine Aufstellung entscheiden.

Im Fall einer Magersucht-Patientin wurde für die Klientin in Abwesenheit aufgestellt. Vorher habe ich ausführlich die Vorgehensweise persönlich mit ihr besprochen und sichergestellt, dass eine ärztliche Betreuung gewährleistet ist. Die Klientin war bereit für eine Aufstellung, auch wenn die Krankheitseinsicht noch nicht hundertprozentig vorhanden war. Familie und Ärzte forderten mit Nachdruck von ihr, einem Klinikaufenthalt zuzustimmen, aber sie weigerte sich strikt. Die Zeit drängte.

Die seelischen Hintergründe der Erkrankung zeigten sich bei der Aufstellung deutlich: Perfektionismus, übersteigerte Selbstdisziplin, Druck und eine sehr hohe Erwartungshaltung. All das führte zu Selbsthass, aber auch zu unglaublichen Machtspielen und Kontrollsucht. Die Folgen hiervon präsentierte die Hauptstellvertreterin sehr eindrucksvoll. Sie vollzog die Rückentwicklung zum Kind, um noch mehr subtile Macht ausüben zu können.

Bitte nicht falsch verstehen: All das war der Klientin nicht bewusst. Es zeigte sich als seelische Ursache – im Unbewussten.

Die Aufstellung konnte gut gelöst, die ausgelagerten Kräfte wieder integriert und der Kontakt zur Seele hergestellt werden. Das Resultat für die Klientin selbst stellte sich sehr kurzfristig ein. Ich berichtete ihr am Tag nach dem Seminar von den Ergebnissen, beschönigte nichts und sprach sachlich alles aus. Sie atmete durch und entspannte sich deutlich. Zwei Wochen später ging sie dann auf eigenen Wunsch in die Spezialklinik. Die Einsicht war da, die Bereitschaft Hilfe anzunehmen und gesund zu werden ebenfalls. Es war ein längerer Weg, aber heute ist sie körperlich gesund. Gerade bei Essstörungen wird eine klare Struktur benötigt. Eine spezialisierte Klinik bietet hier den nötigen Rahmen.

Drogensucht und Alkohol

Seit dem körperlichen Entzug bei Drogensucht (auch bei einer Alkoholerkrankung) sollten mindestens zwei Jahre vergangen sein, bevor es zu einer Aufstellung des Themas kommt und die Ursache erforscht und gewandelt wird. In der Regel ist eine Drogensucht oder Alkoholerkrankung NICHT durch eine Aufstellung kurierbar. Die Gefahr, dass sich die Ursachen nicht zeigen oder massiv verharmlost werden, ist groß, solange der Klient dem Rausch noch zuspricht. Die seelischen, psychischen und körperlichen Folgen für den Süchtigen sind dann nicht kalkulierbar. Daher ist es unbedingt erforderlich, dass der körperliche Entzug bereits stattgefunden hat.

Der Klient sollte im eigenen Interesse dringend davon Abstand nehmen, die Alkohol- oder Drogensucht vor der Aufstellung zu verschweigen. Damit bringt er nicht nur sich selbst in Gefahr, sondern zwingt im schlimmsten Fall den Aufstellungsleiter in einen schweren Konflikt.

Oft bekomme ich Anfragen von Eltern, deren Kinder Drogenprobleme haben. Sie möchten gern ohne deren Zustimmung und Gegenwart für die Kinder aufstellen lassen. Das geht natürlich nicht. Das Kind muss nicht nur einwilligen, sondern im besten Fall bei der eigenen Aufstellung anwesend sein. Viel sinnvoller ist es, dass die Eltern selbst aufstellen, denn das Problem betrifft nach dem Spiegelgesetz und der Polarität natürlich auch sie. Außerdem besteht eine zusätzliche Belastung durch die Drogensucht innerhalb der Familie. Nach dem Resonanzprinzip wird für die Kinder eine Veränderung stattfinden, wenn die Eltern selbst damit beginnen. Außerdem ist eine mögliche Co-Abhängigkeit nicht zu unterschätzen. Daher ist es wichtig, dass Eltern, Partner oder Familienmitglieder sich aus diesem Spiel verabschieden.

Der Konsum von Marihuana und Haschisch wird immer mehr verharmlost und viele gehen davon aus, dass es sich dabei um keine Droge handelt. Weit gefehlt! Die Praxis zeigt, dass der Abhängigkeitsgrad sehr hoch und vergleichbar mit dem von Alkohol und anderen Rauschmitteln ist. Bei allen Süchten oder Erkrankungen dieser Art geht es in der Regel um das Vernebeln der Existenz, das Spiel mit dem Risiko, die Angst vor dem wahren Leben sowie auch um Manipulation auf verschiedensten Ebenen. Es kann in Einzelfällen auch ein massives Schuldgefühl dahinterstecken.

Werden Antidepressiva genommen, ist es wichtig, die Medikamente nach einer Aufstellung keinesfalls abrupt abzusetzen. Ein Ausschleichen der Antidepressiva unter Aufsicht des Arztes ist unbedingt notwendig.

Psychopharmaka und psychische Erkrankungen

Patienten, die Neuroleptika einnehmen, sollten nur in therapeutischer Begleitung aufstellen lassen. Hier sind erfahrene Aufstellungsleiter zu suchen und die Vorgehensweise ist genauestens abzustimmen. Aufstellungsarbeit ist sehr tiefgreifend. Daher sollte die Arbeit bei allen psychischen Erkrankungen nur unter dauerhafter Beobachtung erfolgen. Aus gutem Grund erfolgen daher die Aufstellungen bei psychischen Kranken in der Regel nur während einer stationären Behandlung. Leider kann ich persönlich diese äußerst wichtige und professionelle Beobachtung nicht gewährleisten und arbeite daher nur mit psychisch gesunden Klienten.

Werden dem Aufstellungsleiter psychische Erkrankungen oder die Einnahme von Psychopharmaka verschwiegen, setzt der Klient sich selbst, die Teilnehmer und auch den Aufstellungsleiter einer großen Gefahr aus. Im schlimmsten Fall kann eine Psychose angetriggert werden. Möglicherweise driftet der Klient so stark ins Unbewusste ab, dass er nach der Aufstellung nicht mehr er selbst ist. Schwere Depressionen können ebenfalls die Folge sein.

Medikamentierung mit Psychopharmaka, psychische Störungen und Suchtprobleme sind vor einer Aufstellung immer mit mir persönlich zu besprechen, damit ich im Gefahrenfall an ärztliche Kollegen verweisen kann. Im Interesse und zum höchsten Wohle aller ist es mir sehr wichtig, so deutlich auf diese Gefahren hinzuweisen.

Depressionen

Bei Depressionen sind die unterschiedlichen Formen der Erkrankung oder Störung zu berücksichtigen. Umgangssprachlich werden auch leicht depressive Verstimmungen, eine Trauer- oder Verlustphase oder ein bis zwei leichten Phasen bereits als Depressionen bezeichnet. Schwere Depressionen, bei denen Antidepressiva zum Einsatz kommen (siehe oben), und die schwere Phasen über Monate oder Jahre aufweisen, müssen ärztlich beaufsichtigt und begleitet werden. Ich persönlich verweise in solchen Fällen an Psychologen. Bei depressiven Verstimmungen oder leichten depressiven Störungen (ohne Medikamentengabe) hilft eine Aufstellung in der Regel sehr gut.

Was ist eine depressive Störung?

Wie der Name schon sagt, wird hier etwas gepresst. Die seelischen Hintergründe sind zumeist das Resultat jahrelanger Verdrängung von Gefühlen oder Ereignissen, das Deckeln der emotionalen Seite. Nach langer Zeit hat die Seele keine andere Wahl mehr als überzulaufen.

Stell Dir einen zu einem Drittel mit Wasser befüllten Topf auf dem Herd vor. Im Normalzustand ist bei mittlerer bis geringer Temperatur Bewegung im Wasser. Jetzt stellen wir uns vor, der Deckel würde auf dem Topf geklemmt und luftdicht abgeschlossen, und wir stellen uns vor, das Wasser steht jetzt für unsere Gefühle und die Verdrängung. Meist handelt es sich um unterdrückte Gefühle, wie Wut oder Trauer (Depression = De-Pressen). Die Gefühle befinden sich also jetzt in einen Dampfkochtopf, der nichts nach außen ablassen kann. Das Wasser wird immer heißer, hat aber keine Möglichkeit als Wasserdampf auszutreten. Es baut sich ein unglaublicher Druck auf. Nach außen wird möglichst lange der Schein gewahrt. Doch innen vollzieht sich ein ständiger Kreislauf: Wasser verdampft (normale Gefühle werden zur Wut = Dampf). Der Dampf kann nicht entweichen und wird wieder zu Wasser (die Wut wird wieder flüssig zur Trauer). Der Druck im Topf ist unermesslich. Eine Aufstellung kann bei schweren Depressionen dann ein Explodieren verursachen und durchaus auch mehr Schaden als Heilung anrichten. Bei depressiven Verstimmungen oder leichten depressiven Störungen ist der Druck noch nicht so hoch und kann langsam wieder abgebaut werden.

Ein anderes Bild für die Depression ist ein tiefes Tal im Winter. Die Kälte senkt sich herab. Gibt es jedoch keine Schluchten, sondern nur Berge ringsherum, wird das Tal ohne Wetter, Wind oder Turbulenzen zum Eisfach. Hier braucht es dann Wind, einen Ventilator oder eine Öffnung, damit Bewegung da ist und die Kälte wieder abfließen kann. Wer unter depressiven Verstimmungen oder leichten depressiven Störungen leidet, kann diese Bilder sicher gut nachvollziehen.

Borderline-Persönlichkeitsstörung

„Die Borderline-Persönlichkeitsstörung ist durch Impulsivität und stabile Instabilität in zwischenmenschlichen Beziehungen aller Art, Stimmungsschwankungen und Störungen des Selbstbildes geprägt. Wenige Borderliner sind tatsächlich diagnostiziert und auch bereit, die Diagnose anzuerkennen. Genau das ist Teil des Störungsbildes. Bei einer solchen Störung sind bestimmte Bereiche der Gefühle, des Denkens und des Handelns beeinträchtigt, was sich durch negatives und teilweise paradox wirkendes Verhalten in zwischenmenschlichen Beziehungen sowie in einem gestörten Verhältnis zu sich selbst äußert."
(Quelle: http://de.wikipedia.org/wiki/Borderline-Persönlichkeitsstörung)

Die unbewusste und subtile Machtausübung der Borderliner (unter der sie paradoxerweise unglaublich leiden) verleitet den Menschen aber dazu, sich NICHT von dem Muster zu verabschieden. Aufstellungen zum Borderliner-Thema (wenn es überhaupt thematisiert wird) sind wenig erfolgreich. Ein Mensch mit Borderliner-Störung übernimmt wenig Eigenverantwortung und sucht die Schuldigen immer im Außen. Dabei ist es interessant zu beobachten, dass die Schuldigen an einem Tag die besten Freunde und am nächsten Tag die schlimmsten Feinde sind.

Bei einer Aufstellung wird in der Regel die allgemeine Beziehungsunfähigkeit angegeben. (Achtung: Nur ein sehr kleiner Bruchteil der Beziehungsaufstellungen haben die Borderline-Persönlichkeitsstörung als Ursache, bitte richtig verstehen!) Ist ein Klient als Borderliner diagnostiziert, hat er die Diagnose also angenommen und befindet sich in psychologischer Behandlung, kann eine Aufstellung jedoch den Therapieverlauf fördern. Anderenfalls führe ich persönlich keine Aufstellungen zum Thema Borderliner aus.

Missbrauch

Weiß ein Klient von einem Missbrauch (körperlich oder sexuell) in der Vergangenheit und hat sich damit bereits auf psychologischer Ebene auseinandergesetzt, kann der seelische Hintergrund zu diesem Thema tatsächlich aufgestellt werden. Hier kann nochmals genau hingesehen und Vergebungsarbeit geleistet werden, um den eigenen Selbstwert zu steigern und vor allem um wieder Vertrauen zu sich selbst und seiner inneren Stimme zu gewinnen. Ist der Missbrauch jedoch noch nicht verarbeitet, rate ich von einer Aufstellung ab.

Sollte ein Missbrauchsthema vorliegen, das dem Klienten aufgrund starker Verdrängung nicht mehr bewusst ist, zeigt es sich in der Aufstellung und in Ausnahmefällen nur dann, wenn der Klient stabil ist. Ansonsten findet das Thema keine Berücksichtigung. Unbewusste Traumata werden nicht angetastet, da auf der symbolischen und abstrakten Ebene gearbeitet und von Eigenverantwortung ausgegangen wird. Das Hier und Jetzt ist ausschlaggebend. Wer bisher eventuell Bedenken hatte, dass bei einer Aufstellung etwas Verdrängtes an die Oberfläche gezerrt werden könnte, sei an dieser Stelle beruhigt.

Einmal schilderte eine Klientin vor einer Aufstellung, dass sie heute im Alltag die vermeintlich typischen Verhaltensweisen eines Missbrauchkindes aufweisen würde, sie aber als Kind definitiv nicht missbraucht worden sei. Die Aufstellung zeigte dann allerdings ein früheres Leben mit dem Missbrauchsthema. Ein anderer Klient wiederum berichtete von einem tatsächlich eingetretenen Missbrauch als Kind und hatte große Angst, dass sich dies bei der Aufstellung zeigen würde und er dieses Trauma dann nochmals durchleben müsste. Dies war nicht der Fall. Das Thema waren Ängste und das Gedankenkarussell.

Nachwort

Hinweis / die andere Seite der Medaille

Dieses Buch erhebt keinerlei Anspruch auf Vollständigkeit – im Gegenteil, es ist ein kleiner Auszug, ein erster Ansatz aus meinen persönlichen, jahrelangen Erfahrung und der Praxis mit den Astrologischen Symbolaufstellungen, die sich ständig und stetig weiterentwickeln. Es ist kein Lehrbuch, kein Wörterbuch, kein Astrologiebuch und vor allem kein Ausbildungsbuch für Aufstellungen oder Ähnliches. Dieses Werk soll lediglich als Anregung für die interessierte Leserschaft und Information zu dieser Art der Aufstellungsarbeit dienen.

Die Beispiele aus der Praxis sind Aufstellungen, die mich sehr berührt haben und immer in meinem Kopf und im Herzen geblieben sind. Bis heute wurde keine Aufstellung vorzeitig abgebrochen. Keine Situation eines Aufstellers hat sich verschlechtert.

Aber ich darf auch nicht verschweigen, dass es einige wenige Aufstellungen gab, nach der sich später keine Änderungen ergeben haben. Das kann unterschiedliche Gründe haben. Entweder wurden nicht alle wichtigen Fakten kommuniziert, der Aufsteller wollte noch gar keine Veränderung, weil der sekundäre Gewinn der Opferhaltung noch zu groß war, oder der Aufsteller tat sich damit schwer, dass diese Aufstellungsarbeit von Eigenverantwortlichkeit ausgeht und somit „niemandem die Schuld in die Schuhe geschoben" werden konnte.

Aus über 1000 Aufstellungen sind mir drei Aufsteller bekannt, die sich nicht mit ihrem Stellvertreter oder der Aufstellung selbst identifizieren konnten. Leider wurde diese Tatsache nicht während des Seminars angesprochen, sondern erst Wochen später mitgeteilt. Was war also der Vorteil daran, es nicht direkt anzusprechen und zu klären? Für die Stellvertreter (am wichtigsten!) und mich waren die Aufstellungen stimmig. Darüber kann sich jeder selbst sein Bild machen.

Ein einziges Mal ist es tatsächlich vorgekommen, dass der Original-Aufsteller am Ende, als er in das positive Schlussbild eingesetzt werden sollte, sagte: „Das kann

ich nicht. Ohne meine Schutzblockade kann ich da nicht hingehen. Ich brauche meine Stellvertreter zurück." Und so machte der Original-Aufsteller tatsächlich Anstalten, die gewandelten Stellvertreter aus den Nachbarräumen zurückzuholen.

Im ersten Moment war ich perplex. Doch dann merkte ich, dass sich hier das Ego aufblähte und der Kopf versuchte, die Kontrolle zu übernehmen. Thema dieser Aufstellung: Machtspiele. Und so sagte ich dem Aufsteller: „Du hast zwei Möglichkeiten. Entweder du versuchst deiner Seele ohne die alten Blockaden gegenüberzutreten, um zu schauen, was passiert. Oder du verzichtest auf diese Möglichkeit. Ein Zurückholen der Blockaden ist nicht mehr möglich. Die Stellvertreter werden auch gar nicht wollen, da sie inzwischen ja gewandelt sind. Dein Unterbewusstsein hat alles aufgenommen. Diese Möglichkeit des Kontaktherstellens zum Seelenanteil ist nur noch das Sahnehäubchen. Dein Kopf sagt gerade, dass du die Blockaden brauchst, weil er die Kontrolle behalten will. Aber du brauchst sie nicht. Du hast die Wahl. Es ist deine Entscheidung."

Der Aufsteller überlegte und blieb bei seiner Wahl, ohne die Blockaden nicht zur Seele zu gehen: „Ich brauche doch meine Blockaden, um zu überleben."

Da es kurz vor der Mittagspause war, schlug ich vor: „Lass uns doch erst einmal Pause machen. Du lässt die Erfahrung sacken und wenn du danach sagst: 'Mensch, ich möchte es doch ausprobieren', dann können wir das noch nachholen."

Und tatsächlich nach der Mittagspause war der Aufsteller bereit und wir konnten ganz leicht die Verbindung herstellen.

Natürlich haben wir immer die freie Wahl: Gehen wir den Weg der Veränderung, der sich nach einer Aufstellung auftut? Oder bleiben wir bei unseren alten Mustern?

Danksagung

Ich bin so unsagbar dankbar für die wunderbaren Menschen, die an der Entwicklung und Fertigstellung dieses Buches beteiligt waren. Da weiß ich gar nicht, wo ich anfangen soll. Am Besten am Anfang: Ich danke meiner Familie und meinen Freunden, die mich immer wieder bestärkt haben, dieses Projekt anzugehen und weiterzumachen. Ihr fester Glaube an mich und meine Berufung hat dieses Werk entstehen lassen.

Ich stand wie Ochs vorm Berg, aber über den Berg half mir Walter Lübeck mit einem Coaching. Dank ihm wagte ich die ersten Schritte des Schreibens.

Mein Dank gilt Frau Dr. Erika Kayser, die immer wieder meinen Stress und meine Blockaden ablöste, sobald Zweifel aufkamen, kaum Zeit für das Schreiben übrigblieb oder der Druck zu groß wurde. Es ist geschafft!

Wunderbar wurde ich zu Oliver Bartl geführt, der die Illustration auf dem Cover gefertigt hat. Danke für Deine Gabe, diesem Thema Ausdruck zu verleihen und dem Wissen aus dem Matrix-Bereich (Mr. Magic-Matrix).

Nachdem die Rohfassung stand, halfen mir drei wundervolle Engel beim Korrekturlesen und Überarbeiten. Danke an Cornelia Sperling, meine langjährige Freundin, die so viel Geduld mit meinen „Aber"-„Und"-Redewendungen aufgebracht hat. „Und" beim nächsten Buch liefere ich die Taschentücher mit.

Danke an Antje Sommer-Wolff, meine Kollegin, die den Text inhaltlich sehr genau unter die Lupe nahm und diverse Stellen zurechtrückte, klarstellte und wichtige Hinweise gab. Manchmal habe ich Sätze wirklich verdreht. Für mich war das ganz logisch.

Danke an Tabathea Ruth Hai Weiße Wolke, meine Kollegin, Autorin und Schamanin, die all ihr schriftstellerisches Wissen in die Korrektur einbrachte und mich auch auf eine wichtige Korrektur eines Beispiels hinwies. Ich staune immer noch über das Tempo des Korrekturlesens.

Danke an Concept 7, insbesondere Thomas Kruse, der sich als Rettungsengel erwiesen hat, dieses Buch unter seine Fittiche genommen und die Herausforderung angenommen hat. Ein klares "Go".

Danke an Frau Stefanie Haddad für ein wunderbares Lektorat und die sofort vertraute Zusammenarbeit. Als Autorin sieht man wirklich den Zusammenhang vor lauter Wörtern irgendwann nicht mehr – und "der Kopf geht merkwürdige Wege".

Danke an Stephan Haase für die Covergestaltung, das Layout/Grafik und den Satz. Es kommt auf die homöopathische Dosis der Ranken an – ein guter Mittelweg.

Mein besonderer Dank geht natürlich an all die Menschen, die zu meinen Seminaren gekommen sind, allen Stellvertretern und Aufstellern. Danke für Euren Mut, Euch zu stellen, mir zu vertrauen und neue Wege zu gehen. Ohne Euch wäre die Arbeit nicht das, was sie heute ist.

Ich danke mit ganzem Herzen der geistigen Welt, dem Universum, für den Schreibfluss, der immer wieder da war. Manchmal „wurde ich geschrieben".

Erwarte nichts und rechne mit allem!

Bibliografie

Besondere Buchempfehlungen

Astrologie – Geschichte, Tierkreiszeichen, Horoskop und Wissenschaft von Solange De Mailly-Nesle,
Verlag: Könemann ISBN: 3-89508-161-2

Das schöpferische Universum: Die Theorie der morphogenetischen Felder und der morphischen Resonanz von Rupert Sheldrake,
Verlag: Nymphenburger, ISBN-13: 978-3485011327

Intelligente Zellen: Wie Erfahrungen unsere Gene steuern von Bruce Lipton,
Verlag: Koha, ISBN-13: 978-3936862881

Grundkurs Astrologie - Konstruktive Lebensgestaltung - Kombination der zwölf Prinzipien - Deutung von Horoskopen von Hermine-Marie
Zehl, im Verlag: Bassermann ISBN-13: 978-3809418603

Rückkehr zur Liebe: Harmonie, Lebenssinn und Glück durch Ein Kurs in Wundern, Marianne Williamson,
Verlag Goldmann-Verlag, ISBN-13: 978-3442122097

Die Blume des Lebens (Band 1 und 2) von Drunvalo Melchizedek,
Verlag:Koha Band 1: ISBN-13: 978-3929512571; Band 2: ISBN-13: 978-3929512632

Seelenverträge – Absprachen in Liebe von Leila Eleisa Ayach, Verlag: Smaragd, ISBN: 978-3-941363-24-3

Wenn der Körper Signale gibt, von Thomas Schäfer, Knaur-Verlag ISBN: 3-426-66686-3

Praxisbuch Horoskopaufstellung: Den eigenen Bedürfnissen begegnen – sich selbst besser verstehen von Holger A. Faß,
Verlag: astronova ISBN: 978-3937077307

Familienkonstellationen im Horoskop: Verstrickungen und Lösungen aus astrologischer Sicht (Familienaufstellungen astrologisch erklärt)
von Ingrid Zinnel, Verlag: Chiron ISBN: 978-3925100932

Das freie Aufstellen – Einführung in eine freie Form der Systemischen Aufstellung, Autor: Olaf Jacobsen,
Verlag: Olaf-Jacobsen-Verlag, ISBN: 978-3936116618

Die göttliche Kraft. Eintauchen in das Geheimnis der Geheimnisse von Deepak Chopra,
Verlag: Bastei-Lübbe, ISBN-13: 978-3785720196

Wenn Tiere Schicksal für uns tragen" von Vera Schulz-Henke, Verlag: ch.falk-verlag ISBN: 3-89568-152-0

Der verlorene Zwilling" von Evelyn Steinemann, Kösel-Verlag, ISBN-13: 978-3466307173

„Das Drama im Mutterleib" von Alfred R. und Bettina Austermann, Verlag: Königsweg, ISBN-13: 978-3981247107 und

„Gesucht: Mein verlorener Zwilling" von Barbara Schlochow, Verlag: Editions à la carte Zürich, ISBN-13: 978-3905708332.

„Transformation in der Matrix – Wie sie mit der 2 Punkte Methode Ihre Realität steuern", Autor: Ulrich Kieslich
Verlag: Matrix Transformation, ISBN-13: 978-3981442984

„Die Botschaft des Wassers" von Masaru Emoto Verlag Koha ISBN-13: 978-3867281232

Lieben was ist. Wie vier Fragen Ihr Leben verändern können, Byron Katie, Verlag Goldmann, ISBN-13- 978-3442336500

Matrix Energetics: Die Kunst der Transformation: Radikale Veränderung mit der Zwei-Punkt-Methode, Richard Bartlett, Vak-Verlag, ISBN-13: 978-38673140697

Quantenheilung – Wirkt sofort – und jeder kann es lernen, Frank Kinslow, Vak-Verlag, ISBN-13: 978-3867310390

Quantum-Touch: Mit den Händen heilen, Richard Gordon, Verlag: Goldmann, ISBN-13: 978-3442217205

Krankheit als Symbol: Ein Handbuch der Psychosomatik. Symptome, Be-Deutung, Einlösung, Rüdiger Dahlke, Verlag: C. Bertelsmann, ISBN-13: 978-3570122655

Heile Deinen Körper. Seelisch-geistige Gründe für körperliche Krankheit, Louise L. Hay, Verlag: Lüchow Verlag, ISBN-13: 978-3925898044

Quellenangaben zu den Zitaten

„Und jedem Anfang wohnt ein Zauber inne, der uns beschützt und der uns hilft, zu leben." (Hermann Hesse – Zitat aus dem Gedicht „Stufen"
2. Strophe vom 04.05.1941 – Quelle:
http://de.wikipedia.org/wiki/Liste_geflügelter_Worte/U - Und_jedem_Anfang_wohnt_ein_Zauber_inne. 19.02.2013)

„Leben ist das, was passiert, während du eifrig dabei bist, andere Pläne zu machen." (John Lennon – Quelle:
http://www.zitate-online.de/literaturzitate/allgemein/19016/leben-ist-das-was-passiert-waehrend-du-eifrig.html 19.02.2013)

„Das Wesentliche ist für die Augen unsichtbar." (Antoine de Saint-Exupéry – aus dem Werk „Der kleine Prinz" erschienen 1943 Buch: 68.
Auflage, Rauch, Düsseldorf 2012, ISBN 978-3-7920-0049-6 Quelle: http://de.wikipedia.org/wiki/Der_kleine_Prinz)

„Die Chinesen verwenden zwei Pinselstriche, um das Wort "Krise" zu schreiben. Ein Pinselstrich steht für Gefahr; der andere für Gelegenheit.
In einer Krise hüte dich vor der Gefahr - aber erkenne die Gelegenheit!"
(Richard Milhouse Nixon – Quelle: http://aphorismen-archiv.de/index_z.php?id=62347 19.02.2013)

„Sei Du selbst die Veränderung, die Du Dir wünschst für diese Welt" (Mahatma Gandhi - http://www.zitate-online.de/sprueche/historische-
personen/18971/sei-du-selbst-die-veraenderung-die-du-dir.html 19.02.2013)

„Seine eigenen Erfahrungen bedauern, heißt seine eigene Entwicklung aufzuhalten"
(Oscar Wilde – Quelle: http://www.aphorismen.de/suche?text=Erfahrungen&autor_quelle=Wilde&thema= 19.02.2013)

„Wenn der Wind des Wandels weht, bauen die einen Schutzmauern, die anderen bauen Windmühlen." (Chinesisches Sprichwort – Quelle:
http://www.zitate-online.de/sprueche/allgemein/958/wenn-der-wind-des-wandels-weht-bauen-die.html 19.02.2013)

„Ich bedaure nicht, hier zur Welt gekommen zu sein und einen Teil meines Lebens hier gelebt zu haben, weil ich mein Leben so geführt habe,
dass es nützlich war, wie ich meine. Und kommt das Ende, gehe ich ebenso aus dem Leben wie aus einer Herberge und nicht aus meinem
Zuhause, weil ich glaube, dass mein Aufenthalt in diesem Leben vorübergehend und der Tod nur ein Übergang in einen anderen Zustand ist."
(Leo Tolstoi – Quelle: http://seelenladen.de/page/8 04.03.2013)

„Alle sagten: Es geht nicht. Da kam einer, der das nicht wusste und tat es einfach."
(Goran Kikic – Quelle: http://usualredant.de/weisheiten/unsortiert.html 19.02.2013)

„Das Glück deines Lebens hängt von der Beschaffenheit deiner Gedanken ab."
(Marc Aurel – Quelle: http://www.aphorismen.de/zitat/15933 19.02.2013)

„Wenn du etwas haben willst, das du zuvor nie hattest, musst Du bereit sein zu tun, was du zuvor nie getan hast."
(Thomas Jefferson – Quelle: http://myzitate.de/zitate.php?q=Thomas+Jefferson 19.02.2013)

„Das Leben ist eine fortwährende Ablenkung, die nicht einmal zur Besinnung darüber kommen lässt, wovon sie ablenkt."
(Franz Kafka – Quelle: http://aphorismen-archiv.de/index_z.php?id=14876 19.02.2013)

„Trotz ist ein Schutzwall, um sein wahres Ich nicht preisgeben zu müssen."
(Karin Obendorfer – Quelle: http://www.aphorismen.de/zitat/64828 19.02.2013)

„Unser Leben ist, wozu unser Denken es macht."
(Marc Aurel – Quelle: http://www.aphorismen.de/zitat/15919 19.02.2013)

„Langeweile ist die Windstille der Seele."
(Friedrich Wilhelm Nietzsche – Quelle:
http://www.aphorismen.de/zitat/167809 19.02.2013)
„Schmerz ist sehr persönlich und kann nicht gemessen oder aufgewogen werden."
(Ajahn Brahm – Quelle: Die Kuh, die weinte - erschienen im Lotus Verlag 11. Auflage April 2006 ISBN 978-3778781838)

„Wer immer nur funktioniert, entzieht sich dem Abenteuer des Lebens."
(Armin Mueller-Stahl, Quelle: http://www.gutzitiert.de/zitat_autor_armin_mueller-stahl_thema_abenteuer_zitat_2.html 19.02.2013

„Trauer ist das gleichzeitige Erleben von Liebe und Leid – Verbundenheit in der Trennung."
(Andreas Tenzer – Quelle: http://www.aphorismen.de/zitat/164394 19.02.2013)

„Nichts ist schwieriger, als einfach loszulassen"
(Siegfried Wache – Quelle: http://www.aphorismen.de/zitat/111178 19.02.2013)

„Ich kann Dir die Tür nur zeigen, durchgehen musst du selbst"
(Filmzitat aus „Matrix")

„Ein Hund spiegelt die Familie. Wer sah jemals....."
(Sir Arthur Conan Doyle – Quelle: http://www.aphorismen.de/zitat/27649 19.02.2013)

„Geh Du vor," sagte die Seele zum Körper, „auf mich hört er nicht, vielleicht hört er auf Dich." „Ich werde krank werden,
dann wird er Zeit für Dich haben," sagte der Körper zur Seele. (Ulrich Schaffer)
Quelle: http://www.matrix-evolution.ch/zitate.html (14.09.2012)

Fotos:
Ilka Plassmeier

Kontakt

Ilka Plassmeier
Astrologische Symbolaufstellungen
Reinkarnationstherapie
Glücks- und Intuitionstraining
Matrixen mit der 2-Punkt-Methode
Praxis: Allee 1, 32756 Detmold
Tel: 05231-7094942
Email: Ilka.Plassmeier@gmx.de

Ilka Plassmeier bietet Ausbildungen und Seminar an in:
Astrologischen Symbolaufstellungen
Reinkarnationstherapie und Rückführungen
Matrixen mit der 2-Punkt-Methode
Open-Heart-Coaching
Wechselnde Spezialseminare zu aktuellen Themen
Seminarkalender siehe auf www.astrologie-er-leben.de
1. Vorstandsvorsitzende des Vereins Astrologische Symbolaufstellungen e.V.

Internetseiten:
www.astrologie-er-leben.de
www.reinkarnation-detmold.de
www.astrologische-symbolaufstellungen-ev.de
Auf Xing, Facebook, Google Plus, LinkedIn vertreten